REISEABENTEUER

DUMONT

CONSTANZE JOHN

40 TAGE GEORGIEN

UNTERWEGS VON TIFLIS BIS ANS SCHWARZE MEER

REISEABENTEUER
DUMONT

1. Auflage 2018
2. Auflage 2019

Gestaltung: Herburg Weiland, München
Titelfoto: Eddie Gerald/laif
Fotos und Illustrationen: Constanze John
Karten: Constanze John, Gerald Konopik, DuMont Reisekartografie
Printed in Spain
ISBN 978-3-7701-8293-0

www.dumontreise.de

Für meinen Vater

Inhalt

Vorbemerkung zu den Schreibweisen des Georgischen

Das georgische Alphabet ist ein Unikat. Im vorliegenden Buch orientiert sich die Schreibung georgischer Begriffe, Eigennamen und Wortwendungen an den auf deutschsprachigen Wikipedia- und anderen Internetseiten üblichen Schreibweisen. Begriffe, Eigennamen und Wortwendungen, die dort bisher noch nicht erfasst worden sind, wurden phonetisch angepasst ins Deutsche übertragen.

Bei der Bezeichnung der georgischen Hauptstadt Tiflis bzw. Tbilissi bzw. Tbilisi entschied ich mich für *Tbilissi* (mit Ausnahme des Untertitels), weil sich diese Bezeichnung semantisch herleitet aus der Existenz der warmen Quellen der Stadt; *tbili* – warm. Mein Anliegen ist es, diesen Zusammenhang als nachvollziehbar zu belassen. Zugleich ist *Tbilissi* die mir als Autorin seit jeher vertraute Bezeichnung.

CONSTANZE JOHN, 11. MÄRZ 2018

»Man muss den Gedanken aufgeben, dass alles erst angekündigt wird, ehe es zu existieren beginnt, und man muss die Möglichkeit einer Zeit einräumen, in der sich erneut ohne vorherige Ankündigung alles bewegt und verändert.«

BORIS PASTERNAK IN: »BRIEFE NACH GEORGIEN« (1)

Prolog

»Wir sind Gäste in dieser Welt der Minute,
Wir vergehen, und die Nächsten bleiben hier.
Was wir miteinander tun,
all diese freundlichen und angenehmen Dinge –
das ist es doch, wofür wir leben, oder?
Was, außer dem, werden sie mit in unsere Gräber legen?
Nur drei Meter Leinwand, nur« ... (2)

Zutisopeli oder *Die Minutenwelt* ist – Gedicht, Gebet, Lied; Weltanschauung, Lebenshaltung. Fast habe ich das Gefühl, es wurde den Georgiern von Anfang an mit in die geistig-kulturelle Wiege gegeben, denn jedem scheint es hier – zwischen Großem Kaukasus und Schwarzem Meer – im Blut zu liegen.

Der Hamburger Ethnologe Dr. Florian Mühlfried, der sich unter anderem sehr ausführlich mit einem weiteren Phänomen der georgischen Kulturlandschaft beschäftigt hat – mit der *Supra*, dem Festmahl –, und den ich in Tbilissi treffen werde, fasst auf meine Bitte hin *Zutisopeli* zusammen: »Die Welt der Minute. Das ist ein Gedicht ... stark beeinflusst durch persische Dichtkunst, mündlich tradiert, von Folkloristen aufgeschrieben. Das gibt es in verschiedenen Fassungen und ist auch bei den Liedern zu finden, die bei einer Supra gesungen werden. *Zutisopeli* ist ein in Georgien ganz geläufiger Begriff, um die Vergänglichkeit der Welt auf einen Punkt zu bringen... *Minute* ist hier einfach Metapher für *Augenblick. Die Welt des Augenblicks* kann man vielleicht auch noch sagen. Die dann – und da gibt es die Verbindung zur Supra – eben kultiviert und gefeiert wird. Anstatt also großartig Dinge für die Zukunft zu machen, das Geld auf die Bank zu legen, wird alles jetzt in diesem Augenblick getan, und wird alles getan, um es sich und seinem Nächsten gut gehen zu lassen.«

Und all das hier in *Grusija*, wie es die Russen nennen, *Georgia*, wie es im Englischen heißt, *Sakartwelo*, wie sie selbst es nennen, die *Kartweli*, Bewohner des Landes, allesamt benannt nach Kartlos, dem legendären Urvater der Nation bzw. nach dem historischen Kartli, in dem auch die Hauptstadt Tbilissi liegt.

Im Land leben 3,7 Millionen Einwohner; davon 1,2 Millionen in – wie Georgiens Hauptstadt offiziell heißt – Tbilissi, in Westeuropa auch *Tiflis* genannt. Das Land ist aufgegliedert in neun Regionen, dazu die Hauptstadt sowie die beiden autonomen Gebiete Adscharien und Abchasien. Von der Größe her ist es vergleichbar mit dem deutschen Bundesland Bayern und liegt an der Grenze von Europa zu Asien. Es wird im Norden von Russland begrenzt, im Süden sowohl von der Türkei als auch von Armenien, im Osten von Aserbaidschan. Die längste dieser Grenzen ist die zu Russland mit 723 Kilometern. Hier befinden sich auch die Konfliktzonen Abchasien und Südossetien.

Obwohl es Zufall ist, dass ich meine Reise am 26. Mai beginne, sieht es nicht nach Zufall aus. Jedenfalls ist der 26. Mai der Tag der Unabhängigkeit Georgiens und damit Nationalfeiertag.

Im Jahr 1918 erklärte sich Georgien an diesem Tag für unabhängig von Russland bzw. von der Transkaukasischen Föderation. Und was ich vorher nicht gewusst habe: Deutschland spielte dabei eine entscheidende Rolle, denn Deutschland ist das erste Land, das die Unabhängigkeit Georgiens damals anerkannt hat. Das verhinderte vor allem eine türkische Eroberung. Im Ausgleich dazu wurden Deutschland Privilegien zugesichert in Bezug auf Kupfer, Mangan sowie den Öltransfer vom Kaspischen Meer.

Die Georgier haben das nie vergessen. Diese erste Unabhängigkeit währte bis zur Ausrufung der Georgischen Sowjetrepublik 1921. Seit dem 9. April 1991 ist Georgien erneut unabhängige Republik.

Zutisopeli: Irgendwoher kommen wir, irgendwohin gehen wir. Und immer nehmen wir uns mit. Wir, Gäste, in dieser Welt …

Das erinnert an: »Ich bin ein Gast auf Erden«, in Psalm 119,19. »Verbirg deine Gebote nicht vor mir.« In Georgien scheint es dabei vor allem um dieses *eine* Gebot zu gehen, auf dem dann alle anderen aufbauen: *einander zum Wohle, freundliche und angenehme Dinge zu tun*.

Die Existenz von Konfliktzonen jedweder Art scheint dem nur auf den ersten Blick zu widersprechen. Denn der Schmerz, der in der Folge der Konflikte für Menschen mit solch innerster Weltanschauung entsteht, ganz persönlich, individuell, ist immer mit der *Zutisopeli*-Weltanschauung verbunden: Wir haben doch nur diesen einen Moment, diese Minute, diesen Wimpernschlag ... Und was haben wir daraus gemacht? Was tun wir hier?

Berg der Sprachen oder auch *Bienenkorb der Völker*. Was bezüglich des Kaukasus geflügelte Worte sind, gilt letztlich auch für Georgien selbst. Denn Georgien, das sind nicht nur zu 80 Prozent Georgier, sondern darüber hinaus etwa 25 andere Völkerschaften, die mit im Land leben: Aserbaidschaner, Armenier, Türken, Russen, Osseten, Abchasen, Assyrer, Pontosgriechen, Juden, Kurden, Kisten, Tschetschenen ...; und bis zu ihrer Deportation 1941 auch 40.000 Deutsche.

Und gleicht damit das Leben in Georgien nicht an sich auch dem wunderbaren polyphonen Gesang der georgischen Landsleute? Denn dieser polyphone Gesang der kaukasischen Völker klingt – und ich bitte Sie, mir das so lange zu glauben, bis Sie es dann selbst mit eigenen Ohren gehört haben –, dieser Gesang klingt höchst kunstvoll, mit der Kraft einer sich von innen her speisenden Stimme.

Der russische Komponist Igor Strawinski meinte dazu: »Was die Georgier singen, ist wichtiger als alle Neuentdeckungen der modernen Musik. Es ist unvergleichlich und einfach. Ich habe nie etwas Besseres gehört!« (3)

Diese polyphone Art des Gesangs stammt weit aus vorchristlichen Zeiten. Insgesamt gibt es acht Stimmlagen, wobei nicht alle gleichzeitig benötigt werden. Die meisten Lieder werden dreistimmig gesungen. Da ist zunächst der *Anrufer*, dann der *Erzähler*, und schließlich, als die untere Stimme, der Bass. In Georgien wird gern und viel gesungen. Es ist Teil der Alltagskultur.

Bei meiner Ankunft in Tbilissi – und hier greife ich vor – ist es heiß, und, obwohl erst Ende Mai, sind es tagsüber bereits über dreißig Grad Celsius; im Laufe der Nacht sinken die Temperaturen wieder; aber sie sinken so langsam, dass erst die zweite Nachthälfte angenehmer wird. Hermine, Poetin aus Jerewan, mit der ich zu diesem Zeitpunkt bereits über die armenisch-georgische Grenze gegangen sein werde, des Rosenfestes für Sajat Nowa wegen, schläft bereits. Nur ich finde keinen Schlaf.

Das Fenster steht offen. Weit nach Mitternacht herrscht immer noch Leben in der Stadt. Aber früh am Morgen dann, als es still geworden ist, wird meine Schlaflosigkeit regelrecht belohnt, denn ich höre: Drei oder vier Frauen gehen durch die schlafende Stadt und singen. Sie singen kristallklar und polyphon. Gleich darauf höre ich, wie zur Antwort, aber von einer ganz anderen Seite her, drei, vier Männerstimmen, welche ebenso rein die Töne treffen. Und auch sie singen polyphon.

Ganz gleich, ob nun Frauen miteinander singen oder Männer, ob in einer Kirche gesungen wird, bei einer Supra, oder *einfach nur so*, entwickelt sich im Gesang eine komplexe Harmonik, basierend auf archaischen Tonfolgen, die uns als Zuhörer bezaubern. Ist das noch Vergangenheit oder ist das schon die Zukunft?

Neben dem Dur und dem Moll der europäischen Musik sind in diesem polyphonen Gesang weitere Seelenstimmungen enthalten; dazu neben Halbton- auch eine Vielzahl an Viertel- und Achteltonschritten. Da wechselt Konsonanz mit Dissonanz und mündet immer wieder in der reinen Quinte. Das ist weder traurig noch fröhlich, sondern es existiert einfach mit ungeteilter Kraft, denn immer leben wir ganz. Und selbst nach unserem Tod werden wir mit den Unseren singen, essen und trinken. Das eine ist Basis für das Andere, welcher Ton auch immer gerade angeschlagen wird. Und so wird das Einzelne und Unterschiedliche komplex, bedingt sich gegenseitig, wird wieder gefühlt als das, was es immer schon ist – eines und rund.

Zu Zeiten der Sowjetunion verschwanden vor allem die Kirchenlieder aus dem öffentlichen Leben. In einzelnen Familien wurden sie dennoch gesungen, erstmals auch niedergeschrieben. So konnten sie die Zeiten überdauern.

Als die Sowjetunion zerfiel, versank Georgien zunächst im Bürgerkrieg. In der Zeit von 1995 bis 1997 besuchte der Schriftsteller Clemens Eich dreimal das Land und konstatierte in seinen damaligen *Aufzeichnungen aus Georgien*: »Identität und Frieden findet Georgien (nur) in seinen Gesängen.« (4)

Der georgische Gesang ist in die erste UNESCO-Liste der Meisterwerke des mündlichen und immateriellen Erbes der Menschheit aufgenommen worden.

Und vielleicht werden Nachfahren von uns, oder auch Außerirdische, eines Tages auf dem Planeten Jupiter oder auf dem Saturn landen und die beiden, 1977 bei Radio Moskau aufgenommenen und dann ins All geschickten Voyager Sonden der NASA finden. Und sie werden diese Sonden öffnen und neben Bild- und Sprachbotschaften auch eine aus Kupfer gefertigte und mit Gold überzogene Datenplatte finden, die Voyager Golden Record, auf welcher irdische Musikstücke konserviert worden sind. Und, wenn sich alles optimal ergibt, werden sie dann, neben Werken u. a. von Johann Sebastian Bach eben auch solch einen polyphonen georgischen Gesang zu hören bekommen, zwar nicht *Zutisopeli,* jedoch einen der vielen anderen – *Chakrulo*.

Das Lied *Chakrulo* stammt aus den Bergen des östlichen Teils von Georgien, aus Kartli-Kacheti. Wie alle polyphonen Gesänge ist auch *Chakrulo* ein sehr altes Lied. Es erzählt vom Leben der Männer, von ihrem Leben unter einem Herrscher, gegen den sie sich zu behaupten versuchen, gegen den sie schließlich auch kämpfen. Mit dem Gesang regeneriert sich die männliche Kraft.

Wer nun aber kein Außerirdischer ist oder wem es an Möglichkeiten fehlt, um den Jupiter oder den Saturn in absehbarer Zeit zu bereisen, um sich dort dann diese Voyager Golden Record anzuhören, der könnte ja bereits eine andere der Gelegenheiten nutzen, die uns diese schöne Erde bietet, und einfach selbst einmal nach Georgien reisen. Am besten so bald wie möglich, denn Sie wissen ja: Unser Leben dauert nicht viel länger als ein Wimpernschlag, *Zutisopeli*.

Fahren Sie also nach Georgien, bereisen Sie das Land, und besuchen Sie einen Gottesdienst, ein Konzert, vielleicht im *Museum der georgischen Volksmusik und Musikinstrumente* in Tbilissi, oder ziehen Sie einfach mit offenen Augen und Ohren durch die Dörfer, bleiben Sie für einige Tage, ob nun hier oder dort. Für manch einen, Sie haben es inzwischen ja gelesen, singen angeheiterte Sangesschwestern und -brüder sogar noch, bzw. schon, im ersten Morgengrauen.

Das Wort *Zutisopeli* ist auch eines der georgischen Lieblingswörter der Schweizer Übersetzerin und Literaturvermittlerin Rachel Gratzfeld, welche inzwischen in Liebe zum Land nun in Tbilissi lebt. Auf ihrer Liste georgischer Lieblingswörter steht *Zutisopeli* ganz obenan.

Im *Zutisopeli*-Zusammenhang macht mich Rachel auch auf den Berliner Philosophen Wilhelm Schmid aufmerksam, der von 1997 bis 2006 Gastdozent an der Staatlichen Universität Tbilissi gewesen ist und der in der »Neuen Züricher Zeitung« ausführt:

»Nicht etwa ein Leben nur im Hier und Jetzt hat die Minutenwelt zur Folge, sondern ein Gefühl des Eingebettet-Seins in eine umfassendere Zeit, die ihrerseits wiederum eingebettet ist in die Unendlichkeit ... Die ›samtene Revolution‹ in Georgien führt zu einer Beschleunigung der Zeit, zum Ausbruch aus der Minutenwelt, zum Eintauchen in die Zeitvorstellung

der westlichen Moderne. Die große Herausforderung wird daher sein, bei aller Modernisierung die Lebenskunst der Minutenwelt nicht gänzlich aus den Augen zu verlieren.« (5)

Vierzig Tage, selbst elf Wochen, sind eine kurze lange Zeit, ein Wimpernschlag, um ein Land kennenzulernen. Kaum bin ich angekommen, verlangsame ich, werde ich imperfekt, mehr und mehr; und all das aus voller Seele. Was ich dabei nicht zu sehen bekomme, werden andere sehen. Nicht immer sind es allein *freundliche* Dinge, sondern wie andernorts findet sich Dissonanz neben Konsonanz. Doch was soll es: Ich bin, in Georgien unterwegs, alles andere als der Nabel der Welt, für diesen Minutenmoment aber der Gast.

»Für mich ist Georgien das schönste Land der Erde«, versichert mir Magdalena, meine junge polnische Freundin, die im Jahr zuvor ganze drei Monate hier verbracht hat. »Du hast in Georgien alles auf engstem Raum – das Meer, die Berge und die Stadt. Du hast Natur, du hast Kirchen, Klöster ... Wenn es dir in Tbilissi zu heiß wird, fährst du in die Berge, nach Kazbegi vielleicht, oder nach Swanetien, oder du fährst gleich ans Schwarze Meer. Und überall triffst du auf gastfreundliche Menschen. Irgendwo habe ich mal gelesen, diese Menschen seien die eigentliche Attraktion des Landes. – Es wird dir gefallen.«

Ein Dresdner Freund erinnert mich zugleich daran, dass auch Stalin aus Georgien stammt und dass es neue Untersuchungen gibt, nach denen er dort heute noch verehrt wird; nicht zuletzt von jungen Menschen.

»Hast du die genauen Zahlen?«

»Habe ich nicht«, meint er. »Aber ich war überrascht, dass es da überhaupt noch jemanden gibt in Anbetracht der vielen Opfer.«

Es gibt eine alte Legende, die von Gott und den Menschen Georgiens berichtet. Da diese Legende aber schon so oft und überall erzählt worden ist, bin ich versucht, sie einfach als bekannt vorauszusetzen und wegzulassen. Aber, genau wie *Zutisopeli*, der polyphone Gesang oder auch die Supra, ist diese Legende eins mit Georgien. Ich will sie mal so erzählen:

Es ist die Zeit, da Gott die Regionen der Erde an die Völker verteilte. Jedes Volk schickte seinen Vertreter und die Verteilung dauerte eine kleine Ewigkeit. Da wollten die Georgier – wie übrigens auch die Armenier –, in der Zwischenzeit viel lieber ihre Lieder singen, miteinander tanzen, trinken, essen ... Und was die Zukunft betraf: Die würde sich schon noch finden.

Für die Armenier blieb am Ende das Land der Steine übrig; für die Georgier blieb gar nichts.

Gott aber erbarmte sich ihrer. Denn was bis dahin keiner gewusst hatte: Es gab da noch ein einziges, ein allerletztes Stück Land, das nicht mit zur Verteilung gestanden hatte. Denn dies war ein besonderer Ort, landschaftlich ein Paradies, umfasste er sowohl die Berge als auch das Meer, sowohl Wüste als auch fruchtbare Felder, sowohl Palmen als auch hohe Tannen ... Eigentlich hatte Gott diesen paradiesischen Ort sich selbst vorbehalten, als Rückzugsort, als Ort der Erholung; manche sagen auch als Alterssitz. Nun aber, in Anbetracht der Umstände, bestimmte Gott diesen Ort als Lebensraum für die Georgier.

»Allerdings«, verfügte er zugleich: »Gerade, weil dies der schönste Ort auf Erden ist, werde ich euch immer wieder Gäste schicken. Seid freundlich zu ihnen, ganz gleich woher sie kommen und woran sie glauben.«

Die Gastfreundschaft in Georgien ist, obwohl (bisher) nicht als immaterielles UNESCO-Weltkulturerbe beglaubigt, ein landestypisches Wahrzeichen. Die Regierung, wie immer der Einzelne zu ihr steht und welche Probleme es tagespolitisch gibt, hat diese mentale Stärke der Georgier zur Politik gemacht: Der Tourismus wird unterstützt und boomt. So wurden allein 2016 fast 300 neue Hotels verschiedener Preisklassen erbaut. Darüber hinaus steigt die Zahl der Zimmervermietungen auf privater Basis; problemlos abzurufen über die gängigen Internetportale.

Die Zahl der Touristen steigt. Im 1. Halbjahr 2017 sind es bereits zwei Millionen; und ich bin einer davon. Diese ganze Entwicklung wird durch ein spezielles Förderprogramm der Regierung unterstützt: *Host in Georgia* innerhalb des Großprojektes *Produce in Georgia*.

Vor allem der junge bzw. flexible Gast fühlt sich schnell ein in diese menschlich-lebendige, völlig imperfekte Welt, nimmt es als Abenteuer, als Erfahrung, beispielsweise auch mal *keinen* Netzempfang zu haben ... Zugleich gibt es inzwischen eine ganze Reihe Hotels, die bereits westeuropäischem Standard entsprechen.

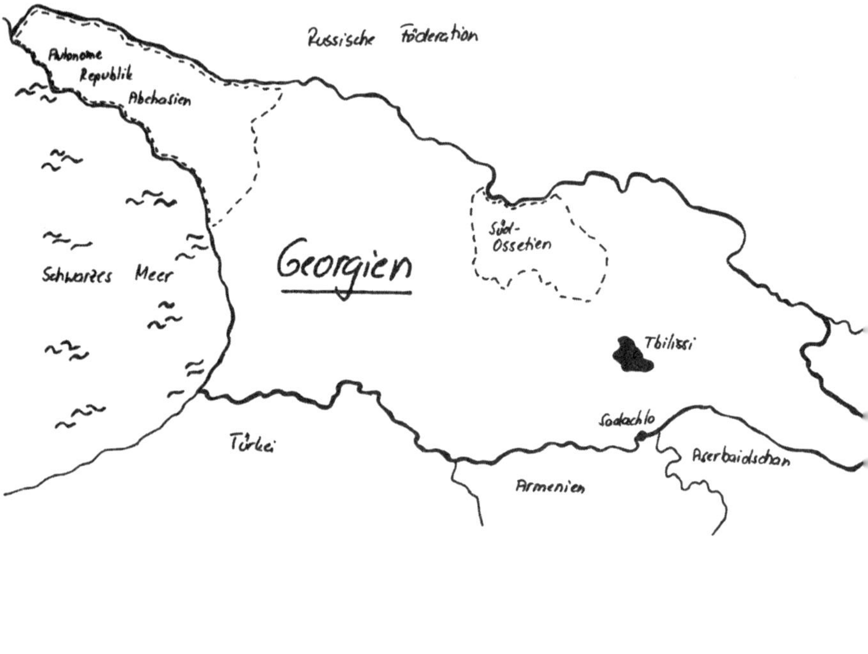
Russische Föderation
Autonome Republik Abchasien
Süd-Ossetien
Georgien
Schwarzes Meer
Tbilissi
Sadachlo
Türkei
Armenien
Aserbaidschan

Tag
1
Nachbarn

Sadachlo

Meine armenische Freundin, die Dichterin Hermine Navasardyan war noch nie in Tbilissi. Dabei ist es von jeher ihr Traum, wenigstens ein einziges Mal beim *Rosenfest* für den armenischen Dichtersänger Sajat Nowa mit in Tbilissi gewesen zu sein. Das Rosenfest findet jährlich am letzten Sonntag im Mai statt. In diesem Jahr ist das der 27. Mai. Es bietet sich nun regelrecht an, gemeinsam von Jerewan, von Armenien aus, nach Tbilissi zu reisen. Und so machen wir es auch. Ich lade Hermine ein.

Täglich fahren mehrere Sammeltaxen zwischen Jerewan und Tbilissi hin und her. Die Fahrt dauert sechs Stunden, kostet 7.000 Armenische Dram, umgerechnet sind das 12 Euro.

Unser Fahrer lenkt rasant, und das bei meditativer Klaviermusik, welche aus seinem Musikdeck kommt. In ihrer Aufregung redet Hermine ohne Unterlass, und obwohl wir nicht die einzigen Fahrgäste sind, redet sie laut – und unentwegt auf Deutsch. Die stille, zuweilen fast unsichere armenische Dichterin ist kaum wiederzuerkennen. Mit uns sind es nun noch diese fünf weiteren Fahrgäste, die aber allesamt schweigen; die Atmosphäre im Wagen wirkt angespannt. Ich habe das Gefühl, dass alle anderen unser Gespräch sehr wohl verfolgen, allerdings ohne etwas zu verstehen, wodurch wiederum Anspannung und Befremden nur noch zunehmen. Ich versuche ins Russische zu wechseln, Hermine aber bleibt bei Deutsch.

Landschaften ziehen vorbei, Hügel, Berge, Steine, Steine, Steine, schließlich auch der Sewansee. Und überall wieder taucht die riesige Bewerbung des armenischen und zugleich weltläufigen Aurora-Preises auf, welcher seit 2015 jährlich vergeben wird, ein Preis zur Förderung der Menschlichkeit. Und immer wieder sehen wir auf diesen Aurora-Preis-Plakaten einen dunkelhäutigen Jungen, und wie er da steht, mit weit ausgebreiteten Armen, als könne er fliegen. *Jetzt träumen wir* ist darunter zu lesen, und das in den verschiedenen Sprachen.

Wir erreichen die Grenzstation Sadachlo. Dieses georgische Dorf an der armenisch-georgischen Grenze liegt zugleich unweit der Grenze zu Aserbaidschan. Mit Sadachlo betreten wir georgisches Territorium und durchfahren ein Dorf, bewohnt zu 97 Prozent von Aserbaidschanern.

Die Aserbaidschaner Georgiens siedeln seit Jahrhunderten vorwiegend in den ländlichen Regionen, vor allem im Süden und im Osten des Landes. Sie leben auf begrenztem geographischen Gebiet, sprechen Aserbaidschanisch und praktizieren den Islam. In Georgien herrscht Religionsfreiheit.

Dadurch, dass viele der Aserbaidschaner nicht ebenso das Georgische zu sprechen vermögen, besteht für sie eine Sprachbarriere, wodurch die Teilhabe am öffentlichen Leben des Landes von vornherein stark eingeschränkt bleibt. Im georgischen Parlament gibt es 150 Sitze, von denen gerade mal drei durch Aserbaidschaner besetzt sind.

Diese überwiegend aserbaidschanisch besiedelten Dörfer, die wir gleich nach der armenisch-georgischen Grenze durchqueren, wirken trostlos, verlassen. Drei Kinder laufen die Straße entlang. Kaum sehen sie uns aber kommen, breiten auch sie ihre Arme weit aus, genau wie der Junge auf dem Aurora-Preis-Plakat.

Und ich frage mich: ›Haben die armenischen Dörfer auf der anderen Seite der Grenze nicht mindestens ebenso trostlos gewirkt? Inwieweit bestimmt mein Blick das, was ich sehe? Muss ich mich erst gewöhnen? Oder habe ich mir, nach allen Vorreden, Georgien einfach viel schöner vorgestellt?‹

»Wir werden eine neue Welt kennenlernen«, meint jetzt Hermine, die seit dem Grenzübergang längere Zeit geschwiegen und einfach nur aus dem Fenster geschaut hat: »Ich kenne ja schon Deutschland«, meint sie. »Und in Deutschland ist ja alles so gut organisiert. Die Menschen sind pünktlich. Und es gibt eine Ordnung. – Ich freue mich auf Tbilissi. Die Eindrücke dort können wichtig für uns werden – für unsere Literatur, aber auch für unsere Seelen.«

Witze

Armenien und Georgien sind beides alte, christliche Länder. Es sind benachbart lebende Völker, die einander auch – wie soll ich es anders sagen – foppen, wie ungleiche Brüder. Ich weiß gar nicht, wie viele Witze über *die Georgier* ich während meiner Reisen durch Armenien schon hörte:

Behauptet da doch ein Georgier fünf Sprachen zu sprechen: Georgisch, Russisch, Englisch, Französisch und Deutsch. – Der Armenier fragt: »Und, was heißt dann Guten Morgen *auf Deutsch?« – »Ganz einfach«, meint der Georgier: »Salam Aleikum!« – »Salam Aleikum? Salam Aleikum, das ist nicht Deutsch, das ist Arabisch!« – »Dann«, ruft begeistert der Georgier, »spreche ich ja sogar sechs Sprachen!«*

Nun also werde ich Georgien mit eigenen Augen sehen. Und so

werde ich bald erfahren, dass umgekehrt, zumindest witzemäßig betrachtet, das Verhältnis der Georgier zu *den Armeniern* kaum anders ist:

Bei archäologischen Ausgrabungen finden die Georgier, bis auf ein Stück Draht, nichts. Sie halten nun also dieses Stück Draht als eine Trophäe hoch und verkünden: »Damit ist es bewiesen: Vor 8.000 Jahren besaßen wir Georgier bereits die Telegraphie.« Daraufhin beginnen auch die Armenier in der Tiefe zu graben, finden aber nicht einmal ein Stück Draht. Ihre Begeisterung scheint keine Grenzen zu kennen: »Damit«, sagen sie, »ist nun ganz klar bewiesen: Vor 8.000 Jahren besaßen wir Armenier sogar schon die drahtlose Telegraphie.«

In unserem Sammeltaxi sitzt mir am nächsten auch eine blonde, rundliche, freundliche Frau. Irgendwann kann ich das angespannte Schweigen im Wagen kaum noch aushalten und spreche sie an. Sie ist Russin. Sofort atmet sie erleichtert tief durch und fragt: »Sie und ihre Freundin sprechen Arabisch?« – »Nein, nein, wir sprechen Deutsch.« – »Aber es klingt fast wie Arabisch.« – »Sie wohnen in Tbilissi?« – »Nein, nicht mehr, aber ich wurde in Tbilissi geboren. Und Sie?«, wendet sich die Russin nun an Hermine, um auch Hermine mit ins Gespräch einzubeziehen: »Was werden Sie in Tbilissi machen?« – »Ich werde meiner deutschen Freundin Tbilissi zeigen.« – »Sie waren schon oft dort?« – »Nein, es ist das erste Mal.« – »Entschuldigen Sie bitte, aber das verstehe ich jetzt nicht ganz: Wie wollen Sie Ihrer Freundin Tbilissi zeigen, wenn Sie es gar nicht kennen?«

Russland ist ein riesiges Reich, zu dem Georgien auch die längste seiner Grenzen hat – 723 Kilometer! Durch den Abchasien- und den Südossetien-Konflikt ist das Verhältnis zwischen Georgien und Russland belastet. Zugleich ist Georgien nach wie vor für viele Russen ein beliebtes Urlaubsland.

Im Jahre 1829 – Georgien war nach der persischen Invasion schließlich Teil des Zarenreiches geworden – beobachtete Puschkin auf seiner *Reise nach Erzurum*, dass sich die hiesigen Russen in

Georgien eher wie in Verbannung fühlten. Offenbar hat sich dieses Gefühl mit der Zeit gewandelt.

Jedenfalls beschreibt es der russische Schriftsteller Andrej Bitow für die zweite Hälfte des 20. Jahrhunderts so in seinem *Georgischen Album*: »Früher gab es bei uns *Völkerfreundschaft*. Usbeken, Tadschiken und Aserbaidschaner waren in aller Munde, sogar Osseten. Armenier gab es noch speziell, der Witze wegen. Und Juden natürlich. Tschetschenen gab es, wie mir scheint, noch nicht. Es gab Gerüchte über die vertriebenen Tschetscheno-Inguschen (wie über die Krimtataren). Aber nur die Georgier haben wir speziell geliebt, ohne Völkerfreundschaft. Sollten wir sie dafür geliebt haben, dass sie keine Usbeken, keine Tataren, keine Armenier und keine Juden sind? Heute kommt mir der Verdacht, wir hätten sie dafür geliebt, dass sie keine Russen sind. Nicht wir. Aber wie wir. Aber besser als wir ... Nein, nicht besser natürlich – schöner!« (6)

Awlabari

Auf dem Platz vor der Metrostation Awlabari endet unsere Fahrt. Seit dem 16. Jahrhundert ist Awlabari das armenische Viertel von Tbilissi. Auch die Georgier waren christlich; genau wie sie selbst; nationale Verfolgung war hier nicht zu erwarten. Anfang des 19. Jahrhunderts lebten in Tbilissi sogar vor allem Armenier. Heute wiederum überwiegen zahlenmäßig gesehen mit 90 Prozent die Georgier.

Gerade mit Beginn des neuen Jahrtausends ist im Stadtviertel Awlabari viel geschehen. Ganze Wohnblocks wurden abgerissen, um beispielsweise Platz zu machen für den Bau der Sameba-Kathedrale, 2004 für den Bau der Dreifaltigkeitskirche. Die Sameba liegt auf dem Elias-Berg und wurde von Bidsina Iwanischwili finanziert, *dem* georgischen Unternehmer, der ursprünglich aus ganz einfachen Verhältnissen stammt, der zudem die Partei *Georgischer Traum* gegründet hat, heute Milliardär ist und 2012/2013 auch als

Blick auf Awlabari und Altstadt

Premierminister amtiert hat. Obwohl er heute scheinbar zurückgezogen lebt, taucht sein Name dennoch immer wieder auf.

Ebenfalls in Awlabari steht, erhöht am Hang, ein Palast mit einer Kuppel aus Glas und Stahl: der Präsidentenpalast.

Wie bescheiden nimmt sich im Gegensatz dazu das Mimino-Denkmal auf dem Platz vor der Metrostation Awlabari aus. In gewisser Weise steht dieses Denkmal für die armenisch-georgischen Beziehungen überhaupt; und das wieder mal – witzig.

Mimino

Mimino heißt eigentlich Waliko, ist Pilot und Flugpionier in den georgischen Bergen, der in seinem Hubschrauber außer Menschen auch Ziegen, Schafe und Hühner transportiert. Über Funk meldet sich Waliko immer mit: »Mimino!«, georgisch für *Sperber*. Waliko ist einer der Protagonisten der gleichnamigen georgisch-armenischen Filmkomödie aus Sowjetzeiten, gedreht 1977. Das Bronzedenkmal an der Metrostation Awlabari erzählt bis heute vom damaligen Kinoerfolg. Neben Waliko sind im Denkmal auch die beiden anderen Haupthelden des Films für die Ewigkeit verkörpert – der armenische Fernfahrer Ruben, zu erkennen an den beiden Ersatzreifen, die er bei sich trägt, sowie der märchenhaft beherzte Funktionär Wolochow. Die drei haben, dann längst nicht mehr in den georgischen Bergen, sondern mitten in Moskau, jede Menge Prüfungen zu bestehen; am Ende aber wird alles gut – und wenn sie nicht gestorben sind, dann leben sie noch heute.

»Alle großen Diktatoren – Hitler, Stalin, Franco – wussten von der Imaginationskraft des Films«, erklärt mir später Ketevan Tra-

Das Mimino-Denkmal in Awlabari

paidze, Professorin an der Universität für Kino und Theater *Schota Rustaweli*. Ketevan spricht sehr langsam, intensiv, der Blick aus ihren großen, dunklen Augen fixiert mich regelrecht: »Diese Imaginationskraft wird von Diktatoren gern und ausgiebig genutzt. Das 1. Dekret, das Lenin nach der Oktoberrevolution erließ, war, mit Bedacht, ein Dekret über den Film! Die Leute lieben Filme, vor allem Leute, die in einfachen Verhältnissen leben. Denn wer einen Film schaut, kann der Wirklichkeit entfliehen. Natürlich weiß man, dass das nicht das wahre Leben ist. Aber es fühlt sich fast so an; zumindest während man im Kino oder zu Hause vor dem Bildschirm sitzt. Filme sind Träume; und manchmal nichts als Märchen.«

Seit 1912 werden in Georgien Filme gedreht; dabei übrigens bis heute vorwiegend noch analog. Anschließend werden die Filme althergebracht, d. h. mit großem, auch handwerklichem, Aufwand, geschnitten. Ketevan bestätigt es mir: »So ist es. Und der Grund: Bilder, die analog aufgenommen worden sind, besitzen größere Tiefe.«

Während der Film *Mimino* allein regional, vielleicht noch national, breitenwirksam blieb, ein leichtfüßiger Scherz, haben es dagegen andere georgische Filme bis in die internationale Filmgeschichte geschafft; Filme von Tengis Abuladse, Eldar und Giorgi Schengelaia, Otar Iosseliani und nicht zuletzt von Sergej Paradschanow.

Als ich später, gerade auf dem Weg in das Höhlenkloster David Garedscha, mit einer kleinen touristischen Gruppe und dem Reiseführer Luka, erneut am Mimino-Denkmal vorüberkomme, erklärt Luka seinen Touristen an dieser Stelle jede Menge auf Russisch, verliert umgekehrt aber kein einziges Wort auf Englisch. Auf eine Nachfrage hin, auch diese auf Russisch gestellt, meint Luka: »Es gibt Dinge, die kann man nur verstehen, wenn man sie selbst erlebt hat. In Gori wurde ich ja sogar gefragt, wer Stalin eigentlich gewesen ist. Anfangs habe ich das dann auf Englisch darzustellen versucht, auch hier diese Sache mit *Mimino*. Aber dann kam als nächstes: ›Wovon reden Sie? Wir können Sie nicht verstehen.‹ Und seitdem lasse ich es ganz.«

Nach einer kleinen Pause erklärt Luka dieses Gespräch dann auch für die englischsprechenden Gäste. Und er sagt: »Die russischsprechenden sind miteinander verbunden durch das frühere Sowjetsystem. Deshalb haben sie dazu auch immer mehr Fragen. Dieses System war in sich sehr geschlossen.«

Tag 2 Gründung

Die Gründung der Stadt Tbilissi

Ich werde es in Georgien immer wieder hören, dass die Georgier weder auf die Nationalität schauen noch auf die Religion des anderen. Fakt ist, dass seit Jahrhunderten in Georgien, wie auch in Tbilissi selbst, die drei Weltreligionen aufeinandertreffen – das Christentum, das Judentum und der Islam. Gäbe es keine Form des gegenseitigen Respekts, der Toleranz, zumindest der Koexistenz, wäre so ein kleines Land wie Georgien, gelegen an dieser Nahtstelle, von vornherein dem Untergang geweiht.

Von Awlabari aus, hinüber zu unserem Quartier, müssen Hermine und ich quer durch die Altstadt. Dabei ergibt es sich, dass wir automatisch auch die verschiedenen Gotteshäuser passieren. Zuerst kommen wir vorbei an den Ruinen der 1920 von einem Erdbeben zerstörten armenisch-apostolischen Kirche und stoßen am Ende der Metechi-Straße dann auf die georgisch-

Eine Reisegruppe am Denkmal von Wachtang I. Gorgassali

orthodoxe Metechi-Kirche aus dem 13. Jahrhundert. Die Metechi-Kirche wurde auf einem Felsen gebaut, oberhalb des Flusses Kura bzw. auf Georgisch: Mtkwari, auf Aserbaidschanisch: Kür, auf Deutsch auch: Kur. Der Fluss Kura ist mit 1.364 Kilometern der längste Fluss des Kaukasus, entspringt in der Türkei, durchfließt Georgien, um dann in Aserbaidschan ins Kaspische Meer zu münden.

Auf dem Platz vor der Metechi-Kirche steht ein Reiter-Denkmal: Wachtang I. Gorgassali gilt als der Gründer von Tbilissi.

Gerade versammelt sich dort eine aserbaidschanische Reisegruppe. Es sind junge, schöne Frauen, in langen Kleidern, und mit Tüchern um den Kopf. Sie lauschen den Worten ihrer Reiseleiterin.

Im 5./6. Jahrhundert herrschte in Iberien, also Ostgeorgien, der georgische König Wachtang I. Gorgassali. Er galt der Legende nach als ein Re-

cke von zwei Metern Größe, der es verstand, ein 25 Kilogramm schweres Schwert zu halten und zu führen.

Eines Tages erlegte Wachtang auf der Jagd einen Fasan. Das Tier stürzte vom Himmel und fiel in eine der heißen Quellen, von denen es in diesem Waldstück einige gab. Dampf stieg auf und der Fasan war im Handumdrehen gebrüht. – In einer Variante dieser Legende war König Wachtang mit seinem Jagdfalken unterwegs, welcher letztlich dann gemeinsam mit dem Fasan in eine dieser warmen Quellen fiel.

In beiden Varianten dieser alten Legende beschloss Wachtang I. Gorgassali, genau an dieser Stelle eine Stadt zu gründen. Er nannte sie Tbilissi, was Georgisch so viel bedeutet wie – Platz der warmen Quellen.

Alexander Puschkin erklärt den Namen der Stadt damit, wiederum in der *Reise nach Erzurum,* dass Tbilissi im Flusstal der Kura liegt, also so windgeschützt, dass sich im Tal die Hitze staut und es fast unerträglich heiß wird.

Hermine und ich glauben es sofort: Denn obwohl es erst Ende Mai ist, und obwohl es mittlerweile auf vier Uhr nachmittags geht, brennt die Sonne. Und uns läuft der Schweiß.

Die Wärme

Wato Tsereteli, der laut eigener Auskunft in den sozialen Medien gerade 105 Jahre alt geworden ist, den ich selbst aber eher auf Ende 30 schätzen würde – Künstler, Projektant, Gründer, Visionär –, und den ich erst später kennenlernen werde, führt bezüglich dieser heißen Quellen zu Tbilissi aus:

»Ich glaube, wenn man einen Ort verstehen will, muss man unbedingt auch seine Geologie studieren. Und diese Stadt Tbilissi wird bestimmt durch ein wahnsinnig großes Reservoir an heißen thermischen Quellen. Ich habe eine Recherche gemacht mit einem Geologen. Und dieses Reservoir ist so groß, dass man heute damit die gesamte Stadt heizen könnte. Das würde die Wärmeversorgung für 1,5 Millionen Einwohner bedeuten. Doch das ist hier kein Thema; niemand spricht davon. Aber natürlich sind die Pflanzen davon beeinflusst, durch diese Quellen; es kommen die besten Feigen von hier; der Boden ist sehr gut ... Und ich glaube, dass sich diese Quellen auch auf die Menschen auswirken. Ich kann mir nicht vorstellen, dass sich das nicht auswirken sollte. Allein schon der Name des Ortes *Tbilissi* bedeutet *Ort der Wärme*. Das Schicksal oder Karma dieser Stadt ist mit diesen heißen Quellen verbunden, mit dieser Wärme; und wird dadurch auch bestimmt. Ich glaube, dass der Frieden zum Teil auch durch diese Geologie zu erklären ist. Denn wir haben hier diese Friedensgeschichten, dass z. B. in unserer Moschee Sunniten und Schiiten gemeinsam beten. Und die Synagoge in Tbilissi ist eine liberale Synagoge. – Wie ist all das möglich? Das ist ein Rätsel. Und wie ist das noch dazu gerade bei Leuten möglich, die eine so starke Identität besitzen, wie unter anderem die Georgier, bei Leuten also, die ein sehr starkes Immunsystem haben, auch haben müssen, um zu überleben und um sich selbst zu schützen ... Denn eigentlich war unsere ganze Geschichte *Sich-Schützen* und nicht *Bei-anderen-Einfallen* ... Ich glaube, wir haben es insgesamt mit einem Paradoxon zu tun. Und dieses Paradoxon besteht darin, dass einerseits eine lange Geschichte existiert, wir als Georgier also ein langes Gedächtnis haben, eine sehr starke Identität, die oft aber auch, wenn man über gemeinsame Lösungen nachdenkt, störend und Konfliktursache sein kann und ist. Und zugleich haben wir in der Stadt eben auch diese heißen Quellen und diese Friedensgeschichten ...«

In der Altstadt

Von der Metechi-Kirche aus steigen wir abwärts zum Rike-Park, mit Blick auf die imposante Sameba, die Dreifaltigkeits-Kathedrale. Unser Weg ist nicht weit, aber er ist, sagen wir es mal so, doch recht anspruchsvoll. Unten am Europa-Platz stehen mehrere Taxen und warten auf ihre Kunden. Aber es genügt ein Blick in unsere Wegbeschreibung: Luftlinie ist es ein Katzensprung bis zu unserem Quartier. Also gehen wir weiter zu Fuß und überqueren den Europa-Platz in Richtung der Brücke, die uns über den Fluss führen wird.

Hier, unterhalb des Präsidentenpalastes, fallen uns vor allem diese zwei riesigen, stählernen *Lüftungsschläuche* ins Auge, welche, wie wir später erfahren, Konzert- und Ausstellungshallen sind. Diese *Lüftungsschläuche* sorgten in der Bevölkerung durchaus für Diskussion. *So etwas* passe weder zu Georgien noch zur Altstadt von Tbilissi. Zugleich wird erzählt, dass diese beiden, metallisch glänzenden Hallen, mit Bedacht genau in Richtung des gegenüberliegenden Berges weisen würden, auf dessen Gipfel sich die Residenz des besagten Milliardärs, Bidsina Iwanischwili, befindet, dem einstigen politischen Erzfeind von Präsident Micheil Saakaschwili.

Zu der aus der Altstadt ebenso herausfallenden Modernität gehört auch die *Friedensbrücke*, welche Rike-Park und Altstadt miteinander verbindet, eine architektonisch schwungvolle Glas-Metall-Konstruktion.

Unser Weg führt uns nun nicht über die Friedensbrücke, sondern gleich unterhalb der Metechi-Kirche über die Altstadt-Brücke.

Auf der anderen Seite des Flusses, der Kura, beginnt dann die Altstadt von Tbilissi. 1795 war die Stadt durch die persische Armee Aga Mohammed Khans weitgehend zerstört worden. Unter der folgenden, der russischen Herrschaft, entstand die Stadt neu. Dadurch stammen die meisten Häuser hier – halb aus Stein, halb aus Holz gebaut – eben aus dieser Zeit, Anfang des 19. Jahrhunderts. Typisch für Tbilissi sind die reich verzierten Holzbalkone.

Hermine und ich reden nur wenig miteinander. Wir haben mit unserem Gepäck zu tun, mit der Hitze wie überhaupt mit unseren ersten Eindrücken. Mittlerweile erreichen wir den Wachtang-Gorgassali-Platz, also den alten Basar, den Maidan. Und wie es Puschkin beschrieben hat, geht es hier nun auf der anderen Seite des Flusstales wieder bergauf. Wir selbst bleiben im Tal, um, dem

Verlauf der Kote-Abchasi-Straße folgend, baldigst unser Privatquartier zu erreichen.

Schauen wir dabei linker Hand nach oben, sehen wir auf dem Gebirgskamm des Sololaki die Festung Narikala – im 4. Jahrhundert durch die Perser begründet, später, unter der Herrschaft von Wachtang, im Bau erweitert.

Die Moschee

Hangabwärts, unterhalb der Narikala-Festung, zieht sich eine dicht bewohnte Fläche, mit einem verwinkelten Gewirr von Gassen und Gässchen, wo sich auch der vielgelobte Botanische Garten zu Tbilissi befindet; darüber hinaus die Reste des zoroastrischen Feuertempels Ateschgah (5.–7. Jahrhundert) sowie die Schumah Moschee, die einzige Moschee in ganz Tbilissi (19. Jahrhundert). Schiiten und Sunniten beten, wie Wato schon betont hat, in der Schumah Moschee gemeinsam. Die Moschee ist etwas über 100 Jahre alt.

Außerhalb der Zeremonien steht die Moschee zur touristischen Besichtigung offen, auch für Frauen. Also, einfach die Schuhe im Vorraum belassen, den großen Raum betreten und sich umschauen. Ein Regal ist mit Gebetssteinen gefüllt; die Schreine weisen in Richtung Mekka. Die Schritte werden gedämpft durch die weichen, ornamentreichen Teppiche, auf denen, genau wie an Decke und Wänden, farblich ein dunkles Königsblau dominiert.

Die Synagoge

Endlich nähern wir uns unserem Quartier, passieren bis dahin aber auch noch die Jüdische Hauptsynagoge der Stadt, ebenfalls auf der Kote-Abchasi-Straße gelegen. Diese Synagoge ist reichlich hundert Jahre alt, ein zweistöckiger Backsteinbau, vor dem eine große, steinerne Chanukkia steht, der neunarmige Leuchter. Jüdische Gemeinden gibt es in Georgien bereits seit dem 6. Jahrhundert vor Christus. Und man ist stolz darauf, dass die Juden, die in Georgien lebten und leben, zu keiner Zeit verfolgt worden sind. Selbst zu kommunistischen Zeiten konnten sie in Georgien weitgehend ungestört ihren Traditionen nachgehen. Dennoch begann in den 1960er-Jahren eine Auswanderungsbewegung nach Israel, die während der sowjetischen antiisraelischen Kampagne in den 1970er-Jahren zur Auswanderungswelle wurde; ähnlich dann auch noch einmal in den Zeiten des Bürgerkrieges in den 1990er-Jahren. Insgesamt sind wohl um die 75.000 georgische Juden nach Israel ausgewandert. Heute leben, nach verschiedenen Schätzungen, noch um die 10.000 Juden in Georgien; die meisten von ihnen in Tbilissi.

Georgisch-orthodoxe Kirche

Nur einige hundert Meter weiter steht nach Metechi-Kirche und Sameba-Kathedrale schon die nächste georgisch-orthodoxe Kirche. Ein Gesang ertönt, der uns lockt. Es ist die Kirche *Dschwaris Mama*. *Dschwari* bedeutet *Kreuz* auf Georgisch, und *Mama* Vater. Diese Kirche diente einst u. a. auch als Aufbewahrungsort für Ikonen. Seit dem 9. Jahrhundert *schreiben*, also ganz bewusst nicht: malen oder zeichnen, Nonnen und Mönche in Georgien Kult- und Heiligenbilder. Der *Schreiber* einer Ikone wird als ein Instrument Gottes angesehen; und der Dargestellte gilt mit dem Bild als real präsent.

»Meine Heimat ist meine Ikone ...«, beginnt die georgische Nationalhymne.

In der Kirche stehen die, zumeist jungen, Frauen dicht beieinander. Sie tragen bunte Kleider in kraftvollen Farben, rot, grün, blau ... und haben sich ebenso farbige Tücher über den Kopf gelegt, deren Enden dann elegant um den Hals geworfen. Die Gesichter dieser Frauen leuchten im Schein der dünnen, gelben Kerzen.

Der Gesang kommt, polyphon, aus der Richtung des Altars. Mehrere Mädchen singen. Auf einem Pult liegt ein aufgeschlagenes Buch. Der junge, dunkelhaarige Priester, einen goldbestickten Übermantel über der schwarzen Kleidung, hebt die Hände zum Segen. Ich atme ein, aus, immer wieder; das Leben ist heute und nach meinem Tod ...

Das Quartier

Den Eingang zum Haus Chandsteli-Straße, wo sich unser Privatquartier dann befindet, verstellt ein alter LKW, hoch mit Bauschutt beladen. Die Fenster zum Keller stehen offen. Ein junger Mann stapelt, gemeinsam mit einem alten Mann, beidseits der Kellerfenster das, was ich jetzt mal *Miniaturziegelsteine* nenne. Diese Art Stein ist etwas kürzer als die uns bekannten Ziegelsteine und vor allen Dingen um die Hälfte flacher.

Die Häuser in der Chandsteli-Straße stehen so eng beieinander, dass sich die Balkone, in diesem Falle schmiedeeiserne, über die Straße hin fast berühren. Der Balkon, der zu unseren Vermietern gehört, befindet sich weiter hinten, wie ich aber erst später erfahren werde, es ist nämlich derjenige, der mit Weinlaub zugewachsen ist.

Hermine und ich schieben uns samt Gepäck am Lkw vorbei, um das Haus zu betreten, in dem sich unser Quartier befindet. Die hölzernen Treppenstufen führen krumm und schief nach oben.

»Unser Haus ist hundert Jahre alt«, erklärt uns Rimma Tandilashvili strahlend. Rimma ist unsere junge Gastgeberin. Neben ihr im Wohnungsflur steht ihre Mutter, Armina, hinter ihr der Vater Tamaz. »Herzlich willkommen!«, sagen sie alle miteinander; wobei der Vater abwartend bleibt, selbst als wir dann zusammen bei ihnen im Wohnzimmer sitzen und einen kleinen, typisch aufgeschäumten Kaffee trinken.

Der Eingang zu unserem Quartier bei Rimma

»Der georgische Kaffee schmeckt ja genau wie der armenische«, bemerkt Hermine auf Russisch, worauf Rimmas Mutter wissend lächelt und offenbart: »Ich *bin* Armenierin. Und mein

Mann ist Georgier.« Von nun an vermischen sich die Sprachen rasant; Russisch und Englisch dominieren; aber nun kommt auch noch Armenisch hinzu. Während wir aus geblümten Tässchen unseren Begrüßungskaffee trinken, sitzen Rimmas Eltern auf dem Sofa und wir in den beiden Ledersesseln. Rimma selbst steht daneben. Rimma und auch ihre Mutter arbeiten, wie ich es verstehe, in der Universität. Ich höre etwas von *internationalen Beziehungen*.

Tamaz mustert uns nach wie vor. Irgendwann halte ich seinen prüfenden Blick nicht mehr aus und spreche ihn direkt an, lächelnd: »Und Sie? Wie ist Ihre Situation? Haben Sie die Möglichkeit zu arbeiten? Wie geht es Ihnen?«

Es ist, als habe Rimmas Vater nur darauf gewartet: Tamaz arbeitet als privater Fahrer, bloß Marschrutka darf er nicht fahren, diesen Kleinbus, der als Sammeltaxi bestimmte Routen fährt: »Überhaupt keine Gruppen. Ich habe Probleme mit meinem Herzen.« Und wie nun alle Blicke auf ihn gerichtet sind, kommt er ins Erzählen: »Geld ist nicht alles im Leben. Wir Georgier sind gastfreundliche Menschen. Wenn Touristen kommen, dann bezahlen sie den Tarif. Trotzdem ist das nicht immer einfach: Manche kommen, wohnen hier, sagen die ganze Zeit nichts, lächeln nicht einmal, wenn sie einem auf dem Flur begegnen. Sie schauen einen immer nur so an, als wäre man ihr Feind. Aber wenn ein Mensch kommt wie ein Freund, so wie Sie«, sagt er und lächelt mich jetzt sogar an, »dann ist es natürlich etwas anderes. Dann wird es auch für uns leicht und es ist eine Freude. Herzlich willkommen bei uns und – *Gamardschoba*! Sie wissen, was das heißt? Sie wissen es nicht? Nun«, Rimmas Vater bekommt jetzt sogar ein spitzbübisches Blitzen in seine Augen. »Zuerst bedeutet es: *Guten Tag*! – Aber eigentlich heißt es: *Sei ein Gewinner*!«

Rimma ist Mitte Dreißig, reist gern, gern allein, d. h., wie sie betont, ohne Gruppe, ohne geplante Zeiten, ohne Stress. Hermine sieht sie groß an: »Haben Sie denn keine Angst?«

»Aber das ist doch nichts Besonderes. Inzwischen war ich

schon in Italien, in Deutschland, in der Türkei. – Die Deutschen sind wirklich sehr freundlich. Ich war in Frankfurt am Main und hatte die falsche U-Bahn genommen. Es war schon Nacht. Und ich habe zwei deutsche Studenten nach dem Weg gefragt. Und die sind dann mit mir einen großen Kreis mit der U-Bahn gefahren, extra, damit ich es nicht noch einmal verfehle.«

Unser Zimmer ist sauber, die Betten sind frisch bezogen. Tassen stehen bereit, Tee, Kaffeepulver, ein Wasserkocher ... Wie ich so schaue, wundere ich mich, dass sämtliche Bilder schief an den Wänden hängen. Erst mit der Zeit wird mir klar, dass die Bilder eigentlich gerade hängen, nur dass das Haus insgesamt schief steht; in sich verzogen oder auf einer Seite abgesenkt. Aber – es hält.

Der Blick in den Innenhof offenbart, wie dieses Haus im Laufe des Jahrhunderts wohnungsweise vergrößert und erweitert worden ist. Es wirkt zusammengestoppelt und abgewohnt. Eine Wäscheleine ist quer über den Hof gespannt.

Von Anfang an fühle ich mich bei Rimma und ihren Eltern in der Chandsteli-Straße bestens aufgehoben. Hier ist nichts perfekt. Aber die Tandilashvilis sind gastfreundlich; und wenn ich in Tbilissi bin, wohne ich dann hier. Warum auch nicht: Zwar steht das Haus schief, aber die Bilder hängen doch immer noch gerade.

Chatschapuri

Ohne Gepäck ist alles leichter. Und als Hermine und ich nach 9 Uhr abends noch einmal losziehen, um durchs Zentrum zu spazieren, ist es zwar dunkel, aber die Stadt erleuchtet und voller Menschen. Es ist eine warme Nacht Ende Mai. Und mich erfüllt ein Gefühl von Anfang, von Freude, ein Gefühl, dass das Leben schön ist, wenn auch nicht immer leicht, und dass das Eigentliche vielleicht gerade erst beginnt; und zwar hier und jetzt.

Das schließt nicht automatisch auch die georgische Küche mit ein, welche absolutes Neuland für uns ist. Die Begriffe Chinkali,

Chatschapuri sowie Lobiani hatte ich zwar schon im Vorfeld meiner Reise irgendwo aufgeschnappt, nun aber ist die Zeit gekommen, eines nach dem anderen auch zu probieren. Bei den Teigtaschen Chinkali, das weiß ich, gibt es wohl eine besondere Art, diese zu verspeisen. Der Einfachheit halber schlage ich Hermine vor, erst einmal mit Chatschapuri zu beginnen: einem mit Käse gefüllten Hefeteig-Brot, von meiner polnischen Freundin Magdalena auch als georgische *Käse-Pizza* bezeichnet. Wir nehmen noch Lobiani, ganz ähnlich wie Chatschapuri, nur eben mit passierten Bohnen gefüllt. Dazu trinken wir einen georgischen Rotwein. Wir fragen noch nicht einmal nach der Sorte; Hauptsache Georgisch! Der junge Kellner lacht, während über uns, in kurzen Abständen, die Gondeln der Seilbahn surren – vom Rike-Park fahren sie hinauf zur hell beleuchteten Narikala-Festung, und auf der anderen Seite wieder zurück.

Der Tamada

Im Spazierviertel unterhalb des Maidan, in Flussnähe, sind die Häuser allesamt instandgesetzt; kein Haus steht da schief; und die Gassen stehen voller Tische und Stühle. Cafés und Bars reihen sich aneinander. Ein einzelner Saxophonist spielt, fünf Häuser weiter dann eine ganze Band, und eine junge Frau singt, mit voller Stimme; exzellent. Wir lassen uns treiben.

So kommen wir dann auch an diese eine Stelle, zwischen dem *Restaurant Singer* und einem kleinen Stück Park, wo mitten auf der Straße der *Tamada* sitzt, der *Tischmeister*, eine in den Lichtern der Nacht glänzende Bronzefigur, ein minimalistisch stilisierter Mann, mit einem typisch georgischen Trinkhorn in der Hand. Während Hermine mich noch einmal daran erinnert, dass es auch in Armenien bei Tisch solch einen Zeremonienmeister gibt, geht meine Aufmerksamkeit hin zu einem kleinen Schild, auf dem steht, dass dieser Tamada hier die Vergrößerung einer Statuette aus dem 6./7. Jahrhundert vor Christus ist, gefunden bei Ausgrabungen in Westgeorgien. Das überrascht mich schon. Die Figur wirkt absolut modern. Im Original ist dieses Exponat im Nationalmuseum in Tbilissi ausgestellt und kann besichtigt werden.

Der Regisseur

»Und, Hermine«, frage ich meine armenische Freundin, während wir weiter schlendern. »Kannst du schon sagen, was hier neu für dich ist; anders als in Armenien?«

»Das, was ich hier im Unterschied sehe, ist«, meint sie und wirkt begeistert, ja, aufgehellt, »dass es vor allem viel mehr unterschiedliche Nationalitäten gibt als bei uns. Ich habe die Synagoge gesehen. Ich hörte davon, dass es hier Ukrainer gibt; auch Russen ...«

Hermine bricht plötzlich ihre Rede ab. Ich merke auf, möchte schon nachfragen, sehe dann aber, ihrem überraschten Blick folgend, was auch sie sieht: Ein Mann *springt* aus der Wand – sein Sprung ist in einer Plastik festgehalten; ein älterer, beleibter, vollbärtiger Mann mit Anzug und glänzenden Schuhen. An sich glänzt der ganze Mann im Schein der Lichter. Denn genau wie vorhin der Tamada ist auch er aus Bronze.

»Siehst du das?«, fragt Hermine verdutzt.

Wir kennen ihn beide und erkennen ihn sofort: Es ist Sergej Paradschanow. Seinen *Sprung* hat er, genau wie auf dem berühmten Foto von Juri Metschitow, hoch angesetzt. Er wirkt wie von mächtiger Energie geladen.

Sergej Paradschanow war Filmregisseur armenischer Herkunft, 1924 geboren in Tbilissi. Er hat Collagen gestaltet, gezeichnet, Puppen genäht und eben, wann immer ihm nur möglich, Filme gedreht. Berühmt wurde er unter anderem durch seinen Film *Die Farbe des Granatapfels*, einem Film über das Leben des Dichtersängers, Troubadours, Spielmanns Sajat Nowa, aus dem 18. Jahrhundert, demselben, dem zu Ehren morgen hier das *Rosenfest* gefeiert wird.

Sergej Paradschanow polarisierte, saß zeitweise im Gefängnis, nicht zuletzt seiner Homosexualität wegen, galt als Unikum, genialer Narr, auch als Bohemien. In seinem Zimmer in der Altstadt standen Bett, Tisch, Stuhl. Die Wände waren über und über behängt mit seinen melancholisch-schrillen Collagen. War Paradschanow in diesem, seinem Zimmer, dann zeichnete er, nähte und hielt, kann man schon sagen, Hof. Die Gäste kamen, sogar aus dem Ausland. Marcello Mastroianni, Peter Brook oder Franćoise Sagan – sie alle sollen zu seinen Gästen gehört haben. Und er empfing sie, heißt es, in seinem Zimmerchen wie in einem Palast, wo es doch weder fließendes Wasser gab, noch Fernseher oder gar Telefon.

Diese Ecke an der Sioni-Straße, an der Paradschanow auf ewig durch die bzw. aus der Mauer *springt*, diese Ecke hier im Spazierviertel ist ungewöhnlich ruhig, momentan sogar menschenleer, sodass wir sofort eine Gestalt bemerken, die sich uns nun nähert. Es ist ein älterer Herr, auch er vollbärtig, ein Herr mit weißem Hut auf dem Kopf. Wir schauen fragend zu ihm hinüber, worauf er beschwingt seinen Hut lüftet, fast wie ein Zauberer zu Beginn seiner Vorstellung. Zuerst verneigt er sich leicht, mit Blick auf uns, und, mit etwas tieferer Verneigung, dann auch vor *Paradschanow*. Wie es aussieht, interessiert unser Interesse auch ihn. Der Mann ist Maler und Fotograf, lebt in Tbilissi, und hat, an sich ist es kaum zu glauben, Paradschanow auch persönlich kennengelernt; damals, als er noch jung gewesen ist, so um die 30. Ich bin hellwach. Wir sprechen Russisch miteinander.

»Sergo war ein sehr kluger Mensch«, beginnt der Mann, »ein sehr tiefgründiger Mensch. Er konnte auf den ersten Blick sehen, was du für einer bist. Und dann lud er dich ein. Er verschenkte immer alles, so viel, wie er nur konnte. Er selbst lebte in äußerster Bescheidenheit. Bei ihm zu Hause waren immer Gäste. Und es wurde getrunken. Dabei passte er auf, dass ich nicht zu viel trinken musste: ›Er ist jung‹, sagte er zu den anderen. ›Er darf nicht so viel trinken. Er braucht seine Kraft noch – für die Frauen.‹«

»Es ist komisch«, wage ich es erst im Laufe unserer Begegnung anzusprechen, denn ich schätze Paradschanow sehr; leider ohne ihm je persönlich begegnet zu sein. »Aber immer, wenn ich Paradschanow auf einem der Fotos ins Gesicht schaue, spüre ich so eine tiefe Verbindung.«

Hermine nickt nachdenklich und der Maler-Fotograf meint, nach einer kleinen Pause, plötzlich flüsternd: »Aber das geht uns doch allen so, die wir offen sind, die wir leben und lieben. Dafür brauchen wir ein Herz; dafür ist es uns gegeben. Und dadurch spüren wir dann diese Verbindungen. *Sein* Herz war sehr groß.«

Paradschanow ging von Georgien aus zunächst in die Ukraine, wo er den großartigen Film *Schatten vergessener Ahnen* bzw. *Feuerpferde* schuf und ging 1988 auch nach Aserbaidschan, um dort den Film *Ashik Kerib* zu drehen, einen Film nach einer Novelle von Michail Lermontow. Interessanterweise auch dies – wie schon die über Sajat Nowa – die Geschichte eines Dichtersängers, Spielmannes, Troubadours.

Mit Paradschanow drehte Mitte/Ende der 1980er-Jahre also ein Armenier einen Film in Aserbaidschan und in aserbaidschanischer Sprache. Dabei beschäftigte sich der Regisseur tiefgründig mit der aserbaidschanischen Musik, der Folklore, Ikonographie, auch mit der Ornamentik des Islam. Und das gerade in einer Zeit, als es zwischen den Armeniern und Aserbaidschanern in Aserbaidschan zunehmend zu rumoren begann und es in der Folge im Februar 1988 in Sumgait zum ersten Pogrom gegen die armenische Minderheit kam.

Mit Elnur Babayev werde ich einem weiteren Menschen begegnen – in Ratscha, während eines internationalen Kunstfestivals –, der Sergej Paradschanow ebenfalls begegnet ist. Elnur ist Aserbaidschaner, ein fein- wie kunstsinniger Ästhet, Maler, Fotograf, Künstler. Elnur war Mitte Zwanzig, als er Paradschanow im

Haus eines engen Malerfreundes in Baku begegnet ist. Dort versammelten sich mehrere aserbaidschanische Künstler, um diesem genialen Filmemacher, dem außergewöhnlichen Menschen, zu begegnen.

»Er war lustig«, erzählt Elnur heute. »Und er konnte gut erzählen, Witze, Anekdoten, Geschichten. Er war einfach ein interessanter Mensch.«

Dabei wiederholt Elnur das Wort *interessant* dreimal, und zwar so, dass dieses Wort im Prozess des wiederholten, bedachtsamen Formulierens zunehmend an Volumen gewinnt.

»Ich wollte ihn später noch einmal in Tbilissi besuchen, gemeinsam mit meinem Freund. Aber es hat sich nicht mehr ergeben. Und das bedaure ich sehr.« 1990 starb Paradschanow in Jerewan. Dort befindet sich heute auch das Paradschanow-Museum.

Es wird Zeit. Und der ältere Herr lüftet erneut kurz seinen Hut, bevor er in der Dunkelheit der Nacht verschwindet. Und auch wir sind schon im Weitergehen, als ich bemerke, erst jetzt beim wiederholten Betrachten der Plastik, wie sich durch den Sprung bei Paradschanow die *Flügel* seines Jacketts an die ausgebreiteten Arme heften. Springt er noch oder fliegt er schon?

Tag 3 Rosen

In Georgien leben 5,7 Prozent Armenier. Auch Sajat Nowa ist Armenier gewesen; und das *Rosenfest* ist ein armenisches Fest.

Zuerst steigen wir, Hermine und ich, hinauf zur Heiligen-Georg-Kirche, oberhalb des Maidan, um an das Grab von Sajat Nowa zu treten. Unterwegs treffen wir immer wieder Passanten mit einzelnen Rosen in der Hand. Anschließend suchen wir uns unten auf dem Festplatz eine schattige Ecke, um beim Festprogramm mit dabei zu sein.

Unten auf der Bühne beginnt, durch einen Regenguss um eine Stunde verzögert, schließlich das Programm. Es wird gesungen und getanzt; und so wird das noch bis in den Abend gehen; Männer, Frauen, Kinder bewegen sich in weißen, weinroten oder königsblauen armenischen Nationaltrachten. Und dann wieder wird das Leben des Meisters gewürdigt, im Lied wie im Gedicht, feierlich deklamiert mit weit ausholenden Gesten.

»Sprich nur ein Wort, um zu sagen, du bist Sajat Nowas Liebe.« (7)

Und auch wenn da Dornen sind, bleibt eine Rose doch immer schön. Der Dorn im Auge des diesjährigen Rosenfestes für Sajat Nowa ist vielleicht dieser eine Mensch, für mich namenlos, der, warum auch immer, vom Fest der Rosen ausgestoßen wird. Es ist merkwürdig: Obwohl, vielleicht auch gerade weil, die armenischen Klänge mich so berühren, schaue ich immer auf ihn.

Es gibt Einen – schwarz gekleidet, bärtig –, der beginnt vor der Bühne ganz für sich zu tanzen. Seine Haare kleben feucht am Kopf. Wie ein

Armenische Musiker spielen beim Rosenfest für Sajat Nowa

begossener Hund sieht er aus. Er soll hier nicht tanzen. Aber als er nicht gleich weichen will, erhebt einer der Ordner, einer im schwarzen Festtagsanzug, gegen ihn seine Hand. Da duckt er sich und huscht davon.

Dabei wirkt dieser Mensch schwach. Worum geht es? Was wissen sie, dass ich nicht wissen kann, wenn ich so frage? Ist er als *verrückt* bekannt, ist er betrunken, geht es um noch etwas anderes oder um all das zugleich?

Es ist Sonntag, und eine Bühne auf dem Maidan aufgebaut, im Hintergrund mit einem groß aufgezogenen Bildnis von Sajat Nowa. Von hier aus schaut der bärtige Aschugh mit dunklen, offenherzig wirkenden Augen in die Welt; und auch direkt dich schaut er dabei an. In seiner rechten Hand hält er eine Schreibfeder, und in der linken die Langhalslaute, die *Saz*.

Sajat Nowa; sein Name spricht für sich – *König der Lieder*. Er ist Armenier, geboren in Tbilissi und diente hier am Hof des georgischen Königs. Aber er verliebte sich, unglücklich, wie es in den Geschichten heißt. Mal heißt es, er hätte sich in die Frau des georgischen Königs verliebt, dann heißt es wieder, er verliebte sich in dessen Tochter. Jedenfalls hatte er daraufhin den Königshof zu verlassen und zog nun als Sänger und Dichter durch die Lande. Zu dieser Zeit fanden im Kaukasus große Sängerwettstreite statt. Sajat Nowa war immer mit dabei. Andere Quellen besagen, er hätte zwanzig Jahre lang im Kloster Haghpat in Armenien gelebt, wäre dort auch gestorben bzw. von feindlichen Truppen getötet worden …

Der Aussätzige, der Ausgesetzte und schon einmal Vertriebene schiebt sich inzwischen durch die Menge weiter, wobei es so aussieht, als würde ihm bereits vorausschauend der Weg freigemacht werden. Er erreicht die I-Like-Tbilissi-*Installation mit dem großen roten Herzen, lässt sie aber links liegen, da es ihm augenscheinlich um die mannshohe, bronzene* Saz *geht; um Sajat Nowas verewigte Langhalslaute. Der Aussätzige stellt sich an diese Pseudo-Laute und beginnt zu »spielen«. Auch hier bleiben ihm nur wenige Momente, denn schon wieder ist ein- und derselbe Ordnungshüter zur Stelle und erhebt seine Hand. Der Aussätzige sagt nichts, läuft davon und kommt nicht wieder.*

Inzwischen füllt sich vor der Bühne der Platz mit anderen Tänzern – alten Frauen und kleinen Kindern. Sie alle sind Armenier. Aber wer *er* nun eigentlich gewesen ist, weiß ich bis heute nicht.

Tag 4

Wunder

Rachel

Inzwischen, Hermine ist schon wieder in Jerewan, habe ich begonnen, Tbilissi allein zu erkunden. Es herrscht Aufbruchsstimmung in der georgischen Hauptstadt, noch dominiert das Sein vor dem Haben und die Menschen gehen offen und gern aufeinander zu. Als eine der Ersten lerne ich dabei die Nicht-Georgierin Rachel Gratzfeld kennen, welche seit Ende 2016 in Tbilissi lebt.

Es ist Anfang Juni und auf dem Tisch stehen zwei Schälchen – eines gefüllt mit Erdbeeren, und das andere mit dunklen Kirschen.

Rachel wirkt auf mich angenehm anwesend, zugleich ruhig und ernsthaft. Unabhängig davon lacht sie gern, und trägt nicht selten zitronengelbe Kleider, welche bestens zu ihrem dunklen Haar passen.

Seit gut einem Jahr lebt Rachel nun hier, in dieser schönen, mit viel dunklem Holz ausgestalteten Wohnung. Wir sind zum Tee verabredet.

»Ich dachte, Kuchen passt bei dieser Hitze vielleicht nicht«, meint sie mit Blick auf Erdbeeren und Kirschen, während sie das Teeservice aufdeckt. »Kennst du den Flohmarkt an der Trockenen Brücke?« Ich schüttle den Kopf. Während mir Rachel den Tee in die Tasse aus dünnem Porzellan gießt, plaudert sie weiter: »Es ist von dort. – Ein hübsches Service, nicht wahr?«

Wir nippen am Tee, greifen nach Kirschen und Erdbeeren, und machen uns schrittweise miteinander bekannt. Vor allem bewegt mich die Frage, was eine Schweizerin nach Georgien geführt hat.

Rachel scheint auf diese Frage nur gewartet zu haben und beginnt die Geschichte ihrer Liebe zu erzählen, ihrer Liebe zu Georgien und zur georgischen Sprache.

Es ist die Literatur gewesen, durch die sie den Namen *Georgien* überhaupt zum ersten Mal gehört hat. Damals, Ende der 1980er-Jahre, arbeitete Rachel noch als Lektorin in einem Verlag, in Bern, in dem gerade die Wiederauflage eines georgischen Klassikers vorbereitet wurde: *Das fürstliche Leben des Kwatschi K. Ein Gaunerroman* von Micheil Dschawachischwili.

Das wundert mich jetzt schon. Denn ich kenne das Buch und habe die Geschichten dieses Kwatschi K. gelesen. Dieser Typ ist schlichtweg ein Gauner, der erbarmungslos zu seinem Vorteil alle Welt über den Tisch zieht. Wobei ungewöhnlich ist: Sein kriminelles Vorgehen wird fröhlich-ironisch, ja, unterhaltsam erzählt.

»Ich glaube«, meint auch Rachel, »es war nicht so sehr der Inhalt, sondern die Erzählweise, die ich faszinierend fand. Ich mag dieses nichtlineare Erzählen, dieses episodische, das eben auch etwas Orientalisches hat.«

Und noch ein zweites Buch war für Rachel in diesem Zusammenhang wichtig: der Roman *Ali und Nino* des Nicht-Georgiers

Kurban Said, der vor allem in Baku spielt, in welchem aber nicht allein von Aserbaidschan, sondern eben auch viel von Georgien erzählt wird.

Diese beiden Bücher, *Das fürstliche Leben des Kwatschi K.* und *Ali und Nino*, waren für Rachel die Türöffner in eine ihr bis dahin völlig unbekannte Welt.

»Daraufhin wollte ich einfach mehr erfahren.«

Zufälligerweise wurde in Bern gerade eine georgische Filmreihe gezeigt. Mit dem georgischen Filmschaffen begegnete Rachel etwas, was sie als *etwas völlig Eigenes* bezeichnet. Und dieser Sog hielt für sie an. Sie begann zu lesen, was immer sie zu Georgien bekommen konnte, wobei – das war erst einmal nicht viel.

Kunst- und Flohmarkt an der Trockenen Brücke

»Und dann beschloss ich: Ich muss dieses Land nun aber auch kennenlernen.«

Anfang der 1990er-Jahre wird in der Schweiz eine WWF-Reise in einen georgischen Nationalpark angeboten. Das wäre eine gute Möglichkeit gewesen; nur kam diese Reise durch den Bürgerkrieg, der inzwischen ausgebrochen war, nicht zustande.

»Und dann habe ich wirklich buchstäblich zehn Jahre lang gewartet. Aber als ich dann 2002 zum ersten Mal nach Georgien kam, war das fast eine Art Nach-Hause-Kommen, denn als ich die *Rustaweli-Avenue* entlanggefahren bin, kamen da Bilder, die ich in wiederkehrenden Träumen bereits gesehen hatte.«

Auf meinen fragenden Blick hin, lacht Rachel, dabei schulterzuckend, im Sinne von: *Ja, so ist es gewesen; genau so!*

Von da an reiste sie regelmäßig, lernte Tbilissi kennen, dann auch Georgien überhaupt, zugleich Verlegerinnen, Schriftsteller, Dichter ... Und sie begegnete mehr und mehr der georgischen Sprache. Sehr bald wurde ihr klar, dass sie, wenn sie perspektivisch gesehen als Vermittlerin zwischen der deutschsprachigen und der georgischen Literaturwelt tätig sein wollte – und dass sie das wollte, hatte sich inzwischen für sie herauskristallisiert –, dass sie dann auch die georgische Sprache erlernen musste. Und also begann sie, noch in der Schweiz, Georgisch zu lernen.

Es folgen, wie ich es verstehe, sieben lange, anstrengende Jahre des Dazwischen-Seins. Einerseits arbeitete Rachel weiterhin als Programmleiterin in einem Schweizer Verlag, erlernte nebenher die georgische Sprache, und führte andererseits bereits ihre, auf georgische Autoren spezialisierte, Literaturagentur; hinzu kamen die regelmäßigen Reisen. Eine der ersten erfolgreichen Stationen auf diesem Weg war die inoffizielle, erfolgreiche Buchvermittlung von Aka Mortschiladses Roman *Santa Esperanza* (2006). Dem folgten u. a. Vermittlungen von Werken Nino Haratischwilis, Tamta Melaschwilis und Ana Kordsaia-Samadaschwilis. Ab 2010 nahm Rachel bereits an georgisch-deutschen Übersetzerseminaren im

Goethe-Institut Tbilissi teil sowie im Europäischen Übersetzerkollegium Straelen. Der Erwerb der georgischen Sprache hatte große Fortschritte gemacht.

»Und ich habe gemerkt«, fügt Rachel mit strahlenden Augen hinzu. »Ich übersetze sehr gern.«

Damit erschloss sich nun für sie ein nächstes, ganz neues Arbeitsfeld. Und dieses beruflich mehrfach gedoppelte Leben endete schließlich mit der grundsätzlichen Entscheidung zum Umzug nach Georgien: Sie kündigte also im Schweizer Verlagswesen und zog Ende desselben Jahres um nach Georgien, wo seitdem ihre Arbeit als Übersetzerin immer mehr an Gewicht gewinnt: »Das ist mir eine so große Freude.«

Und nun sitzen wir hier bei Tee, Kirschen und Erdbeeren, in Rachels Wohnung.

»Solche Liebesgeschichten gibt es also auch«, meine ich nach kleiner Pause, woraufhin Rachel hell auflacht und schließt: »Ja, es ist das vertraute Fremde oder fremde Vertraute. Es ist wie in meinem Traum. Das fasziniert mich hier, dieses Wiedererkennen.«

Gleich darauf beginnt Rachel von der Natur Georgiens zu schwärmen, und dass hier nicht alles so zersiedelt ist wie z. B. in der Schweiz; kommt aber auch sofort wieder zurück auf die georgische Sprache, von der sie offensichtlich nun nicht mehr zu trennen ist. Und spätestens jetzt entwickelt sich ein Redefluss, dem ich noch stundenlang folgen könnte:

»Diese Sprache ist so geheimnisvoll, reich und unerschöpflich. Da sind solche Worte wie *Zutisopeli*, also: die Minutenwelt. Tag für Tag erlebe ich beim Übersetzen das Wunder dieser Sprache, die mich ganz glücklich macht. Oder auch solche Wörter wie *galoba* …«

»Die georgische Sprache ist eine besondere Sprache. Sie ist reich und kompliziert. Obwohl Georgien in seiner Geschichte immer wieder von frem-

den Herrschern erobert wurde – von den Römern, Arabern, Mongolen, Persern, Osmanen und Russen, konnten die Sprache und die Schrift bewahrt werden.« (8)

Erste Einführung in die Wunder der georgischen Sprache

»*Galoba*. Dieses Verb bedeutet *singen*. Und es gehört mit zu den Wörtern, die mich von Anfang an berührt haben: Seine Bedeutung unterscheidet sich vom normalen Singen. Es bezeichnet einerseits die Lobpreisung Gottes, d.h. den Kirchengesang; und andererseits den Vogelsang. Ich selbst verbinde damit ein Bild von meiner allerersten Georgienreise: Ich bin in der Alawerdi-Kirche, die noch unrenoviert ist und wo die Schwalben zwitschernd durch die Fensteröffnungen ein- und ausfliegen, oder von den Nestern hoch über dem Altar heruntersingen, während am Boden eine Frau Gott laut anruft.«

»*Liwliwi*. Das bedeutet: *wogen, schwanken, schaukeln*, aber nicht nur das. Eine Wiese oder ein Feld *iliwliwebs*. Damit wird nicht nur die Bewegung ausgedrückt, sondern auch die Farbe, die ein wogendes Feld annimmt, z.B. in einem Roggenfeld dieser silberne Schimmer, der bei Wind darüber streicht. Viele georgische Bewegungsverben beinhalten neben der Bewegung auch die Farbe oder das Geräusch. Im Deutschen müssen wir uns dann mit mehreren Verben oder Zusätzen behelfen.«

»*Suli* bedeutet so viel wie: Seele, Geist, Atem, Lebewesen, Gewissen: Besonders schön finde ich, wenn man auf einen Schäfer mit einer Schafherde oder auf einen Schweinehirten mit einer Schweineherde trifft und fragen kann: ›Wie viele Seelen haben Sie? ramdeni suli gqawt?‹«

Die Familiennamen

Die georgischen Familiennamen verwirren mich noch. Zum Glück ist im höflichen Gespräch der Vorname, verbunden mit dem *Sie*, üblich. So komme ich nicht in die Verlegenheit, einen Familiennamen falsch auszusprechen.

Die Endungen der georgischen Familiennamen geben Auskunft über die ursprüngliche Herkunft der Familien. Die Endung *-schwili* bedeutet *Kind*; und die Familien stammen aus dem Osten Georgiens. Die Endung *-dse* bedeutet *Sohn* und gilt für Familien aus dem Westen des Landes. Die Familiennamen derer aus Kolchis, die am Schwarzen Meer siedelten, enden wiederum auf *-ia, -awa oder -ua*, die der Swanen, siedelnd im Nordosten Georgiens, auf *-(i)ani* und die der Chewsuren, auch aus dem Nordosten, auf *-uri*.

Tag 5

Lauf der Welt

Tengis

Er ist ein Mann, Anfang 80, gut genährt, aber nicht dick, bekleidet mit weißem Hemd und dunkler Hose. So steht er vor mir, am Freiheitsplatz, gestützt auf seinen Stock und spricht mich an; zuerst auf Georgisch; aber das kann ich nicht verstehen.

Direkt neben der Metrostation Freiheitsplatz ist eine Musikanlage aufgebaut und es hat sich ein Kreis von Menschen gebildet, in dessen Mitte sich ein durchsichtiger Plastik-Kubus befindet, rundum verschlossen, bis auf einen schmalen Spalt zum Geldeinwurf.

Kaum ertönt die Musik, laute, georgische Folkloremusik, springt ein großer, schlaksiger, junger Mann wie aus dem Nichts mitten in diesen Kreis hinein, tanzt mit eckigen, zackigen, dann wieder weit ausholenden Bewegungen und lässt sich, einige Minutenwelten später, in den Kreis der Umstehenden fallen, direkt in

Tanz gehört zum Alltag in Tbilissi

die Arme einer jungen Frau hinein. Sie fängt ihn automatisch und lacht.

Kaum endet die Musik, löst sich der Kreis wieder auf. Die Menge verteilt sich. Einige der Passanten kommen gezielt noch am Kubus vorbei, um Geld einzustecken. Erst denke ich: ›Das ist bestimmt für diesen großartigen Tänzer!‹, höre aber später, dass dies eine Geldsammlung für ein krankes Kind sei, für eine überlebenswichtige Operation.

Kaum hat sich der Kreis aufgelöst, steht besagter Tengis vor mir, dieser Mensch mit seinen 80 oder mehr Jahren, und spricht mich auf Georgisch an, worauf ich ihm Russisch erkläre, dass ich nichts verstehe. Sein Gesicht hellt sich auf: »Woher kommen Sie?«

»Aus Leipzig.«

»Verstehe: Johann Sebastian Bach, DDR, Deutschland«, sagt er und fasst damit das, was sich für ihn daraus ergibt, stichpunktartig zusammen. Die rechte Hand, auf seine Brust gelegt, stellt er sich mir nun vor, mit kleiner Verbeugung: »Tengis!« Gleich darauf verweist er auf den Platz, der sich soeben geleert hat: »Das ist gut, was die Kinder hier machen, nicht wahr? Das macht Sinn!« Ich nicke und schon steht sein Herz offen. Tengis spricht sehr gut Russisch, aber ausgesprochen schnell. Ich komme nur phasenweise mit, verstehe nicht alles, frage aber auch nicht nach. Seine Rede wirkt wie ein lang angestauter Schwall, der sich löst. Ich höre einfach zu.

Tengis sagt einige Sätze zur Einleitung, auch über Georgien, aber schon geht es um Krieg und Frieden in der Welt: »Korea hat Atomraketen, die USA auch, Iran, Russland ... Das alles ist sehr gefährlich. Da braucht bloß einer die Nerven zu verlieren und auf einen Knopf zu drücken ...«

Zwischen seine Ausführungen bezüglich Aufrüstung sowie den aktuellen wie gegenwärtig drohenden Kriegen, schiebe ich nur diese eine Frage dazwischen: »Ja, und wozu das alles?«

Tengis hebt zur Bestätigung beide Arme, wodurch auch der Stock kurzzeitig die Verbindung mit dem Boden verliert: »Genau! Wozu? – Wir sind Menschen. Und eines Tages werden wir gestorben sein: Sie werden sterben, ich werde sterben, eines Tages. Selbst diejenigen, die diese Raketen abgefeuert haben, oder abfeuern wollen, um andere zu töten, werden eines Tages sterben. Aber was haben sie mit alledem gewonnen?«

So stehen wir fast eine halbe Stunde zusammen bzw. einander unmittelbar gegenüber; zwischen uns die Betrachtung der Welt. Als wir uns voneinander verabschieden, erst mit Handschlag und nun meinerseits mit kleiner Verbeugung, kommt seinerseits noch ein höflicher Handkuss dazu.

»Ich gehe hier spazieren, jeden Abend«, sagt er zum Abschied.

Wir sehen uns nie wieder.

Heiliger Georg

Tbilissi ist voller Autos und das Durchkommen, nicht zuletzt in den engen Straßen der Altstadt, ein Kunststück. Durch dieses Verkehrschaos schieben sich Busse und Marschrutkas. Nur unter der Erde ist noch Platz. Die Metro wird zu meinem Gefährt. Schnell und sicher, kommt sie in kurzen Abständen – tagsüber alle 2,5 Minuten. Meine nächstgelegene Station ist der Freiheitsplatz. Hier beginnt dann auch die Neustadt von Tbilissi.

Der Freiheitsplatz hieß zu Sowjetzeiten Leninplatz. 1989 wurde der kommunistische Theoretiker, Politiker, Revolutionär dann von seinem Sockel heruntergeholt und an seine Stelle trat einige Zeit später der Heilige Georg – mittlerweile auch Wappenzeichen –, im legendären Kampf mit dem Drachen, hoch zu Ross und vergoldet vom Kopf bis zu den Hufen.

Das Rathaus am Platz, gebaut im 19. Jahrhundert im pseudomaurischem Stil, ist ein Bauwerk des deutschen Architekten Paul Stern. Direkt vor diesem Rathaus lagern zwei weitere Drachen. Rund um die Säule des Heiligen Georg fließt ein dichter, mehrspuriger Autoverkehr.

An der Metrostation Freiheitsplatz wird momentan gebaut. Aber das große, rote M signalisiert, dass die Station auch weiterhin in Betrieb ist. An einer der vielen Kassen frage ich nach einem Ticket. Für zwei Lari erhalte ich daraufhin eine aufladbare Metro-Karte aus Plastik. Eine Fahrt kostet höchstens 50 Tetri in der Stunde; das sind keine 20 Cent.

Kaum bin ich durchs Drehkreuz, stehe ich mit gefühlt Hunderten von Menschen auf der langen Rolltreppe. Wie alle anderen schaue ich hinüber auf die, die jetzt gerade aufwärtsfahren, welche wiederum zu uns herüberschauen. Keiner wird gemustert, keiner lächelt. Es wird geschaut.

Dieses Schauen wirkt sofort anders, wenn ich dann in der U-Bahn stehe; denn, wenn ich hier *einfach nur so* jemanden anschaue

Der Heilige Georg im Kampf mit dem Drachen

und er ist jünger als ich, springt er gleich auf, lächelt, und macht seinen Platz für mich frei. *Madloba* heißt *Danke*.

Seit dem 9. Jahrhundert gibt es in Georgien den Mythos vom Weißen Georg, *Tetri Giorgi*. Dieser Name soll wiederum entstanden sein im Zusammenhang mit einem heidnischen Mondgott, dem mythologischen Krieger Giorgi. Später haben sich diese Vorstellungen zu einem verschmolzen. Das erscheint mir auch schlüssig, kämpft doch der eine ebenso gegen Ungerechtigkeit wie der andere. – Der Legende nach soll der Heilige Giorgi an Schlachten teilgenommen und auf Seiten der Georgier gekämpft haben, sowohl 1121 gegen die Seldschuken als auch 1659 gegen die Perser.

Nach seinem Tod wurde der Heilige, der Legende nach, in 365 Stücke zerteilt und konnte dadurch in allen Gegenden Georgiens bestattet werden. In der Folge sollen viele Kirchen auf diesen Bestattungsorten errichtet worden sein.

1924 wurde in Deutschland von georgischen Emigranten wiederum ein *Georgisches Komitee Weißer Georg* gegründet, mit dem Ziel der Unabhängigkeit Georgiens. Zwei Jahre später hat sich ein Ableger dieser Organisation auch in Tbilissi etabliert und war dort wegen *antisowjetischer Aktivitäten* Repressalien ausgesetzt, welche bis zur Erschießung des Vorsitzenden der Gruppe führte, Ewgeni Gwaladse, 1937. Während des 2. Weltkrieges kam es zur Kooperation dieses Komitees mit der deutschen Wehrmacht bezüglich der Rekrutierung von Soldaten für die *Georgische Legion*.

Der Begriff *Georgien* ist zu guter Letzt wohl eine Erfindung der Europäer selbst. Damals, als die Griechen nach Westgeorgien kamen, nach Kolchis, siedelten dort vor allem Bauern, was auf Griechisch *georgo* heißt. Und davon soll dann der Begriff *Georgien* abgeleitet worden sein.

Tag 6 Recken

An der Rustaweli

Rustaweli – ist in Tbilissi ein Begriff mit unterschiedlicher Bedeutung: Wir treffen uns *an* der Rustaweli, an der Metrostation. Wir sehen uns irgendwo *auf* der Rustaweli, auf dem Prospekt. Oder wir treffen uns am Denkmal von Schota Rustaweli.

Heute bin ich mit der Übersetzerin Maja Badridze an der Metrostation verabredet, genauer gesagt: am Denkmal des georgischen Nationaldichters. Der Kontakt zu Maja hat sich noch in Leipzig durch den Schriftstellerkollegen Markus Sahr ergeben: »Sie ist eine Grande Dame«, meinte er. »Sie lacht gern, raucht gern, reflektiert die Welt und ist eine unwahrscheinlich fleißige sowie gute Übersetzerin. Ich bin ihr im Europäischen Übersetzerkollegium Straelen begegnet.«

Maja Badridze, 1965 geboren und aufgewachsen in Tbilissi, studierte hier an der Staatlichen Universität, an der Fakultät für westeuropäische Sprachen und Literatur, Fachrichtung Germanistik. Heute ist sie als Übersetzerin tätig sowie als Lektorin für den *Diogene Verlag* Tbilissi.

Die Liste ihrer bisherigen Übersetzungen ist lang. Es sind Werke u. a. von C.G. Jung, Rudolf Steiner, Giwi Margwelaschwili, Robert Musil, Hermann Broch, W.G. Sebald, Sigmund Freud ...

»Nicht die deutsche Sprache ist zu mir gekommen«, schrieb mir Maja auf meine Frage hin einmal, »sondern ich bin zur deutschen Sprache gekommen. Als ich Kind war, gab es in Tbilissi einen deutschen Kindergarten Und dass ich Deutsch lernte, das war der Wunsch von meinem Vater, aufgrund seiner Faszination für die deutsche Literatur. Und ich bin sehr, sehr dankbar dafür. Bei diesem so frühen Spracherwerb geht es gar nicht unbedingt zuerst um Sprachkenntnisse, aber es geht um diese Verbundenheit, diese emotionelle Verbundenheit. So eine tiefe Verbundenheit kann nur in der Kindheit entstehen. Ohne groß zu überlegen. Deshalb sitzt auch die Muttersprache am tiefsten, immer. Selbst wenn man Protest gegen sein Land erhebt. Denn das liegt in unkontrollierbaren Schichten, sehr tief; diese emotionale Verbundenheit. – Ich lese gut russisch, ich spreche auch ein gutes Russisch, wie viele meiner Generation, natürlich. Ich kann Russisch genauso gut wie Deutsch. Aber emotional verstehe ich Deutsch besser als Russisch.«

Heute werden Maja und ich uns zum ersten Mal treffen und persönlich kennenlernen. Maja hat sehr wenig Zeit. Aktuell ist sie an den Vorbereitungen des Internationalen Literaturfestivals beteiligt, welches heute Abend im Schriftstellerhaus Tbilissi eröffnet werden wird und an dem auch deutsche Autoren teilnehmen. Maja ist eine der besten, gefragtesten Übersetzerinnen ihres Landes.

Wir sind für 15.00 Uhr verabredet. Und ich, die ich die Entfernungen innerhalb dieser Stadt noch nicht abzuschätzen weiß, bin eine Viertelstunde zu früh.

Der mit dem Wepchi-Fell

Schota Rustawelis georgisches Nationalpoem *Der Recke im Tigerfell* bzw. je nach Übersetzung: *Der Recke im Pantherfell* beginnt gleichermaßen kosmisch, göttlich wie universal:

> *»ER hat dank seiner gewaltigen Macht das Weltall geschaffen,*
> *Wesen, in die die unsterbliche Seele vom Himmel geweht ist,*
> *ER gab uns Menschen die Welt, eine Welt in unzähligen Farben.*
> *Jeder Herr lebt Ihn in der Gestalt, die ER ihm verliehen.«* (9)

Wörtlich übersetzt, bedeutet der Titel: *Der mit dem Wepchi-Fell*. Die Linguisten streiten noch darüber, ob *Wepchi* mit *Tiger* oder wohl besser mit *Panther* zu übersetzen ist. Übereinstimmung besteht darin, dass dieses Fell als Metapher dient, und ein bildhafter Vergleich für einen Mann ist, eingehüllt in seine Leidenschaften. – Das Werk Rustawelis wurde als UNESCO-Weltdokumentenerbe anerkannt und ist in Georgien Schulstoff.

Schota Rustawelis Herkunft und Leben liegen im Dunkeln. Vielleicht besaß ja auch er selbst so ein Wepchi-Fell, das seine Leidenschaften ausgemacht hat, in das er sich einhüllte; diskret.

Der mit dem Wepchi-Fell war ein Auftragswerk der georgischen Königin Tamar, in die sich der Dichter dann wohl auch verliebte. Daraufhin wurde er verbannt, heißt es, nach Jerusalem. In Jerusalem ist er dann auch gestorben.

Das Poem entstand in der Zeit zwischen 1196 und 1207. Dem Archäologen und Anthroposophen Frank Teichmann fällt vor allem Folgendes auf: »Denn obwohl es mitten im christlichen Bereich entsteht, kennt es den Koran, schätzt die Araber, die Inder und ist überhaupt fremden Lebensweisen gegenüber aufgeschlossen ... Das Merkwürdigste an diesem Werk ist ..., dass es das Christentum mit keinem Wort erwähnt, auch nicht einmal christliche

Sitten, dagegen den Fortgang des Epos in Bilder kleidet, die der altägyptischen Kultur entstammen könnten.« (10)

Bis heute ist das Werk in Georgien präsent, im Sinne von lebendigem geistigem Gut, wie es uns auch der Autor Zurab Karumidse in seinem 2017 erschienen Buch *Dagny oder Ein Fest der Liebe* zeigt. Karumidse setzt in seinem Roman die Saga vom Goldenen Vlies in direkte Verbindung mit Schota Rustaweli und seinem Poem. Ja, Zurab Karumidse sieht die halbe Welt, insbesondere die georgische, als *schamanisch* an, wovon auch der nicht-georgische *Schamane von Eisenach*, Johann Sebastian Bach, nicht ausgenommen wird …

Die Szenerie von Karumidses Roman ist angesiedelt zu Beginn des 20. Jahrhunderts in Tbilissi, in dessen Künstler- und *Schamanen*leben auch der Wahrheitssucher und Esoteriker Gurdijeff nicht fehlt sowie, aus Norwegen kommend, die schöne, die Liebe liebende Schriftstellerin Dagny Juel, welche, auch sie eine reale Person, in Tbilissi von einem nicht erhörten Liebhaber 1901 schließlich erschossen werden wird.

Zurab Karumidse ist da ein großes, komödiantisches Buch gelungen, das mit allem Spirituellen der Weltgeschichte spielt, und trotz – oder vielleicht gerade durch – solcherart Leichtfüßigkeit zu realer Tiefe gelangt. Sogar für Sergej Paradschanow ist ein Platz frei in dieser Jonglage – und zwar als mögliche Reinkarnation eines seiner eigenen Helden – Sajat Nowa …

Nun ist es so, dass in Schota Rustawelis Poem *Der Recke im Tigerfell/im Pantherfell* die Geschichte zweier Liebespaare erzählt wird: Da sind einmal die arabische Prinzessin Thinathin und der georgische General Awthandil, zum anderen die indische Prinzessin Nestan Daredschan und der georgische Prinz Tariel; letzterer als der Recke im *Wepchi-Fell*. Die beiden Prinzen haben mehrere Proben zu bestehen, bevor sie ihre Prinzessinnen schließlich heiraten können. Ihnen dabei zur Seite steht der persische Prinz Fridon.

Letztlich ist es wahrscheinlich so zu betrachten, dass sich nur durch die tiefe Verbindung der drei Männer unterschiedlicher Herkunft und Religion alles zu einem guten Ende hin entwickeln kann und auch die Herkunftsländer dieser – ich nenne sie verkürzt jetzt mal so – *Recken mit Fell* zu Wohlstand geführt werden können. *Der mit dem Wepchi-Fell* ist ein Buch über Ritterlichkeit und Edelmut.

Die Figuren aus Schota Rustawelis Poem sieht Karumidse wiederum in seiner ganz eigenen Art: »…Tariel, der Ritter im Leopardenfell, weist deutlich schamanische Attribute auf: Er fällt oft in Ohnmacht oder verliert in ekstatischen Visionen das Bewusstsein. Nestan teilt diese Eigenschaften teilweise, sie wechselt die Gestalt und zeigt sich Tariel gelegentlich in ihrer wahren Form als Panther. Sie wird zur Geisel böser Geister, und Tariel und seine Freunde müssen zu Wundermitteln greifen und Zaubertricks vollführen, um sie zu befreien.« (11)

Recken im Fell

Zwischen den Metrostationen Rustaweli und Freiheitsplatz liegen anderthalb Kilometer. Das ist gut auch zu Fuß machbar, in zwanzig oder dreißig Minuten, vorbei unter anderem an der Oper, im maurischen Stil, vorbei am Georgischen Nationalmuseum, am Rustaweli-Theater, vorbei am ältesten Gymnasium der Stadt und nicht zuletzt am Parlamentsgebäude, das zu Sowjetzeiten Regierungsgebäude war … Auf diesen zwanzig, dreißig Minuten Fußweg spiegelt sich nicht nur die Kulturgeschichte der Stadt, sondern spätestens am Regierungs- bzw. Parlamentsgebäude auch politische Geschichte.

Es sind noch zehn Minuten bis zur verabredeten Zeit mit Maja. Das Schota-Rustaweli-Denkmal habe ich inzwischen zur Genüge umrundet, sodass ich nun hinüber zum gut besuchten McDonald's gehe, um dort dann die Straße, hin zum Rustaweli-Prospekt, zu überqueren und in Richtung Parlamentsgebäude zu spazieren, in Richtung des einstigen Regierungsgebäudes.

Es ist der 9. April 1989. Und vor dem Regierungsgebäude lagern auf dem Rustaweli-Prospekt Hunderte, ja, Tausende von Menschen. Die meisten von ihnen sind Studenten, einige fast noch Kinder. Seit mehreren Tagen sind sie im Hungerstreik. Ihre Hauptforderung ist die nach einer Verfassungsänderung: Die Teil-Staaten der Sowjetunion, also auch Georgien als Sozialistische Sowjetrepublik, sollten grundsätzlich das Recht bekommen, sich von der UdSSR ablösen zu können, wenn die Mehrheit der Einwohner dem zustimmen.

Es ist April, es herrscht eine empfindliche Kälte. Auch der Patriarch der georgisch-orthodoxen Kirche ist gekommen. Er segnet die Streikenden. Viele von ihnen bekreuzigen sich daraufhin. Später steht eines der Mädchen unter ihnen auf, ohne unmittelbaren Anlass, dem Aussehen nach eine Schülerin oder Studentin, und spielt ein kleines Stück auf ihrer Geige. Die Atmosphäre ist hochemotional. Und es sind so viele zusammengekommen. Zugleich bleibt es, zumindest seitens der Demonstranten, absolut friedlich.

Es ist 1989, die Zeit von Glasnost, also von *Transparenz*, wörtlich: *Augenschein*, ausgerufen und befördert durch den neuen Staatschef der UdSSR Michail Gorbatschow; und es ist die Zeit der Perestroika, des Umbaus, wörtlich: *der Sanierung*.

An diesem Abend des 9. April 1989 werden die Menschen in Tbilissi, hier auf dem Rustaweli-Prospekt, zusammenbleiben. Sowohl diejenigen, die sich im Hungerstreik befinden, als auch diejenigen, die sich mit ihnen solidarisieren. Viele von ihnen halten brennende Kerzen in der Hand. Sie beten. In der Ferne sind schon die Motoren der sowjetischen Panzer zu hören. Auf dem Platz selbst herrscht absolute Stille. Der Patriarch ergreift das Mikrofon und warnt die Menschen. Sie hätten nur noch wenige Minuten, bevor *sie* kommen.

»Lang lebe Georgien!«, ruft ein Einzelner. Andere nehmen sich in die Arme. Als sich so nach und nach die Menschen zu Boden setzen, bittet sie der Priester, wiederum verstärkt durch ein Mikrofon, sie mögen sich doch bitte wieder erheben, also ihre Seelen erheben, Gott sei auf ihrer Seite. Und so stehen sie wieder auf.

Langsam rollen jetzt die Militärfahrzeuge heran; es sind Panzer. Pfiffe sind zu hören. Die ersten der Demonstranten weichen zurück. Aber was kommen wird, ist an sich nicht zu glauben. Sowjetische Fallschirmjäger gehen mit geschärften Spaten auf die Menschen los, die nichts weiter bei sich haben als sich selbst und ihre Kerzen. Panzer jagen kurz darauf Zivilisten über den Asphalt. Am Ende wird Tränengas eingesetzt, an sich doch gegen die eigenen Leute, die nach wie vor in ein und demselben Land leben, namens UdSSR. All das dauert wohl nicht länger als eine halbe Stunde und besiegelt doch alles Zukünftige.

Mindestens zwanzig Menschen sterben, Hunderte werden verletzt. Die Unabhängigkeit scheint nun, selbst für viele Kommunisten, der einzig mögliche und nötige nächste Schritt zu sein. Ein Zurück gibt es nicht mehr.

Im Oktober 1990 wird zum Obersten Sowjet gewählt. In Georgien gewinnt die Partei *Runder Tisch – Freies Georgien* mit 62 Prozent der Stimmen. Vorsitzender des Obersten Sowjets Georgiens wird Swiad Gamsachurdia, als Dissident jahrelang in GULAG und Verbannung gewesen, Schriftsteller, auch Anthroposoph. Im März 1991 organisiert Gamsachurdia ein Referendum zur staatlichen Unabhängigkeit Georgiens. Mit 98,9 Prozent der Stimmen wird dasselbe bestätigt.

Zwei Jahre nach dem historischen 9. April 1989 erfolgt wiederum an einem 9. April, und zwar am 9. April 1991 dann also die Erklärung der staatlichen Unabhängigkeit Georgiens. Damit ist Georgien die erste Teilrepublik der UdSSR, die unabhängig wird.

Gamsachurdia wird 1. Präsident. Seine Politik ist umstritten. Ende desselben Jahres – 1991 – kommt es in Georgien zum Militärputsch. Teile der Nationalgarde sowie *Volksmilizen* stürmen den Präsidentenpalast, in dem sich der Präsident verschanzt hat. Und wieder sterben Menschen.

Gamsachurdia gelingt die Flucht. Eduard Schewardnadse übernimmt die Regierung des Landes. 1993 versucht Gamsachurdia erneut mit seinen Leuten einen Staatsstreich in Georgien. Dieser misslingt. Gamsachurdia wird in die Enge getrieben und stirbt, wobei die genauen Umstände seines Todes bis heute ungeklärt sind.

Im Schriftstellerhaus

Es wird Zeit, es ist Zeit. Kaum kehre ich zum Schota-Rustaweli-Denkmal zurück, sehe ich Maja kommen. Es muss Maja sein. Keiner sonst trägt hier so eine rote Haarmähne, wie ich es von ihrem Foto schon weiß. Eilig geht sie über den Platz, schaut sich um. Doch, das ist sie! Kaum treffen sich unsere Blicke, gehen wir aufeinander zu. Aber noch bevor wir uns begrüßen, fragt Maja, etwas aufgeregt: »Bin ich zu spät?« Um dann gleich darauf vorzuschlagen, ein paar Schritte zu gehen, ganz konkret zum Schriftstellerhaus, zum *Writers House of Georgia.*

»Was meinst du, Constanze?«, fragt sie also. »Der Garten dort ist bei diesen Temperaturen angenehm. Lass uns im Schatten der alten Bäume sitzen!« Und ich erfahre, dass es ein sehr schönes Haus sein soll, im Jugendstil erbaut; zudem ein Haus mit einer wechselvollen Geschichte.

Zwanzig Minuten später biegen wir in die staubige Machabeli-Straße ein. Wobei es schwierig ist, auf dem schmalen Fußweg nebeneinander zu gehen, wenn man sich, wie wir, währenddessen unterhalten möchte.

Das *Writers House of Georgia* ist ursprünglich eine Fabrikantenvilla, gebaut Anfang des 20. Jahrhunderts von David Saradschischwili – einem Philanthropen, Gelehrten, zudem Besitzer einer Brandy-Fabrik und Multimillionär. Von Anfang an steht das Haus mit dem großen Garten, obwohl Privathaus, offen für die Kunst- und Literaturwelt.

Als auch wir es erreicht und die große schwere Eingangstür geöffnet haben, betrete ich bereits hier im Eingangsbereich eine ästhetisch gesetzte Pracht, mit grauen und weißen Marmorplatten an Decke und Wänden sowie breiten, aufwärts führenden, schneeweißen Stufen.

Oben angekommen, entschuldigt sich Maja: »Ich hol uns nur etwas zu trinken. Schau dich ruhig schon ein bisschen um!«

Die Wände sind, zumindest in den Räumen der unteren Etage, mit dunklem Holz getäfelt, die Decken weiß und stuckverziert. Zugleich steht die Tür offen zu einem weiteren Raum, es ist schon eher ein Saal, insgesamt in Weiß gestaltet. Stuhlreihen sind aufgebaut. Und vor den hohen Fenstern steht ganz vorn ein runder Kaffeehaustisch.

»Hier wird heute Abend«, sagt eine blonde Frau auf Deutsch, welche plötzlich neben mir im Türrahmen steht, »das diesjährige Internationale Literaturfestival eröffnet. Katja Lange-Müller wird lesen. Und Maja Badridze liest die Übersetzungen.« Da sich Nino Gogitidze sich mir nun auch als Mitarbeiterin des Hauses vorgestellt hat, bitte ich sie um ein Programmheft. Nino lächelt und versichert mir: »Sie bekommen das Programm doch dann mit Ihrer Tasche.« Das muss ein Missverständnis sein und ich versuche es aufzuklären: Schließlich bin ich gar keine Teilnehmerin des Festivals. Nino hört schon, was ich sage, lächelt, verschwindet wortlos und kommt gleich darauf mit einer dunkelgrünen Umhängetasche samt Programm wieder zurück. Und es ist eine fantastische Tasche, an sich *das* Omen für meine Reise; eine Tasche aus dunkelgrünem, festem, samtigem Stoff, auf den in Weiß nicht nur die Daten dieses Festivals aufgedruckt sind, sondern auch die 33 Buchstaben des georgischen Alphabets.

Blick vom Garten auf das Writers House of Georgia

Wenn man nun das Haus mit kunstvoller Prosa vergleichen möchte, dann ist der dazugehörige Garten, zumindest für mich, ein einziges, kraftvolles und sehr irdisches Gedicht. Der Garten ist angelegt unter den Wipfeln hoher, alter Bäume. Alles ist mit Efeu bewachsen; und das Areal insgesamt ummantelt von einer Mauer, über weite Strecken wiederum durch Büsche verdeckt. Im hinteren Teil des Gartens leuchtet das Weiß einer Büste auf. Es ist die des georgischen Dichters Galaktion Tabidze.

Maja kann ich nirgends entdecken. Aber kaum habe ich auf einer der Bänke Platz genommen, sehe ich sie kommen – mit zwei Gläsern hauseigener, selbstgemachter Limonade. Obenauf schwimmt jeweils ein Blatt von grüner Minze.

Fünf Jahre nach der Eröffnung des Hauses, 1911, stirbt der Hausherr. Der nächste Philanthrop übernimmt es, der Geschäftsmann Akaki Khoschtaria, welcher sein Geld vor allem durch Unternehmen und Ölkompanien im Südkaukasus und im Iran vermehrt hat. 1918 beginnen dann die Zeiten der Sowjetisierung und bereits drei Jahre später muss Akaki außer Landes gehen. Denn am 6. April 1921 wurde ein Dekret des Revolutionskomitees von Sowjetgeorgien erlassen, was besagte, dass sämtlicher Grundbesitz enteignet und verstaatlicht wird. Das betraf auch das heutige Writers House of Georgia. Es wurde *Palast der Künste*, ab 1923 ausschließlich *Haus des Schriftstellerverbandes,* und seit 2011 ist es das *Haus der Schriftsteller.*

Maja und die deutsche Sprache

»Irgendwann einmal sitze ich in einem Café in Deutschland und schreibe einen Brief«, beginnt Maja zu erzählen, in einem sehr schönen, fast akzentfreien Deutsch; dazu lächelnd, mit Blick auf die 33 georgischen Buchstaben auf meiner dunkelgrünen Tasche. »Als ich aufs Klo bin, habe ich den Brief einfach so liegen gelassen. Und als ich zurückkomme, steht da der Kellner, mit großen runden Augen, verweist auf meinen Brief und sagt: ›Diese Buchstaben sehen irgendwie orientalisch aus. Meine Dame, das ist doch Arabisch!‹ Und mit zitternder Stimme fügt er noch hinzu: ›Aber Sie sind keine Araberin, oder?‹ Und ich denke: ›Nein, warum soll ich jetzt eine Araberin sein? Sehe ich so aus?‹ Ich war völlig perplex. – Oder meine Freundin in Deutschland, in Berlin, sie ist auch Schriftstellerin, Claudia Rusch: Als sie einmal, dort in Berlin, gefragt wurde, was für ein Land Georgien eigentlich sei, da hat sie eine wunderbare Antwort gegeben: ›Das ist so ein Land‹, hat sie gesagt, ›wo sie Blümchen schreiben.‹ Damit meinte sie die Buchstaben! ›Sie sprechen ihre eigene Sprache und sie schreiben Blümchen!‹ Claudia ist ein wunderbares Mädchen. Ich mag sie sehr.«

Maja erzählt so schön; dazu mit dieser tiefen, etwas rauen Stimme, wobei ihr Sprachrhythmus für gewöhnlich arhythmisch ist, der Sprachfluss wird beim Sprechen immer wieder verzögert und dadurch bleibt der Zuhörer wach. Gerade aber sagt sie erst einmal gar nichts, sondern zündet sich mit flinken Bewegungen eine ihrer geliebten Zigaretten an.

»Ich kann nicht ohne«, entschuldigt sie sich, bevor sie weitererzählt: »Mit der deutschen Sprache hatte ich Glück: Es gab ja in Georgien deutsche Siedlungen, auch in Tbilissi. Die Deutschen waren dann im 2. Weltkrieg von Stalin nach Mittelasien verbannt worden. Aber einige dieser Familien waren geblieben. Sie sprachen weder Georgisch noch Russisch. Und sie hatten in Tbilissi einen deutschen Kindergarten eingerichtet. Und ich, mit drei Jahren damals, sprach ja auch kein Russisch; selbst Georgisch sprach ich kaum. – Nun brachte mich meine Mutter also in diesen deutschen Kindergarten. Mein erster Eindruck von der Welt war: Wenn man spricht, dann spricht man natürlich Georgisch, denn die ganze Welt spricht doch Georgisch. Und plötzlich stand da eine erwachsene Frau, irgendeine Tante, und sagte etwas. Es stellte sich heraus, dass sie Deutsch sprach. Ich fragte meine Mutter: ›Was macht sie da?‹ Und meine Mutter antwortete: ›Sie spricht Deutsch.‹ Ich konnte das überhaupt nicht verstehen: ›Wozu deutsch sprechen?!‹ – Und so ging ich dann also in diesen deutschen Kindergarten und habe so nach und nach Deutsch gelernt. Am Ende sprachen wir Kinder besser Deutsch als Georgisch, weil, wir blieben ja den ganzen Tag im Kindergarten, von 9 Uhr morgens bis 6 Uhr am Abend. Und danach blieben nur noch zwei Stunden zu Hause. Um 8 Uhr ging es ja schon ins Bett. Aber als der Kindergarten dann endete und ich in die Schule kam, habe ich erst einmal alles, wirklich alles vergessen. – Wie komisch das doch mit der Sprache ist!? Wenn der Kontakt zur Sprache gebrochen wird, dann vergisst man ... Was heißt: Vergisst man? Man vergisst natürlich überhaupt nichts! Denn, als ich dann neu angefangen habe, Deutsch zu lernen, ging es dafür sehr, sehr schnell. Die deutsche Sprache ist für mich nicht einfach nur eine Sprache. Die deutsche Sprache gehört unmittelbar zu mir, nicht nur beruflich. Solche Kindheitserinnerungen wirken am stärksten, am intensivsten. Nicht wahr? Auch die ersten Märchen, die ich hörte, waren deutsche Märchen. Die ersten Weihnachten, das waren fast deutsche Weihnachten. Und dann gab es noch Tante Erna, die 100-jährige Tante von unserer Tante, im deutschen Kindergarten. Und diese Tante Erna lag irgendwo, in einem Nebenzimmer, im Bett. Wir hatten enorme Angst vor ihr, weil sie immer mal irgendetwas auf Deutsch schrie. Zugleich war das aber auch komisch.«

Maja zieht, versonnen lächelnd, an ihrer Zigarette: »Ja, unsere Tante war alt und überhaupt ein Prachtstück! Wunderschön. Wir liebten sie so! Wir liebten sie enorm, über die Maßen; und sie auch uns. – Und als Datuna zur Welt gekommen ist, mein Sohn, da wollte ich, dass auch er ... Aber es gab hier keinen deutschen Kindergarten mehr. Trotzdem lernte er schon ziemlich früh Deutsch. Wir hatten oft deutsche Freunde zu Besuch, bei uns zu Hause ... Und auch mein Sohn Datuna hatte, mit seinen vier oder fünf Jahren, eine klare Vorstellung vom Kosmos: Als Kind hat man Vater, Mutter, man wohnt in einem Haus und man lernt Deutsch. Das alles gehörte zu seiner Weltordnung. Und dann kommt er einmal nach Hause, vom Kindergarten, einem privaten georgischen Kindergarten, und ist ganz perplex. Er steht da, mit runden Augen: ›Maja!‹ Er nannte mich immer Maja, nicht Mutter: ›Maja, ist so etwas möglich? Data‹ – so hieß sein Freund vom Kindergarten – ›Data lernt Englisch! Ist so etwas möglich?‹«, erzählt Maja und bricht in ein herzliches Lachen aus: »Ich sage zu Datuna, natürlich ganz ernst: ›Datuna, das gibt es, solche Störungen im Weltbild! Manchmal gibt es so etwas. Und da gibt es das auch, dass irgendjemand in dieser Welt Englisch lernt.‹«

Unsere Gläser leeren sich langsam. Es wird Abend und schnell dunkel. Langsam füllt sich auch schon der Garten mit den Gästen zur heutigen Eröffnung. Dabei sind noch zwei Stunden Zeit.

Maja und die zwei Georgien

»Entschuldige, Constanze«, sagt Maja. »Ich lese heute Abend hier doch aus den Übersetzungen. Aber eine halbe Stunde haben wir auf jeden Fall noch. Frag weiter!«

»Wie ist heute die Situation in Georgien?«

»Es gibt für mich –«, beginnt Maja, »und nicht nur für mich; ich habe mit meinen Freunden darüber gesprochen – es gibt zwei Georgien. Es gibt eine Mehrheit von Leuten, die sich, viele davon unbewusst, noch immer als *Sowjetmenschen* sehen; zugleich haben sie doch überhaupt nichts mehr damit zu tun. Und sie haben Angst, Angst vor der Freiheit, panische Angst. Und alles Mögliche würden sie tun, nur um die Flucht ergreifen zu können, vor dieser Freiheit. Und dadurch kommt es natürlich zu Hemmnissen bei der Entwicklung Georgiens.«

Maja atmet tief durch, lehnt sich kurz zurück, bevor sie sich erneut vorbeugt, und, mir zugewendet, meint: »Und der andere Teil ist das Gegenstück von dem, das krasse Gegenstück. – Für jedes Land ist die Frage der Identität ein großes Problem. Aber für dieses kleine Land, das materiell, finanziell eben geboren wird, eben zur Welt kommt, in seiner Staatlichkeit, vollzieht sich das alles noch schärfer. Und manchmal ist das auch schicksalhafter. Diese Sowjetmenschen stören uns einfach. Und wir brauchen sie nicht. Unbewusst wissen sie ja selbst, aber es ist unbewusstes Wissen, dass jenes Land und jene Welt nicht mehr existieren, weder existieren können noch dürfen. Das ist einfach ein Anachronismus. Aber sie können nicht anders. Und für diese Menschen sind wir nun irgendwie ein Spiegel. Sie gucken in uns und sehen ihr hässliches Gesicht. Und dann sind sie erschrocken. Daher dieser Hass auch auf uns. Denn es ist klar: Wir vernichten ihre Welt.«

»Und diese Sowjetmenschen gehören mehr zur älteren Generation?«

»Ach was, auch in diesem Punkt geht alles durcheinander: Es gibt da keine Altersgrenze; die gibt es nicht. Ich weiß nicht, wo ich das gelesen habe. War es von Carl Gustav Jung? Na gut. Jedenfalls habe ich gelesen, dass ein Volk, oder auch ein Individuum, das lange Zeit unter starkem Druck steht, während es in einer Diktatur lebt und durch dieses Trauma geht, dass sich da Veränderungen ergeben, sogar Gen-Veränderungen. Und diese erhalten sich, über sieben Generationen. Natürlich bin auch ich in der Sowjetunion geboren. Und natürlich habe ich es selbst auch noch sehr oft in mir, dieses sowjetische Stereotyp; das habe ich immer beobachtet an mir. Aber sich das dann bewusst zu machen, es zu *ver-hassen*, es von mir wegzujagen als etwas Atavistisches, als einfach etwas Unbrauchbares; und das, so lange, wie wir am Leben sind, und«, Maja lacht, »wir werden am Leben bleiben, natürlich. Und ich denke, man kann das als einen legitimen Hass ansehen. Constanze, wir kämpfen gegen den Schatten Stalins, gegen die Überbleibsel. Und es gibt noch sogenannte Stalinisten in Georgien. Stell dir das vor! Und diese Partei *Georgischer Traum* ist ebenfalls durchtränkt von dieser Ideologie. Das sind keine offiziellen Bekundungen, aber die Motive, die Beweggründe, die Ziele sind gleich. Und das ist absolut unannehmbar! Absolut!«

Es ist unser erstes Treffen, wir wollen zusammen sein, uns austauschen, eine Freundschaft begründen ... Dabei lässt mich die Sache mit diesen Sowjetmenschen nicht mehr los, zumal wir im Osten Deutschlands ähnliche Prozesse durchlaufen: »Und warum hängen die Menschen noch so am Vergangenen?«

»Eine einzige Antwort gibt es da nicht. Aber ich versuche etwas zu formulieren: Was die ältere Generation betrifft, von denen kaum noch jemand am Leben ist, die heute über 80- oder 90-Jährigen, die vom Minderwertigkeitskomplex einer kleinen Nation geprägt sind, sie sagen: ›Ja, wir haben einen Stalin gehabt, stellen Sie sich vor!‹ Aber darauf folgt keine Bewusstmachung, was er getan hat. Weil sie sich selbst als ein Nichts betrachten. Und daher brauchen sie immer die Unterstützung von irgendeinem, von irgendwem. Und zweitens ist Stalin mit der *starken Sowjetunion* verbunden. Er ist ihr Symbol. Es sind Menschen, die keine Fähigkeiten haben, in einer alternativen Welt zu leben. Und diese Welt, diese alternative, ist wiederum faszinierend für mich: Denn natürlich bin ich selbst verantwortlich. Ich muss die Wahl treffen und die Verantwortung für diese Wahl tragen. – Was gab es in der Sowjetunion? Es gab Gegebenheiten, von Anfang an: So und so ist es und daran hast du dich zu halten. Es gab keine Schattierungen. Es war alles irgendwie vorgegeben. In diesem Sinne lebte man auch ruhig. *Die toten Seelen* lebten ruhig. Bloß für die lebendigen Seelen gab es keinen Platz.«

»Und wie ist deine aktuelle Situation?«, möchte ich wissen.

»Meine aktuelle Situation sieht auf den ersten Blick ganz eintönig aus«, sagt Maja, wechselt sofort ihre innere Verfassung und lacht wie erleichtert auf. »Heute sitze ich da, in meinem Arbeitszimmer, wie angefesselt, auf dem Schoß den Laptop, und habe die großen Deutschen oder die großen Österreicher immer neben mir. Ich arbeite den ganzen Tag. Dann mache ich Pause. Ich brauche Pausen nicht, weil ich müde bin – natürlich werde ich auch müde –, aber ohne Pausen verliere ich die Distanz zum Text. Und dann verstehe ich nicht mehr, was da steht. Natürlich verstehe ich die Wörter, um Gottes Willen! Aber was diese Wörter nebeneinander tun, das kann ich nicht mehr begreifen. Dann kann ich nicht mehr den Rhythmus annehmen, den Ton, die Intonation und die Hintergründe. – An diesem Punkt brauche ich dann üppige Distanz; und die Autoren sind ja auch ganz üppig, wie im Fall von Hermann Broch zum Beispiel. Das war ein ganz, ganz komplizierter Text: *Schlafwandler*. Aber ich glaube, das habe ich geschafft, weil: Ich habe in Österreich für diese Übersetzung auch eine Prämie bekommen. Und für Musil auch; für den *Mann ohne Eigenschaften*. Kanzlerprämien gibt es da, sogenannte Kanzlerprämien für die Übersetzung der großen österreichischen Autoren. Ja, ich identifiziere mich absolut mit meinem Beruf. Ich mag ihn sehr.«

Maja schaut wie nebenher auf ihre Uhr. Und ich verstehe schon. »Aber«, versichert sie mir, während wir bereits im Aufbruch sind. »Wir werden uns wiedersehen. Und ich freue mich darauf. Weißt du, ich wünsche mir so, dass wir endlich als moderne Nation zur Welt kommen. Und es gibt diese Kraft in diesem Land, intellektuell. – Dabei haben wir nur eine Zukunft, und das ist die europäische Zukunft oder – Georgien hört auf zu existieren. Und das ist die Aufgabe meiner Generation, denke ich. Das alles ist sehr, sehr kompliziert; sehr. Ich glaube dennoch, dass wir das schaffen. Aber zuerst, Constanze, müssen wir hier in Georgien selbst gewinnen. Es geht zuerst um den inneren Sieg, in uns, und über uns selbst. Dann gibt es auch keine andere Kraft ... Ja, diese zwei Georgien. Aber diese Konflikte kennt fast jedes Land, wenn es auf dem Wege zu seiner Bildung ist.«

Nun bin ich es, die auf Majas Uhr schielt. Und Maja ist ja auch schon aufgestanden und auf dem Weg hinüber ins Haus, da dreht sie sich noch einmal um und fragt mich, ob ich eigentlich auch Giwi Margwelaschwili kenne. Maja ist außer sich: »Du kennst ihn nicht? Du *musst* ihn kennenlernen, ihn und vor allem sein großartiges Werk. Am besten, du beginnst mit *Muzal*. Du musst!« Ich verspreche es, und schon ist Maja in der Masse der Menschen, die sich zur Eröffnung des Literaturfestivals bereits eingefunden haben, verschwunden.

Die Reue

Das schöne Jugendstilhaus, Haus der Schriftsteller, ist zweifellos aber auch mit schweren Zeiten verbunden, vor allem mit den sogenannten *»Säuberungen«*, 1936 bis 1938 gipfelnd im *Großen Terror* unter Stalin.

In den Jahren des Großen Terrors ist da der Dichter Paolo Jaschwili, einst Gründungsmitglied der Künstlergruppe »Blaue Hörner«.

Einerseits meint *Blaue Hörner* die Hörner, aus denen man in Georgien Wein trinkt, die Trinkhörner als Symbol der Volksverbundenheit, und andererseits ist da das Blau als die Farbe der Romantik.

Im Juli 1937 tagt im Haus eine Versammlung der Schriftsteller. Und er, Paolo Jaschwili, ist nicht mit dabei, sondern oben, in der 2. Etage des Hauses, wo er sich mit einer Schrotflinte erschießt. Zu seiner Beerdigung kommt nur ein einziger Mensch – sein Freund, der Dichter Kolau Nadiradse.

Seit 1922, und bis 1953, war Stalin der Generalsekretär der KPdSU, der Kommunistischen Partei der Sowjetunion. Nach Lenins Tod, spätestens aber ab 1927, nach Ausschluss seines Gegners Trotzki aus der Partei, und 1934, nach der Ermordung des Leningrader Parteisekretärs Sergej Kirow, war Stalin dann Alleinherrscher im *Reich* Sowjetunion.

1936 bis 1938 währte die Zeit des *Großen Terrors*. In dieser Zeit gab es um die 1,5 Millionen Verhaftungen, von denen etwa 750.000 Menschen erschossen worden sind; nicht wenige unter ihnen Anhänger der Sowjetunion.

In den Jahren des Großen Terrors ist da der Dichter Tizian Tabidze. Auch er hat zu den »Blauen Hörnern« gehört. Im Herbst 1937 wird er verhaftet und zwei Monate später erschossen. Erst 1955 erfährt seine Ehefrau offiziell von seinem Tod.

Boris Pasternak, russischer Dichter und Autor des *Doktor Schiwago*, schrieb seit seiner ersten Georgien-Reise *Briefe nach Georgien*. Paolo Jaschwili, Tizian Tabidze und er waren Freunde.

Der Regisseur Tengis Abuladse (1924–1994) drehte 1983 den legendären Film *Die Reue*, einen ersten Film über den Umgang mit den Verbrechen, die unter Stalin begangen worden waren.

Der Diktator Warlam stirbt, wird beerdigt, wird dann aber von irgendwem immer wieder ausgegraben. Nach der ersten Ausgrabung lehnt die starre Leiche an der großen Kiefer, welche genau in der Mitte des Gartens am Schriftstellerhaus steht. Mit der Zeit wird offensichtlich: Es gibt da eine Frau, welche Warlam immer aufs Neue ausgräbt. Es kommt zum Gerichtsprozess. Und das ist es, worum es ihr eigentlich geht – ein Gerichtsprozess, ein offenes Verfahren. Und hier möchte sie nun die Gründe ihres Handelns offenbaren: Sie möchte, dass die Verbrechen des Diktators Warlam öffentlich werden.

Äußerlich ähnelt dieser Warlam auffallend dem Staatssicherheitschef Lawrenti Beria; auch er war Georgier. Im Film ist er ausgestattet mit einem Hitlerbart sowie einem faschistischen Schwarzhemd.

Der Film *Die Reue* wurde zu großen Teilen in Haus und Garten des heutigen *Writers House of Georgia* gedreht. Aber noch vor seiner Uraufführung 1984 wurde der Film verboten. Sicher kam es im Vorfeld immer wieder zu thematischen Befürchtungen und Diskussionen. Entscheidend für dieses Filmverbot allerdings dürfte ein außerordentliches Ereignis gewesen sein: Gega Kobakhidse, einer der Hauptdarsteller des Films, ist maßgeblich an der Flugzeugentführung vom 18. November 1983 auf dem Flughafen Tbilissi beteiligt. Dabei versuchen er, seine junge Frau – am Tag zuvor haben sie geheiratet – sowie fünf seiner Freunde, ein Flugzeug der sowjetischen Aeroflot mit Waffengewalt unter ihre Kontrolle zu bringen. Es geht darum, bei der Besatzung die Kursänderung zu erzwingen, also nicht nach Batumi zu fliegen, sondern in die Türkei. Es kommt zu einer mehrstündigen Schießerei, es gibt Tote und Verletzte. Gemeinsam mit seiner Frau und drei Freunden gehört Gega Kobakhidse zu den Überlebenden. Im August 1984 werden die vier jungen Männer zum Tode verurteilt und Gegas Frau zu einer Gefängnisstrafe von 15 Jahren. Es gibt noch eine Unterschriftensammlung, die Hinrichtung der Verurteilten in Anbetracht ihres jungen Alters auszusetzen; ohne Erfolg. Die vier werden hingerichtet, Gegas Frau kommt ins Gefängnis.

1984 ist der Georgier Edward Schewardnadse Erster Sekretär der KP der Georgischen SSR. Er ist es, der diese Gruppe junger Leute *Banditen* nennt.

Banditen heißt dann der Dokumentarfilm des Georgiers Zaza Rusadse, eine Dokumentation, welche zwanzig Jahre später entstanden ist, 2003, und in der sehr akribisch den Ereignissen dieser versuchten Flugzeugentführung, soweit überhaupt möglich, nachgegangen wird.

Sämtliche Szenen des Filmes *Die Reue*, in denen Gega Kobakhidse mitgespielt hat, wurden 1983/84 beschlagnahmt und vernichtet. Nur eine einzelne Filmbüchse ist erhalten geblieben. Später wird die Rolle, die Gega gespielt hatte, mit Merab Ninidze neu besetzt und die betreffenden Filmszenen werden nachgedreht; so dass dann, im Jahr 1987, der Film *Die Reue* endlich zur Uraufführung kommt. Es heißt, wiederum Edward Schewardnadse persönlich habe sich dafür eingesetzt. Die Zeiten von Glasnost und Perestroika sind angebrochen und Schewardnadse ist inzwischen Außenminister der UdSSR. Man beginnt damit, die Dinge anders zu sehen, zu bewerten und zu handhaben, wird offener, versucht freier zu sein. So stehen die Zeichen der Zeit und sind nicht mehr aufzuhalten.

Sopo

Der Garten am *Writers House of Georgia* füllt sich. Eine junge, rundliche, dunkelhaarige Frau schiebt ihren Kinderwagen über den Weg, um sich mit ihrem Gefährten und einigen Freunden an einen der Tische zu setzen. Ich erkenne in ihr Nino Haratischwili, die Autorin des Buches *Das achte Leben*. In Deutschland wurden zunächst ihre Theaterstücke prämiert. Durch *Das achte Leben* aber wurde sie weithin bekannt und öffnete mit diesem Mehrgenerationen-Roman für viele Menschen die geistige Tür zu ihrem Heimatland Georgien.

Kurz darauf begegne ich Dato Barbakadze, ebenfalls Übersetzer, und der zweite, mit dem ich bereits im Vorfeld der Reise hatte korrespondieren können. Er begrüßt mich kurz, und stellt mir seine Kollegin Sopo vor, eine Wissenschaftlerin, die ebenfalls Deutsch spricht. Und, kaum vorgestellt, entschuldigt sich Dato bereits: »Ich muss weiter! Wir schreiben uns!« Und schon ist er verschwunden.

Nun stehe ich mit Sopo noch ein wenig im Garten, bevor drinnen im weißen Saal das Literaturfestival eröffnet wird. Wir stehen da, von Dato zurückgelassen, und schauen uns um, während wir nach Worten suchen. Sopo wirkt etwas in sich gekehrt, verschlossen vielleicht, auf jeden Fall recht still. Ich beobachte, wie Nino gerade ihr Baby aus dem Wagen nimmt, ein wenig in ihren Armen wiegt, bevor sie es dann ihrem Gefährten anvertraut. Ich erinnere mich an eigene Zeiten und sage: »Es ist nicht einfach, mit Kindern und als Schriftstellerin.«

Sopo reagiert ungerührt: »Die heutigen Mütter haben es viel einfacher als wir im Bürgerkrieg damals – ohne Gas, ohne Licht, ohne Wasser.« – »Bitte?« – »Ich habe beide Söhne in den 1990er-Jahren zur Welt gebracht. Und das war wirklich schwer, sehr, sehr schwer.« – »Wollen wir uns ein wenig setzen?« – Gerade ist eine der Bänke im Garten frei geworden: »Als Georgien unabhängig wurde, war ich 27 Jahre alt und arbeitete am Institut für Literaturgeschichte. Mit der Unabhängigkeit endete für uns das russische Geld; es wurden Coupons eingeführt. Ich bekam ein Gehalt von sieben Millionen auf Coupon. Aber ein einziges Brot kostete schon fünf Millionen. Es war ein großes Durcheinander. Konkret sahen die ersten Tage der Unabhängigkeit so aus: Es gab keine Elektrizität, auch kein Gas mehr; Russland hatte uns von Strom und Gas abgeschnitten, weil wir ja nun separat waren und nicht mehr Mitglied der Russischen Föderation. Auch Brot gab es kaum. Wir haben in endlosen Schlangen gestanden, um Brot zu kaufen. Wasser gab es zwar, aber zum Beispiel in meinem Haus nur in den unteren Stockwerken. Denn zu uns nach oben, in die siebte Etage, hätte es mit Wasserpumpen hochgepumpt werden müssen. Diese Pumpen funktionierten aber elektrisch; und Strom gab es ja nicht mehr. Also stieg ich mit dem Eimer hinunter in die dritte Etage, um Wasser zu holen. Und mit jedem Kind wuchs unser Wasserbedarf … Es waren harte Zeiten, sehr, sehr harte.«

Immer mal wieder hält Sopo inne, während sie erzählt, um sich zu erinnern.

»Georgien war noch auf dem Weg zum eigenen Geldschein. Das alte Geldsystem war kaputt, ein neues funktionierte noch nicht. Die Leute verkauften alles Mögliche von zu Hause – Gold, Bilder ... Erst ab 1995 gab es dann Lari. Da hatte sich die Situation dann langsam stabilisiert.«

»Und der Bürgerkrieg?«

»Der hatte an meinem Geburtstag begonnen, am 22.12.1991! Es war damals gefährlich, überhaupt auf die Straße zu gehen. In der Nähe von Tbilissi gibt es ein künstliches Meer. Wir nennen es einfach – das Meer. Es liegt etwa zwölf Kilometer vom Stadtzentrum entfernt. Und dort lebte ich in dieser Zeit; ich wohnte bei meinen Eltern. Unter unseren Fenstern kämpften die Anhänger von Gamsachurdia, des 1. Präsidenten, gegen das aufständische Militär. Die Schüsse gingen hin und her. Im Zentrum von Tbilissi brannten Häuser, besonders in der Nähe des Parlaments. Im kommenden Jahr, 1992 dann, wurde mein erster Sohn geboren, im darauffolgenden Jahr der zweite. Wir sind alle miteinander durchgekommen. Aber es war so schwer. Dann wurde Gamsachurdia aus dem Land gejagt. Die offizielle Version lautet, dass er sich das Leben genommen hat. Seine Anhänger meinen allerdings, er wäre getötet worden. Diese harte Periode dauerte für uns zwei bis drei Jahre. Erst dann, langsam, verbesserte sich die Lage.«

Gedanklich und auch gefühlsmäßig bin ich ganz in den 1990er-Jahren, bei dem, was Sopo gerade erzählt hat, da wechselt diese, urplötzlich und für mich völlig aus dem Zusammenhang gerissen, das Thema. Bis heute kann ich mir nicht erklären, was dabei zumindest ihr innerer Zusammenhang gewesen sein könnte. Aber vielleicht ist gerade das Ausdruck dieses Lebens in bzw. mit der georgischen Idee der *Minutenwelt*, in der letztlich alles zusammengehört, und in der es nicht allein um das Ich geht, sondern auch immer um das Gegenüber.

Jedenfalls fragt sie mich plötzlich: »Haben Sie schon *Dagny oder Ein Fest der Liebe* gelesen, von Zurab Karumidse?«

Ich komme nicht mehr dazu zu antworten, denn es ist still geworden. Wir sind die Letzten im Garten. Durch die großen Fensterscheiben sehen wir den weißen Saal voller Menschen und gehen mit hinein.

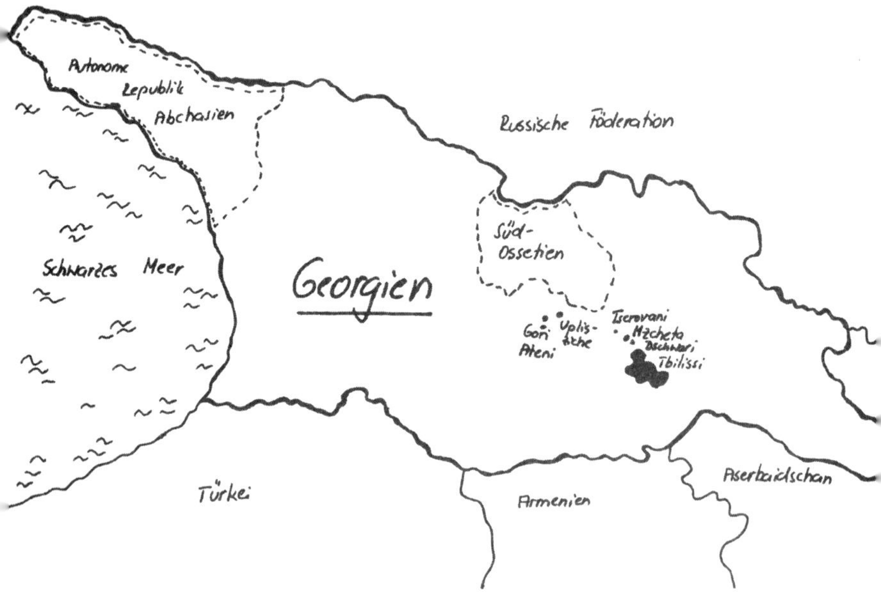
Autonome
Republik
Abchasien
Russische Föderation
Süd-
Ossetien
Schwarzes Meer
Georgien
Gori
Ateni
Uplis-
tziche
Tserovani
Mzcheta
Dschwari
Tbilissi
Türkei
Armenien
Aserbaidschan

Tag 7 Dämonen

Gori

Gestern ist nun das Internationale Literaturfestival Tbilissi eröffnet worden. Sopo und ich haben nebeneinander noch Platz gefunden im schönen, weißen Saal des Schriftstellerhauses. Und rechts von mir sitzt eine etwas jüngere Frau. Im Handumdrehen sind wir miteinander im Gespräch.

Irma und ich sprechen Englisch miteinander. Irma Tawelidse wurde 1973 in Gori geboren; damit gehört sie dann schon, mit Bezug auf die Fremdsprache, zur jüngeren Generation. Denn heutzutage wird ab der ersten Klasse Englisch gelehrt und gelernt, so wie es zu Sowjetzeiten mit Russisch gewesen ist. Wobei auch heute noch Russisch gelehrt wird, aber erst ab der siebten Klasse.

Die Georgierin Irma hat strahlende Augen, hellbraunes Haar, ist Übersetzerin und Schriftstellerin dazu. Ihre gesamte Ausstrahlung ist positiv, hell.

Aus Gori also kommt sie. Von dort, wo die Kura mit dem Großen Liachwi zusammenfließt, wo heute um die 50.000 Einwohner leben und woher nicht zuletzt auch Josef Wissarionowitsch Stalin stammt. An sich gilt Gori als wenig interessant, vom Stalinmuseum mal abgesehen. Zugleich wird aber auch gesagt, Gori sei, da es im Zentrum des Landes liegt, so etwas wie das Herz.

Schnell ist die Idee geboren, gemeinsam nach Gori zu fahren. Irma hat gerade frei. Wir starten am nächsten Tag. Hell gekleidet, in sonnengelber Leinenhose, kommt sie mir an der Metrostation Didube entgegen. Vor der Station befindet sich einer der großen Plätze, von wo aus Marschrutkas, Busse und Sammeltaxen in die verschiedenen Richtungen des Landes fahren.

Ausrufe sind zu hören: »Kazbegi! Kazbegi!«, »Sugdidi! Sugdidi!« ... Beschriftungen gibt es auch, zumeist allein auf Georgisch. Es ist ein einziger, unübersichtlicher, aber gut funktionierender Verkehrs-Basar. Wir müssen bloß ein paar Schritte gehen, schon werden wir von einem der vielen Helfer angesprochen: »Wohin?« – »Gori!« Er winkt uns und wir folgen ihm.

Wir haben Glück, denn kaum sitzen wir in der Marschrutka, ist das Gefährt voll und fährt los. Reguläre Abfahrtzeiten gibt es nur auf den längeren Distanzen, so wie beispielsweise nach Mestia.

Die Sitzpolster sind durchgesessen, aber der Wagen fährt, und bis Gori ist es ohnehin nur reichlich eine Stunde. Die Strecke führt 86 Kilometer in westlicher Richtung durch flache Landschaft, an langen Reihen von Rebstöcken vorbei, an Apfelbaum-Plantagen, an Weideland ...

Unterwegs sehe ich, hoch ausgestellt und weithin sichtbar, auf einem Berg, das Kloster Dschwari; kurz darauf die Abfahrt nach Mzcheta, in die alte ostgeorgische Hauptstadt. Dschwari und Mzcheta sind beides wichtige spirituelle Orte, wichtig vor allem für die Christianisierung Georgiens. Georgien ist nach Armenien das zweite Land der Erde, dass das Christentum als Staatsreligion angenommen hat. Innerlich merke ich mir vor, auch Dschwari und Mzcheta möglichst bald zu besuchen.

Die Straße zwischen Tbilissi und Gori ist gut ausgebaut, zum Teil mehrspurig. Inzwischen passieren wir eine Siedlung, die mir vor allem dadurch auffällt, dass sich sämtliche der Häuschen, und es sind Hunderte, wenn nicht gar Tausende, äußerlich gleichen. Es sind weiße Häuschen mit weinroten Dächern.

»Das ist Zerowani. Nach dem Krieg zwischen Russland und Georgien, 2008, sind die Flüchtlinge von Südossetien hierhergekommen.«

Eine gute Stunde später erreichen wir Gori.

»Ich zeige dir alles«, versichert Irma, kaum dass wir ausgestiegen sind und nun auf ein palastartiges Gebäude zukommen, ein Gebäude mit einem hohen, reich verzierten Turm. Ganze Gruppen von Menschen strömen zum Eingang.

»Was ist das für eine Kirche?«, frage ich.

»Das ist keine Kirche. Das ist das Stalinmuseum.«

Ins Stalinmuseum werde ich auf jeden Fall noch gehen, aber erst am nächsten Tag und allein. Heute möchte ich Gori mit Irmas Augen sehen.

Wir laufen an der Außenseite des Museums vorbei und sehen rechter Hand einen höchst modernen Supermarkt, der durch seine Holz-Stahl-Glas-Konstruktion regelrecht edel wirkt, zugleich aber auch leer stehend und geschlossen. Hier sind die Angebote von Wurst und Käse auf Plakate aufgezogen, und dort, auf noch größerer Fläche als Wurst und Käse, ein Bildnis von Stalin.

Linker Hand, hinter der halbhohen Museumsmauer, steht Stalins persönlicher Eisenbahnwaggon: grün gestrichen und mit weißen Scheibengardinen in den Fenstern. Mit diesem Eisenbahnwaggon fuhr Stalin einst zu den Konferenzen nach Teheran (November/ Dezember 1943) und Jalta (Februar 1945).

Direkt am Stalinmuseum beginnt eine städtische Parkanlage. Den Blick auf das Museum gerichtet, steht hier der einstige Dik-

Der Supermarkt gegenüber dem Stalinmuseum

tator, eher privat anmutend, in Hemd und Hose, hohen Stiefeln; das rechte Bein leger vorgestellt. Und während er sich mit der einen Hand irgendwo aufstützt, auf einem Tisch oder auf dem hölzernen Geländer eines Balkons, vergräbt er die andere Hand tief in der Hosentasche. Eine Blautanne steht übermächtig hinter ihm.

Vom Stalindenkmal bis zum Tempel sind es nur wenige Schritte. Es ist ein Tempel, gebaut aus hellem Marmor und auf jeder der vier Seiten von vier Säulen getragen. Der Besucher, der von innen her nach oben schaut, vermag in diesem gelb leuchtenden Lichtfenster dann einen großen fünfzackigen goldgelben Sowjetstern sehen; dazu in den vier Ecken jeweils Hammer und Sichel.

Dieser Marmortempel beherbergt also Stalins Geburtshaus. Gebaut wurde es, entsprechend der lokalen Kultur, aus unzähligen Miniaturziegelsteinen, wie ich sie vor meinem Privatquartier in Tbilissi erstmals gesehen habe. Dieses Haus hier verfügt über drei

Eingänge, große Fenster, eine hölzerne Terrasse mit Balustrade. Ein großes Schild gibt dem Besucher sowohl in Georgisch als auch in Russisch Auskunft: »Hier wurde am 21. Dezember 1879 Stalin geboren und verbrachte seine Kindheit bis 1883.« Allerdings bewohnte die Familie in diesem Haus nur einen einzigen Raum von vier Quadratmetern Größe, mit einem Fensterchen. Dazu gehörte eine kleine Küche.

»Irma ist ein deutscher Vorname, richtig?«

»Ja, das war damals die Mode.«

Denn deutsche Vorfahren gibt es in Irmas Familie nicht. Mit 16 Jahren verließ Irma Gori, bzw. eigentlich ihr Dorf Patara Garedschwari, welches ganz in der Nähe liegt. Irma ging nach Tbilissi, um dort an der Staatlichen Universität zu studieren: Georgische Literatur und Sprache.

»Seit wann wolltest du Schriftstellerin werden?«

»Ich hatte nie diesen Traum.«

Wir lassen das Stalin-Gesamtensemble hinter uns und spazieren inzwischen an rot blühenden Blumenrabatten vorbei, über große freie Flächen und durch eine breite Allee von hochgewachsenen alten Bäumen, Blautannen, Kiefern ... Die schattigen Plätze auf den Bänken sind belegt. Mütter sitzen hier mit ihren Kindern, Großmütter mit ihren Enkeln.

»Hier lassen sich auch die Hochzeitspaare gern fotografieren. So unmittelbar vor dem Museum finde ich das aber merkwürdig.«

Seit wir in Gori ausgestiegen sind, ist Irma aufgeregt. Ihre Stimme flattert und die Wangen sind gerötet. Spätestens seitdem wir hier sind, ist sie längst nicht mehr so entspannt wie gestern noch im Schriftstellerhaus.

Plötzlich bist du Repräsentant und meinst, für alles die passenden Worte finden zu müssen. Alles ist wie auf einem Prüfstand. Zugleich führst du den Gast gern durch die Stadt.

»Ich schaue nur«, versichere ich also Irma, ohne dass sie mich gefragt hätte. Mein Englisch ist nicht gerade perfekt. Aber ich kann sehen, wie Irma auf jedes meiner Worte wartet und wie sie diese aufnimmt. »Geschichte ist ohnehin komplexer, als wir Menschen es mit unseren Mitteln erfassen können; noch dazu, wenn wir es nicht selbst erlebt haben. Ich bin Schriftstellerin, ich urteile nicht. Wozu auch?«

Irmas Erleichterung erleichtert jetzt auch mich.

Wir erreichen den großen Platz vor dem Rathaus; ein Kuppel-Gebäude. Bis vor einigen Jahren stand auch hier ein Stalindenkmal: Stalin in weitem Militärmantel, auf hohem Sockel, und fest auf beiden Beinen.

»Viele wollten, dass das Denkmal bleibt«, informiert Irma, bevor sie persönlich von sich zu erzählen beginnt: »Bald erscheint ein Buch von mir. Es heißt: *Stalins Tannen und andere Texte*.«

Ich bewundere schon, wie Irma diesen komplexen Themen ihrer Heimatstadt und ihres Landes nicht ausweicht. Stalin ist spürbar existent, hier am Ort fast noch übermächtig. Zugleich, wenn ich jetzt an den Film *Die Reue* denke, ist er eben auch nicht in der Erde oder sonst wo vergraben bzw. versteckt.

»Und in meinem Aufsatz *Stalins Tannen* geht es an sich gar nicht um Stalin, sondern um meine Familie. Es geht darum, wie wir es in den 1990er-Jahren geschafft haben, uns einen neuen Weihnachtsbaum zu kaufen. Unser alter war noch aus Sowjetzeiten und aus Plastik. Er ging einfach nicht mehr. Er roch auch schon ganz komisch. Meine Eltern trösteten uns. Sie meinten, man müsste ihn nur wieder schön dekorieren, dann ginge er schon noch. Na gut, wir hatten sowieso nicht genug Geld, um uns einen neuen zu kaufen. Aber – kleine Wunder gibt es immer wieder: Auf einem bescheidenen Weihnachtsmarkt, direkt unter der Statue von Stalin, vor dem Rathaus, wurden Tannen verkauft. Wir fragten nicht groß nach, wer sie wo gefällt haben mochte; sicher illegal. Wir kramten bloß in unseren Taschen, legten das Geld zusammen und mein Bruder verhandelte mit dem Verkäufer. Letzten Endes meinte der: ›Sucht euch einen aus!‹ Weißt du, natürlich war es nicht gut, etwas von jenen Menschen zu nehmen, die junge und schöne Bäume in den Wäldern schnitten. Aber wir brauchten ein wenig Glück in dieser dunklen Zeit.«

Später erfahre ich, dass diese Stalinstatue 2010 vor dem Rathaus in einer Nacht- und Nebelaktion des damaligen Präsidenten Micheil Saakaschwili entfernt worden war. Und vor dem Stalinmuseum hat man dann eben dieses andere Denkmal aufgestellt. Wie soll man, wie kann man als Staat mit diesem Erbe umgehen? Bis heute ist das eine Frage.

»Fühlen sich die Menschen von Gori mit Stalin sehr verbunden?«

»Ja, es ist so«, bestätigt Irma. Sie erzählt besonnen, spricht leise: »Früher beteten sie für ihn, bei jedem Trinkspruch wurde er erwähnt und fast jede Familie hatte ihre kleine Stalinbüste im Haus. Ob das heute noch so ist, weiß ich nicht. Aber damit wollten sie sagen: ›Stalin ist und war einer von uns, einer aus Gori.‹ Und das bleibt er wahrscheinlich für immer – *Einer aus Gori*.«

Gori ist nie eine Industriestadt gewesen, selbst zu Sowjetzeiten nicht. Apparatebau und Baumwollindustrie stellten in den 1990er-Jahren ihre Produktion ein. Die ehemalige Staatliche Pädagogische Hochschule nennt sich heute *Staatliche Universität Gori*.

Als wir schließlich das Theater erreichen – ein schönes Haus aus Tuffstein, mit sechs Säulen vor dem Eingang –, wird mir, warum auch immer gerade dort, bewusst, dass Gori unmittelbar an der Grenze zu Südossetien liegt, keine 25 Kilometer entfernt; die Konflikte, nicht zuletzt von 2008, fanden also in unmittelbarer Nähe statt.

»Ja, Gori wurde bombardiert. Zum Beispiel war unser Postgebäude davon betroffen …«

Irma reagiert auf alles überraschend sensitiv. Ist ihr Grundgefühl anfangs so etwas wie Sorge gewesen, ist es nun offenbar die Reaktivierung der damaligen Angst.

»Wo warst du im August 2008?«

»Ich lebte schon in Tbilissi, war aber gerade bei meinen Eltern im Dorf. Und: Ja, ich hatte Angst. Aber damals konnte ich diese Angst noch gar nicht fühlen. Alles war erst einmal wie ein Film. Der Himmel leuchtete – rot und gelb. Einschläge waren zu hören. Wer irgendwie konnte, der verließ die Stadt. Alles war voll mit russischer Armee. Und sie wollten weiter, bis nach Tbilissi. Aber dann gab es internationale Absprachen und die russische Armee ist nicht bis in die georgische Hauptstadt gekommen. In einigen georgischen Dörfern wurden auch Brände gelegt; aber nicht in unserem Dorf. – Meine Eltern und ich, wir fuhren, nach diesen fünf Tagen, zusammen nach Tbilissi. Weißt du, die Georgier mögen keinen Streit. Sie lieben Gäste. Und sie lieben Ausländer, Fremde. Und sie lieben es, wenn dann alle zusammen am Tisch sitzen – essen, trinken, feiern. So kommt die Frau von meinem Bruder beispielsweise aus Ossetien. Keiner im Dorf spricht deshalb anders mit ihr, keiner schlecht, keiner ohne Respekt. Ich glaube, die Politik hat versucht, die Völker gegeneinander aufzubringen – die Abchasen, die Osseten, die Georgier. Die Völker selbst haben nichts gegeneinander.«

Wir schlendern weiter und lauschen dem Gesagten nach. Später komme ich noch einmal auf meine Schriftsteller-Frage zurück: »Und warum bist du es dann geworden, Schriftstellerin, obwohl du nie davon geträumt hast?«

Um die Jahrtausendwende geriet Irma in eine Lebenskrise. Etwas war geschehen und nahm ihr alle Freude. Sie ging zum Arzt, bekam Medikamente, mit denen wiederum eine Energie in sie einströmte, die ihr sagte: ›Die Medikamente sind wichtig. Irgendetwas musst du jetzt aber auch selbst tun!‹ – »Und da ich die Literatur liebte, begann ich zu schreiben. Ich begann mit kurzen Texten. Es ergab sich eine erste Veröffentlichung. Es gab die ersten Kritiken. Und es waren gute Kritiken. Dadurch bekam ich Antrieb und Auftrieb. Ich schreibe, bis heute. – Möchtest du eigentlich auch unsere Festung sehen?«

Die Festung steht auf einem hohen Felsen, heißt Gorisziche, wobei *ziche* so etwas wie *Gefängnis* bedeutet, oder eben auch *Festung*.

»Ich war noch nie da oben«, erzählt Irma, während wir den mit Feldsteinen gepflasterten Weg hinaufgehen. »Für uns Kinder war der Ort tabu. Die Eltern warnten uns. Dort oben wurden Drogen gehandelt und auch konsumiert. Und als Mädchen ging man erst recht nicht hinauf.«

Inzwischen haben wir den oberen Teil erreicht, eine große Wiese breitet sich wie ein grüner Teppich zwischen den verfallenen Festungsmauern aus. »Und heute«, Irma weist auf das Häuschen, an dem ein Uniformierter lehnt, »wird dieser Platz auch bewacht.«

Wir schauen auf die Stadt und haben eine gute Sicht.

»Dort, die katholische Kirche, dort dann die georgisch-orthodoxe …«

»Und dieser Turm da?« Ich versuche Irma auf einen viereckigen Turm mit vorgesetzten, steinernen Balkonen zu orientieren.

»Das ist das Stalinmuseum!«

Im Jahr 65, als es gegen die Römer ging, wurde Gorisziche erstmals erwähnt, kam später in türkische, dann in russische Hand und wurde 1920 wiederum durch ein Erdbeben zerstört. Für uns heute bleiben nur noch die Ruinen.

Zurück in der Altstadt, bummeln wir durch die breiten Straßen, beidseits gesäumt von zweistöckigen, renovierten Häusern, fast sämtlich mit diesen Miniatur-Ziegelsteinen gebaut. Hier und da gibt es ein Lädchen, darunter auffallend viele Secondhand-Läden.

»Neue Kleidung ist bei uns sehr teuer«, erklärt Irma. »Aber hier gibt es wirklich auch viele schöne Sachen.«

Inzwischen warten wir auf Irmas Bruder Artschil; auf *Atschiko*, wie die Schwester ihn liebevoll nennt. Es ist heiß und die Straßen sind wie leergefegt. Nur ein brauner Hund läuft hechelnd, mit heraushängender Zunge, an uns vorbei.

Ateni

Ein Taxi kommt. Und der am Lenkrad, das ist dann Atschiko, Irmas Bruder; neben ihm seine Frau Mari. Dieses Taxi ist sein Unternehmen.

Zuerst fahren wir nach Ateni. Denn aus dem Dorf Ateni stammt Olga, Irmas Großmutter, die Mutter ihres Vaters.

»Olga war ihr offizieller Name«, erzählt Irma. »Wir haben sie immer Olia genannt. Ich liebte sie so sehr ...« 1923 hier geboren, war Olia leider bereits während der schweren 1990er-Jahre verstorben.

Nach Ateni sind es zehn Kilometer. Und hier befindet sich nun die Sioni-Kirche, ein vorzüglicher und in der Region äußerst beliebter Ort für Taufen, Hochzeiten und Beerdigungen.

»Atschiko, Sie sind sehr freundlich«, sage ich zu Irmas Bruder, als wir in Ateni seinen Wagen verlassen. Er nickt kurz und lächelt nicht. Es wirkt dennoch wie: »Ist schon in Ordnung!«

Für mich wird dann, noch vor der Sioni-Kirche, das Tal des Flusses Tana zur Sehenswürdigkeit, im wahrsten Sinne des Wortes. Ich schaue, es ist meines Sehens würdig, ich kann meinen Blick kaum lösen: Die schroffen, grünen Berge gehen auf engstem Raum ineinander über. Und die Tana schlängelt sich mitten hindurch. Links und rechts des Flusses stehen paarweise Pappeln, wie stille, hohe Wächter.

Die Sioni-Kirche stammt aus dem 7. Jahrhundert. Ihr Name nimmt Bezug auf den Berg Zion in Jerusalem. Es ist eine schöne Kreuzkuppelkirche, innen aber gerade bis in die Höhe hinauf mit Gerüsten vollgestellt. Im Gerüstaufbau sind kleine Abteilungen bedacht, in denen nun hier wie da Restauratorinnen sitzen, jede mit eigenem Lichtstrahler, und mit Pinsel in der Hand. Die Fresken werden restauriert.

Wie ich höre, gibt es in der Kirche Inschriften aus verschiedenen Zeiten.

Die Vorstellung, dass Irmas Großmutter Olga hier schon als Kind ein- und ausgegangen ist, verleiht diesem Ort einen Zauber. Und überhaupt berührt mich das inzwischen völlige Vertrauen von Irma, in der Folge nun auch von Atschiko und Mari; und wie sie mir ihre Orte zeigen.

Im Dorf Patara Garedschwari warten dann schon Irmas Eltern. Vor Atschikos Haus stehen der Vater, in weißem Hemd und dunkler Hose, und die dunkel gekleidete Mutter. Als wir aus dem Auto steigen, kommen beide direkt auf mich zu. Der Vater ist schmal und von kleinerer Statur; die Mutter eher rundlich, mit kurzem, grauem, an der Stirn schon schneeweißem Haar; und mit dunklen, tiefen Augen. Ja, die Menschen hier lieben ihre Gäste, und wie es aussieht, gleich auf den ersten Blick.

Atschikos Haus ist groß, und noch ein Rohbau. Aber die Elektrik ist bereits gelegt; und eines der Zimmer schon bewohnbar. Hier wohnt Irmas Bruder mit seiner Frau Mari. Er ist unser Gastgeber. Und auch die Eltern sind Gäste. Sie sind von ihrem eigenen Haus herübergekommen, bepackt mit Beuteln und Taschen.

»Ein schönes Haus«, sage ich zu Atschiko. »Groß und solide.«

Aber Irmas Bruder reagiert darauf nicht. Er wirkt erschöpft, müde. Ich habe das Gefühl, er kann mich gar nicht hören.

»Hier im Dorf ist das Leben sehr schwer«, erzählt Irma, die alles beobachtet hat. »Und es gibt Menschen, die immer nur arbeiten. Sie machen kaum eine Pause, keinen Urlaub, keinen Sonntag. Sie haben keine Zeit, um nachzudenken. Es ist wirklich schwer.«

Aber gleich darauf scheint jedwede Schwere zu verfliegen. Denn von nun an dreht sich alles nur noch um die *Supra*, um das Festmahl für den Gast. An heißen Tagen wie dem heutigen kann problemlos der geräumige Vorraum im noch imperfekten Haus genutzt werden. Mari und Irma bringen Tisch und Stühle. Ein schneeweißes Tischtuch wird aufgelegt. Und überhaupt heißt das Wort *Supra* ja nichts anderes als *Tischtuch*.

Bald darauf versammeln wir uns. Und vor uns ist aufgetafelt mit Brot, Chatschapuri, Salat, Gurken und Tomate, verschiedenen Pasteten, Fleischtaschen, später – sie kommen im Austausch zu den inzwischen geleerten Tellern dazu – kleine Kuchen, Konfekt, ein spezielles Gelee mit Nüssen, Aprikosen, Pfirsiche, ein Teller mit Walnüssen ... Dazu trinken wir selbstgemachten Aprikosensaft; und später den landestypischen Kaffee aus Tässchen.

Wir essen. Immer wieder wird mir die nächste Köstlichkeit auf den Teller gelegt, werde ich animiert dieses sowie jenes zumindest zu probieren. Irgendwann kann ich nicht mehr, lehne mich zurück, hebe ergeben beide Hände, um zu versichern: »Schluss, Finish, Kanjez!«

Irmas Mutter strahlt, denn genau so sollte es sein. Es ergibt sich eine kleine Pause für mich, bevor sie, lächelnd, das Animieren fortsetzt. Irmas Mutter spricht grundsätzlich Georgisch mit mir; kein Wort Russisch kommt über ihre Lippen. Mütterlich und direkt schaut sie mir in die Augen, wenn sie spricht, als meine sie: ›Unter uns, Schwester, nicht wahr? Eigentlich verstehst du doch Georgisch, oder?‹

Und immer wieder, zwischen Pasteten, Kuchen und Kaffee, werde ich nach diesem und jenem gefragt: »Wohnen Sie auch in einem Haus? Wohnen Sie in der Stadt oder auf dem Dorf? Haben Sie Kinder? Enkelkinder?«

Ich antworte, halte mich aber mit eigenen Fragen zurück. Bis sie schließlich meinen: »Und wollen Sie gar nichts von uns wissen?«

Also frage ich. Der Vater antwortet auf Russisch, die Mutter wie immer auf Georgisch. Irma übersetzt es mir ins Englische.

»Was ist heutzutage das Wichtigste für Georgien?«

Nach kurzem Überlegen antwortet der Vater: »Die Bildung ist das Wichtigste.« Die Mutter aber meint: »Dass Georgien ein Land auf der Landkarte bleibt. Das ist das Wichtigste.«

Ich lasse eine Pause, nehme noch ein zweites Stück von den

kleinen Kuchen, um anschließend weiter zu fragen: »Und wann war es für Sie besser – zu Zeiten der Sowjetunion oder jetzt?«

Der Vater zögert keinen Augenblick: »Natürlich war es zu Sowjetzeiten besser.« Worauf die Mutter ganz klar meint: »Jetzt! Jetzt ist es besser.«

Am Ende bedanke ich mich, und zwar wirklich für alles; nicht zuletzt für diese Supra. Aber gerade bezüglich der Supra beginnt sich Irma nun bei mir zu entschuldigen: »Es war zu wenig für eine richtige Supra. Es war einfach nicht anders möglich. Du weißt es ja selbst: Es war spontan. Der Bruder hatte die Idee.«

Dem stimmen sofort auch alle anderen zu: »Hätten wir gewusst, dass ein Gast kommt, hätten wir es besser vorbereitet ...«

»Aber«, betone nun ich, »es war die erste Supra in meinem ganzen Leben. Und sie war sehr, sehr gut. Anders kann ich es gar nicht sagen. Und mit einer ersten Supra ist es wie mit der ersten Liebe. Die vergisst man nie. Ich bin sehr glücklich. Vielen Dank. Besser geht es nicht.«

Und damit ist das Thema *Supra* vom Tisch.

Stalin

»Nun gibt es leider gute und böse Genies. Stalin war ein böser Dämon. Er hat ein riesiges Gebäude errichtet, eine ganze Epoche geprägt, eine grausame Epoche ... Ich bin geneigt zu behaupten, dass eine so ungeheuerliche Erscheinung wie der Faschismus nur von einer Kraft wie Stalin, von seiner allmächtigen Diktatur hatte besiegt werden können. Ich weiß nicht, ob das positiv zu bewerten ist. Es ist einfach eine Tatsache.«
Eduard Schewardnadse (12)

Es gibt Namen, die wurden ihm gegeben; andere gab er sich selbst. Bis heute ist davon vor allem dieser eine Name geblieben: *Stalin.*

Josef Wissarionowitsch Dschugaschwili wurde 1879 in Gori geboren. Die Eltern waren beide Kinder von Leibeigenen. Der Vater

Wissarion lebte in Gori als Schuhmacher, die Mutter arbeitete als Waschfrau. Der Sohn wurde zunächst Soso gerufen. Als er elf Jahre alt war, verließ sein Vater die Familie. Mit fünfzehn Jahren kam Josef Dschugaschwili in das theologische Seminar in Tbilissi, wo er bis Mai 1899 blieb. Im Priesterseminar herrschte ein strenges Reglement; zugleich entwickelte sich dasselbe zu einem wichtigen Zentrum der politischen Opposition. Josef Dschugaschwili musste das Priesterseminar wegen Nichterscheinens zu einer Prüfung verlassen. Von nun an war er ohne feste Unterkunft und ohne Einkommen, er arbeitete zunehmend im politischen Untergrund ... Bald darauf, von den Genossen nach Batum (Batumi) geschickt, legte sich Dschugaschwili das Pseudonym Koba zu. Aus Koba wurde 1912 schließlich *Stalin*; und bis heute ist er Stalin geblieben, *der Stählerne*.

Das Stalinmuseum

Das Gebäude des heutigen Stalinmuseums wurde 1951 erbaut; zunächst gedacht als Museum für lokale Geschichte, ist es seit 1957 Stalinmuseum, wurde 1989 geschlossen und nach einigen Jahren wieder geöffnet, ohne dass es dabei eine Überarbeitung des Ausstellungkonzeptes gegeben hätte. Bis heute gibt es bezüglich des Stalinmuseums in Gori sowohl ein starkes Dafür als auch ein starkes Dagegen.

Was dafür spricht, dürfte zuerst der Besucherandrang sein. Ich selbst bin eine der wenigen, die allein kommen. Zumeist kommen ganze Reisegruppen.

»Ohne den Publikumsmagneten *Stalin* wäre die wirtschaftliche Lage in Gori wahrscheinlich noch schlechter«, führt Dr. Oliver Reisner zum Für und Wider des Museums aus. »Gut, sie haben in Gori die Militärbasis. Aber das Bisschen, was in Gori hereinkommt, das kommt durch den Tourismus herein.«

Es gibt seit zwei, drei Jahren eine Kommission, die über die Zukunft des Stalinmuseums nachdenkt. Sowohl Dr. Oliver Reis-

Das Stalinmuseum in Gori

ner, als auch Dr. Lasha Bakradze, Direktor des Literaturmuseums *Giorgi Leonidse*, beide Mitte der 1960er-Jahre geboren, der eine in Hannover, der andere in Tbilissi, beide Wissenschaftler an der Staatlichen Ilja-Universität Tbilissi, gehören mit dazu.

Ich beginne mit einer Gruppe von Russischsprechenden den Rundgang durch das Museum. Eine ältere Frau führt, mit Zeigestock. Vielleicht gibt es auch interessante Details, die sie vermittelt: Ich selbst bin allein schon durch den pathetischen Ton ihrer Rede an alte Zeiten erinnert, sodass ich mich recht bald von der Gruppe löse, um mich ohne jede Vermittlung umzuschauen und das gebotene Material zu betrachten. Ich fotografiere, was mich anzieht; vor allem fotografiere ich immer wieder das Gesicht Stalins in den verschiedenen Lebensphasen. Hier ist der junge Mann im Zentrum einer Gruppe von Gleichaltrigen, oder dort das Bild des älteren, im offenbar fröhlichen Dialog mit dem Schriftsteller Maxim Gorki ... Was vermag ich diesem Gesicht abzulesen?

Fotografieren darf ich als Besucher ohne jede Beschränkung – auch die Säulenhallen, die langen, roten Teppiche, die Kronleuchter und jedes der Objekte. Nur Film- und Tonaufnahmen dürfte ich nicht machen. Letztlich bekommt der arglose Besucher immer wieder einen arglosen Mann gezeigt, der dennoch die Größe besaß, den Hitlerfaschismus zu stoppen und zu besiegen ... Und so gelingt Manipulation.

Dr. Oliver Reisner meint: »Also das, *was* und *wie* es dargestellt worden ist, folgt ganz stark der Interpretation von Lawrenti Berija. Der selbst ja 1953 nach Stalins Tod ziemlich schnell verhaftet und hingerichtet worden ist, weil man keinen weiteren Georgier an der Parteispitze haben wollte und dann doch gefürchtet hat, dass er sich durchsetzen könnte.«

Und was immer also an tatsächlichen Details der Geschichte ausgewählt wurde: An keiner Stelle werden in der Hauptausstellung die Millionen Opfer erwähnt, die es unter der Herrschaft dieses Mannes in der gesamten UdSSR gab, in Zeiten der sogenannten *Säuberungen*, in der Zeit des *Großen Terrors*.

Dabei hatte ich von einem Gedenkraum gehört, den es innerhalb des Stalinmuseums inzwischen auch geben solle. Man müsse nur bei den Mitarbeitern des Hauses direkt danach fragen.

»Ja«, ergänzt Dr. Oliver Reisner. »Allerdings war dieser jetzige Gedenkraum wahrscheinlich vorher mal eine Abstellkammer gewesen. Raum des Gedenkens. Den hat man eingerichtet, als vor allem von westlichen Besuchern immer kritische Fragen gestellt worden sind. Ja, und wenn Sie im Museum dann in diese Kammer hineingehen, werden Sie am Anfang so ein bisschen die Opfer aus Gori und Umgebung sehen, aufgeführt durch Zettelchen, auf denen ihre Namen stehen. Anschließend wird auch etwas über die Tschekisten ausgeführt, also über die Geheimpolizei ... Und weiterführend, direkt dann unter der Treppe, gibt es noch ein Kämmerchen, in der versucht worden ist, eine Art Zelle nachzugestalten.«

Dr. Reisners hiesige Erfahrung ist: »Und wir wissen auch bis heute nicht, wo die Ermordeten begraben wurden, wo sich diese Massengräber befinden. An der Ilja-Universität gibt es eine NGO, die wir hier mit aufgenommen haben, das *Soviet Past Research Labor*, kurz: SOVLAB. Das ist eine NGO, die eben, beginnend in der Spätphase von Saakaschwili, den Versuch unternommen hat, die Vergangenheit kritisch aufzuarbeiten. Und Irakli Khvadagiani von SOVLAB hat sich sehr dafür eingesetzt. Er wollte herausfinden, wo denn nun diese Opfer begraben worden sind.«

»Ich habe gehört«, frage ich weiter, »dass das georgische Lied *Suliko – Seelchen* – Stalins Lieblingslied gewesen ist.«

»So sagt man. Man sagt auch, dass er gern Coca-Cola getrunken hätte ... Also man ist auf das angewiesen, was u. a. Chruschtschow und andere Mitglieder des Politbüros in ihren Memoiren niedergeschrieben haben. Und dass Stalin bei nächtlichen Empfängen *Suliko* gesungen oder auch georgischen Wein getrunken hat, das halte ich durchaus für möglich.«

»Und wie könnte ein Stalinmuseum der Zukunft aussehen?«

»Meiner Meinung nach, auch nach meiner Interpretation«, positioniert sich Dr. Reisner sehr klar, »ist dies in Gori kein Stalinmuseum, sondern ein *Stalinkultmuseum*, das den Stalinkult widerspiegelt. Und damit wäre es dann auch eher als ein historisches Denkmal zu betrachten, das letztlich geschützt werden muss. – Man könnte heute mit ganz modernen Mitteln eine Umgestaltung versuchen. Also dass man den Leuten ein Tablet oder ähnliches auf den Rundgang mitgibt und *die* Informationen, die eben fehlen, auf elektronischem Wege ergänzt. Sodass man quasi diesen Stalinkult als einen gemachten dekonstruiert. Da ist zum Beispiel dieses eine Foto mit dem Politbüro, wo ganz rechts eine Figur steht, deren Gesicht mit Weiß gestrichen ist. Das war so in der Stalinzeit üblich. Ja, und dann bekommt der Besucher auf diesem oder jenem Weg die fehlende Information mit dazu: ›Lawrenti Berija …‹ – So geht in Georgien der Prozess der Entstalinisierung nur ganz vorsichtig voran. Zum Beispiel sendet ja Tengiz Abuladses berühmter Film *Die Reue* einen ganz subtilen Subtext an seine georgischen Landsleute: *Stalin war ein Verbrecher!* Und er zeigt auch, dass das ein ganzes System war, an dem viele mitgewirkt haben.«

Als ich, deutlich später, den Wissenschaftler Dr. Lasha Bakradze im Literaturmuseum in Tbilissi besuche, und mit ihm eine der wichtigen heutigen Stimmen Georgiens befragen darf, interessiert mich nicht zuletzt auch seine Sicht auf Stalin und auf das Museum.

Kaum habe ich die strenge Polizeikontrolle im Literaturmuseum erfolgreich hinter mich gebracht, steige ich die einzig mögliche Treppe hinauf und komme zu zwei langen dunklen Fluren, die in verschiedene Richtungen gehen, mit auf den ersten Blick unzähligen Türen. Und während sich unten gleich zwei Polizisten um meinen Pass gekümmert haben, treffe ich hier oben auf keinen Menschen. So klopfe ich mich also erst einmal von Tür zu Tür durch, bis hin zu der, die mir schließlich Lasha persönlich öffnet. Er hat nicht viel Zeit, weiß, worum es mir geht und kommt gleich zur Sache: »Der Gedanke, ob man das als Stalinmuseum lassen soll oder nicht, ist wirklich sehr umstritten. Es gab die Meinung, dass man eher ein Museum des Stalinismus daraus machen sollte. Oder ein Museum für die Opfer. Ich bin dafür, dass es wirklich Stalinmuseum bleibt, weil – dafür wurde es gemacht. Und dazu muss man stehen. Aber natürlich soll es nicht länger verherrlichendes Museum bleiben, denn wir sagen, es sollte ein Museum werden über eine der wichtigsten Personen des 20. Jahrhunderts, ein Museum über einen großen Massenmörder. Sicher ist das eine spezielle Sache, auch für Deutschland, wo man sich überhaupt nicht vorstellen kann, dass es ein Hitlermuseum geben könnte. Aber da hier die Realität so ist, dass es dieses Stalinmuseum seit den

1950er-Jahren gibt, sollte man es auch lassen.«

»Welche Rolle spielt Stalin für die heutigen Georgier?«

»Also ich, für mich, muss sagen, dass Georgien, genau wie Russland, solch einen Helden nicht braucht. Die Leute hier, die Bürger sind aber nicht so gut aufgeklärt über Stalins Rolle, auch nicht über seine Rolle in der Geschichte Georgiens. Dazu kommt natürlich dieser ganz primitiv verstandene Patriotismus. Und das ist vielleicht auch ein Trauma für Georgien: Wir wurden von Russland kolonisiert. Und dann hat es sozusagen ein Georgier geschafft, an die Spitze dieses russischen Reiches zu kommen, unter der kommunistischen Herrschaft der Sowjetunion. Und das war so etwas wie eine Rache an Russland. Das ist natürlich ein sehr primitives Verständnis der Geschichte; wobei ich glaube, auch das spielt eine Rolle.«

SOVLAB

Nur wenige Tage später, und dies ist ein Einschub, folge ich dem Hinweis von Dr. Oliver Reisner und drücke den Klingelknopf zu einer ganz normalen Erdgeschosswohnung in der Lado-Kavsadze-Straße 1, in Tbilissi. *SOVLAB* – steht da geschrieben.

SOVLAB? Das klingt futuristisch, hat aber eher mit Vergangenem zu tun und ist die Abkürzung für *Soviet Past Research Laboratory*. Irakli Khvadagiani wird mich führen, soweit durch ein Web-Archiv überhaupt zu führen ist. Irakli ist ein schmächtiger, ernster, junger Mann.

Hier im Büro werden nun in mühsamer Archivarbeit nach und nach Dokumente, nicht zuletzt bezüglich des Lebens von Deutschen in Georgien, erfasst und abrufbar aufgearbeitet. Diese Arbeit wird unterstützt vom Goethe-Institut sowie vom Auswärtigen Amt Deutschland. Es geht um die Erstellung eines Web-Archivs aus Dokumenten zu den deutsch-georgischen Beziehungen. Dazu gehören beispielsweise die Geschichte von deutschen Siedlern in Georgien, aber auch die Geschichte der deutschen Kriegsgefangenen nach dem 2. Weltkrieg. Ich erfahre: In Georgien gab es mehr als 40 Kriegsgefangenenlager, mit insgesamt etwa 40.000 Kriegsgefangenen, unter anderem in Tbilissi, Rustawi oder in Kutaissi. Wobei es Irakli an dieser Stelle noch wichtig ist zu ergänzen, dass die Gesamtzahl von Gefangenenlagern auf dem Gebiet der georgischen SSR überhaupt, also nicht allein Lager mit deutschen Kriegsgefangenen, in den Jahren 1930 bis 1950 weit mehr als 100 betrug.

Der Dokumentarfilm *Gefangen im Kaukasus* der beiden georgischen Filmemacher David Kakabadse und Andro Tschiaureli zeigt sowohl Erinnerungen einiger deutscher Kriegsgefangener, die das Lager überlebt haben, als auch Erinnerungen von Georgiern. Es schien weitgehend Konsens unter den einfachen georgischen Menschen zu sein, dass Politik das eine ist, menschliches Mitfühlen aber etwas ganz anderes.

Dr. Lasha Bakradze, dessen Promotionsschrift zudem den Titel trug »Über deutsch-georgische Beziehungen während des 1. Weltkrieges« meint grundsätzlich zum georgisch-deutschen Verhältnis: »Man muss sagen, dass es in Georgien schon immer große Sympathien gegenüber Deutschland gegeben hat, auch in der georgischen Oberschicht im 19. Jahrhundert. Man hat Deutschland auch als Gegner von Russland gesehen; und als Helfer, Unterstützer bei der Unabhängigkeit. Viele von uns haben später in Deutschland studiert, wie woanders natürlich auch. Und ich hoffe sehr, dass Deutschland diese Sympathien nicht verspielt. – Ich selbst habe in Georgien angefangen Deutsch zu lernen, zuerst bei Tante Anna, und dann bei Tante Frieda. Und dann habe ich in Deutschland studiert, in der DDR, in Jena, später, nach der Vereinigung, dann in Berlin Germanistik, für eine kurze Zeit in der Schweiz Theologie und dann Politikwissenschaften in Potsdam.«

Von Irakli erfahre ich, dass es heute in Georgien etwa 15 bis 20 Kriegsgräberplätze gibt, an anderer Stelle lese ich von etwa 40;

unter anderem in Tbilissi, Rustawi und Kutaissi. Einer dieser Plätze jedenfalls befindet sich, wie Irakli berichtet, im sogenannten *Hohen Block* der Staatlichen Universität, im Saburtalo Bezirk. Trotz der Proteste aus der Bevölkerung zur Erhaltung des Platzes, nicht zuletzt auch als Grünstreifen in der Stadt, wurde dieser Kriegsgräberplatz letztlich dann doch mit einem Neubau überbaut.

Irakli lässt mich, in gewisser Weise, an einen Mönch denken, der in einer Schreibstube sitzt und arbeitet, unermüdlich, jahrelang, vielleicht sein Leben lang, so ganz im Dienst seines Gegenstandes. Bei der Verabschiedung meint er noch mit großem Bedauern: »Schade, dass es noch kein Buch gibt. Ich hätte es Ihnen gern geschenkt. Good luck! Good luck!«

Und das wünsche ich ihm auch.

Tag

8

Höhlen

Uplisziche

In Georgien gibt es drei große Höhlenstädte: Wardsia, David Garedscha und Uplisziche. Von Gori aus sind es zehn Kilometer nach Uplisziche. Die Strecke führt uns nicht allein durch eine grüne Ebene, sondern unterwegs recht bald auch durch eine der vielen Rinderherden. Man muss wissen: Die Kuh ist in Georgien so gut wie heilig. Normalerweise handelt es sich also um eine Begegnung auf *Augenhöhe*. So etwas wie Kampf zwischen Mensch und Tier habe ich auf georgischen Straßen nie beobachten können, beidseits nicht einmal einen Anflug von Stress. Bedächtig lenkt auch unser Fahrer die Marschrutka weiter, langsam in die Herde hinein und die Tiere weichen willig wie wissend auseinander. Diese Herde hier ist allerdings dermaßen groß, dass, Augenhöhe hin oder her, wir in der Masse ihrer Leiber fast verloren gegangen wären, hätte der Fahrer jetzt nicht durch ein Hupen noch einmal darauf aufmerksam gemacht, dass wir immer noch mittendrin und fast schon Teil der Herde geworden sind. So ist es nicht gedacht. Und auch die Tiere weichen auf dieses Hupen hin sofort auseinander. Unser Weg zur nächstgelegenen Festungs- und Höhlenstadt ist wieder frei.

Uplisziche ist eine der ältesten städtischen Standorte im Kaukasus überhaupt. Im vorrätigen, lokalen Faltblatt lese ich:

»*Vor Millionen von Jahren stand der Kaukasus unter Wasser. Er war ein Meer. Mit der Zeit ging dieses Wasser zurück, sodass zwischen Schwarzem und Kaspischem Meer der Kaukasus zutage treten konnte. Und hier liegt Georgien.*« (13)

Uplisziche, geschätzt auf etwa 3.000 Jahre, thront auf einem Felsplateau oberhalb des Flusses Kura. Das, was noch heute davon erhalten ist, datiert allerdings aus dem 2. Jahrhundert unserer Zeit.

Unterwegs in Uplisziche

Die Stadt Uplisziche blühte einst als ein wichtiges religiöses, politisches und kommerzielles Zentrum des östlichen georgischen Königreiches Kartli; und dies vor allem während der hellenistischen und der römischen Zeit.

Der Legende nach wurden Sklaven beim Bau Upliszichеs eingesetzt. Man gab ihnen eine Hacke aus edlem Metall, deren Spitze wiederum aus einfachem Metall war. Der Sklave sollte so lange und so hart arbeiten, bis diese einfache Metallspitze abgearbeitet war. Und dann wäre er frei.

Mit viel Mühe ist Uplisziche errichtet worden und galt, nicht zuletzt seiner erhöhten Lage wegen, für uneinnehmbar. Aber dann bebte immer wieder die Erde und im 13. und 14. Jahrhundert fielen noch dazu die Mongolen ein. Uplisziche wurde zerstört und galt seitdem als aufgegeben.

1979 wurde die Anlage neu eingerichtet und ist seit 1988 ein Museum.

Uplisziche ist ein merkwürdiger Ort. Kaum habe ich meinen Eintritt bezahlt, fühle ich mich verjüngt und steige flink mit sicherem Schritt den Felsen hinauf. Dieser Zugang, heute mit Stufen versehen, war einst ein gegrabener Tunnel, der der Wasserversorgung diente oder auch als Fluchtweg. Uplisziche besaß eine Kanalisation mit Abflussrinnen und Wasserkanälen.

Unterwegs spüre ich einen Blick, der auf mich gerichtet ist. Ich schaue mich um und sehe ihn dann: Es ist der Blick eines Mongolen. Und diesen Mongolen gibt es wirklich. Sein Gesicht ist tief in einen der Steine geritzt, noch unterhalb der Höhlenstadt. Düster schaut er mich an; jeden schaut er so an.

Ich lasse mich nicht aufhalten, steige weiter, wobei mitten im Aufstieg, hin zu den mindestens 2.000 Jahre alten Höhlen, mein Telefon klingelt. Ein Griff in die dunkelgrüne, mit georgischen Buchstaben geschmückten Umhängetasche genügt, damit ich wieder im Jetzt bin.

Es ist Dato, Dato Barbakadze; geboren 1966. Dato ist Dichter, Essayist, Übersetzer. Nach einer Lehre als Schlosser studierte er in

Das Gesicht in Upliszche

Tbilissi Philosophie und Soziologie und entschied sich nach der Aspirantur für einen Weg als Schriftsteller. Ab 2002 lebte er für drei Jahre als freier Schriftsteller in Deutschland, wo er seine Studien fortsetzte. Er ist, im besten Sinne, ein umtriebiger Mensch, vielbeschäftigt; u. a. auch als Herausgeber mehrerer georgischer Autoren in der Kaukasischen Reihe des Pop Verlags Ludwigsburg. Dato Barbakadze betrachtet Poesie als Schicksal, welches zu einem unkonventionellen Leben führt. Wobei das, was außerhalb dieses Geistes der Poesie lebt, für ihn nichts weiter ist als kreatives Schreiben.

Dato also. Im Schriftstellerhaus hatten wir uns kurz begrüßt und schon war er wieder weg gewesen. Im Vorfeld meiner Reise hatten wir uns bereits geschrieben, wobei er mir versichert hat: »Gern versuche ich, Sie mit interessanten Menschen bekannt zu machen. Schön, dass Sie sich vor allem für die Seele des Landes und nicht zuerst für das touristische Georgien interessieren.«

Jetzt, am Telefon, klingt Datos Stimme wie altvertraut: »Wo bist du gerade?«

»In Uplisziche, so auf halber Höhe.«

Sofort scheint er die Situation imaginieren zu können. Jedenfalls höre ich sein Lachen, bevor er meint: »Aber am Abend bist du doch wieder in der Stadt? Ich treffe heute einen sehr alten Germanisten. Er ist ein wahrhaft innerlicher Mensch. Ich möchte euch miteinander bekannt machen. Wirst du da sein? Sieben Uhr!«

Auf der Höhe des Felsplateaus angelangt, eile ich von einer Höhle zur anderen, als müsste ich mir das, was ich lange nicht gesehen habe, wieder ins Gedächtnis rufen. Vom architektonischen Aspekt her bewundere ich dabei vor allem diese gewölbten Decken. Sie erscheinen mir wie schützende Hände. Ich war noch nie hier, natürlich; aber ich fühle mich hier, in diesem *Museum*, unwahrscheinlich lebendig, beschwingt. Und unten im grünen Tal fließt die Kura, zwischen Wiesen, Bäumen und Büschen hindurch.

Diese Höhlen in Uplisziche sind in den weichen Felsen geschlagen. Es gibt Säulen, und es gibt, der Stabilisierung wegen, inzwischen sogar schon Betonpfeiler. Das alles ist tatsächlich eine Stadt gewesen – mit Wohnräumen, städtischen Versorgungspunkten wie Apotheke, Bäckerei, Lagerräumen, einem Markt, einem Weinkeller ... Auch ein Gefängnis hat es gegeben, sogar ein Amphitheater. Und es gibt den *Saal der Tamara*. Das Besondere ist hierbei, dass dieser Saal die Nachbildung eines georgischen Wohnhauses ist, mit Holzbalken an der Decke – nur eben aus Stein.

Freunde, Schwestern, Kollegen

Zurück in Tbilissi, komme ich, bevor ich mich auf den Weg zum Treffpunkt mit Dato mache, in der Altstadt noch an einer *Winery* vorbei und kaufe eine Flasche Chwantschkara; einen dunklen, lieblichen Rotwein. So sehr, wie mir dieser beim Verkosten gemundet hat, vernachlässige ich, zur Feier des Tages, den stattlichen Preis. Schließlich war es ein guter Tag, ist es ein guter Wein, und ein schöner Abend soll es werden.

An der Metrostation Delissi steige ich aus. Dato erwartet mich schon. Neben ihm steht ein dreizehnjähriges Mädchen. Wir begrüßen uns. Das Mädchen, sie ist die Enkelin von Nega, die ich gleich kennenlernen werde, fragt mich auf Englisch, ob Dato und ich, ob wir Freunde seien. Aber ab wann ist man einander Freund? Wir haben zwei E-Mails gewechselt und uns beim Literaturfestival begrüßt. Reicht das schon?

»Natürlich sind wir Freunde«, antwortet Dato, ohne weiter zu überlegen und lacht, bevor er gleich darauf zu einer der vielen Obst- und Gemüseverkäuferinnen eilt, um zwei Kilo dunkler Kirschen zu kaufen.

Drei Straßen weiter betreten wir dann einen der Plattenbauten aus den 1970ern und steigen die verdreckte Treppe hinauf. Von oben her hören wir schon Stimmen.

Zwei ältere, ausgesprochen edel wirkende, festlich in Weinrot und Königsblau gekleidete Damen stehen da und lächeln uns entgegen – Nega und Saira. Hinter ihnen, und zunächst verdeckt, weil einen halben Kopf kleiner als die beiden, steht *er* dann – der alte, sehr alte Gelehrte und Germanist, weißhaarig und mit langem, weißen Philosophenbart.

»Das ist Bessik Adeishvili«, stellt ihn mir Dato vor, wobei er Bessik freundschaftlich in den Arm nimmt. »Und Nega und Saira sind die Schwestern von Schota Tschantladse.«

Zwar weiß ich nicht, wer dieser Schota ist; denn eine weitere Person kann ich für den Augenblick nicht entdecken, selbst als wir dann das Wohnzimmer betreten. Aber das wird sich sicher noch aufklären. Das Mädchen ist inzwischen verschwunden und ich werde sie auch nicht wiedersehen.

Es ist ein Lachen, eine rührende Bewegung im Raum. Die Schwestern eilen hin und her. Und auch Dato verschwindet mit den Kirschen in der Küche. Dabei scheint doch bereits alles bestens vorbereitet zu sein. Die Tafel im Wohnzimmer ist reich gedeckt – mit Chatschapuri, Lobiani, mit Salaten, Brot, Pasteten ... Datos Kirschen kommen noch dazu; und auch meine Flasche Wein.

»Ein Chwantschkara!«, rufen die Schwestern begeistert und klatschen wie Kinder in die Hände.

»Oh«, meint schmunzelnd auch Bessik, der Gelehrte.

Alle scheinen sich zu freuen, nur Dato wirkt erschrocken: »Ein Chwantschkara? Warum hast du das gemacht?«

Und, meiner Sache nun gar nicht mehr so sicher, frage ich vorsichtig bei ihm, wie im Vertrauen, nach: »Darf man das nicht?«

»Doch, doch, natürlich darf man das«, meint Dato und muss lachen: »Aber dieser Wein ist sehr teuer.«

»Dann passt er doch genau für unsere edle Gesellschaft!«

Ich sitze auf dem Sofa und bekomme so nach und nach mit, dass Nega unsere Gastgeberin ist und dass Saira und Bessik, genau wie wir, Besucher sind. Saira, Negas Schwester, ist gerade aus Batumi gekommen.

Der Grund unseres Zusammentreffens ist ein Buch. Und überhaupt habe ich langsam das Gefühl, dass – während mich in Armenien Priester und der Glauben der Menschen in die armenische

Kultur eingeführt haben –, dass das hier in Georgien vor allem die Künstler tun, Künstler aller Art, sowie Übersetzer, im wahrsten Sinne des Wortes *Über-Setzer*, die einen einführen, also *übersetzen*, hinüber von der einen in die andere Kultur.

Dato hält das Buch, um das es heute hier geht, in den Händen. Und als er es hochhält, kann ich lesen: *Schota Tschantladse, Manifest, Pop Verlag Ludwigsburg, Kaukasus, Band 8, Lyrik.*

Das Buch ist erdbraun eingefasst, in diesem Sepia-Farbton, passend auch zu den alten Fotografien auf dem Cover.

»Dieser, der da einzeln steht, das ist Schota«, erfahre ich. Und dass Schota schon lange nicht mehr lebt, erfahre ich nun auch. Dato und Bessik sprechen Deutsch, Nega und Saira Russisch, wobei Bessik die beiden Schwestern kaum zu Wort kommen lässt. Sein kindliches Strahlen ist unwiderstehlich. Dafür liebt man ihn sofort. Nun beginnt er auch noch Goethe zu rezitieren, ganz hingegeben und zärtlich: »Willkommen und Abschied«, beginnt er, setzt bedachtsam eine kleine, dramaturgische Pause, um dann fortzusetzen: »Es schlug mein Herz, geschwind zu Pferde! Es war getan, fast eh gedacht. Der Abend wiegte schon die Erde. Und an den Bergen hing die Nacht ...«

»Mit 40 Jahren ist Schota an einer Blinddarmentzündung gestorben«, erzählt später Nega, Saira ergänzt: »Das war 1968. Ach, wo ist bloß die Zeit geblieben?« Und Dato erklärt: »Er war wirklich ein Dichter. Heute werden diese Dichter, die zu Sowjetzeiten gelebt haben, oft und schnell vergessen. Bessik hat immer an Schota und seine Dichtung geglaubt.« Und während die beiden Schwestern nun wie auf ein Signal zu Bessik eilen und ihm links und rechts die Wangen küssen, schlage ich das Buch mit den Gedichten irgendwo auf und beginne laut zu lesen:

Die Eisenbahn. (1956)
Fahrgäste nehmen ihre Plätze ein. / Der Zug setzt sich in Bewegung. / Unbekannte Reisende fangen eine Unterhaltung an. / Sie sprechen angenehm

miteinander, / sogar jene unter ihnen, / die sich vor der Fahrt noch / um ihre Sitzplätze gestritten hatten. / Ich höre ihren Unterhaltungen zu und mir wird es ganz / wohlig dabei. / Ich denke mir: / »Ja, es ist durchaus möglich, dass Menschen / friedlich miteinander leben … / Aber selbstverständlich nur dann, / wenn auf der ganzen Welt so eine Stimmung herrscht, / wie hier in diesem Zug, / der schon unterwegs ist.« (14)

Wir essen, wir trinken, wir lachen … Und irgendwann platze ich heraus: »Das ist heute übrigens meine zweite georgische Supra.« Nega schüttelt sofort aufgeregt, ja, fast entsetzt den Kopf: »Das ist doch keine richtige Supra! Das sind nur Kleinigkeiten.« Und weiter geht es mit Essen, Trinken, Erzählen …

Aber mitten im schönsten Beisammensein springt Dato unvermittelt auf, steht im Raum, setzt sich trotz inniger Bitten der beiden Schwestern auch nicht wieder, sondern kündigt sein Gehen an: »Ich muss los! Es ist schon viel zu spät!«

Kurz darauf, ich stehe inzwischen mit Bessik unten allein auf der Straße und Dato ist längst davon, in nachtdunkler Stadt, schimpft Bessik leise: »Dato ist immer in Eile; immer!«

Und nun möchte mich dieser hochbetagte Mann unbedingt und unter allen Umständen nach Hause begleiten. Das sind mehrere Stationen mit der Metro, und dazu noch der lange Weg zu Fuß. Zu diskutieren gibt es da offenbar nichts. Bessik hat sich bereits bei mir untergehakt. Wahrscheinlich weiß er schon warum, denn unterwegs gerät er immer mal wieder ins Schwanken. Er hat Probleme mit dem Gleichgewicht.

Wir sind ein deutlich ungleiches Paar und kommen nur sehr langsam durch diese Nacht; aber – es geht. Irgendwann ist mein Quartier erreicht. Der alte Lkw mit dem Bauschutt ist längst davon und die Straße wieder frei begehbar.

»Auf Wiedersehen!«, sage ich also. Bessik erwidert darauf nichts, sondern schaut mich nur fragend an. Ich meine seine unausgesprochene Frage zu verstehen und reagiere schließlich, bestimmt wie bestimmend, ihm gegenüber, der schon mehr Geist als Körper ist, mit einem einzigen Wort: »Doch!«, sage ich. »Doch!«

Supra

Und was ist nun eine richtige Supra? Nach wie vor bleibt für mich diese Frage offen.

Ralph Hälbig, also *der* Georgien-und-Südkaukasus-Blogger zu Politik, Wirtschaft, Kultur, Kunst, Geschichte und Landeskunde, und das mit mittlerweile mehr als drei Millionen Lesern, kann mir weiterhelfen. Denn er, der seinen Blog als Sammelsurium betrachtet, nicht zuletzt als Archiv, hat den Überblick: Aufmerksam durchforstet er das Netz nach neuen Informationen; hält Kontakt zu seinen Netzwerken und trägt Vielfältiges zusammen. Ralph ist es dann auch, der mich im Zusammenhang mit meiner Supra-Frage auf den Ethnologen Dr. Florian Mühlfried aufmerksam macht.

Florian stammt aus Hamburg, ist Ethnologe und Kaukasiologe. Über die Supra hat er seine Doktorarbeit geschrieben: *Postsowjetische Feiern. Das georgische Bankett im Wandel.*

»Sprich doch mal mit ihm«, ermuntert mich Ralph. Nur kann Ralph mir nicht sagen, wo Florian gerade ist, denn der sei immer woanders. Also schreibe ich ihn an und der Zufall will es, dass er gerade in Tbilissi ist: »Viel Zeit habe ich aber nicht.« Wir treffen uns in der *Fabrika*.

Die *Fabrika*, heute ein Hostel, zu Sowjetzeiten Nähfabrik, ist gelegen in der Altstadt von Tbilissi, genauer gesagt: in der E.-Ninoschwili-Straße.

Die Website des Hostels formuliert das Flair des Hauses folgendermaßen: »Mit seiner auffälligen ›Alt trifft neu‹-Attitüde strahlt der Platz wirklich coole sowjetische Vibes aus, die mit funky-industriellen Elementen gemischt werden.«

In der Empfangshalle oder auch in einem der Cafés im Hof kann man sich treffen, miteinander essen, trinken, oder eines der vielen Konzerte besuchen, und das, auch ohne unmittelbar Gast zu sein. Es ist ein offenes Haus. Im Hostel selbst gibt es Wohnheim- sowie Privaträume zu buchen. Gerade bei der Ausstattung und Einrichtung der Schlafsäle oder im Gemeinschaftsbad paaren sich Ferienlagerstimmung mit heutigem Standard. Für diejenigen allerdings, für die ein Zehn-Personen-Schlafsaal, noch dazu gemischt, nicht unbedingt das ist, wonach sie sich sehnen, passt dann vielleicht auch ein ganz normales Zweibettzimmer.

Übrigens wohnt Florian selbst nicht im Hause, sondern bei Freunden; ganz in der Nähe. Aber ich bin froh, mit unserem Treff die *Fabrika* endlich einmal kennenzulernen.

Viele von denen, die in der *Fabrika* nächtigen, sind übrigens gern auch Gäste im *Bassiani*, dem großen Techno- und Nachtclub der Stadt, Akaki-Zereteli-Straße, direkt unter der Dynamo-Sport-Arena. Ein alter Swimmingpool dient als Haupttanzfläche. Und Platz ist für etwa 1.200 Gäste. Bassiani – das bedeutet: *Eins sein mit dem Bass*. Die Gründer des Bassiani setzen sich unter anderem auch ein gegen die Homophobie im Land. Zugleich kooperieren sie mit der Regierung. Das mag verwundern. Aber letztlich ist der Bassiani-Club auch Teil des Tourismus-Gesamt-Konzeptes.

Von der Metrostation Mardshanischwili-Straße geht es dann das letzte Stück zu Fuß. Schon von weitem ist die *Fabrika* an ihrer Fassade zu erkennen – voller Graffiti, unbeschadet davon das große Relief aus Sowjetzeiten.

Ich betrete die Eingangshalle, eine große, lange und relativ hohe ehemalige Fabrikhalle. Nichts ist ausgekleidet, alles nur entkernt. Links befindet sich die Rezeption und rechts der Sitzbereich; weiter hinten eine Bar. Bunte Sessel sind um Tische gruppiert und auf überdimensional wuchtigen Bänken, mittig im Raum, riesige Kübel mit üppigen Grünpflanzen. Florian ist nirgendwo zu sehen.

An der Bar kaufe ich einen Milchkaffee. Den traditionell aufgeschäumten, serviert in Tässchen, gibt es hier nicht; nur Espresso, einfach oder doppelt, Milchkaffee, Cappuccino ... Alles so ein bisschen eben wie in Berlin, Köln oder Leipzig.

Jetzt kommt auch Florian, seine Tasse Kaffee bereits in der Hand. Wir setzen uns an einen dieser Tische aus den 1960er-Jahren.

Und während wir uns miteinander bekannt machen, erfahre ich schon wie nebenher, dass ihm Anfang der 1990er-Jahre zwei seiner Freunde die Begeisterung für georgische Polyphonie aus dem Winterurlaub auf Hiddensee mitgebracht hatten. Damals studierte Florian bereits in Hamburg Ethnologie. Und auf Hiddensee wiederum hatten diese, seine beiden Freunde auf DT 64, dem dortigen Jugendsender, welcher unter dem Motto *Power from the East Side* noch bis 1993 gesendet hat, diese spezielle Musik gehört: »Und DT 64 hat eben in diesem kalten Winter auf Hidden-

Im Foyer der Fabrika

see die georgische Polyphonie für meine Freunde und damit auch für mich erstehen lassen.« An Georgien hatten Florian zugleich auch die Berge, wie er sagt, »immer schon gereizt und gerufen«. Und als dann 1995 an der Universität ein Kurs zu georgischer Sprache und Musik angeboten wurde, schrieb er sich ein – und das als übrigens einziger Student. Das Angebot kam von Reso Kiknadze, Georgier, mit philologischer Ausbildung und darüber hinaus Musiker und Komponist. Damit dieser Kurs auch verwaltungstechnisch stattfinden durfte und konnte, schrieben sich noch vier weitere von Florians Freunden der Form halber mit ein. Und Florian konnte nun damit beginnen, Georgisch zu lernen, in Sprache und Schrift, und außerdem mehr und mehr vom Land erfahren.

»Ja. Und was ist nun eine richtige georgische Supra?«, frage ich schließlich direkt und übergangslos. Florian antwortet: »*Supra* ist ein persisches Wort und bedeutet *Tischdecke*. Und diese Tischdecke markiert den Ort des Geschehens. Eine Tischdecke kann überall ausgebreitet werden, auch auf dem Boden. Und das Supra beginnt vor allem dann, wenn es etwas zu trinken gibt – in Form von Alkoholika. Von da an ist die Gelegenheit bereitet.« Der Mittvierziger hat eine angenehme Art zu erzählen, den Kopf dabei immer auch leicht dem Zuhörer zugeneigt: »Als ich Mitte der 1990er-Jahre dann zum ersten Mal nach Georgien gekommen bin, nach Tbilissi, ging ich einmal, nach meinem Sprachunterricht, in einen der Parks, um einfach ein Bier zu trinken. Da habe ich am Nachbartisch zwei junge Männer gesehen, die sich unterhalten haben, zusammen ein bisschen Wodka getrunken und dabei an einem getrockneten Fisch herum geknabbert haben. Dieser Trockenfisch war damals hier noch ganz populär. Aber die beiden haben sich nicht einfach nur so unterhalten; sondern sie haben, obwohl sie nur zu zweit gewesen sind, erst einmal einen Tischmeister gewählt, einen Tamada, der für das Ausbringen der Trinksprüche verantwortlich ist. Sie haben dann auch ihre weitere Unterhaltung über Trinksprüche strukturiert. Das fand ich beeindruckend. Und das hat mich Fragen stellen lassen: Warum tun sie das? Warum unterhalten sie sich nicht einfach so? Sie kennen sich doch bestimmt schon lange. Warum also dieses Regelwerk des Sozialisierens, das immer dann greift, wenn der Konsum alkoholischer Getränke mit ins Spiel kommt? – Im Vergleich zu damals, zu 1990 also, hat die Tradition der Supra nun drastisch abgenommen. Heutzutage begegne ich Leuten, die das Land Georgien besucht haben und die inzwischen kein einziges Mal mit diesem Phänomen in Berührung gekommen sind. Damals wäre das undenkbar gewesen. – Ein Supra ist eine zeremonialisierte Mahlzeit, wobei *Mahlzeit* etwas irreführend ist, weil im Vordergrund das Trinken steht. Also, man setzt sich zusammen und kann schon mal zwanglos anfangen zu essen. Es gibt da keine Formel, die das Essen einleitet wie bei uns. Man wünscht sich nicht *Guten Appetit* oder so. Das, was dann ein Supra so besonders macht, das ist der erste Trinkspruch, der ausgebracht wird. Weil, zumindest im klassischen Sinne, kein Tropfen Alkohol getrunken werden sollte, ohne mit einem Trinkspruch in Verbindung gebracht worden zu sein. Das ist das, was ich als die goldene Regel bezeichne. Und das ist das, was auch vielen Besuchern und Besucherinnen Georgiens immer mal Probleme bereitet, weil sie diese Regel eben nicht kennen und beim Beisammensitzen einfach so, wie sie es gewohnt sind, an ihrem Weinglas nippen ... Man muss nicht austrinken. Es gibt Leute, die behaupten, man müsste das. Aber das ist oft eine Art, seinen Gast, mehr oder weniger wohlwollend, unter Druck zu setzen. Man kann sich dem entziehen. Es gibt allerdings gewisse Trinksprüche, bei denen die Erwartungshaltung, *dass* man sein Glas austrinkt, doch recht groß ist, weil das dann unterstreicht, wie ernst man es meint. Zum Beispiel wenn es um einen Verstorbenen geht. – Es gibt die sogenannten freudigen Supras, anlässlich von Hochzeiten und Geburten. Und es gibt die traurigen Supras anlässlich von Todesfällen.«

»Und die Tische müssen sich unter den Speisen biegen?«

»Auch da gibt es diverse Spekulationen, ob das so sein *muss*. Allerdings ist es nach wie vor so eine Art Gütemerkmal für ein Supra, die Speisen derart exzessiv aufzutischen, dass sie sich buchstäblich überlagern. Das ist ein Zeichen von der Intensität der Gastfreundschaft. – Anfang der 2000er-Jahre gab es eine ganz artikulierte Diskussion darüber, ob das Supra nun eine Tradition ist, auf die man stolz sein kann, oder eine Tradition, auf die man in keiner Weise stolz sein kann; die man als Nation eigentlich loswerden sollte. Diese zweite, die letztere Meinung war ganz prominent vertreten unter den Anhängern der *Rosenrevolution*, also unter Mischa Saakaschwili und seinen Leuten. Diese gut ausgebildeten jungen Menschen, die also Universitäten in westlichen Ländern besucht hatten und nun zurückkamen, beschwerten sich darüber, dass ihre Landsleute so viel Zeit vergeudeten, so viele wirtschaftliche Ressourcen vergeudeten zu diesen Anlässen. Das war für sie Inbild des Falschen, Inbild dessen, was es jetzt zu überwinden galt.«

Ich bemerke Florians Blick auf die Uhr, wobei er in aller Ruhe weiter ausführt: »Und der Tamada ist immer der Erste, der einen Trinkspruch ausbringt. Es wird aber nicht gleich daraufhin angestoßen, sondern es wird von den Gästen erwartet, diesen Trinkspruch nun aufzugreifen und zu elaborieren. Und das funktioniert über Themen. Wenn der Tamada beispielsweise einen Trinkspruch ausbringt auf die Liebe, dann sagt er bei diesem Trinkspruch das, was er dazu zu sagen hat, schließt ab mit: ›Prost!‹ und trinkt sein Glas aus. Die anderen aber trinken noch nicht, sondern greifen das Thema auf und sagen das, was ihnen nun ihrerseits bei dem Thema Liebe durch den Kopf oder auch durch das Herz geht. Hier findet dann also eine Fortführung statt, die immer auch mit Improvisation zu tun hat.«

Ich selbst sage immer *die* Supra, für Florian ist es *das* Supra. Aber wie er mir versichert, gibt es da keine Festlegungen im Deutschen und wir können frei verfahren.

Im Auseinandergehen, herzlich und mit Handschlag, macht mich Florian noch einmal auf Reso aufmerksam, seinen einstigen Lehrer, heute Rektor des Konservatoriums in Tbilissi, sowie auf David, *den* Fachmann in Bezug auf die Weinherstellung und die Geschichte des Weins.

Eine knappe Stunde später trennen sich unsere Wege wieder. Ich bleibe noch einen Moment im *Fabrika*-Flair sitzen und fühle mich – nun, zwar nicht jung; aber ich fühle mich seit einigen Tagen schon *alterslos*. Klar doch: Verinnerlicht man, dass unser Leben ohnehin nur eine Minute hat, wir alle zugleich in der *Minutenwelt* leben, verschieben sich ja sofort sämtliche Maßstäbe.

Tag
9
Kreuze

Dschwari

Früh am Morgen hat es geregnet; noch ist der Himmel wolkenverhangen. Wer nach Dschwari möchte, verlässt Tbilissi in westlicher Richtung. Rechter Hand fährt er vorbei am Denkmal von König David, dem Erbauer, linker Hand am Denkmal der Heiligen Nino. Gleich nach David und Nino schließen sich eine ganze Reihe von Autohäusern an, von Mercedes bis Nissan, sowie schließlich eine Siedlung neu erbauter Einfamilienhäuser.

Wirklich interessant wird dann für mich, noch weiter stadtauswärts, das alte, 1929 erbaute Wasserkraftwerk. Wasser ist die einzige Naturressource in Georgien. Inzwischen sind weitere Werke entstanden, sodass heute mittels der Wasserkraft ein erheblicher Teil des Strombedarfes, um die 85 Prozent, selbst gedeckt werden kann. Erdgas und Öl dagegen müssen importiert werden.

Die Dschwari-Kirche

Dschwari liegt dann eine knappe Stunde von der Hauptstadt entfernt, erhaben auf einem Berg. Kaum ist das Kloster erreicht, reißt der Himmel auf. Wie aufgescheucht, eilen die Besucher über das Gelände, schauen, fotografieren ... Von hier oben aus gesehen liegt das Tal malerisch vor einem ausgebreitet, das Tal, in dem Aragwi und Kura zusammenfließen und sich die alte westgeorgische Hauptstadt Mzcheta gleich anschließend erstreckt. Während Mzcheta selbst noch im Schatten der abziehenden Wolken liegt, liegen die Berge des Großen Kaukasus dahinter bereits im Licht. Und auch über Dschwari geht jetzt der Himmel auf.

Das Dschwari-Kloster wurde im 6./7. Jahrhundert gegründet. *Dschwari* – das heißt auf Georgisch: *Kreuz.*

Die Heilige Nino brachte das Christentum nach Georgien. Auf einem Berg nahe bei Mzcheta ließ sie ein mächtiges Kreuz aufstellen. Der Legen-

de nach geschah dies im 4. Jahrhundert. Die Dschwari-Kirche wurde dann um dieses Kreuz herum gebaut, wobei die Baumeister versuchten, es mittig ins Zentrum der neuen Kirche zu bekommen. Es gelang nicht ganz, fast aber schon.

Wer den Kirchenraum betritt, wird behütet und begleitet, denn über dem Eingang schweben zwei Engel, welche ein Kreuz tragen, ein besonderes Kreuz. Es ist ein Kreuz mit vier gleichlangen, aufgefächerten Strahlen; eingeschlossen in ein Rad. Mich erinnert es an das Malteserkreuz, was es aber nicht ist, denn dieses hier wird Bolnissi-Kreuz genannt. Vom Bolnissi-Kreuz höre ich an dieser Stelle zum ersten Mal. Bolnissi selbst ist ein Dorf sowie, unweit davon, auch eine Stadt in Südgeorgien, wobei diese Stadt wiederum als Katharinenfeld vor 200 Jahren von deutschen Siedlern gegründet worden war. Das Kreuz aber hat mit der Sioni-Kirche im Bolnissi-Dorf zu tun, worauf später noch Bezug genommen wird. Hier in Dschwari nun entfaltet sich über dem Eingang zur Kirche, und unter Engeln und eben diesem Kreuz, ein Lebensbaum. Der Lebensbaum, auch in seiner Ornamentik, ist Ausdruck dessen, dass Christus als ein Lebensquell gesehen wird.

Mzcheta

Das alte Georgien bestand einerseits aus Iberien bzw. aus dem Königreich Kartli im Osten sowie andererseits aus der antiken Landschaft Kolchis im Westen.

Mzcheta war seit dem 4. Jahrhundert vor Christus die Hauptstadt des iberischen Reiches und, gelegen an der Seidenstraße, wichtige Handelsstadt zwischen Schwarzem und Kaspischem Meer.

Die Swetizchoweli-Kathedrale ist, gemeinsam mit Dschwari sowie dem Samtawro-Kloster, als eine der drei historischen Kirchen von Mzcheta anerkannt als UNESCO-Weltkulturerbe. Sicher wäre für manch einen darüber hinaus auch die hiesige Amarsziche-Festung interessant. Bloß ... man hätte beginnen müssen zu eilen. Ich komme an passender Stelle darauf noch zu sprechen, dass ich mich bei der Fahrt nach Dschwari einer Gruppe angeschlossen habe, wodurch sich naturgemäß Zeitfenster ergeben, die es einzuhalten gilt.

Also, warum nun eilen, um wirklich *alles* gesehen zu haben, wenn man doch auch schlendern kann, eben hier durch dieses alte Städtchen mit seinen hübschen Häuschen; wobei das Ambiente mir, zumindest jetzt beim Durchfahren mit dem Reisebus, ein wenig unwirklich erscheint, fast wie eine Filmkulisse, und nicht ganz echt. Mzcheta wurde penibel rekonstruiert, und sieht aus wie geputzt.

Auf dem großen Parkplatz nun ergibt sich eine kleine Geschichte, die weder kulturhistorisch gewichtig ist, noch etwas mit der Christianisierung zu tun hat, wie doch ansonsten so vieles an diesem Ort. Khatuna Oniashvili, die georgische Reiseleiterin, führt uns aber, glücklicherweise, kurz zuvor in die Modalitäten des folgenden Geschehens ein. Also wundere ich mich nicht, dass beim Aussteigen aus dem Bus ein Mann mit großer Kamera auf uns zuspringt, auch auf mich, und versucht, nun jeden Einzelnen von uns fotografisch zu erfassen. Als wir *durch* sind, bin ich mir sicher, dass ihm, zumindest was mich betrifft, kein Bild gelungen sein kann. Da müsste einer schon zaubern können …

Die Legende vom Juden Elias aus Mzcheta besagt, dass dieser anwesend war bei der Kreuzigung Christi auf Golgatha. An sich hatte er Christus zu Hilfe eilen wollen, kam aber zu spät. Elias erwarb dann dort, um es nach Georgien zu bringen, das Gewand des Gekreuzigten.

In Mzcheta wurde all das von seiner Schwester Sidonia in Visionen miterlebt, sodass, als Elias heimkehrte, sie ihn wissend und mit großer Freude begrüßte, ihn um das Gewand des Christus' bat, dieses in ihre Hände nahm und es nie wieder losließ; selbst dann nicht, als sie starb.

Auf ihrem Grab wuchs eine mächtige Zeder. Wer diese Zeder sah, der erinnerte sich sofort an alles, was dem vorausgegangen war – an die Kreuzigung von Christus, an sein Gewand und an Sidonia.

Blick auf die Swetizchoweli-Kathedrale in Mzcheta

Das Areal der Swetizchoweli-Kathedrale ist eingefasst von einer übermannshohen Mauer. Entlang dieser Mauer ziehen sich breite Wege, ist ein gepflegter Rasen angelegt, stehen einzelne Bäume ...

Und genauso, wie der Besuch der Kathedrale auch hier für diese Gruppe zum Reiseprogramm gehört, übrigens eine Gruppe des Bildungswerkes Sachsen der Deutschen Gesellschaft e. V., der ich mich für diesen Tag anschließen kann, ist es wohl auch für jeden Georgier üblich, dass er wenigstens einmal im Leben hier in der Swetizchoweli-Kathedrale gewesen ist.

Um die Kathedrale herum schlendernd, fällt an der Stelle des Kreuzes der Nino, gebunden aus Weinreben, im oberen Teil der Außenfassade vor allem die Darstellung einer abgeschlagenen Hand auf. Wie ich höre, sollte durch diese rigide Maßnahme der Baumeister der Kathedrale kein zweites Mal in der Lage sein, ein vergleichbares Bauwerk zu errichten. Genau von hier aus geht der Blick frei in die Ferne, wo, auf einen Berg gesetzt und über die Landschaft hinaus erhoben, Dschwari thront. So ist alles miteinander verbunden.

Nino, die als Tochter von Christen in Kappadokien gelebt hatte, hatte im Traum eine Erscheinung gehabt. Ihr erschien Maria, die Schutzpatronin von Georgien, und bat sie darum, nach Georgien zu gehen, um dort das Evangelium zu verkünden. Maria versicherte, sie werde Nino dabei begleiten und beschützen. Als Bekräftigung dessen hinterließ sie ihr ein aus Weinreben geflochtenes Kreuz.

Als Nino erwachte, hielt sie ein Weinrebenkreuz in der Hand. Daraufhin setzte sie ihren Weg fort, zunächst nach Ephesus, dem Sterbeort der Gottesmutter Maria; und von dort aus dann weiter bis nach Georgien.

Eines Tages erreichte sie die iberische Hauptstadt Mzcheta. Hier ließ sie sich nieder und begann, zunächst im Stillen, mit ihrem Wirken für das Christentum. Sie betete, sie berührte Kranke mit dem Weinrebenkreuz, und konnte auf diese Art viele Menschen heilen.

Als der russische Schriftsteller Andrej Bitow 1970 die Swetizchoweli-Kathedrale besuchte, zu Sowjetzeiten, war es noch so, dass kaum einer sonst überhaupt eine Kirche besuchte oder auch *nur so,* wie wir, über das Gelände spaziert wäre. Bitow notierte anschließend in seinem *Georgischen Album*: »Kein Laut, kein Lüftchen, weder Schritte noch Rauschen des Bluts. Auch kein Vogel flog vorüber.« (15)

Heute ist die Swetizchoweli-Kathedrale ein regelrechter Wallfahrtsort, denn von hier aus wurde das Christentum in ganz Georgien verbreitet.

Die georgische Königin Nana litt an einer schmerzvollen Krankheit. Doch welcher der Heilkundigen auch kam, keiner konnte sie heilen. Irgendwann erfuhr sie nun aber von Nino und ihrem Tun. Und Nana bat um Hilfe.

Nino wollte tun, was sie konnte. Sie betete, berührte anschließend die Königin mit ihrem Weinrebenkreuz und die Königin wurde wieder gesund.

Ihr Ehemann, König Mirian III., wollte dafür Nino nun königlich belohnen. Diese aber lehnte ab und verwies ihn auf ihren Gott: Denn ihr Gott wäre es gewesen, der ihr die Kraft zur Heilung gegeben hätte.

Auf einer Jagd wurde König Mirian III. von einer großen Finsternis überrascht. Zuerst betete er zu seinen Göttern. Doch in dieser Situation vermochten sie ihm nicht zu helfen. So blieb ihm nur noch, nun auch zu Ninos Gott zu beten und um Hilfe zu bitten. In sein Gebet schloss er die Versicherung mit ein, dass er diesen, Ninos Gott, fortan ebenso verehren wolle, würde er ihn jetzt aus dieser Finsternis befreien. Und es wurde wieder licht.

Im Jahr 337 – oder auch 326 – erhob daraufhin der georgische König Mirian III. in Georgien das Christentum zur Staatsreligion. Nach Armenien war damit Georgien das zweite Land der Erde, dass das Christentum als Staatsreligion angenommen hatte. Nino, in dieser Angelegenheit seine kundige Beraterin, empfahl ihm, Gesandte zu Kaiser Konstantin I. nach Konstantinopel zu schicken, um von dort christliche Priester für Georgien zu erbitten. Der georgische König folgte Ninos Empfehlung. Und bald darauf kamen die Priester.

Auf Sidonias Grab war inzwischen eine hohe Zeder gewachsen. Zu Ehren von Jesus Christus ließ der georgische König diese Zeder nun fällen, um mit deren, nicht zuletzt auch geistigem Material, die erste christliche Kirche zu errichten. Die Zeder war im Bauwerk vorgesehen als siebte Säule. Alles gelang mühelos. Nur diese siebte Säule konnte nicht aufgerichtet werden. Keiner vermochte sie vom Boden aufzuheben.

Und wieder begann die Heilige Nino zu beten. Daraufhin öffnete sich der Himmel und es erschien ein Engel, strahlend, und ganz in Feuer gehüllt; er sprach einige Worte, berührte die Zedern-Säule mit seiner Hand, sodass sie sich erhob. Dabei loderte diese zunächst auf, wie eine Feuersäule, und senkte sich anschließend vom Himmel, genau auf die vorbereitete Basis, wobei keine Menschenhand sie berührt hatte.

Das Werk war vollendet. Später floss von Zeit zu Zeit aus dieser Zedernsäule eine Flüssigkeit, welche die Fähigkeit besaß, Krankheiten zu heilen.

Swetizchoweli – das bedeutet: lebensspendende Säule.

Wie in Armenien durch Gregor den Erleuchter erfolgte in Georgien durch die Heilige Nino die Annahme des Christentums als Staatsreligion nach einer schweren, unheilbaren Erkrankung des Staatsoberhauptes und deren Heilung durch christliche Gebete; im Falle Georgiens noch dazu durch eine Frau.

Die Swetizchoweli-Kathedrale war jahrhundertelang Krönungs- und Begräbniskirche der georgischen Monarchen. Und sie war Hauptkirche der georgisch-orthodoxen Apostelkirche.

Sobald wir Menschen diese Kathedrale betreten, in das Innere eintreten, werden wir durch die Höhe des Raumes, sofort auf uns zurückverwiesen, auf unser eigenes Maß.

Die Innenausstattung ist voller erhabener Momente. So erweist sich ein kleines Gebäude mit Kuppel als ein Zitat der Grabeskirche von Golgatha und ein weiteres gar als die ursprüngliche Kirche. Letztere beherbergt auch das Grab der Sidonia, ist mit rotem Marmor eingefasst und gilt als der heiligste Ort der Kathedrale.

Aus dem Gewölbe oberhalb des Altars schaut, ausgesprochen ernst, Jesus zu uns, die wir zu ihm aufschauen. Und genau dem gegenüber, in der Mitte des Raumes, befindet sich der in jeder georgisch-orthodoxen Kirche zu findende, reich verzierte Patriarchen-Stuhl, gefertigt aus massivem Holz, falls der Patriarch der Messe beiwohnt.

Die Swetizchoweli-Kathedrale wurde mehrfach zerstört und immer wieder aufgebaut. Da gab es Angriffe durch die Araber, die Perser und nicht zuletzt durch die Mongolen unter Timur Lenk. Und es gab Erdbeben.

König Mirian III. ging durch die Nacht. Unterwegs konnte er am Himmel beobachten, wie ein Kreuz aus Feuer herabsank, umkränzt von Sternen. Dieses strahlende Kreuz hielt sich über der Swetizchoweli-Kathedrale, bis hin zum Morgengrauen. Kaum aber dämmerte es, fielen aus diesem strahlenden Feuerkreuz zwei Sterne – der eine zog nach Osten und der andere nach Westen. Das Feuerkreuz selbst bewegte sich lang-

sam hin zum Fluss Aragwi und verharrte dort über einem Felsenhügel.

König Mirian III. ließ daraufhin auf diesem Hügel ein großes christliches Kreuz errichten, heute umbaut von einer Kirche, von Dschwari.

Alles Weitere, außerhalb der Swetizchoweli-Kathedrale, ist dann ein sehr irdisches Vergnügen und passt vielleicht genau zu dieser alten Handelsstadt. Denn durch das Städtchen zieht sich, beginnend an der Kathedrale, ein Labyrinth von Läden und Verkaufsständen, sodass hier zu schauen ist und dort zu probieren. Traditionelle Emaille- und Filzarbeiten werden angeboten, Teppiche, Weine aller Art ... Oder man probiert *Tschutschrela*, die in gelierten Traubensaft eingelegten Nüsse, scherzhaft auch *georgische Snickers* genannt.

Als ich rechtzeitig zum Bus zurückkomme, werden dort gerade ambulant Souvenir-Tellerchen angeboten, mittig mit Fotos von verschiedenen Personen; eines auch von mir. Und es sieht nicht mal schlecht aus. Das überrascht mich so, dass ich dem *Zauberer* gern den gewünschten Obolus überlasse und von nun an jederzeit mein Antlitz zwischen allen anderen Sehenswürdigkeiten von Mzcheta betrachten kann.

Die Wiederentdeckung

Im Buch *Der Gral im Osten* des deutschen Archäologen und Anthroposophen Frank Teichmann lese ich über die Geistesgeschichte Armeniens und Georgiens auch eine Bemerkung zur Swetizchoweli-Kathedrale: »Der heutige Bau erhebt sich noch über der gleichen Stelle, an der die erste Kirche Georgiens stand. Ein kleiner baldachinartiger Bau im Innern markiert diesen Bau. Bei den jüngsten Ausgrabungen hat man dort die Spuren dieses hölzernen Schreines gefunden.« (16)

Und mit Wato Tsereteli, geboren in den 1970er-Jahren, den ich erst später in Bolnissi treffen werde, lerne ich den Enkel jenes Mannes kennen, der diese alte Kirche Mitte der 1970er-Jahre wiederentdeckt hat; und dies auf ungewöhnliche Weise:

»Meine Großeltern, Rusudan Mepisaschwili und Wachtang Tsinsadse – deren Bücher über die alte georgische Kunst unter anderem auch im Seemann Verlag Leipzig in den 1970er/1980er-Jahren erschienen sind, meine Großeltern also waren beide zur Sowjetzeit Mitbegründer des *Instituts für Kunstgeschichte*, 1941, in Georgien. Sie widmeten ihr gesamtes Leben der georgischen Baukunst, der Restaurierung, dem Studium und der Beschreibung. Erst viel später habe ich verstanden, was sie da eigentlich gemacht haben, gerade in den kommunistischen Zeiten, als die Kirche verboten war, und als es Dossiers über Leute gab, die Ostern dennoch in die Kirche gegangen sind. Meine Großeltern haben diese Bauten als Denkmäler gesehen und damit sozusagen versteckt wiederaufgebaut, restauriert, konserviert. Konkret war mein Großvater verantwortlich für den Denkmalschutz. Er war ein ziemlich bescheidener Mann, ein Spezialist, alles andere als ein Funktionär. – Und da gibt es diese unglaubliche Geschichte von Swetizchoweli, der Hauptkathedrale in Mzcheta. Also: Großvater hatte die Genehmigung, den ganzen Boden auszugraben und die originale Kirche aus dem vierten Jahrhundert zu suchen. Das war in den 1970er-Jahren. Er hat da sehr viel gearbeitet und gesucht, hat aber nichts gefunden. Und dann hat das Zentralkomitee der Kommunistischen Partei in Georgien, das diese Dinge mit zu entscheiden hatte, zu ihm gesagt: ›Also, jetzt ist hier Schluss. Die Genehmigung wird nicht noch einmal verlängert.‹ Kurz danach aber sah mein Großvater im Traum die Heilige Nino, welche ja aus Kappadokien gekommen war und das Christentum nach Georgien gebracht hatte. Und im Traum hat die Heilige Nino meinem Großvater den Ort gezeigt. Also ging mein Großvater erst einmal wieder zum Zentralkomitee und bat noch um einen allerletzten Versuch! Natürlich fragten sie ihn zurück: ›Ja, aber auf welcher Basis willst du jetzt plötzlich fündig werden?‹ Und da hat ihnen mein Großvater seinen Traum erzählt. Die haben ein bisschen gelacht, die Köpfe über ihn geschüttelt und gemeint: ›Ja, verstehst du überhaupt, in welcher Realität wir hier leben? Was erzählst du uns da?!‹ – Zugleich hatte sich mein Großvater immer als ein ernst zu nehmender Spezialist erwiesen. Also verlängerten sie noch einmal diese Genehmigung. Und so hat mein Großvater diese alte Kirche gefunden«, schließt Wato die Geschichte, um dann gleich noch eine weitere zu erzählen: »Der Großvater von meinem Großvater war übrigens Priester. Und alle seine Vorfahren waren es auch. Und dieser Großvater meines Großvaters, also dieser Priester, hat nach der Revolution zu ihm gesagt: ›Ich werde es nicht mehr erleben. Aber du wirst es erleben, wenn die Kommunisten weggehen. Dann musst du zu mir kommen, an mein Grab, und rufen: ›Opa, die sind jetzt weg!‹ Und tatsächlich hat mein Großvater das dann gemacht. Das war 1992.«

Zerowani

Allein wollte ich nie nach Zerowani. Was hätte ich allein den Menschen dort sagen, geben oder in Aussicht stellen können?

Wie ein Geschenk des Himmels ergibt sich nun die Möglichkeit, gemeinsam mit der Reisegruppe des Bildungswerkes Sachsen der Deutschen Gesellschaft e. V., geführt von der Georgierin Khatuna sowie von Dr. Rüdiger Frey, nach Zerowani zu fahren. Dschwari und Mzcheta sind Teil dieses Weges gewesen. So bin ich seit heute Morgen also mit dieser Gruppe unterwegs, einer Gruppe von 24 äußerst interessierten und sehr wachen Personen, zumeist Frauen, zumeist um die 60plus, zumeist aus Berlin und aus den alten Bundesländern.

Von Mzcheta aus fahren wir noch weitere zwanzig Kilometer. Zeit genug für Dr. Frey, um das Mikrofon in die Hand zu nehmen und den Besuch in Zerowani vorzubereiten: »Nachdem ich bei einer unserer vorherigen Studienfahrten gefragt worden bin: ›Wer ist das? Was machen diese Menschen hier?‹, habe ich mir gesagt: ›Gut, dann lasst uns solch einen Besuch doch mit in das Programm aufnehmen. Das entspricht auch unserem Anspruch, unterwegs ganz verschiedene Facetten eines Landes zeigen. Aber wie gesagt: Es ist ein Angebot. Und keiner muss sich verpflichtet oder gar gedrängt fühlen. Heute besuchen wir bereits zum dritten Mal Zerowani.« Dr. Frey macht eine kleine Pause, sowohl für sich als wohl auch als Bedenkzeit für die Reisenden. Wie er anschließend weiter ausführt, wurden hier, in Zerowani über 2.000 Häuser errichtet, konkret für Georgier, die im Kreis Achalgori und im Großen und Kleinen Liachwi-Tal wohnten, 2008 aber fliehen mussten. In dieser Siedlung werden wir eine georgische Familie besuchen, wobei sich die Frau des Hauses bereit erklärt hat, uns unsere Fragen zu beantworten. Einige der Bewohner Zerowanis haben sich wohl damit abgefunden, in diesem Lager bleiben zu müssen; denn sie richten ihre Vorgärten her, bauen Carports. Andere machen wiederum deutlich, dass sie hier nicht für immer bleiben wollen. Insgesamt sind es um die 6.500, die in Zerowani leben; weitere sind in Siedlungen für Binnenflüchtlinge in und um Gori untergebracht.«

Unser Bus hält am Rand der Siedlung. Die ersten der weißen Häuser sind schon zu sehen, dazu das Meer der roten Dächer. An dieser Stelle steigen die einen um in ein Linientaxi, welches uns zu der Familie fahren wird; die anderen steigen aus, um ein wenig spazieren zu gehen. Das ist kein Desinteresse, versichern sie, sie hätten aber ein Gefühl von Voyeurismus. Und wer weiß, wie alles noch einmal in unseren tieferen, seelischen Ebenen zusammenhängt. Jedenfalls halte ich es für wahrscheinlich, dass einige der Älteren selbst Flüchtlingskinder gewesen sind. Gut möglich, dass auch das eine Rolle spielt. Ich selbst bin Enkelkind von Flüchtlingen.

»Gerade sagte ich: *Dorf* und auch: *Lager*«, rundet Dr. Frey seine kleine Einführung ab. »An sich ist es aber eine *Kleinstadt,* bei so vielen Bürgerinnen und Bürgern. Es gibt einen zentralen Zugang, es gibt einen Parkplatz, wo dann auch Taxen und Marschrutkas stehen. Es gibt eine Schule, eine Krankenstation, einen Supermarkt ...«

Die Straßen von Zerowani sind schnurgerade und mit Schotter befestigt. Am Haus der Familie blühen im kleinen Vorgarten weiße Rosen und am Dach ist eine Satellitenschüssel angebracht.

Die Frau des Hauses, ich nenne sie jetzt mal Nunu, bittet uns herein. Einen Flur gibt es nicht. Und wir stehen sofort im zentralen Wohnraum, in dem eine lange Tafel gedeckt ist. Die Tassen für Tee oder Kaffee stehen schon bereit; dazu Teller voller Weintrauben und selbst gebackenem Nusskuchen. Bald kann unser Gespräch beginnen. Die Tochter des Hauses steht immer still mit dabei. Mutter wie Tochter wirken bescheiden, einfach und unverstellt.

Reiseleiterin Khatuna berichtet einleitend von den Jahren 1991/92, von den Zeiten des Bürgerkrieges. In dieser Zeit gab es die erste Flüchtlingswelle, was nicht zuletzt auch die Georgier betraf, die aus der abchasischen Region geflüchtet sind sowie ande-

Blick auf eine der Straßen von Zerowani

rerseits aus Teilen des, wie Khatuna immer betont, *sogenannten* Südossetien. Mit dem georgisch-russischen Konflikt 2008 okkupierte die russische Armee in Südossetien weitere 53 Dörfer. Die Flüchtlinge, welche in Zerowani leben, sind 2008 hierhergekommen. Auch bedingt durch die hohe Arbeitslosigkeit haben die meisten von ihnen hier ein schwieriges Leben. Der Mann von Nunu hatte das Glück, eine Arbeit zu bekommen. Er arbeitet in Tbilissi auf dem Bau.

Während Khatuna die Ausgangssituation zu umreißen versucht, schenken Nunu und ihre Tochter den Gästen Kaffee oder Tee ein. Und auch von den Weintrauben und dem Kuchen möge bitte gegessen werden. Wir lassen uns bei dieser Gastfreundlichkeit nicht lange bitten. Die Weintrauben sind süß und der Nusskuchen ist einfach köstlich.

Inzwischen ist Khatuna bei der Rolle und den Fehlern Saakaschwilis angekommen. »Zugleich«, meint sie, »passte Saakaschwili den russischen Politikern zu keiner Stunde, von Anfang an nicht, und bis zum Schluss nicht.«

Ich selbst kenne alle diese Dinge nur aus zweiter Hand, wenn mir überhaupt von damals noch etwas in Erinnerung ist. Immer sind es, da kann ich aber nur für mich sprechen, Weltereignisse unter anderen. Jemand aus der Gruppe, gut möglich, er hat tieferen Einblick, spricht von einer gewissen Einseitigkeit in den Darstellungen der Georgierin ... Khatuna wird rot, aufgeregt ... Zum Glück rettet Dr. Frey die Situation, indem er den Blick auf unsere Gastgeberin lenkt: »Wir haben hier jetzt die Möglichkeit die Betroffenen über ihre persönliche Situation selbst zu befragen. Alle anderen Diskussionen sind interessant und wichtig, können aber vielleicht genauso gut auch während der Weiterfahrt im Bus geführt werden.«

So sammeln wir uns wieder. Und dann entwickelt sich das Gespräch.

Auf die Bitte einer älteren Dame stellt Nunu ihre Familie vor: »Wir sind zu viert: mein Mann Mito und ich, dazu meine Schwiegermutter und meine Tochter. Früher betrieben wir im Dorf ein kleines Lebensmittelgeschäft. Und wir arbeiteten auf dem Feld und hatten Tiere. Wir hatten unser Auskommen. Heute bekommen wir dieses Haus hier mietfrei, dazu weitere staatliche Unterstützung; außerdem hat ja mein Mann Arbeit in Tbilissi. Als es unserer Schwiegermutter noch gut ging, arbeitete sie als Lehrerin in der Schule. Mein Mann und ich, wir haben zwei Kinder. Unsere Tochter«, sie zeigt auf die junge, untersetzte Frau neben sich, »und unseren Sohn. Unser Sohn ist leider krank gewesen und schon gestorben. Dort oben sehen Sie sein Foto«, Nunu verweist auf das Bild, das auf der Wohnzimmervitrine steht.

Auf eine weitere Frage hin erfahren wir, dass das Haus insgesamt eine Wohnfläche von 65 Quadratmetern hat; das umfasst dieses Wohnzimmer, eine kleine Küche, ein kleines Bad und zwei Schlafzimmer. Jetzt haben sie noch einen Anbau gemacht, sodass es insgesamt 100 Quadratmeter sind.

»Wer hat die Anlage von Zerowani eigentlich bauen lassen?«

Khatuna hat sich in der Zwischenzeit gefangen und kann Auskunft geben: »Die Anlage wurde von dem Geld gebaut, das Georgien damals als Hilfsgelder aus aller Welt bekommen hat. Und diese Hilfe wurde dringend benötigt! Als am 8. Oktober 2008 die Flüchtlinge hier ankamen, stand der Winter bevor. Das waren insgesamt rund 50.000 Menschen, die, nicht nur hier, auf die Schnelle untergebracht werden mussten.«

Mich beschäftigt jetzt vor allem Nunus Junge, den sie krank hatten zurücklassen müssen, im Krankenhaus, mit Krebs. Er ist dann gestorben und, ohne Geleit durch die Familie, beerdigt worden. Und kann sie wenigstens sein Grab besuchen?

Seit einem Jahr hat Nunu dafür tatsächlich die Genehmigung. Und selbst Khatuna überrascht diese Nachricht; so etwas geschieht offenbar selten. Seitdem darf Nunu das Grab ihres Sohnes besuchen. Und wenn sie schon mal hinüberfährt, um zum Friedhof zu gehen, schaut sie auch immer gleich in ihrem Haus nach dem Rechten. Den Schlüssel hat sie ja noch. Ihre Häuser stehen dort unbewohnt. Fast das ganze Dorf liegt verlassen. Nur wenige der ossetischen Nachbarn seien in diesem Geisterdorf geblieben. Und die Russen, die dort leben, wohnen auf der Militärbasis.

»Wenn Sie hinübergehen, bringen Sie da auch so nach und nach Dinge von zu Hause mit hierher?«

Nunu versteht die Frage nicht.

»Na, so kleinere Möbelstücke könnten Sie doch herüberholen, etwas von Ihrem Inventar dort; vielleicht auch Erinnerungsstücke.«

»Aber warum sollte ich das tun? Dann ist es doch nicht dort, wenn wir wieder zurückkehren.«

»Glauben Sie denn, dass Sie eines Tages wieder zurückkehren werden?«

»Nein, das glaube ich nicht.«

Schwarze Löcher

Guranda Anchabadze ist Fotografin. Und sie ist Abchasin. Ich lerne sie über einen Text in *social media* kennen: Sie schreibt in diesem Text über die schwarzen Löcher, in denen ihre Kindheit verschwunden ist, das Leben ihrer Heimatstadt überhaupt, und zwar dieses Leben, das sie lebten, bevor *das alles* dann geschah.

Was das ist, was da geschah, spricht sie an keiner Stelle aus. Es ist ein Abschiedstext, bevor überhaupt etwas anderes beginnen könnte.

Die schwarzen Löcher, das sind die Fensterhöhlen, die *danach* geblieben sind.

Erst leben sie ganz normal ihren Alltag: Mutter, Vater, Kind und Kinder ... Dabei fällt tagsüber Licht durch das Fenster ins Zimmer, wenn auch nicht jeden Tag und nicht zu jeder Stunde. Aber das Fenster verbindet die Welt innen mit der im Außen. Guranda erzählt von *ihrem* Fenster, noch aus der Kindheit. Es ging zu einem Hof hinaus.

Heute sind diese Fenster zerstört und das Innen hat sich so völlig mit dem verbunden, was damals im Außen geschehen ist. Langsam möchte sich das Eine vom Anderen wieder trennen. Und wenn schon nicht die Trennung möglich ist, dann doch vielleicht so etwas wie Transformation.

Und es hat sicher seinen Grund, dass Guranda nie den Namen ihrer Heimatstadt nennt, in der *all das* geschah, weil es, wie sie es sieht, einer von vielen Orten ist.

Heute hat sie ihr Land verlassen; manchmal kommt sie zu Besuch. Wir schreiben uns, immer mal wieder ... Und ist auf diese Art Guranda nicht selbst so etwas wie ein Fenster? Und manchmal fällt ein Licht durch sie hindurch? Sie ist eine starke Frau. Nie höre ich, dass sie jemanden oder etwas anklagt. Sie stellt nur fest, dass in ihrer Heimatstadt viele verschiedene Nationalitäten zusammengelebt haben. Und dass für jeden Einzelnen von diesen verschiedenen Nationalitäten genau diese Stadt die Heimatstadt gewesen ist.

An sich hat Guranda ihren Text ganz anders geschrieben. Aber das Bild der schwarzen Löcher ist von ihr, auch die Feststellung des Gefühls von Heimat ist von ihr, und abschließend dazu der Satz: »Es gibt hier eine Menge Häuser mit schwarzen Löchern, und in einigen von ihnen sind die Bäume schon groß.«

Tag
10
Geschichten

Tischdecke heißt Supra

An sich ist das *Rustaweli* ein Café, gelegen am Freiheitsplatz. In das *Rustaweli* gehen vor allem Touristen. Ich liebe dieses Café wegen der Tischdecken, wegen dieser blau-weiß gemusterten Tischdecken, *Supra* – auf Georgisch. Erst später erfahre ich, dass genau das die typisch georgischen Tischdecken sind, mit einer 300-jährigen Geschichte; und selbst sie schon UNESCO-Materialdenkmal. Auf den Decken sehe ich zwischen den Ornamenten Vögel, Rehe, Fische ... Ich sehe Elemente, die über bloße Dekoration weit hinausgehen und tiefe Symbolik besitzen: Reh und Vogel gehören zum Lebensbaum, und der Fisch ist Symbol für Jesus Christus. Zuerst wurden diese Decken blau bemalt, später die verschiedenen Elemente aufgestempelt.

Biographischer Salon I

Zu dieser nachmittäglichen Stunde bin ich im *Rustaweli* der einzige Gast. Aber das macht nichts. Denn nicht allein die Tischdecken sind schön, sondern das Essen ist auch gut, besonders die Suppen, und die Bedienung durch die beiden jungen Frauen sehr freundlich. Für mich, die ich gerade in der perfekt wirkenden Gastwelt des *Rustaweli* sitze, ist kaum nachvollziehbar, wie es Georgien in dieser kurzen Zeit seit dem letzten militärischen Konflikt 2008 auf den Stand von heute gebracht hat. Und wenn die Touristen auch nicht unbedingt, gleich mir, alle hierher ins *Rustaweli* kommen, weil sie nicht alle diesen Faible für blau-weiße Tischdecken haben, kommen doch Jahr für Jahr immer mehr ins Land, es sind Millionen, und im Sommer eher junge Leute, im Frühjahr und Herbst eher die Kultur- und Ökumene-Reisenden, und zu allen Jahreszeiten diejenigen, die auf Georgien und *die Georgier* einfach *abfahren*, die, die sich hier schon fast zu Hause fühlen und es oft auch sind. Und sie begegnen Menschen, entdecken kulturelle Schätze, trinken Wein, wandern ...

Zugleich schwelen nach wie vor die Konflikte um Abchasien und Südossetien, hängt nach den Ereignissen der 1990er-Jahre und 2008 nach wie vor Rauch in den Seelen der Betroffenen, welcher Nationalität sie auch sind, und Schmerz in den Herzen. Politisch gibt es einen Status quo; eine friedliche, allseits befriedigende Lösung aber steht noch aus.

Andrea und ich, wir kennen uns noch nicht persönlich. Kaum ist sie da, die Wahlberlinerin Dr. Andrea Zemskov-Züge, eine junge, burschikos wirkende Frau mit kurzem, blonden Haar, bestellen wir uns unsere Suppen, wunderbar angerichtete Gemüsesuppen mit verschiedenen Brotsorten dazu und einem kleinen Salat. Und ohne zu zögern betreten wir dann auch schon den an dieser Stelle virtuellen Raum der Biographischen Salons.

Der Biographische Salon ist Teil eines Projektes der Berghof-Foundation, Berlin, mit dem Ziel ziviler Konfliktbearbeitung. Andrea umreißt es wie folgt: »In diesem Projekt erzählen Abchasen, Osseten und Georgier. Und sie sind es auch, die die lebensgeschichtlichen Interviews führen. Denn bis heute ist es für die Überlebenden der Kriege schwierig, über ihre Erinnerungen zu sprechen, insbesondere mit Vertretern der jeweils anderen Seite. Die Idee des Biographischen Salons ist daher, einen Raum zu schaffen, in dem ganz persönlich erzählt wird. Dabei sind Herkunft und ethnische Zugehörigkeit nicht so wichtig.«

Andrea lebt in Berlin, mit ihrer Familie. Und zugleich hat sie diesen Biographischen Salon hier in Georgien entscheidend mit geprägt, die Arbeit begleitet. In mir taucht die Frage nach ihrem inneren Beweggrund auf.

»Hast du«, frage ich, daraus folgend, »das Gefühl einer besonderen Verantwortung als Deutsche?«

Andrea nickt sofort: »Es ist nicht so sehr ein Gefühl der direkten Verantwortung. Mehr der Gedanke und das Empfinden, dass die Vergangenheit in der Gegenwart wirkt und wir dieses Wirken beeinflussen können. Ich denke, das hat auch etwas mit der deutschen Geschichte des Nationalsozialismus zu tun und mit der Geschichte meiner Familie. Und das ist ja eine ganz normale deutsche Familie. Mein Großvater ist in der Ukraine begraben ...«

»Du kommst aus Weiden und hast Russisch gelernt«, lade ich nun Andrea sozusagen selbst in einen Biographischen Salon ein.

»Na ja, ich kam ja nicht so ganz aus Weiden. Mein Vater war Ende der 1950er-Jahre aus der DDR nach Westdeutschland gegangen. Meine ganze Familie kommt eigentlich von der Ostsee, aus Pommern. Sodass ich immer das Gefühl hatte, die Welt hört da auf, wo sie eigentlich noch weitergehen sollte. Als ich 1990 das Abitur gemacht habe, gingen gerade die Grenzen auf und ich sagte mir: ›Jetzt muss ich nach Osten fahren!‹ Ich habe angefangen Russisch zu lernen, bin dann für einige Jahre nach St. Petersburg gegangen, in den 1990er- und 2000er-Jahren, und habe dort mein erstes biographisches Projekt gemacht: Menschen, die die Leningrader

Belagerung überlebt haben, haben mir für meine Forschungsarbeit ihr Leben erzählt. Bei dieser Arbeit damals habe ich den Eindruck gewonnen, dass es einen Wert an sich hat, wenn jemand von der anderen Konfliktseite mal nachfragt, wie es einem jetzt eigentlich geht ...« Und gerade weil Andrea das so salopp formuliert, vermag ich zu spüren, wie tief sie das alles berührt. Wir schauen uns einen Moment lang einfach nur an. Dann formuliert sie ihr Anliegen weiter: »Dieser Geschichtsdialogprozess mit georgischen, abchasischen und südossetischen Teilnehmern hat sich mit der Zeit seinen öffentlichen Raum geschaffen. Auch im Abchasischen Privatfernsehen werden Talkshows auf der Grundlage biographischer Interviews geführt, die Menschen erzählen auf öffentlichen Veranstaltungen; in Tbilissi werden die Geschichten über *Radio Free Europe* gesendet und diskutiert; am schwierigsten ist es wohl in Südossetien; da wird die Zivilgesellschaft sehr stark kontrolliert. Und zugleich sind die Wunden des Krieges von 2008 noch sehr frisch. – Wir versuchen für unsere Biographischen Salons immer Leute zu finden, die Geschichten erzählen, welche einen Bruch haben; wo sich die Person also nicht von vornherein klar ist, wie das alles zu bewerten ist. Es geht darum, dass Geschichten erzählt werden, die mehr Raum haben als nur die bisherigen schwarz-weißen Bilder.«

Zur Vorbereitung dieser Interview-Arbeit gibt es regelmäßig *Dialog-Treffen*. Die am Projekt beteiligten Georgier, Abchasen und Osseten treffen sich dann in Armenien. Denn nach Armenien kann derzeit tatsächlich jeder der Teilnehmer ohne Probleme einreisen. Durch die ungeklärte Konfliktlage ist das innerhalb Georgiens, erst recht in den Konfliktregionen, derzeit nicht möglich.

»Und dann erzählt ihr auch untereinander eure Geschichten?«

»Genau. Es gibt einen Film, den wir bei den Treffen gemacht haben. Und da wird beispielsweise gesagt, dass der Tag schwer war und dass es eben auch schwere Geschichten zu hören gab. Und dann fügt jemand noch hinzu: ›Und die Georgier haben über die abchasischen Geschichten geweint und die Abchasen über die georgischen Geschichten.‹ Das ganze Projekt ist ziemlich emotional. Gerade bei unseren dreiseitigen Dialog-Treffen ist es meistens so, dass spätestens am dritten Tag erst einmal alle weinen.«

Abschließend erzählt Andrea das, was ich die *Kopftuch-Geschichte* nenne: »Ja, dabei geht es um die Organisation *Mütter Abchasiens*. Diese Organisation hat sich direkt nach dem Krieg gegründet, weil es sehr viele Familien gab, die ihre Kinder verloren hatten. Und die Frauen versuchen sich nun gegenseitig zu helfen. Daraus ist eine zivilgesellschaftliche Organisation entstanden. Wir kamen auf die Idee, diese Frauen, hauptsächlich sind es Frauen, doch mit bei uns einzubeziehen. Und wir haben erste Gespräche mit der Leiterin dieser Organisation geführt. Sie ist eine außergewöhnliche Frau, die einen ihrer zwei Söhne verloren hat, der 1971 geboren war, und dann jung gefallen ist, im März 1993, und der nach dem Krieg viele Jahre vermisst war.«

Das Rote Kreuz hat in Georgien mit etwa 2.500 Vermissten zu tun, von denen bisher erst 500 identifiziert werden konnten. Um auch nur einen einzigen Vermissten zu finden, braucht es mindestens zwei bis drei Jahre.

»Die Leiterin der *Mütter Abchasiens* hat nach einiger Zeit beobachtet, dass die Jahre vergehen und die Frauen ihre schwarze Trauerkleidung nicht ablegen, und dass sie die Trauertücher nicht abnehmen. Einmal hat sie eine Rede gehalten, wo im Publikum auch ganz viele Mütter der Gefallenen saßen, mit ihren schwarzen Kopftüchern. Und sie sagte: ›Das sieht hier aus wie das schwarze Quadrat von Malewitsch. Ich sehe nur noch schwarze Köpfe.‹ In diesem Moment stand neben ihr gerade eine Frau aus ihrer Organisation, und auch mit schwarzem Kopftuch. Und da hat sie sich ihr intuitiv zugewendet, hat ihr das Kopftuch abgenommen, vor all diesen Versammelten im Saal und hat gesagt: ›Wir wollen die Trauer ablegen, unseren Kindern und Enkeln zuliebe.‹ In den nächsten Tagen sind dann immer wieder Frauen zu ihr gekommen, die sie darum gebeten haben, auch ihnen das Kopftuch abzunehmen. Daraufhin haben sie bei den *Müttern Abchasiens* eine Aktion entwickelt, wo sie zu den Frauen nach Hause gehen, um dort ihrer Söhne zu gedenken und den Frauen dann ein buntes Tuch oder ein getupftes Tuch zu geben, und sie zu bitten, das schwarze abzulegen.«

Es ist angenehm kühl in diesem schönen, weiten Raum des *Rustaweli*. Ein einzelner Herr setzt sich mit seinem Tablet ans Fenster. Ich liebe das Fehlen der musikalischen Beschallung in den georgischen Restaurants, Cafés, Weinstuben. Wenn, dann wird althergebracht in persona gesungen und musiziert. Ansonsten dominieren, wie in dieser Minute, unsere menschlichen Stimmen, hell, dunkel, zart, energisch; je nach Stimmung und Situation. Und da wir hier ungestört miteinander sprechen können, existiert auch im Öffentlichen das Potenzial, ich nenne es jetzt mal so, eines ambulanten, ganz persönlichen Biographischen Salons, mit einem, wie auch Andrea es nennt, *reinigenden Effekt*.

Tag 11 Ahnen

Lehrer und Schüler

Auch die Dresdner Cornelia Retzlaff und Markus Hesse, beide um die 50, haben sich in das Land Georgien verliebt. Eine Liebe, die wie jede Liebe ihre Facetten hat, in Konsonanz wie Dissonanz, und über die sie eines Tages vielleicht selbst einmal erzählen werden. Seit über einem Jahr leben sie nun in Tbilissi, arbeiten beide als Lehrer für deutsche Sprache, Cornelia an einer privaten und Markus an einer öffentlichen Schule. In diesem Sinne sind auch sie *Über-Setzer*, bloß eben in umgekehrter Richtung.

»In Georgien gibt es viel Schönes«, erklärt Markus, der, zumindest für meine Vorstellung, dunkel, vollbärtig, selbst wie ein Georgier aussieht; so, als würde er einem der hiesigen Bergvölker entstammen, vielleicht ein Tusche sein. »Dabei«, setzt er fort, »findest du hier immer neben dem Schönen auch etwas Unschönes, ein verfallenes Haus oder irgendwelchen Abfall ... Auch wenn das jetzt vielleicht merkwürdig klingt: Aber das gefällt mir.«

Der Eingang zur Öffentlichen Schule Nummer 21 wirkt wie eine einfache Wohnungstür, doppelseitig und aus weißem Plastik. Beidseits der Tür sind grüne Ankündigungstafeln angebracht, auf denen für Turnen oder auch Tanz geworben wird. In der darüberliegenden Reihe goldfarbiger Beschilderungen lese ich flüchtig: *Jugendliche für Verständigung ... deutsches Sprachdiplom ... Partnerschule der Bundesrepublik Deutschland ...*

Der Vorraum ist dann mit allen möglichen, selbst gestalteten Wandzeitungen dekoriert. Auf einem der Fotos sehe ich eine junge Frau, die mir bekannt vorkommt. Schließlich erkenne ich Nino Haratischwili wieder, nur um einige Jahre jünger: 1983 in Tbilissi geboren, ist sie in der Stadt auch zur Schule gegangen, bis sie mit der Familie nach Deutschland zog, dort vom 12. bis zum 14. Lebensjahr lebte, um dann zunächst wieder nach Georgien zurückzukehren und den hiesigen Schulabschluss zu machen. In dem kleinen Steckbrief, der hier, an einer der mannigfaltigen Wandzeitungen zu lesen ist, werden Ninos Theaterstücke erwähnt, noch nicht aber ihr deutsches Erfolgsbuch *Das achte Leben*, das viele Preise erhielt und dessen Veröffentlichung sich für Georgien noch in Vorbereitung befindet. *Das achte Leben* ist eine Familiensaga, erzählt über 1.300 Buchseiten das Schicksal mehrere georgischer Generationen, bis hinein in die Gegenwart; dramatisch, historisch, bewegt wie bewegend.

Während ich mit Cornelia über den Schulflur zum Klassenzimmer von Markus' Schülern gehe, erinnere ich mich auch an eine Textstelle in Ninos Buch, an der es um die ehemalige Schule der Protagonistin geht, eine Schule, die sich, entsprechend der Handlung des Buches, eher in der Nähe des Regierungsgebäudes befunden haben muss; also vielleicht das Gymnasium Nr. 1 oder noch eine ganz andere Schule. Die Textstelle jedenfalls, an die ich mich jetzt erinnere, spielt an diesem historisch bedeutsamen

9. April 1989. Beim Versuch der jungen Ich-Erzählerin, ihr eigenes Leben in Sicherheit zu bringen, wird ihre ehemalige Schule zum Zufluchtsort: »Da hörte ich das komische Wort ›Gas!‹ Ich konnte es nicht zuordnen, bis ich begriff, dass es Tränengas war, das hier zum Einsatz kam. Ich raffte mich auf und ging langsam den dunklen Korridor entlang, schlich durch das gespenstisch dunkle und leere Schulgebäude, das ich viele Jahre meines Lebens so gehasst hatte und das mir nun ersparte, Dinge zu sehen, die ich nicht ertragen könnte. Ich lief die Stufen hinauf. Meine Schuhe machten merkwürdige, knirschende Geräusche auf dem Holz. Von den Wänden sahen mich verschiedene Dichter und Denker an, und zwischen ihnen winkte mir immer noch Onkel Lenin zu.« (17)

Als ich das Foto von Nino Haratischwili vorhin an der Wandzeitung entdeckt hatte, dachte ich zuerst, dass dies nun *die* Schule sein dürfte, in die sie selbst einst gegangen ist. Was mir erst später klar wird: Nino gehört als georgische Autorin, welche im Ausland einen solchen Erfolg hat, nicht mehr allein *der* georgischen Schule – übrigens nicht die 21., sondern die 6. Öffentliche Schule zu Tbilissi –, in die sie einst gegangen ist –, sondern nun *gehört* sie in gewissem Sinne jeder georgischen Schule.

Als ich Nino später dann zu ihrer Zeit als Schülerin befrage, beschreibt sie diese in kürzester Form so: »Ich bin immer gern zur Schule gegangen. Ich mochte die lockere Atmosphäre und die Nähe zu den Lehrern. Dabei sind die prägendsten Erinnerungen die an die Zeit mit unserer Theatergruppe. Wir haben damals teilweise, durch die ständigen Stromausfälle, bei Kerzenschein in der Aula geprobt. Das war alles etwas absurd, aber wir waren enthusiastisch und ließen uns durch nichts abschrecken. Ich erinnere mich noch heute an die vielen Kerzen, die direkt am Bühnenrand befestigt waren; wie bei einer geheimen Messe.«

»Wir wohnen. Unsere Vergangenheit nimmt zu. Wir wissen von den unterirdischen Verbindungen – verstaubt, verbunden, arbeitend –, aber wir

fühlen sie nicht. Oder wir fühlen sie, ohne sie zu kennen. Wenn es uns die Sprache verschlägt, leben wir immer noch mit den Bildern. Ein Vogelmensch, Frau oder Mann oder keines von beidem, kann festgebunden nicht fliegen.« (18)

Biographischer Salon II

Cornelia kennt den Weg. Sie bringt und begleitet mich. Der sächsische Hauch, der nach wie vor über ihrer deutschen Sprache liegt, vermag auch in mir heimatliche Gefühle zu wecken.

Am Ende des breiten, kahlen Gangs befindet sich das Klassenzimmer. Das, was wir hier vorhaben, kann sowohl als Schriftstellerlesung bezeichnet werden, als auch, das aber wird mir erst im Nachhinein klar, als eine Art Biographischer Salon, nur mit anderem Ansatz als der der Berghof-Foundation. Wir betreten den Raum, der mir als nur halb so groß erscheint wie ein Klassenraum an einer deutschen Schule. Da sind neun Holzbänke für jeweils zwei Schüler. Das Mobiliar ist alt, aber aus so massivem Holz, dass es mit Sicherheit auch weitere zig Jahre halten dürfte.

Noch ist außer uns kein Mensch da; selbst Markus lässt auf sich warten. Wenn wir ein paar Worte miteinander wechseln, schwingt der Schall noch einen Moment lang nach. Meine Bücher liegen schon, ausgepackt und aufgestapelt, auf dem Lehrertisch. Und gerade als ich mich frage, ob Markus' Schüler eigentlich gut genug Deutsch sprechen können, also ausreichend, damit wir uns verstehen, und gerade als ich mich genauso frage, ob es wirklich nur diese zwei, drei Schüler sind, von denen Markus sicher wusste, dass sie, trotz kurz bevorstehender Prüfungen, kommen würden, da kommen sie auch schon.

Schnell füllt sich der Raum mit den 16- und 17-jährigen. Markus kümmert sich. Und es werden noch zwei weitere Doppelbänke hereingebracht, dazu weitere Stühle, damit der Platz reicht. Dann beginnt es, dieser kleine Biographische Salon, ganz unter uns. Und vielleicht hat ja derjenige völlig Recht, der meint: »Wüssten wir mehr voneinander, wäre vielleicht mehr Frieden in der Welt.« Jedenfalls stellen wir uns, erzählend, einander vor. Dabei gibt es nichts weiter als den Klang unsere eigenen Stimmen, mit denen wir Wort für Wort das zu transportieren versuchen, was uns vielleicht, auch, ausmacht.

Konkret sind wir hier in diesem Klassenzimmer eng zusammengerückt. Da sind zum einen die jungen Männer, welche Namen tragen wie: Nikuscha, Giorgi, Dato, Luka, Sandro, Alexander, Nika, Zuka, Nanuk, Lasha, Josef, Oto ... Und mit dabei sind, geschwisterlich wirkend, natürlich auch die Mädchen: Elene, Natalja, Mako, Tatuka, Sofi, Salome, Anastasia ...

Und wenn ich dann von inneren, unterirdischen, nicht-sichtbaren Verbindungen innerhalb meiner Familie erzähle, resultiert daraus recht bald die Frage an diese jungen Menschen, welche von der Statur her bereits erwachsen erscheinen und fast wie eingeklemmt in ihren Schulbänken sitzen: Was ist ihnen nun mitgegeben worden? Zum Beispiel von ihren Großmüttern: »Was sagt Ihre Großmutter immer?«, frage ich. »Oder was hat sie immer zu Ihnen gesagt?«

»Warum sollen wir uns daran erinnern?«

»Sie müssen es nicht, aber versuchen Sie es. Denn vielleicht ist es ganz interessant. Gerade bei den Worten der Ältesten, auch in unseren Familien, findet sich oft eine gewisse Essenz.«

Bald darauf herrscht Stille, die Bleistifte eilen mit feinem Rauschen über die Zettel.

»Es ist ein Experiment«, erzähle ich, schon mit gedämpfter Stimme, um die Schüler nicht zu stören. »Wir wissen mehr, als wir wissen. – Und wenn Sie das dann haben, die Worte Ihrer Großmutter, versuchen Sie sich doch bitte auch an Worte Ihres Großvaters zu erinnern.«

Wie alte Schamanen rufen wir nun also Großmütter und Großväter zusammen, bitten sie zu uns, in diesen Klassenraum. Was mit dem Aufschreiben begonnen hat, wird durch das Vorlesen verstärkt.

»Geh nach draußen, lüfte dich!« – »Iss, Mädchen, du siehst ja wie ein Teufel aus!« – »Sei vorsichtig und gehe nie allein durch die Nacht.« – »Wenn du dich wirklich bemühst, wirst du alles schaffen.« – »Warum hast du keinen Hunger? Bist du krank? Oder?« – »Meine Großmutter sagt mir ständig, dass das Leben hindernisvoll ist. Deshalb erklärt sie mir, wie ich stark werden kann, um unabhängig zu sein, auch als Frau. Denn sie sagt, der Mensch, der abhängig ist von anderen, kann nie glücklich sein.« Das also sagen georgische Großmütter zu ihren Mädchen, unter anderem; und zu ihren Enkelsöhnen sagen sie: »Mach, was für dich am besten ist!« – »Du musst mit Menschen gut umgehen, und gerecht sein.« – »Du musst deine Heimat kennen, die Literatur, die Geschichte!« – »Bist du hungrig? Du bist aus der Schule gekommen. Du *musst* hungrig sein. Komm, iss!«

Im Anschluss kommen die georgischen Großväter zu Wort, wobei ihre Runde kleiner ist. Nicht alle der SchülerInnen haben ihre Großväter kennengelernt; oder nur ganz kurz. Zu ihren Enkelinnen sagen die Großväter Dinge wie: »Geh, Süße! Ich werde deiner Mutter nichts sagen.« – »Du musst vorsichtig sein bei der Auswahl deines Berufes!« – »Das Leben ist so schlecht, dass du ein Wolf sein sollst.« – »Man muss einen gesunden Lebensstil haben.« – »Mein Großvater ist die stillste Person, die ich bisher kennengelernt habe. Er ist immer für sich. Aber wenn er uns sieht, seine Enkelkinder, kann er nicht mehr still bleiben und sagt immer etwas Gutes über uns.«

Und ihren Enkelsöhnen geben georgische Großväter mit auf den Weg: »Du musst gut lernen, damit du unserer Heimat helfen kannst, besser zu werden.« – »Sag mir, was du brauchst und ich will es dir kaufen!« – »Ich warne dich: Bring mir nur ein hübsches und gutes Mädchen mit nach Hause!« – »Die Liebe in der Familie ist die größte.« – »Du Vaterhund!« – »Heimat ist am wichtigsten! Danach kommen Familie, Freunde und Verwandte.«

Vaterhund? Nun, dieser Begriff sei schwer zu erklären. Soweit ich verstehe, ist der Begriff zwar rau im Ton, aber herzlich gemeint.

Markus ist als Lehrer zurückgenommen, aber deutlich präsent. Keine Frage: Seine Schüler lieben, respektieren ihn.

Cornelia ist die ganze Zeit mit dabei gewesen, hat auf der letzten Bankreihe gesessen. Alles gehört zusammen; Mann und Frau, Lehrer und Schüler, Großeltern und Enkelkinder ..., alles; noch oder schon.

Georgisch-Unterricht, Teil 2

Während Rachel die georgische Sprache so gut beherrscht, dass sie bereits literarische Übersetzungen aus dem Georgischen zu machen vermag, beginnen Cornelia und Markus gerade damit, die Sprache zu erlernen.

Ich treffe mich mit Rachel, Cornelia und Markus unweit des Goethe-Institutes, oberhalb der Metrostation Rustaweli, im *Keto und Kote*, einem Restaurant mit schöner Holzveranda, großzügigen Räumen, Außensitz und vor allem einem herrlichen Blick auf die Stadt. Wir sitzen zusammen, erzählen und kommen fast zwangsläufig, bei dieser Liebe zum Georgischen, auch auf die georgischen Lieblingswörter der Sprach-Neulinge zu sprechen.

Und das sind dann beinahe schon Geschichten für sich. Auch, dass manchmal einer des anderen Lieblingswort *klaut*, ist so eine Geschichte für sich. Aber eigentlich ist es sowieso nur Cornelia, die mit Begeisterung anderer Lieblingswörter *klaut* und dann mit aller Welt teilt.

Glühwürmchen: »Glühwürmchen zum Beispiel«, beginnt sie. »*Tsitsinatela*. Ist das schön! Inzwischen weiß ich ja auch, wie es geschrieben wird. Gestern, als ich im Georgischunterricht meinen eigenen Namen zum ersten Mal in den georgischen Buchstaben geschrieben habe, war er mir total fremd! Was diese Buchstaben machen. Tsitsinatela! Ich liebe den Klang und stelle mir sofort vor, wie das Glühwürmchen hier, in dieser schönen Landschaft, so herumfliegt, in der Dämmerung. Und dann denke ich auch: Tsitsinatela, das ist etwas, was man einer Frau sagen kann, hier in Georgien. So ein Mann, der richtig verliebt ist, der richtig warm ist. So einer kann das zu seiner Frau sagen. Das ist ein Name für eine Frau, ein Liebesname für eine Frau. – Ja, und mein Mann sagt das zu mir. Ich habe es mir gewünscht.«

Seelchen: »*Suliko* – Seelchen; *Suli* – Seele und *Kuli* – Herz. Suliko ist die Verkleinerung zu Suli. Was Markus auch so gut singen kann. Und ich erzähle dir nicht, von wem es das Lieblingslied gewesen sein soll. Das wollen wir gar nicht wissen. Und Kuli ist das Herz. Das fällt mir jetzt so ein. Suli und Kuli gehören irgendwie zusammen. Suliko und Kuliko sind die Verkleinerungen, Herz-chen. Was auch Frauen zu anderen Frauen sagen.«

Wasserfall: »*Tschanchkeri* bedeutet: Wasserfall. Dieses Wort habe ich von Markus geklaut. Er hat sich dieses Wort gleich gemerkt; ganz am Anfang. Und da musst du dir vorstellen, bei Tschanchkeri, sobald du dieses Wort aussprichst, fällt von oben nach unten wirklich, zumindest in meiner Vorstellung, sofort Wasser. Dazwischen siehst du riesige Steine in den Gebirgsbächen liegen, und alles wird ringsherum grün, wie so ein dichter Dschungel. Ich sehe das immer sofort, sobald ich das Wort ausspreche. Es kühlt auch, dieses Wort. Das ist wie ein Dach, wie eine eigene Welt, so ein Wasserfall. Dazu ein Bach, und verschiedene knorrige Bäume. Ich erinnere mich an den Nationalpark Kharagauli bei Bordschomi. Da hatten wir einen ganz schönen kleinen Wasserfall, der unten ein Becken gebildet hat. Jeden Morgen sind wir dorthin gegangen und geschwommen. Da war sonst niemand. Hier gibt es so viele Wasserfälle in den Landschaftsschutzparks.«

Liebste: »*Genadsẁale – Liebe ... Liebste ...*«, fährt Cornelia weiter fort zu schwärmen. »Aber das ist mit der Zeit ein Allgemeinwort geworden. Am Anfang hat es mich fasziniert, wie ein georgischer Mann zu seiner deutschen Frau immer gesagt hat: ›Genadswale!‹ – Eigentlich ist die Bedeutung dieses Wortes komplizierter. Denn das heißt nicht einfach nur Liebe oder Liebes, sondern mehr noch. Es heißt: *Meine mir ans Herz gewachsene Liebe*... So in etwa, in dieser Bedeutung. Das muss jetzt aber auch nicht ganz genau so stimmen, was ich dir da erzähle. Denn ›Genadswale‹ sagen auch Frauen oft zu anderen Frauen, auf dem Markt, wenn die eine an der anderen vorbeigeht: ›Genadswale! Genadswale!‹ Aber dann gefällt es mir schon nicht mehr so.«

Von einer Georgierin, von Eka, werde ich später noch ergänzt bekommen, dass dieses Wort auch zu übersetzen ist mit: *Ich statt deiner*. Also, dass man an Stelle des anderen, im Notfall, Schlechtes oder Unangenehmes über sich ergehen lassen würde, nur damit der andere davon befreit bleibt.

Schwanger: »*Orsuli* – schwanger«, setzt Markus fort, kurz und knapp: »Und das bedeutet: zwei Seelen. Ich finde es originell, eine Schwangerschaft so zu benennen.«

Libelle: »Ja, aber auch das georgische Wort für Libelle mag ich«, sagt Markus. »Ich habe jetzt die georgische Vokabel vergessen, übersetzt jedenfalls heißt sie: die *Stockverschluckerin*.«

Meine Leber! / Mein Innerstes!: Auch das ist eines der Lieblingswörter von Cornelia. Sie hat das geklaut, von Rachel. Deshalb kommt jetzt Rachel selbst zu Wort: »*Dschigari* steht einerseits für die Innereien vom Vieh, andererseits für die Leber sowie umgangssprachlich für einen Verwandten. Dschigari ist ein Ausdruck für Liebe, Gefühl, Mitleid. D. h. die guten Gefühle sitzen in den Innereien, in der Leber. Besonders schön zu hören ist, wenn jemand sagt: Dschigari char. Das heißt dann: ›Du bist …‹ Ja was? An sich ist es unübersetzbar. Es bedeutet in etwa: ›Du bist mir nah; ich mag dich; du bist toll!‹«

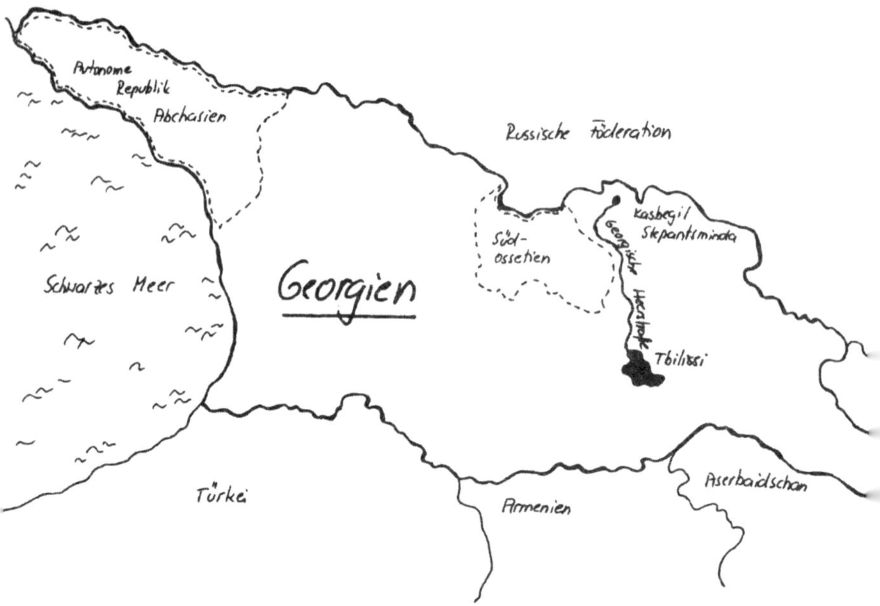

Tag 12 Dämmer

Georgische Heerstraße

Nachts begegnen wir uns auf dem Flur. Immer wieder muss ich ins Bad. Rimma hat Mitleid mit mir, wird aber auch streng: »Fleisch essen – bei dieser Hitze! Noch dazu in einem Restaurant. Du hast einen Fehler gemacht.«

Bis nach Stepantsminda, oder eben Kazbegi, sind es nur drei Stunden Fahrt. Es reicht, wenn ich gegen zehn an der Metrostation Didube bin. Ich fühle mich wie im Dämmer. Zugleich scheint die Krise vorüber zu sein.

Kaum betrete ich den Verkehrsbasar Didube, werde ich auch schon angesprochen: »Wohin?« Alles läuft traumhaft. Der Allrad-Geländewagen ist äußerst bequem, zudem steht er abfahrtsbereit. Mit mir wird das Maß voll. Im Wagen sitzt schon eine deutsche Familie mit Kindern, dazu zwei Studenten, der eine aus Frankreich und der andere aus Belgien.

Nach Stepantsminda/Kazbegi fahren wir über die Georgische Heerstraße. Die Georgische Heerstraße ist ein Begriff. Insgesamt ist diese Straße etwas über 200 Kilometer lang und führt von Georgien über den Großen Kaukasus bis hinüber nach Russland, von Tbilissi bis nach Wladikawkas.

Ursprünglich war dies der kürzeste Weg, für Händler wie für Soldaten, um durch die Berge des Großen Kaukasus zu kommen; und das bei Höhenlagen von bis über 2.000 Metern. Durch räuberische oder auch kriegerische Überfälle blieb dies immer auch ein gefährlicher Weg. Nicht zuletzt gibt es bis heute Steinschlag, Lawinen oder plötzliche Wetterwechsel.

Über die Jahrhunderte war dieser strategisch wichtige Fernverkehrsweg hart umkämpft, bis es schließlich unter König Wachtang Gorgassali I., dem Gründer der Stadt Tbilissi, zum Bau erster Befestigungsanlagen in der Daryal-Schlucht kam und die georgischen Bergvölker den Schutz über die Trasse zu übernehmen hatten. Mit der Machtübernahme durch Russland am Ende des 18. Jahrhunderts änderte sich das. Die Strecke wurde durch die russische Armee zu einer Straße für Truppentransporte ausgebaut. Seitdem heißt sie Georgische Heerstraße.

Wir kommen gut voran, wobei unser Fahrer offenbar nicht nur seinen Job macht und durch uns sein Geld verdient, sondern sich auch als einer fühlt, welcher Fremde durch sein Land fährt. Wir erreichen die Festung Ananuri, und auf die Minute kommt es nicht an.

Ananuri liegt malerisch oberhalb des Aragwi-Stausees. Allerdings ist das, was wir heute von der Festung besichtigen können, nur der verbliebene Rest. Denn der andere Teil ruht seit Flutung des Stausees, gemeinsam mit den Mauern des Dorfes Ananuri, nun unter Wasser.

Es heißt, die Fürsten von Aragwi, welche hier einst geherrscht haben, seien ein stolzes und kriegerisches Volk gewesen, wodurch wiederum keiner von ihnen eines natürlichen Todes gestorben sei.

Immer wieder wurde Ananuri belagert, sowohl von den Persern als auch von den Osmanen.

Alle Gebäude, die heutzutage zu besichtigen sind, stammen aus dem 17. Jahrhundert – Erlöserkirche, Maria-Himmelfahrt-Kirche, Glockenturm, Wehrturm, Wehrmauer ...

Vor der Südseite der Maria-Himmelfahrt-Kirche verweile ich dann etwas länger: Über die gesamte Fassade zieht sich ein riesiges Kreuz, beidseits gefasst von einem Lebensbaum. Noch weiter außen, auch wiederum spiegelbildlich, schauen zwei Löwen einander an, können jedoch nicht zueinanderkommen, da sie jeweils gebunden sind, an eine Art übergroßer Perle. Das Kreuz wirkt, der Verzierung wegen, wie eine mächtige, organisch gewachsene Pflanze, und wird nun, eingebunden in den Lebensbaum, Teil desselben. An den Wurzeln lauern zwei Drachen.

Mein gesundheitlicher Zustand bleibt stabil, vom Dämmer mal abgesehen. Wahrscheinlich war es wirklich so etwas wie eine Lebensmittelvergiftung.

Von Ananuri an folgt unser Weg dem Flusstal des Aragwi, bis wir mit dem Großen Kaukasus an Höhe gewinnen und, schließlich, auf inzwischen 2.196 Metern Höhe, das Dorf Gudauri erreichen, im Winter ein beliebtes Skisportzentrum. Die hoch frequentierte Post- und Passstation von einst, nämlich aus der zweiten Hälfte des 19. Jahrhunderts, ist kaum noch vorstellbar.

Von Gudauri geht es nun in Richtung Kreuzpass weiter, linker Hand vorbei an einer Aussichtsplattform mit einer großen, nicht zu übersehenden, halbrunden Mosaikwand. Dieses Mosaik wurde 1983 aus Anlass des 200. Jahrestages des Vertrags von Georgiewsk errichtet, eines Vertrages, geschlossen zwischen Georgien und Russland. Der Zugang zur Aussichtsplattform ist derzeit wegen Baumaßnahmen gesperrt. Der Fahrer hält dennoch, denn das kleine Lokal gleich daneben ist geöffnet und auch die Aussicht dort wohl sehr schön.

Vom Imbiss her erreicht mich der Duft von frisch gegrilltem Fleisch. Ich aber schaue lieber in das grün-samtene Tal, das vor mir liegt, auf das silberfarbene Glitzern des Weißen Aragwi dort in der Tiefe sowie auf den sonnengelben Paragleiter, der plötzlich das Tal zu überfliegen beginnt, und der mich an einen übergroßen Zitronenfalter denken lässt. Ich verfolge seinen schwingenden Flug.

Unsere Weiterfahrt verzögert sich, denn die beiden Studenten lassen auf sich warten. Wir stehen, halten nach ihnen Ausschau; erstmals werden auch Blicke auf die Uhren geworfen. Endlich aber tauchen sie auf, sie kommen die Straße entlang, aus Richtung Tbilissi. Jetzt geht es weiter. Und noch im Anfahren erzählen sie uns, dass sie ganz in der Nähe einen kleinen Soldatenfriedhof entdeckt haben.

Vor dem kleinen Ort Kobi stoppt der uns chauffierende Gästeführer erneut seinen Wagen. Rechts der Straße ist ein großer Souvenirstand aufgebaut, mit gestrickten Strümpfen, grauen Filzkappen, während sich links der Straße die eigentliche Sehenswürdigkeit erhebt: ein pinkfarbener, fast ins Rostrot gehender Berghang, auf dessen Höhe eine Mineralwasserquelle entspringt, sodass das Wasser sich über den gesamten Hang ergießt. Durch Sinterbildung wird der Hang mit diesem farbigen Film überzogen. Wir können denselben barfuß begehen. Bei dieser Hitze ist das pures Vergnügen.

Stepantsminda/Kazbegi

Schließlich erreichen wir auf 1.700 m Höhe Stepantsminda, zu Sowjetzeiten Kazbegi genannt.

Leilas Gästehaus liegt bergan, genau dem Berg Kwemi gegenüber, auf dem in 2.170 Meter Höhe die berühmte Dreifaltigkeitskirche steht, die Tsminda Sameba. Hinter dem Kwemi erhebt sich machtvoll der Kasbek, ein erloschener Vulkan von 5.033 Meter Höhe, gelegen an der Grenze zu Russland.

Es ist drei Uhr nachmittags. Zur Dreifaltigkeitskirche komme ich in meinem Zustand heute nicht mehr. Leila fragt besorgt, wie

Kühe spazieren durch Kazbegi

es mir geht, um dann entschlossen nach der Flasche zu greifen, die hier, im Speiseraum ohnehin auf dem Tisch steht. Leila schenkt mir einen Tschatscha ein, auch *georgischer Grappa* genannt: »Der hilft. Das ist Medizin.« Leila und ich sprechen Russisch miteinander.

Die Tür öffnet sich und ein achtjähriges Mädchen durchquert den Raum. Das Mädchen schaut nicht auf. Es verschwindet in der Küche. »Das ist meine Enkeltochter«, erklärt mir Leila lächelnd. »Und sie ist ein Hooligan!« Obwohl ich für den Moment nichts an diesem Kind habe wahrnehmen können, was auf einen Rabauken schließen ließe, frage ich auch nicht nach. Ich habe gerade andere Probleme, ziehe mich also auf mein Zimmer zurück, das wunderbar den Blick freigibt auf die Dreifaltigkeitskirche. Immerhin vermag ich das zu registrieren, bevor ich mich im Bett vergrabe und in einen sehr tiefen, wie sich zeigen wird, auch sehr heilsamen Schlaf falle.

Bis zum nächsten Morgen schlafe ich durch, werde zwischendurch nur ab und an von Stimmen geweckt. Später, es ist schon dunkel, höre ich vom großen Hausgarten her helles Lachen. Es kommt aus mehreren Kehlen. Und ein junger Mann erzählt. Später wird auch gesungen.

Nach wie vor körperlich schwach, schleppe ich mich ans Fenster und kann im Garten nun auch das Feuer sehen, um das die Hausgäste sitzen, unter ihnen Leila, ihr Mann Gela und die beiden Söhne Zuka und Zaza, beide um die 30. Nur das Mädchen, diesen Hooligan, entdecke ich nicht.

Feuer ... denke ich und ... Kaukasus ... denke ich ... ach, Prometheus ... Und dann schlafe durch bis zum nächsten Morgen.

Prometheus

Prometheus diente und herrschte. Aber Zeus stand über ihm. Prometheus war Titan. Sein Name bedeutete: der Vorausdenkende.

Und obwohl Prometheus nicht nur so hieß, sondern tatsächlich vorausdenkend war, versuchte er doch die gegebene Ordnung außer Kraft zu setzen: Ja, er maßte sich den Versuch an, Zeus zu überlisten: Bei einem der Tieropfer überließ er Zeus nur die wertlosen Teile des Opfertieres, den Menschen aber gab er das gute Fleisch. Prometheus hatte sich der Menschen angenommen; sie standen unter seinem Schutz.

Der Gott der Götter, also Zeus, ließ sich nicht ungestraft überlisten und verweigerte den Menschen daraufhin den Besitz des Feuers. In Folge dessen entwendete Prometheus der Götterwelt das Feuer, um es nun persönlich seinen Schützlingen zu bringen.

Das Maß war voll. Zeus ließ Prometheus fesseln und in der Einöde des Kaukasus an einen Felsen schmieden. Immer wieder kam ein Adler angeflogen, um den Gefesselten anzugreifen und zusätzlich zu quälen, indem er begann, Prometheus bei lebendigem Leib die Leber anzufressen. Prometheus verging fast dabei. Die Schmerzen waren groß. Zu sterben aber vermochte er als Titan nicht. Nachts erneuerte sich seine Leber wieder, sodass am nächsten Tag alles wieder von Neuem begann.

Erst lange Zeit später konnte Herakles kommen, um den Adler zu erlegen. Das war dann auch der Zeitpunkt, an dem Zeus Prometheus begnadigte und ihm die Freiheit schenkte.

Und wie sich im Einzelnen die Sagen unterscheiden, unterscheiden sich auch die Darstellungen derselben durch die antiken Dichter: Während bei Hesiod Prometheus ein Betrüger ist, wird er bei Aischylos zu einem Wohltäter der Menschen, während hier Zeus als der Tyrann gilt. Bei Platon wiederum begegnet uns Prometheus als ein Beauftragter der Götter.

Der Archäologe und Anthroposoph Frank Teichmann weist darüber hinaus darauf hin, dass die Griechen Prometheus nicht ohne Grund im Kaukasus verortet haben dürften, denn von hier hätten sie diese Sage ja auch empfangen; damit meint Teichmann den Prometheus-Vorgänger, stammend aus der georgischen Mythologie: Amirani.

Amirani lebte in der Betlemi-Höhle, nahe des Kasbek, auf 3.675 m Höhe. In dieser Höhle, auf dem Gergeti-Gletscher, war Amirani angekettet worden. Ein Rabe brachte ihm täglich Brot und Wein. Und beständig nagte sein Hund Qurscha an den Ketten, um ihn zu befreien. Doch jedes Jahr, wenn die Ketten fast durchgebissen waren, kamen die von Gott beauftragten Schmiede mit ihren schweren Hämmern und schmiedeten die Kette des Amirani wieder neu.

Tag 13 Wurzeln

Lolita

Am nächsten Morgen fühle ich mich wie neugeboren, über Nacht insgesamt regeneriert, wie Promtheus' Leber. Für einen mehrstündigen Aufstieg zur Dreifaltigkeitskirche, im Sinne des Pilgerns, reicht es aber noch nicht. Der Himmel ist klar, das Wetter ein Gedicht. Zaza, der ältere von Leilas Söhnen, wird mich 11 Uhr gegen einen Obolus nach oben fahren.

Bis dahin ist noch etwas Zeit. Vom breiten Balkon des Hauses aus genieße ich in der Zwischenzeit schon mal den Ausblick auf mein heutiges Ziel. Die Berge, inmitten derer die Dreifaltigkeitskirche thront, sind grün, teils auch bewaldet; die Gipfel schneebedeckt.

Neben mir, auf der anderen Seite des Balkons, sitzt eine zart wirkende, schöne, junge Frau mit langem, dunklem Haar. Sie schreibt in ein kleines Buch. Lasse ich meinen Blick nun wandern, bemerke ich nicht nur einen roten Ball mit weißen Punkten, der in Leilas Garten liegt, sondern auch den Wohnblock dahinter, geschätzt aus den 1960er-Jahren, zweistöckig, in dessen rotem Spitzdach ein Fenster offensteht. Hier tummeln sich drei Tauben.

Der Hausherr tritt heraus auf den Balkon, schaut auf uns beide, die wir so separiert sitzen, und fragt: »Ihr kennt euch schon?«

Lolita kommt also aus Frankreich und ist auf der Durchreise nach Armenien. Wir sprechen Englisch miteinander. Als ich ihr von meinem Buch über die Reise durch Armenien erzähle, ist sie sofort interessiert. Und es stellt sich heraus, dass sie selbst, wie sie sagt, zu 25 Prozent Armenierin ist.

»Meine Großmutter ist gerade gestorben und ich werde zum ersten Mal in Armenien sein. Heute fahre ich weiter. Die Zeit ist gekommen: Ich muss meine armenischen Wurzeln kennenlernen.«

»Das kann heftig werden.«

»Ich weiß. Aber ich glaube, ohne meine Wurzeln kann ich nun nicht mehr leben.«

Als Lolita und ich, als wir uns voneinander verabschieden, möchte ich sie umarmen. Aber es wird nur eine eigenartig abgewinkelte Umarmung, bei der sich allein unsere Arme und Schultern berühren.

Die Dreifaltigkeitskirche

Der 31-jährige Zaza wartet schon im Auto; gemeinsam mit seiner achtjährigen Tochter. Die ganze Fahrt über werfe ich natürlich auch Blicke hinaus, sowohl in das Dorf Gergeti, das wir durchfahren, als auch auf den unbefestigten, staubigen Weg, den wir schließlich bergan nehmen; vor allem aber werfe ich immer wieder prüfende Blicke auf diesen *Hooligan*, das Mädchen, das hinter mir sitzt, und zwar die ganze Zeit verdächtig still und brav.

Die Dreifaltigkeitskirche in Stepantsminda

Oben angekommen, parkend auf einem Platz, der einst grün bewachsen gewesen sein muss, schlendern Vater und Tochter Hand in Hand los, einvernehmlich ihres gemeinsamen Weges. Erst am Abend wird Leila mir erklären: »Ein Hooligan? Das bedeutet bei uns, kreativ und lustig zu sein, schöne Ideen zu haben. Unsere Hooligans lieben wir sehr.«

Noch vor Jahren hat eine Drahtseilbahn von Kazbegi direkt hier heraufgeführt. Die Kirche hat dagegen rebelliert: Es sei eine Entweihung des heiligen Ortes. Und heute existiert diese Bahn nicht mehr.

Die Tsminda Sameba, die Dreifaltigkeitskirche, wurde im 14. Jahrhundert errichtet. Die Zeit der Mongolenkriege war gerade vorüber und man konnte sich wieder auf das Christentum besinnen, welches allerdings hier in den Bergen schwieriger zu vermitteln war, als in den Städten und Dörfern des Flachlandes. Denn hier, zwischen den Bergen, immer der beeindruckenden, unwirtlichen Natur ausgesetzt, im tiefen Gefühl der Verbindung mit den Ahnen, hielten und halten sich altes Brauchtum und sogenannte heidnische Riten viel länger. Manch einer bekannte sich niemals zum Christentum, viele auch nur zum Schein.

Heute ist Stepantsminda/Kazbegi nicht nur Wallfahrts-, sondern auch ein touristischer Ort, der von Tbilissi per Tagesausflug zu erreichen ist. Die Ankunft der zahllosen Autos und Kleinbusse gleicht einer täglichen Invasion. In der Kirche selbst sitzt mit müdem Blick einer der Mönche, um hier präsent zu sein und nach dem Rechten zu schauen. Einige der Touristen lassen sich gern immer aufs Neue mahnen: Beim Betreten des Kirchenraumes sind Arme und Beine zu bedecken. Die Frauen haben darüber hinaus auch eine Art Rock umzubinden und den Kopf zu bedecken. Im Lädchen kaufe ich ein kleines, in Holz eingefasstes Bild. Auch dieser hier, der Mönch hinter der Ladentheke, wirkt genervt, und in gewisser Weise wie am Ende.

Zukas Träume

Leila bereitet, wie jeden Abend, ein großes Essen vor, mit typisch georgischer Küche, alles selbst angerichtet. Die Hausgäste dieser Nacht versammeln sich schon mal im Speiseraum. Immer arbeitet Leila, meist in der Küche, während die beiden Söhne Zuka und Zaza den ganzen Tag mit den Allrad-Wagen Touristen den Berg hinauf- und wieder herunterfahren.

Tanja kommt aus Russland und ihr Mann Oleg aus der Ukraine. Oleg sehe ich nur kurz. Es heißt, auch er habe Probleme mit dem Magen. Im Weiteren sind da noch Martha und Konrad Konieczny, ein junges polnisches Paar, an sich mit drei Kindern, von denen sie auf ihre Georgienreise allein das jüngste mitgenommen haben, den zweijährigen Hubert.

Während Leila den Tisch deckt und keiner ihr dabei helfen darf, sitzen wir also im Raum zusammen. Und solange der Tisch noch nicht das Zentrum sein darf, ist es der kleine Hubert. Trippelnd misst er die gesamte Länge des Raumes immer aufs Neue aus und strahlt dabei begeistert vor sich hin.

Diese Begeisterung steckt uns alle an, vor allem aber Zuka. Inzwischen sitzt der 29-jährige Zuka im Sessel, direkt an Huberts Linie, und strahlt, als der pure Spiegel des Kindes. Irgendwann vermag Zuka seine Begeisterung auch verbal nicht mehr zu verbergen und er ruft aus: »Dieses Kind möchte ich haben!«

Nun wird Tanja aktiv und beginnt damit, Zuka regelrecht zu examinieren: »Was? Dieses Kind möchtest du haben? Ja? Du bist alt genug! Du kannst dir eigene Kinder machen. Such dir eine Frau! Hast du schon eine Frau? Was ist los mit dir? Stimmt etwas nicht? Worauf wartest du?«

Und tatsächlich ist es so, dass sein um zwei Jahre älterer Bruder Zaza bereits Frau und *Hooligan* hat, Zuka aber ...

»Ich träume von einer eigenen Familie«, offenbart er sich nun, ohne zu zögern und mit unverstelltem Ernst. »Meine Frau muss nicht einmal schön sein. Wirklich nicht. Wichtig ist, dass wir als Freunde leben und dass wir uns verstehen. – Ich bin gern im Ausland. Und vielleicht finde ich dort ja meine Frau. Bis dahin helfe ich hier, meiner Familie. Erst, wenn ich wirtschaftlich selbstständig bin, werde ich heiraten. Ich möchte ohne die Hilfe meiner Familie leben können. Ja, eigentlich soll es umgekehrt sein: Sodass ich es bin, der meinen Eltern dann hilft.«

»Und?«, examiniert Tanja ihn gnadenlos weiter. Es klingt lustig; und ist vielleicht auch so gemeint. »Was arbeitest du denn? Verdienst du schon dein Geld? Oder sitzt du nur hier bei deinen Eltern am Tisch?«

Während der Saison in Kazbegi fährt Zuka bis zu sechsmal pro Tag hinauf zur Dreifaltigkeitskirche: »Das sind«, rechnet er uns vor, »300 Lari, also 150 € pro Tag.« (Zu diesem Zeitpunkt beträgt der Kurs noch 2 : 1; schon im Herbst wird das Verhältnis 3 : 1 sein.) Und wenn er dann genug Geld zusammen hat, fährt er wieder nach Europa – nach Deutschland, Frankreich ...

»Und dann genieße ich mein Leben. Ich verstehe nicht, wie man allein für Geld leben kann. Man muss das Leben doch auch genießen. Denn wenn du das Leben nicht genießt, hat das doch alles gar keinen Sinn. Oder?«

Zuka erzählt und erzählt. Mittlerweile ist der kleine Hubert schon im Bett. Inzwischen erzählt Zuka auch von einer jungen Frau, mit der er gestern am Feuer gesessen hat, der er den Arm um die Schulter legen durfte, die sich aber nicht hat küssen lassen ... Das klingt verliebt. Und endlich ahne ich: »Lolita?« Nun ist Zuka auch von mir begeistert.

»Sie hat gesagt«, erzählt er mir strahlend, »dass sie Feuer liebt. Also habe ich gleich ein Feuer angemacht. Schade, dass Sie nicht dabei gewesen sind. Dann hätten Sie alles mit eigenen Augen sehen können: Wie ich neben ihr saß, und wie wir gelacht haben. Aber vielleicht mag sie als Armenierin keine Georgier. – Warum hat sie sich bloß nicht von mir küssen lassen?«

»Weil sie gerade nach ihren Wurzeln sucht«, antworte ich, intuitiv. »Im Moment ist sie so mit ihren Wurzeln beschäftigt, dass sie sich für keinen Mann der Welt interessiert; und eben auch nicht für dich.«

Zuka hört mir wie gebannt zu. Auf seinem Gesicht erscheint ein nächstes Leuchten. »Und außerdem«, fahre ich fort. »Möchtest du wirklich eine Frau, die jeden gleich küsst?«

Jetzt springt Zuka auf, reicht mir die Hand und ruft feierlich aus: »Du verstehst mich! Du kannst mich wirklich verstehen!« Und etwas gesammelter fügt er noch an: »Ich bin ein guter Freund. Ich habe Zeit. Ich kann auf sie warten.«

»Es kann aber sein, dass sie sehr, sehr viel Zeit braucht«, gebe ich zu bedenken.

Worauf Zuka erwidert: »Ach, das macht nichts. Ich fahre jetzt sowieso erst einmal nach München. Dort bin ich schon mit einem anderen Mädchen verabredet ...«

Wir lachen, Martha, Konrad, Tanja ... Zuka schaut verwundert auf. Und überhaupt ist der Tisch jetzt gedeckt.

Tag 14 Wellen

Die Welle

Am nächsten Morgen liegt alles im Nebel. Gerade mal die Umrisse des Wohnblocks aus den Sechzigerjahren sind noch zu erahnen. Und mit ihm hat es seine Bewandtnis, denn dort hat Gajos gelebt, Gajos Tschopikaschwili.

Wieder stehe ich auf dem Balkon und schaue; und wie schon am Morgen zuvor tritt Gela, der Hausherr, neben mich: »Gajos ist einer von uns. Er war ein bekannter Pianist. Als Kind war er ein großes Talent. Er kam nach Tbilissi ans Konservatorium und wohnte dort im Internat.«

Gela zeigt mir einen kleinen Film auf seinem Handy. Es ist ein alter Dokumentarfilm, schwarz-weiß, eine Kooperation zwischen Grusia-Film und dem DEFA-Studio für Kurzfilme, aus den 1970er-Jahren. Der damals achtjährige Gajos ist der Held, welcher aus dem kleinen Dorf Kazbegi kommt, von dort, wo die

Menschen, wie es heißt, noch allein von der Schafzucht leben. Er aber darf, bei seinem großen Talent, nach Tbilissi, ganz allein, um dort zu einem *fabelhaften* Pianisten ausgebildet zu werden. Der Achtjährige sagt im Film: »Ich liebe es nicht, wenn die Eltern keine Achtung vor den Kindern haben, wenn sie laut sind und grob ...« Und später meint er, im Film inzwischen fünfzehnjährig: »Ich glaube, der Mensch kann ohne Musik gar nicht leben. Er würde sonst krank werden ... Ich glaube, jeder Mensch muss etwas ganz Eigenes schaffen.«

Und als ich frage, ob sich die Hoffnungen des Jungen später erfüllt haben, hält Gela einen Moment inne, bevor er fortfährt: »Er war wirklich ein hervorragender Pianist, hatte auch schon erste Preise bekommen. Aber als er 27 Jahre alt war, ist er in den Urlaub gefahren, nach Sochumi und badete dort im Schwarzen Meer. Er legte sich aufs Wasser und ließ sich einfach so treiben. Das Meer

Tauben auf dem Dach des Hauses, wo Gajos wohnte.

schien völlig ruhig zu sein. Aber plötzlich erfasste ihn eine große Welle. Er wurde untergetaucht und kam nicht wieder herauf. – Ja, das war Gajos Tschopikaschwili. Er hatte fünf Schwestern. Seine Schwestern leben heute alle noch, alle dort drüben in diesem Haus. Nur er lebt nicht mehr.«

Die Berge

Noch ist der Nebel nicht aufgezogen. Ich bin hinunter ins Dorf gegangen. Stepantsminda/Kazbegi wirkt wie ein Kanal. Wanderer ziehen durch, Autos, nicht zuletzt ganze Herden von Rindern ...; auch Bergsteiger.

Zuka hat erzählt, dass hier in den Bergen in jedem Jahr Menschen *verloren gehen*. »Die Natur ist groß«, meint er. »Und das muss man respektieren. Die Natur hat eigene Gesetze. Sie richtet sich nicht nach dem Menschen. Es funktioniert nur umgekehrt: Der Mensch muss sich nach ihr richten.« Und dann schimpft er auf diejenigen, die ohne Bergführer hinaufgehen, obwohl sie hier fremd sind. Sogar erfahrene Bergsteiger seien hier schon verunglückt, z. B. einer aus Österreich: »Dabei war er wirklich ein Profi«, sagt Zuka. »Aber die Natur hat ihre eigenen Gesetze. Und der Mensch ist von seinem Schicksal nicht zu trennen.«

Der Österreicher Edi Koblmüller war 69 Jahre alt und sehr erfahren. Bereits mehrere Achttausender hatte er bezwungen. Vor einigen Jahren kam er mit acht Leuten. Zuerst stiegen sie bis zur Betlemi-Hütte auf. Am nächsten Tag wollten sie weiter. Erst ging es gut, aber dann schlug das Wetter um und plötzlich herrschten 20 Grad Minus und Schneesturm. Ein Teil der Gruppe kehrte sofort um, zurück zur Hütte. Aber eine der Frauen konnte nicht mehr; sie konnte weder vor noch zurück. Edi, als der Leiter der Gruppe, blieb bei ihr. Der Schneesturm nahm noch zu, und Edi schlug ein Biwak auf, um sich im Schnee einzugraben. Aber irgendwie gelang es nicht. Manchmal ist der Schnee zu hart oder der Wind zu stark. Die georgischen Bergretter waren bereits informiert. Aber bei solch einem starken Schneesturm durften auch sie nicht hinaus.

Am nächsten Tag wurden der Mann und die Frau dann gefunden, auf 4.700 m Höhe. Sie waren beide erfroren.

Im Informationszentrum für Touristen in Stepantsminda/Kazbegi gibt es jede Menge Angebote: Touren in die Daryal-Schlucht, in das Dorf Tsdo, zu den Gweleti-Wasserfällen, nach Juta, ins Truso-Tal, und nicht zuletzt hoch zur Betlemi-Hütte. Auch persönliche Berg- und Reiseführer sind buchbar; mit oder ohne Pferd.

Allmählich steigt die Sonne auf und der Nebel lichtet sich. Mein Tag bewegt sich langsam. Auf dem Rückweg, wieder hinauf zum Gästehaus, komme ich an einem Wegweiser vorbei, der in meine Richtung zeigt, bloß dann noch weiter bergan, zur Eliaskirche. Und das wird mein Ziel für diesen Tag.

Auf der Höhe

Je höher ich steige, desto bestimmender werden die Berge. Das Gästehaus liegt bereits hinter mir, auch das attraktive *Rooms*-Hotel und ich komme an *die* Stelle des Weges, wo zwei Wegweiser mit der Aufschrift Eliaskirche genau in entgegengesetzte Richtungen zeigen. Der Wachmann, der vor dem *Rooms*-Hotel sitzt, erklärt mir, dass es damit schon seine Richtigkeit habe. Denn der Wald müsse umrundet werden, egal, von welcher Seite. Und genau hinter diesem Wald stehe dann die Kirche.

Hangaufwärts sind die Berge noch begrünt, weiter oben überwiegt dann der Fels; und auf den Gipfeln liegt Schnee. Durch das Flusstal des Terek hin liegt der Weg frei und in der Ferne ist schon die nächste Ortschaft zu sehen.

Gigantische Hochspannungsmasten kreuzen den Weg. Und je höher ich komme, desto hochstämmiger wird auch das Gehölz. Schließlich erreiche ich das Areal der Kirche bzw. eines Klosters, wie ich später erfahren werde.

Die Eliaskirche mit Glockenturm auf der Eliashöhe

Die Eliaskirche, an sich ein Kirchlein, ist neugebaut aus hellgrauem Stein, fast schon weiß, und nur mit einzelnen, sehr schmalen Fenstern besetzt.

Ich schaue. Hier oben, auf der Höhe, verbinden sich Nebel und Kirche. Und vor meinen Augen ergibt sich ein Bild, in dem selbst der Nebel leuchtend wirkt, lichtvoll. Die felsigen Berge im Hintergrund stehen da wie Brüder. Hier also ist dieses Kirchlein gewachsen. Und mit einem Mal ziehen die letzten Schwaden ab und die gesamte Szenerie liegt im Licht.

Auf diesem Berg herrscht nun eine andere Zeit. Mönche eilen an mir vorbei. Aber sie sehen mich nicht. Die Kirche selbst ist verschlossen. Und ein junger Mann, kein Mönch, sitzt unterhalb des Glockenturmes und liest. Auf meine Frage hin, schaut er zwar auf, versteht mich aber nicht. Zugleich versteht er. Denn er steht auf, holt den Schlüssel und schließt das Kirchlein auf. In der Kirche verkauft er mir drei Kerzen, verweist, ohne dann weiter abzuwarten, auf den Spendenschrein und schon ist er wieder davon.

Natürlich gibt es in der Eliaskirche auch einen kleinen Altar und Heiligenbilder. Der eigentliche Altar und die eigentlichen Bilder allerdings bieten sich mir an diesem hohen Ort im Außen an. Weiter hinten wird ein weiteres Kirchlein gebaut. Einer der Mönche baut mit und sitzt wie ein lebender Dachreiter breitbeinig ganz obenauf.

Auf dem Rückweg treffe ich, seitwärts am Rand des Waldes und an einem Auto stehend, einen grauhaarigen, drahtigen Mann. Ich schätze ihn auf Ende vierzig. Dabei hat er so einen Blick, als habe er alles schon erlebt und als könne ihm nun ohnehin nichts mehr widerfahren. Er lächelt allein über die Augen, wirkt dabei still, zart, fast demütig. Er arbeitet auf dem Bau. Auf was für einer Art Baustelle arbeitet ein Mensch, der schon mehr Geist ist als noch Körper? – Er baut Kirchen. Und gerade baut er diese neue Kirche hier mit, genauso wie die Eliaskirche ein Kirchlein, weiter hinten wird sie erbaut, die Kirche *Erleuchteter Egnate.*

Ich spreche diesen Menschen, über eine merkwürdig zu fühlende Distanz hin an, auf Russisch. Und da ich vergessen habe, ihn nach seinem Namen zu fragen, nenne ich ihn jetzt Michael.

»So viele kommen hierher«, sagt Michael, »und gehen wieder, ohne etwas gefragt zu haben. Natürlich, fragen Sie ruhig!«

Die Eliaskirche wurde 2003 erbaut. Derzeit leben am Ort vier Mönche; wobei Egnate der führende Mönch ist. Die anderen heißen: Johannes der Große, Johannes der Kleine und Seraphime.

Diese vier Mönche leben hier miteinander, ohne Frau, ohne Kinder, ohne Familie. Sie studieren die Schriften und beten zu Gott. Auch Gäste, die für einige Tage hierbleiben wollen, müssen Männer sein. Frauen sind als Gäste nicht erlaubt.

Michael erzählt noch weiter: »Der führende Mönch des Kazbegi-Bezirkes heißt Jagudjeli. Er ist ein guter Mönch. Jagudjeli finanziert in Kazbegi eine Schule, die *Monarchskaja Schkola*. Hier lernen 123 Jungen und Mädchen von der 1. bis zur 10. Klasse. Der Unterricht in dieser Schule ist kostenlos. Die meisten der Kinder sind Waisen. Es gibt aber auch Kinder, deren Eltern in den Bergen leben. Da sind die Eltern froh, dass ihre Kinder hier im Heim wohnen können, essen, schlafen und zur Schule gehen.«

Auf meine Nachfrage hin erfahre ich, dass an dieser Schule ein ganz normaler Schulunterricht erteilt wird; auch Sprachunterricht in allen möglichen Sprachen: Englisch, Russisch …

»Die *Monarchskaja Schkola* ist die beste Schule in ganz Georgien!«

Plötzlich wird Michael ein wenig emotional, zugleich entschlossen. Denn, wenn ich jetzt schon einmal hier wäre und über diese Elias-Höhe auch schreiben wolle, dann möge ich unbedingt Batura erwähnen. Batura?

Batura ist ein kaukasischer Hirtenhund, zwei Jahre alt, und hat gerade sieben Welpen zur Welt gebracht, schwarze, weiße und graue.

»Und schreiben Sie bitte«, sagt Michael: »Batura ist ein sehr guter Hund.«

Die Betlemi-Höhle

Wenn wir uns nun den kurzen, zugleich poetisch verdichteten Film des georgischen Künstlers Wato Tsereteli anschauen, seinen Film über die Betlemi-Höhle auf dem Gergeti-Gletscher, beginnt alles in einem Innenraum, in einem Zimmer. Und ein alter Mann steht mittendrin; beleuchtet durch den Schein von Kerzen, die er immer mit sich trägt. Er ist das Zentrum eines großen, hölzernen Wagenrades, steckt mittendrin, hat es sich umgelegt; und dieses Wagenrad nun ist rundum bestückt mit brennenden Kerzen.

Im Film sind Schnitte möglich, Schnitte wie Sprünge, genau wie in unseren Gedanken. Schon bleibt der alte Mann zurück, in seinem Raum, im Schein der Kerzen; und die Kamera setzt etwas anderes ins Bild: Denn hier ist Gestein, und auch die Betlemi-Höhle. Ein Bergsteiger besteigt den Berg. In Stein geschlagen erscheint das christliche Kreuz.

Und der Alte steht nach wie vor dort, wo er von Anfang an gewesen ist, und trägt das Licht. Während der Junge die Höhe zu nehmen, die Höhle zu erreichen versucht, den Berg ersteigt. Seit alters her stehen hier Mauern zum Schutz. Ein Hund streunt durchs Gebiet. Und Nebel ziehen, die der Wind auch wieder zerstäubt.

Was immer geschieht: Dieser Alte hält das Licht. Bis einer kommt, ein Bergsteiger vielleicht, *dieser* Bergsteiger vielleicht, einer der Jungen auf jeden Fall, und beginnt, das Licht seiner Kerzen zu löschen, eine nach der anderen. Der Alte beobachtet es ungerührt und genau.

Chinkali-*Supra*

Am Abend gibt es eine große Runde um den Tisch: Neben Martha, Konrad und Tanja sitzen nun auch fünf österreichische Gäste. Oleg geht es nach wie vor nicht gut, mit Magenschmerzen und Unwohlsein. Er und auch Hubert schlafen bereits. Der Tisch ist gedeckt, aber Zuka hat die *Supra* noch nicht eröffnet. Er ist unser Tamada. Und Leila ist die Frau des Hauses. Gerade jetzt winkt sie uns herüber in ihre kleine Küche.

»Chinkali!«, hebt Leila bedeutungsvoll an. Zazas Tochter, dieser sanftmütige Hooligan, lässt die Großmutter nicht aus den Augen. Über ihr dunkles Haar hat das Mädchen ein weißes Netz gezogen. Keine Frage: Die Kleine assistiert. Großmutter und Assistentin tragen zudem lange Kellnerschürzen. Die Vorführung zur Chinkali-Zubereitung beginnt mit dem Ausstanzen: Der vorbereitete Teig, zubereitet aus Mehl, Wasser, Salz und Ei, wird nun auf dem Tisch ausgerollt und, Stück für Stück, werden daraus, mittels eines umgekippten Weinglases, runde Teigblätter gestanzt. Das Mädchen steht schon bereit, und zwar an einem mir bis dahin völlig unbekannten Küchengerät, am Tisch befestigt, in welches

Die Vorbereitung der Chinkali

nun von oben her der erste dieser runden Teigfladen eingefädelt wird, und dabei wird zugleich an der Kurbel gedreht. Unten kommt der Chinkali-Fladen hauchdünn vergrößert heraus und wird der Großmutter zugereicht. Nun wird die Füllung aufgetragen, mittig, eine saftige Füllung, Portion für Portion. Leila beginnt mit der Hackfleischfüllung. Und schließlich wird der Teig rundum zusammengeführt, das Ganze oben in sich gedreht, sodass schließlich Beutelchen entstehen, die wie kleine Geldbeutelchen aussehen, die berühmten georgischen Chinkali. Jetzt müssen die Chinkali nur noch in das kochende Salzwasser.

Der nächste Schritt unserer Einführung in die Chinkali-Kultur Georgiens findet an der Tafel statt. Denn Chinkali dürfen niemals mit Messer und Gabel gegessen werden, sondern allein mit Fingern.

Zuka, als der Tamada, hat uns bereits den hochprozentigen Tschatscha oder Wein, je nach Wunsch, eingeschenkt. Er möchte mit seinem ersten Toast vor allem die neu eingetroffenen Gäste begrüßen, die Gruppe der fröhlichen Österreicher. Kaum hat Zuka sein Glas geleert, demonstriert er uns, wie die Chinkali zu essen sind: Man fasse das Teigbeutelchen oben mit den Fingern, führe es zum Mund, beiße erst einmal nur ein kleines Stück vom Teig ab, um dann den Saft, den es immer mit der Füllung gibt, heraus zu schlürfen. Alles Weitere ergibt sich von selbst.

Während wir uns auf die Chinkali buchstäblich stürzen, obwohl wir doch ahnen könnten, dass Leila in der Küche noch ganze Berge davon zubereiten wird, schenkt uns Zuka inzwischen nach.

Neben mir sitzt eine bodenständige, sympathische Grazerin. Ich nenne sie jetzt einmal Ilse. Und Ilse flüstert mir, spitzbübisch, zu: »Der Bub soll sich wundern. Jetzt wird er gleich einmal erleben, wer von uns beiden wirklich standfest ist. Den trinke ich unter den Tisch!« Und schon erhebt Ilse, welche mindestens doppelt so alt ist wie Zuka, ihr Glas und prostet ihm zu. Der bringt daraufhin rasch noch einen Trinkspruch aus, diesmal auf die Freundschaft, dann wird getrunken, und gleich wieder nachgefüllt. Ohne jetzt auch nur einen einzigen Chinkali dazwischen zu schieben, wedelt Ilse Zuka schon wieder mit ihrem leeren Tschatscha-Gläschen zu. Spätestens an dieser Stelle kommt Zuka völlig aus dem Konzept, und eigentlich aus seiner Kultur. Zuka bittet nun Ilse ihrerseits um einen Trinkspruch. Schließlich ist er der Tamada und er hält an sich ganz klar das Zepter.

»Auf die Gesundheit!«, sagt Ilse schnell. Und noch bevor irgendjemand etwas Ergänzendes hätte sagen können, hat sie den Tschatscha bereits hinter gekippt. Wir anderen nippen nur noch an den Gläsern und schauen dem Ganzen wie einem Schauspiel zu.

Zuka gerät langsam außer sich. Er versucht alles, um die Gäste in das eigentliche Tischverhalten der Georgier zurück- bzw. überhaupt erst einmal einzuführen: »Sie dürfen das nicht einfach nur so sagen«, erklärt er, seinen ernsten, eindringlichen Blick direkt auf Ilse gerichtet. »Wenn Sie etwas sagen, dann müssen Sie das auch von Herzen sagen. Sagen Sie bitte nur etwas, was Ihnen wirklich wichtig ist; und sagen Sie es dann bitte auch mit Gefühl. Nicht nur *einfach so* sagen und trinken ...« Ilse wird immer lustiger. Und Zuka schaut mich völlig entgeistert an: »Was ist das? Sie macht mir Angst!«

Als Ilse dann damit beginnt, sich selbst nachzuschenken, wird es Zuka zu viel, er verlässt den Raum, verzieht sich in die Küche oder sonst wohin. An diesem Abend sehen wir ihn nicht wieder.

»Na«, meint Ilse in die Runde. »Und schon hat er aufgegeben.«

»Die Trinksprüche«, sagt mir später Florian, der Ethnologe, als ich ihm von diesem Abend erzähle, »sollen durch einen eigenen Gestus aufgewertet und damit angereichert werden. Man soll eigene Worte finden. Man soll seine eigenen Worte sprechen, Worte, die von Herzen kommen. Einige Menschen legen dann, wenn sie einen solch innigen Trinkspruch machen, zur Verdeutlichung dessen sogar ihre Hand aufs Herz.«

Seelenfrieden

Kurz vor Mitternacht ist nur noch ein Dreigestirn geblieben – das junge polnische Elternpaar Martha und Konrad und ich. Über dem Haus liegt bereits der Schlaf. Und uns eröffnet sich unvermittelt ein geistiger Raum, als würden wir nebeneinander im Freien auf der Erde liegen und hinauf in den Sternenhimmel schauen.

Bisher haben wir immer Englisch miteinander gesprochen. Punkt Mitternacht spricht Konrad urplötzlich ein fließendes, reines und vor allem ungewöhnlich sanftes Deutsch. Er umreißt nur kurz das komplexe Netz seiner Familienspuren, dazu seine Liebe *zu* und Tätigkeit *in* Norwegen, um dann zu einer Art öffentlichen Meditation zu kommen.

Ob auch Martha, seine Frau, Deutsch versteht, weiß ich nicht zu sagen. Sie sitzt dabei und hört einfach zu, aufmerksam. Und es ist offenbar sowieso nicht der Augenblick, um irgendetwas von irgendwem zu erfragen. Konrad spricht. Und wir hören ihm zu.

»*Wo* kann der Mensch *wie* leben?«, beginnt er. »Ich liebe Regeln. Deshalb liebe ich auch Norwegen so sehr. Dort gibt es klare Regeln. Und es gibt Distanz zwischen den Menschen. Dort fühle ich mich wohl. Aber möchte ich dort leben?«

Es ergibt sich eine kleine Pause in seinem Redefluss. Und mir ist, als könnte ich die Zeit regelrecht hören, und als seien wir miteinander ganz aufgehoben in einer eigenen Welt, vielleicht sogar in dieser legendären Minutenwelt.

»Und wie optimistisch die Georgier sind«, setzt Konrad nach dieser Weile fort. »Dabei war hier noch vor zehn Jahren Krieg, auch schon vor zwanzig Jahren hatten sie Krieg. – *Brauchen* wir Menschen den Krieg, um das Glück, wenn wir es gerade haben, dann auch genießen zu können?«

Die Stille hat uns getäuscht. Nicht alle schlafen hier. Denn jetzt kommen Leila und ihre Enkeltochter. Sie beginnen damit, den Tisch abzuräumen und schon für das Frühstück zu decken.

Martha und ich möchten helfen, werden aber sofort auf unsere Plätze als Gäste verwiesen.

»Ich sehe die Politik von Russland«, setzt Konrad jetzt fort. »Und dann treffe ich hier auf so wunderbare Menschen wie Tanja aus Moskau, mit ihrem Mann Oleg aus Kiew. Die Politik ist das eine und die Menschen, die wir hier treffen, etwas ganz anderes.« Das sagt er und setzt gleich noch nach: »Ich denke manchmal zu viel. Und«, holt er nun wieder etwas weiter aus: »Und wir, Martha und ich, haben drei Kinder. Und wir arbeiten dafür, dass es diesen drei Kindern auch in Zukunft gut gehen wird. Dafür arbeiten wir wirklich sehr viel. Zugleich ist aber doch auch die Gegenwart wichtig; auch unsere, auch meine eigene Gegenwart. Und das kann ich sehen. Erst recht kann ich es hier, zu Gast bei den Georgiern, deutlich sehen. Ich selbst bin als Kind nie in einem Hotel gewesen. Aber unsere Töchter fragen schon: ›Wann sind wir eigentlich mal wieder in einem Hotel?‹ Und wenn sie *Hotel* sagen, dann meinen sie auch *Hotel*, mit Swimmingpool und so. Zugleich: Vielleicht geht es auch gar nicht um unseren materiellen Standard. Ich glaube, wir müssen vor allem darauf achten, dass wir unsere menschlichen Ideale leben, dass wir das nie vergessen. Ja, vielleicht ist das das Wichtigste.« Konrad lacht jetzt leise auf und wiederholt noch einmal, ganz wie für sich: »Ich denke wirklich zu viel; manchmal schon.«

Germaneli

Wir haben nichts mitbekommen: Dabei hat es die ganze Nacht geregnet und gestürmt. Wahrscheinlich ist unser Dreigestirn wirklich andernorts gewesen.

Es ist Montagmorgen. Leila muss heute nach Tbilissi. Und ich komme mit. Die Marschrutka startet um acht Uhr unten am zentralen Platz. Der Kleinbus ist, bis auf unsere beiden Plätze, voll besetzt. Aber dann fährt er trotzdem nicht los; ja, wir steigen nicht einmal ein, und Leila verhandelt irgendetwas mit dem Fahrer. Dann fahren wir erst einmal zurück zum Gästehaus.

In dieser Nacht hat es einen Steinschlag gegeben. Die Natur mit ihren Gefahren ist real. Es gibt keine Angst, aber den Umgang mit allem. Wir leben jetzt. Und deshalb ist die Strecke vorerst insgesamt gesperrt. Denn erst jetzt, nachdem auch die heftigen Regenfälle vorüber sind, kann geräumt werden.

Anderthalb Stunden später sitze ich erneut mit Zuka und Leila im Wagen. Was ich zu diesem Zeitpunkt noch nicht weiß: Die Marschrutka konnte unerwartet losfahren, auf der einseitig freigegebenen Straße. Nun warten sie auf uns im Nachbardorf.

Als auch wir die Straße nach Tbilissi erreichen, ist diese nach wie vor einspurig. Auf unserer Seite stehen die Autos, kilometerlang, hintereinander; gerade ist die Gegenfahrbahn freigegeben worden.

Ein Polizist versperrt den Weg. Er weist uns den Platz am Ende der Warteschlange zu. Alle warten, und Zuka auch. Dass sich in Leila währenddessen etwas aufbaut, vermag ich erst zu ermessen, als es aus ihr herausbricht, sich als verbaler Überfall, Angriff, auf Zuka entlädt. Zuka reagiert zunächst gar nicht, wirkt wie ein Fels; herrscht dann aber plötzlich wiederum seine Mutter an. Nun ist es an Leila für einen Augenblick innezuhalten; aber nur kurz. Immerhin meine ich das Wort *Marschrutka* zu verstehen, und dann auch das russische Wort für Arbeit, *rabota*.

»Ich kann nicht«, sagt Zuka, wobei er zwischendurch vom Georgisch ins Russische wechselt. Ergeben hebt er die Hände vom Lenkrad. »Du siehst es doch selbst. Die Strecke ist gesperrt.«

In der Folge lässt Leila ihren Sohn Sohn sein und versucht nun, mit dem Polizisten zu verhandeln. Aber auch hier wird aus dem Verhandeln im Handumdrehen eine heftige Debatte. Zuka versucht noch zu vermitteln. Der Polizist erscheint insgesamt ungerührt. Und die ganze Zeit bleibt die Gegenspur frei, kein Auto kommt.

Leila konzentriert sich nun wieder auf ihren Sohn. Was sie im Einzelnen aufgeregt verhandeln, weiß ich nicht. Plötzlich aber fährt Zuka einfach los. Der Polizist ist außer sich, er greift in seine Jackentasche. Es sieht aus, wie der Griff nach einer Pistole. Aber dort, in der Jacke, steckt sein Handy.

Das erste Stück der Strecke läuft es bestens. Leila feuert Zuka ununterbrochen an und noch ist der Weg völlig frei. Nur einen Polizisten, der plötzlich aus der Reihe der wartenden Autos tritt, hätten wir beinahe mitgenommen. Aber er verschwindet sogleich wieder zwischen den Wartenden, so wie er gekommen ist, und ohne sich umzusehen. Für uns gibt es jetzt nur den Weg nach vorn, kein Zurück mehr. Kaum setzt aber der Gegenverkehr ein, wird es komplizierter. Zuka muss beginnen, immer mal wieder sich seitlich einzureihen.

Nach fünf Kilometern endet dieser einspurige Streckenabschnitt und, mitten auf unserem rebellischen Weg, steht der nächste Polizist. Der Wagen wird gestoppt. Und schon beginnt ein erneuter Krieg der Worte, diesmal von drei Seiten zugleich. Alles Vorherige scheint nichts als spielerisches Manöver gewesen zu sein. Auch diesmal mischen sich zwischen die georgischen Wörter russische: *Marschrutka*, *Tbilissi*, *Rabota*. Aber dann noch, als ein letztes Mittel, das Wort: *Germaneli*. Demütig sitze ich auf der Rückbank, senke meinen Kopf und bin besser gar nicht da. Und? Wir können weiter! Bin ich jetzt Schutzengel oder eher Schutzschild gewesen?

In der nächsten Kurve steht unsere Marschrutka. Mit einer Engelsgeduld haben sie auf uns gewartet. Und jetzt fährt die Marschrutka los, nach Tbilissi, und alles ist gut.

Tag 15 Singdrossel

Vor der Zeit

Reso Kiknadze ist nicht nur Komponist und Saxophonist, sondern seit 2012 auch der Rektor des Konservatoriums Tbilissi. Seitdem der Junge Gajos aus Kazbegi hier studiert hat, sind 40 Jahre vergangen.

Es regnet, es schüttet. Auf den Wegen läuft das Wasser in Strömen.

Als ich das altehrwürdige, hundertjährige Gebäude des Konservatoriums Tbilissi nahe dem Rustaweli-Prospekt betrete, bin ich vor allem froh, erst einmal ins Trockene zu kommen. Mit Reso bin ich für 17 Uhr verabredet, bin allerdings eine Stunde zu früh, dabei völlig überzeugt, zur richtigen Zeit. Mit dem Eintritt ins Haus wird mir schlagartig bewusst, dass das nicht stimmt. Ich habe mich um eine ganze Stunde vertan.

Manana Zhgenti, die schwesterliche Assistentin von Reso Kiknadze, patent, offen, freundlich, zeigt mir kurz entschlossen erst einmal das Haus, das Aufnahmestudio, den Jugendstilsaal, die Bibliothek; und schließlich auch den großen Konzertsaal mit Steinway-Klavier, wo gerade die letzten Vorbereitungen für einen Klavierwettbewerb getroffen werden.

»So«, meint Manana lächelnd, als wir wieder zurück ins Büro kommen, »und jetzt eine Tasse Tee oder doch besser Kaffee? Reso muss jeden Moment da sein.«

Resos Arbeitszimmer ist groß, fast schon ein kleiner Konzertsaal, mit Schreibtisch, Konferenztisch, Ledersofas und dazu jeder Menge Bildern an den Wänden.

Während ich so warte und Tee trinke, erinnere ich mich an einen Film aus den 1970er-Jahren, also genau aus *der* Zeit, da der Junge Gajos aus Kazbegi Schüler hier am Konservatorium gewesen ist. Auf Deutsch heißt dieser Film *Die Singdrossel*, und Regie führte Otar Iosseliani. Es wird die Geschichte eines Musikers erzählt, Gija, der im Theaterorchester die Pauke schlägt. Er ist ein Mensch, der zu jedermann ausgesprochen freundlich ist, der sich schnell zu begeistern vermag. Dabei lebt er so, wie es gerade kommt. Und wie es aussieht, lebt er in den Tag hinein. Er schaut sich um, wie so ein kleiner Stadtvogel, ein Spatz oder eben eine Drossel, und ist interessiert an allem. Zwischendurch eilt er ins Theater, um die Pauke zu schlagen. So könnte sein Leben ewig gehen, bis sein Leben im Film dann tragisch endet: Mitten auf der Straße wendet sich Gija noch nach einem Mädchen um ...

Aber jetzt betritt Reso den Raum. Wir haben nur wenig Zeit, vor allem *Reso* hat wenig Zeit; er hat mir diese Stunde zwischen zwei Flügen aber gewährt und ist erstaunlicherweise in dieser Stunde dennoch nicht wie *zwischen zwei Flügen*, sondern ganz da.

Reso Kiknadze, Jahrgang 1960, spricht sehr gut Deutsch, lebt seit 1991 in Deutschland *und* Georgien, ist heute deutscher Staatsbürger, wobei er seit 2011 seinen Lebensschwerpunkt wieder nach Georgien verlegt hat, nach Tbilissi, wo er auch geboren wurde und aufgewachsen ist.

Obwohl sich Reso schon sehr früh für Jazz interessiert hat, studierte er 1977 bis 1981 erst einmal Altphilologie und spielte zeitgleich Saxophon in der Big Band des Georgischen Rundfunks.

»Die klassische Musik habe ich zu Hause von kindauf gehört. Also meine wichtigsten musikalischen Ecksteine kommen aus der Kindheit und sind bis heute eigentlich sehr stark. Das betrifft auch den Jazz.«

»Was ist für Sie das Besondere am Jazz?«

»Das ist seine spezielle Art von Improvisation. Und Improvisation, die eigentlich als Teil des Feldes *Komposition* zu betrachten ist, ist ja trotzdem sehr, sehr differenziert. Freie Improvisation ist mein Lieblingsfeld.«

Seit seiner Kindheit ist Jazz für Reso eine besondere Art mit Tonhöhen sowie mit der Zeit in der Musik umzugehen.

»Ich erinnere mich, als ich neun oder zehn Jahre alt war, habe ich von meinem älteren Bruder die ersten Jazzplatten geschenkt bekommen. Und einmal, als 13-jähriger, ich glaube, ich war krank, hatte Fieber, fing ich an zu halluzinieren, als Charlie Parkers Musik erklang. Plötzlich kam es mir vor, als ob ich absolut konkretes Reden höre. Das machte mich erstmals darauf aufmerksam, dass die Melodie nicht nur Fluss hat, sondern auch Artikulation; und Richtungswechsel; wo es mal aufwärtsgeht, dann wieder abwärts. In den alten, klassischen Situationen ist dieser Richtungswechsel meistens echt mild. Aber im Jazz war es plötzlich so eckig, so unvorhersehbar; eben wie beim Reden«, führt Reso aus, wobei auch er, wie mir gerade auffällt, selbst immer wieder den Redefluss verzögert, wenn er spricht. »Damals spielte ich bereits Klavier, wie jedes Kind. Ich hatte mir auch irgendwie eine Klarinette besorgt; so eine total alte Klapperklarinette. Und sehr bald bekam ich das Saxophon von meiner Mutter. Das war auch lustig, weil die Dame aus dem Musikinstrumentenladen meine Mutter einmal getroffen und zu ihr gesagt hatte: ›Ihr Sohn tut mir aber leid. Er kommt jeden Tag und starrt auf dieses Saxophon hier!‹ Das Herz meiner

Mutter hat das natürlich nicht ausgehalten. Das war dann auch ein ganz teures Instrument, aus der DDR. Es hieß, glaube ich, B&S. Meine Eltern waren beide Wissenschaftler und hatten für diese Zeit damals ganz gute Gehälter, aber dieses Instrument war trotzdem sehr teuer; mindestens zwei Monatsgehälter. Ich war damals im zweiten Jahr meines Altphilologie-Studiums, als ich dieses Saxophon bekam. Ich war schon recht früh Student geworden, mit 17, in Tbilissi, an der Staatlichen Universität.«

Nach Abschluss des Altphilologie-Studiums begann Reso 1982 Komposition zu studieren, bei Micheil Schugliachwili.

»Micheil Schugliachwili ist einer *der* Komponisten unter den georgischen gewesen, der in seiner Pädagogik und in seiner Komposition vielleicht den größten Tiefgang erreicht hat. Man hat ihn hin und wieder auch als den Xenakis von Georgien bezeichnet. Und bei ihm hatte ich Unterricht. Denn eigentlich bin ich Komponist. Saxophon und Jazz sind nur, zwar ganz intensive, aber trotzdem, Nebenbeschäftigungen. Genauso wie der traditionelle georgische Kirchengesang. Ich sang während meines Studiums im Chor der Antschiskhati-Kathedrale Tbilissi. Auch das war also eine Nebenbeschäftigung von mir; aber mit Abstand das intensivste musikalische sowie spirituelle Erlebnis. Eigentlich hat ja jedes Feld der Musik, das mich interessiert oder fasziniert, seine Grenzen. Ich lasse sie sich gern miteinander vermischen«, sagt Reso, nimmt einen Schluck Tee, um dann fortzusetzen: »Und ich ging also zum Unterricht zu Micheil Schugliachwili, der jetzt im Kommen ist, als Komponist. Er starb 1996 im Alter von 55 Jahren. Er hat, glaube ich, die tiefste Spur hier hinterlassen, in der Musikerziehung. Weil er mit Musikern jedes Alters seine Methode ausprobiert hat. Und diese Methode war zwar simpel, aber sehr effizient. Z. B. hat er mir die *ganze* klassische Harmonie in 1,5 Stunden beigebracht. Und zwar so viel, dass ich praktisch fit war und jegliche Melodie sofort nach Regeln harmonisieren konnte, ohne dabei Fehler zu machen. Vielleicht nichts Großes. Aber in 1,5 Stunden das zu vermitteln, ist schon eine pädagogische Leistung, finde ich. Ich hatte zu ihm gesagt: ›Vielleicht will ich doch noch ans Konservatorium.‹ Er selbst unterrichtete ja dort nicht; aus Prinzip nicht, aus verschiedenen Gründen. Aber er sagte: ›Okay.‹ Bis zu den Aufnahmeprüfungen waren es noch ein paar Monate und er hat mich vorbereitet, hat mit mir gearbeitet, sodass ich dann 1986 Kompositionsstudent am Konservatorium werden konnte, hier bei anderen Professoren, beginnend bei Otar Taktakischwili; der aber ziemlich bald starb.«

1991, kurz vor dem Zerfall der Sowjetunion und der damit beginnenden Wende, ergab sich für Reso die Möglichkeit nach Deutschland zu gehen, die er nutzte, um an der Musikhochschule Lübeck bei Prof. Friedhelm Döhl Komposition zu studieren und sich mit Elektroakustischer Musik zu beschäftigen.

Im Anschluss lehrte er selbst an der Musikhochschule Lübeck, zeitweise auch Philologie an der Universität Hamburg, wo er auch Florian kennenlernte, den Ethnologen. Zudem trat und tritt Reso als Saxophonist in den verschiedenen Stilrichtungen auf, Jazz, Neue Musik, Improvisation …

»Als wir 2011 zurück nach Tbilissi gezogen sind, meine Frau und ich, ist unser Sohn, der georgischer Staatsbürger ist, in Hamburg geblieben. Er ist ein hervorragender Bassist/Kontrabassist; auch im Bereich Jazz. Er ist aber auch ziemlich oft hier. Nur dieses Ziemlich-oft-hier-Sein konnte ich nur teilweise. Ich war von dem Alltag in Deutschland, weil ich so viel unterrichten musste, jahrelang – vom Jazz kann man nicht leben, vom Komponieren noch weniger –, irgendwie müde geworden. Das alles hat mich ein bisschen erdrückt, glaube ich. Jedenfalls war ich immer froh, wenn ich zu irgendwelchen Projekten nach Georgien eingeladen wurde. Und dann kam langsam der Gedanke, einen Teil meiner Aktivitäten hierher zu verlagern.«

»Hier am Konservatorium gab es inzwischen auch eine Jazz-Abteilung?«

»Eine klassische Saxophonklasse z. B. haben wir hier bis heute nicht, weil es sehr teuer ist, so eine Klasse zu gründen. Die Kinder sind zwar da und haben ihre Saxophone, aber eine Saxophonklasse wirklich anzufangen ... Ich selbst würde es nicht wagen, klassisches Saxophon zu unterrichten. Also muss jemand her, der das im Kindesalter mit den Kindern anfängt und in fünf oder zehn Jahren hier dann diese Saxophonklasse aufbaut. Aber vielleicht machen wir das trotzdem eines Tages. Einige Saxophonisten in Russland, Spanien, Deutschland haben sich schon bereit erklärt ...«

»Und Sie sind mittlerweile zu einer Brückenfigur geworden. Kann man das so sagen?«

»Ja, und ich pendele gerne zwischen Georgien und Deutschland, weil ich mich in diesen beiden Ländern zu Hause sehe. Es ist ein ganz natürliches Gefühl der Zugehörigkeit. Weil, wenn mich etwas in Musik interessiert hat, dann war es die deutsche Musik, die zeitgenössische wie die alte. Und die Sprache, die Kultur sowieso. Und so betrachte ich mich auch. Ich habe nicht nur den deutschen Pass, sondern ich fühle mich auch als deutscher Staatsbürger.«

»Und wenn Sie es vergleichen: Was sagen Sie zum Verhältnis von Lehrern und Studenten, hier am Konservatorium in Tbilissi?«

»Diese Situation kann nur verbessert werden, und zwar dadurch, dass den Studenten klar wird, was Studium wirklich ist; und was Selbstständigkeit im Studium bedeutet. Hier habe ich manchmal den Eindruck, wird ihnen beigebracht, was zu tun ist, und wie es zu tun ist. Aber dieses Guru- und Sklaven-Schüler-Verhältnis ist heute nicht mehr aufrechtzuerhalten. Mich erinnert es immer an die sowjetische Vergangenheit. Und das ist sehr irritierend. Es ist wirklich anachronistisch und total ineffizient. Schönbergs Vorwort zu seiner Harmonielehre fängt mit dem Satz an: ›Dieses Buch habe ich von meinen Schülern gelernt.‹ Genauso sollte jeder Professor, glaube ich, sich verhalten. Okay, nicht jeder ist ein genialer Schönberg und hat kongeniale Schüler wie Webern und Berg.

Aber es geht um das Modell, wie man sein Wissen dem anderen weitergibt und dabei selber noch dazulernt. Es ist ja nichts Neues, aber hier«, Reso lacht kurz freundlich, ja, sanft auf, »hält man es für eine große Bewegung. Und es wird immer wieder angesprochen. Und solange ich sehe, dass es gern öfters angesprochen wird, spreche ich es auch öfters an. Mehr tue ich hier nicht ...«

Die Tür öffnet sich vorsichtig, Manana steckt ihren Kopf herein. »Ich weiß«, sagt Reso nur. Und wir hatten diesen Moment.

Tag 16

Taxi

Was macht er da?

Die Taxisituation in Tbilissi ist speziell. Viele versuchen sich und ihre Familien mit Taxifahren über Wasser zu halten. Eine Lizenz ist problemlos zu bekommen. Ich weiß, dass ich bei einer innerstädtischen Taxifahrt auf fünf Lari bestehen sollte, und höchstens bis sieben Lari gehen soll. Es liegt nicht an meinem Russisch, es liegt an mir. Ich kann nicht feilschen und meide das Taxi. Manchmal sitze ich sogar schon drin im Taxi, sage die Richtung und frage erst dann nach dem Preis. Natürlich ist das völlig falsch. Also bin ich hier in Tbilissi ein Freund der Metro geworden. Oder georgische Freunde sind gerade in der Nähe, die dann für mich verhandeln.

Mein erster Taxifahrer in Tbilissi ist um die 60 Jahre und ein schmächtiger Typ.

»Waren Sie schon immer Taxifahrer?«, frage ich nach einer Weile.

»Nein, ich war Jurist. Aber Saakaschwili hat allen Juristen Korruption vorgeworfen und wir wurden entlassen. Rente bekomme ich keine. Und nun muss ich sehen ...«

Die innerstädtische Straße, die wir gerade befahren, ist sechsspurig. Vor uns, etwa zwanzig Meter vor der nächsten Ampel, beginnt ein Rollstuhlfahrer sämtliche sechs Spuren zu überqueren, indem er den Fahrern jeweils zuwinkt und diese daraufhin abstoppen.

»Was macht er da?«, frage ich erschrocken in Anbetracht der Automassen, mit denen es der Mann in seinem kleinen Gefährt aufnehmen möchte.

Mein Fahrer erwidert, völlig gelassen: »Was er macht? – Er überquert die Straße.«

Alle reagieren auf den Mann im Rollstuhl, Ampel hin oder her, keiner hupt. Und er kommt problemlos auf die andere Seite.

Ich, ehrlich beeindruckt von den Reaktionen, nicht zuletzt meines Taxifahrers, sage zu ihm: »Sie sind ein guter Mensch.«

Er lacht nur: »Ja, das sagt mein Sohn auch immer zu mir. Und trotzdem bekomme ich keine Rente. Aber was soll es: Ich lebe, ich arbeite.«

Ich gebe ihm zehn Lari, wie vereinbart. Und sage noch zu ihm: »Bleiben Sie gesund!«

»Danke«, antwortet er. »Gebe es Gott!«

Die Frau aus Israel

Jeder Taxifahrer hat seine Geschichte zu erzählen, und einer von ihnen heißt Tschocheli. Er fährt mich nach Hause, in mein Quartier bei Rimma in der Altstadt, in der Chandsteli-Straße. Zum Abschied gibt er mir seine Telefonnummer und sagt: »Bitte rufen Sie mich an und ich fahre Sie dann, wohin Sie wollen. Sagen Sie einfach, dass Sie die Frau aus Israel sind.«

Zwar bin ich keine Frau aus Israel, aber für ihn schon, denn ich habe ihm den Weg zu meinem Quartier wie folgt beschrieben: »Bitte zuerst zur Synagoge, und dort dann vorbei ...«

Der Jude

Körperlich bepackt, ist er doch flink. Er eilt, mir die Tür zu öffnen, eilt zurück zum Lenkrad, die Fahrt beginnt und er schweigt. Aber er schweigt so angespannt, dass ganz klar ist: Viel lieber würde er jetzt reden. Er wirkt so ganzkörperlich bewegt.

»Und wie geht Ihr Leben?«, frage ich.

Er zögert keine Sekunde, sein Redefluss bricht los, wobei er sehr laut spricht und von jetzt an ununterbrochen. Auf eine Antwort scheint er an keiner Stelle zu warten.

»Es ist schwer. Ich verdiene nicht viel und das Leben wird immer teurer. Alles verändert sich. Und jetzt verkaufen sie sogar schon die georgische Erde. Sehen Sie dieses hohe Haus hier? Das bauen die Araber! Warum verkaufen wir unsere Erde an Araber? Oder an Chinesen? Was soll das? Das ist unsere Erde. Ist China nicht groß genug? Sie alle können gern unsere Gäste sein, die Araber, die Chinesen. Und Sie; woher kommen Sie eigentlich? – Aber es ist gefährlich, wenn wir unser Land verkaufen. Denn wohin sollen wir dann? Ich kann hier nicht weg. Hätte ich Geld, wäre ich schon längst weggegangen. Viele von uns sind nach Israel gegangen. Ich würde nach Deutschland gehen, wenn ich könnte.«

»Georgien ist ein schönes Land«, werfe ich ein.

»Ja, für die Touristen ist es schön.«

Der Abchase

»Es ist nicht einfach für uns Abchasen«, erzählt mir der lebhafte und beschwingte Taxifahrer unterwegs. »Die Flüchtlinge aus Südossetien haben, als sie 2008 fliehen mussten, Häuser bekommen.

Aber in unserer Zeit, in den Neunzigern, gab es so eine Hilfe nicht. Wir mussten es auch so schaffen. Und«, sagt er und macht eine kleine Pause: »Und wir haben es geschafft. Ich habe jetzt selbst ein Häuschen. Aber es war wirklich schwer.«

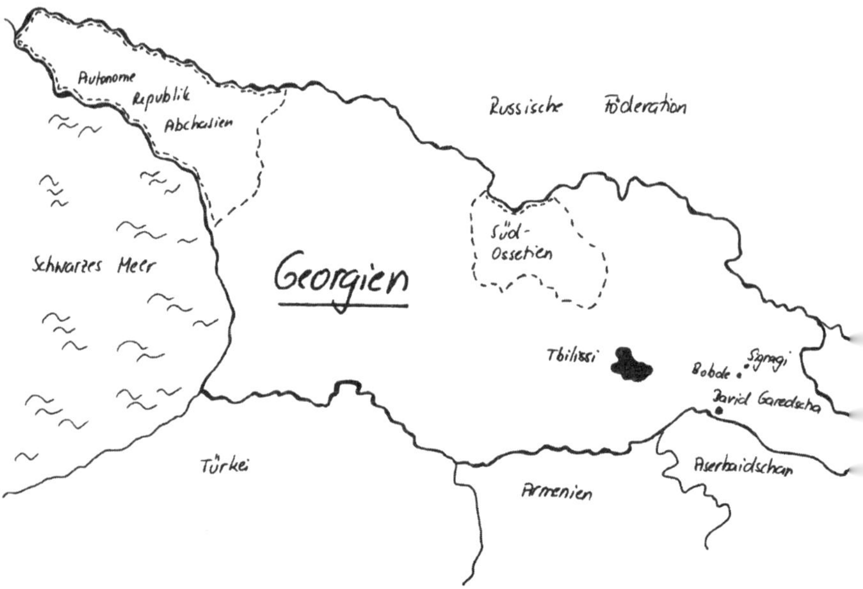

Tag 17

Väter

Kachetien

Im Südosten Kachetiens, unmittelbar an der Grenze zu Aserbaidschan, liegt am Berg Udabno, in der kachetischen Halbwüste Garedscha das Höhlenkloster David Garedscha. Problemlos ist es von Tbilissi aus mit einer Tagestour zu erreichen. Öffentliche Verkehrsmittel verkehren in dieser Einöde nicht. Auch Verpflegung ist mitzubringen, vor allem Wasser. Wer kann und mag, kommt mit dem eigenen Auto oder er schließt sich einer der vielen Tagesexkursionen an. Ich selbst habe mich für *Holidays in Georgia* entschieden. Die Agentur besitzt auf der Kote-Abchasi-Straße, also in unmittelbarer Nähe von meinem Quartier, drei Niederlassungen. Wer hier mehrere Touren bucht, bekommt Rabatt. Der Exkursionsleiter versteht sowohl Englisch als auch Russisch. Erst erklärt er in der einen Sprache, anschließend in der anderen.

Luka ist Anfang 40, und das, was ich einen *Feuermenschen* nenne, also einer mit innerer Lava, der äußerlich aber betont gelassen bleibt.

Als die Fahrt mit dem Mercedes-Kleinbus beginnt, sitzt Luka zurückgelehnt und schließt, was im Rückspiegel gut zu sehen ist, während des Sprechens immer wieder die Augen. Er spricht langsam und gut.

Im Bus sitzen außerdem zwei junge Chinesinnen, beständig bester Laune; ein australisches Ehepaar so um die 60; eine junge Georgierin, die »mal ihr Land kennenlernen möchte« sowie Irina, eine junge Russin.

Wir verlassen Tbilissi, um weiter in Richtung Osten zu fahren, passieren dabei einige Fabrikruinen, Plattenbauten aus Sowjetzeiten sowie ein modernes Polizeigebäude, dessen große Halle auch als Kunsthalle genutzt wird.

Kachetien ist die östlichste Provinz des Landes, umfasst ein Gesamtgebiet von 11.300 Quadratkilometern und gilt als *das* Landwirtschafts- und Weinanbaugebiet Georgiens. Die Landschaft wird vor allem durch zwei fruchtbare Täler geprägt, wobei das Iori-Tal als Brotkammer und das Alazani-Tal als Weinkeller Georgiens gelten. Dazwischen erstreckt sich der Gombori-Bergrücken mit einer Höhe von über 2.000 Metern.

»Kachetien ist das reichste Gebiet in Georgien«, fasst Luka zusammen, um gleich darauf zu sinnieren: »Zuerst waren wir an die Sowjetunion gebunden. Jetzt sind wir frei. Unser Wein hatte schon immer eine hohe Qualität. Bei uns gibt es 500 verschiedene Weinsorten. Dennoch war es im christlich geprägten Kachetien schwer zu überleben. Die Nachbarländer lebten mit anderer Religion. Dadurch gab es immer wieder Auseinandersetzungen. Wobei die Feinde dachten: ›Ach, die Georgier haben ihren Wein. Immer haben sie mit ihrem Wein zu tun – ihn anzubauen, herzustellen, ihn zu trinken. Die Georgier verstehen sich auf nichts anderes. Kämpfen können sie sicher nicht. Aber natürlich war es anders. Und deshalb gibt es unser kleines Volk heute immer noch. – So, und hier kaufen wir das Brot«, sagt Luka urplötzlich und lässt an einem sonnengelb gestrichenen Büdchen halten.

Im schmalen Schaufenster, wenn es so zu bezeichnen ist, stehen zwei kleine Coca-Cola-Flaschen, abgefüllt mit einer durchsichtigen Flüssigkeit. Und neben dem Selbstgebrannten, und ne-

Eine Georgierin backt Brot

ben der Schüssel mit den frischen Eiern, sind da eben auch zwei Stangen Brot, gelehnt gegen ein buntes Plastiktablett. Wir betreten die Backstube, in der sich dann vor allem dieser große Ofen befindet, kreisrund wie ein alter Brunnen, bloß dass er nicht mit Wasser gefüllt ist, sondern mit glühenden Kohlen. Die Hitze, die ausströmt, ist ausreichend, um im Laufe einer Minute Teigstangen, die an der inneren Wand kleben, in frisch gebackene Brote zu transformieren. Eine Frau in violetter Schürze hantiert andächtig mit zwei Metallgreifern über dem Feuer.

Das Brot schmeckt gut, leicht salzig. Und es kostet fast nicht mehr als ein Lächeln, drei Lari.

Die Landschaft wird immer kahler, flach, stellenweise grün; von Salzseen durchsetzt. Ab und an steht in der Ebene ein einzelner Baum. Es ist kühl und windig. Zwei Stunden später durchfahren wir das Dorf Udabno, was aber schon so wirkt wie ein Nirgendwo. Dem entspricht auch der Name: Denn *Udabno* heißt auf Georgisch *Wüste*. Dieses Land teilen sich die Georgier und Aserbaidschaner, die hier leben. Es ist noch ein Dorf aus Sowjetzeiten. In der Ferne stehen Rohbauten von Wohnhäusern, deren leere Fensterhöhlen trist wirken, vergessen, verlassen. Insgesamt verlassen ist Udabno aber nicht, denn hier gibt es sogar einen Club, den *Oasis Club*. So verheißungsvoll sich dieser Club auch nennt, so enttäuscht ist auf jeden Fall Luka, als er diesen *Oasis-Club* dann einmal besucht. Er berichtet uns davon, in seiner unvergleichlichen Art: »Es sind Polen. Und hier in Udabno haben sie ihr Restaurant mit Hostel eröffnet. Sie sagen, sie würden georgische Speisen anbieten. Aber wenn du das isst, dann kommst du gar nicht auf die Idee, dass das georgisch sein soll. So wie das schmeckt, denkst du: Das kommt bestimmt von einem anderen Planeten!«

Vögel kreisen über dem Land – Adler, Geier, Bienenfresser. Bienenfresser? Aber als ich einen schönen, bunten Vogel sehe, weiß ich: Das muss er sein!

Die 13 syrischen Väter

Im 6. Jahrhundert kamen aus Syrien dreizehn Väter, Mönche, Geistliche und wanderten in Georgien ein. Es waren Christen, die das Christentum weiter verbreiten sollten und wollten. Einer davon war David. Er gilt als der Gründer des Klosters David Garedscha.

In Georgien liegen die Höhlen der Klöster nicht wie anderswo tief in der Erde, sie sind auch von keiner hohen Mauer umgeben, weder in Uplisziche noch in Wardsia oder eben in David Garedscha, sondern es sind Orte, an denen der Mensch seinen Blick nach innen zu lenken vermag, aber auch frei hinaus aufs Außen, auf die Schönheit der Schöpfung im Land.

David lebte zunächst als Einsiedler in einer Höhle am Mtatsminda, am Heiligen Berg zu Tbilissi. Einmal in der Woche verließ er seine Höhle, um hinunter in die Stadt zu gehen und dort das Wort Jesu zu verkünden. Und da er ausstrahlte, was er sagte, folgten die Menschen seinem Wort.

Das verbitterte die ansässigen zoroastrischen Priester und sie organisierten eine Intrige. Dafür stifteten sie eine schwangere Frau an, sie solle behaupten, sie wäre durch David in andere Umstände gekommen.

Als David dann wieder einmal in die Stadt kam, empfing ihn eine aufgebrachte Menschenmenge. Man wollte ihn steinigen. Gerade noch im letzten Moment, bevor der erste Stein geworfen wurde, konnte David den Bauch der Frau mit seinem Stab berühren und das Ungeborene fragen: »Wer ist dein Vater?« Und das Ungeborene soll geantwortet und den Namen des wirklichen Vaters genannt haben. Daraufhin bekam die Frau Wehen und brachte einen Stein zur Welt.

Nun drehte sich die Stimmung der Menge: Und sie alle nahmen ihre Steine, welche sie mitgebracht hatten, und bauten daraus an dieser Stelle den Grundstock der Kaschweti-Kirche, wobei »Kaschwa« so viel bedeutet wie: »gebar einen Stein«.

David verließ Tbilissi und gründete in der Steppe Garedscha ein Kloster. Er und sein Schüler Lukian ließen sich in einer der natürlichen

Höhlen nieder. Schnell wuchs ihre Schülerzahl, Schüler, welche sich neue Höhlen in den Sandstein gruben. So nach und nach entwickelte sich die Klosteranlage David Garedscha.

In Tbilissi hielt sich in der Zwischenzeit ein Gerücht: Nur dem könne sein Vergehen gegen David vergeben werden, der einen Stein zu dieser, seiner ehemaligen Höhle bringen würde. Und so soll, an einem der steilen Hänge des Mtatsminda, des Heiligen Berges, eine Kapelle entstanden sein, die Davidskirche. Diese erste Kapelle stand dort bis 1542; der heutige Bau wurde 1871 geweiht.

Viele Legenden ranken sich um diese 13 syrischen Väter. Es wird erzählt, dass sie allesamt ein so enges Verhältnis zur Natur gehabt hätten, zu Pflanzen und Tieren, dass man sie gut als Vorläufer des Heiligen Franz von Assisi ansehen könne.

Es heißt sogar, sie vermochten das Wasser so zu beherrschen, dass es rückwärts lief, und konnten auch den Wind nach ihrem eigenen Willen lenken, glühende Kohlen auf ihren Händen tragen, oder an Orten, an denen sie es wünschten, Quellen entspringen lassen ...

Von David Garedscha heißt es, ihn hätten regelmäßig, außer mittwochs und freitags, drei Hirschkühe besucht, um sich von ihm melken zu lassen.

Ein anderes Mal flüchtete ein Rebhuhn zu ihm, welches von einem Falken verfolgt wurde. Kaum bemerkte der Falke den Heiligen, ließ er vom Rebhuhn ab und setzte sich zu Davids Füßen.

Es wird auch die Geschichte eines wilden Drachen erzählt, der sich von David Garedscha aus seiner Höhle locken und zu einem Berg führen ließ. Dort zuckte ein Blitz vom Himmel und tötete ihn.

In einer anderen legendären Variante werden diese einzelnen Momente wie folgt zusammengefasst: David und sein Schüler Lukian sind unterwegs durch die kachetische Wüste und kurz vor dem Verdursten. Da stellt Lukian seinem Meister die Frage, wie sie in dieser Einöde überleben könnten, worauf David antwortete: »Gott wird es richten.«

Kaum hatte David das ausgesprochen, sei eine Hirschkuh erschienen, deren Milch ihnen das Leben rettete. Während David diese Hirschkuh molk, erschien ein Drache und bemächtigte sich der Rehkitze der Kuh.

David stellte den Drachen zur Rede, versprach ihm aber seinen Schutz, solange er nur in seinem Blickfeld war, wenn er die Rehkitze unversehrt wieder herausgab. Der Drache willigte ein und verschwand. Kaum war er aus Davids Blickfeld, hörte David die Stimme eines Engels. Er schaute zum Himmel und in diesem Moment wurde der Drache durch einen Blitz erschlagen.

David Garedscha

Die letzten zig Kilometer schaukelt der Mercedes nur noch über unbefestigte, staubige Straßen. Endlich taucht in der Ferne der Wachturm des georgisch-orthodoxen Klosterkomplexes David Garedscha auf, welcher aus mehreren Klöstern besteht und sich insgesamt über 25 Kilometer hinzieht, von Westen nach Osten, wie ich im Buch von Wato Tseretelis Großeltern lese: *Wehrbauten und Kirchen*. Nach alten Quellen wird die Gründung des Klosters beziffert auf die erste Hälfte des 6. Jahrhunderts, die Blütezeit lag im 11./12. Jahrhundert.

Vom unteren Kloster, also der restaurierten Lawra, geht es zu Fuß weiter. Das Schuhwerk wird nun wesentlich, die Kondition, auch die Selbstkontrolle; darüber hinaus Getränke, Sonnenschutz, ganz gleich welcher Art. Wie immer bin ich mit langem, weitem Rock unterwegs; die Schuhe sind flach und festgeschnürt. »Bitte, kontrollieren Sie sich selbst!«, mahnt Luka vor dem Aufstieg. An sich habe ich das sichere Gefühl, wodurch auch immer, ausreichend gerüstet zu sein.

Beim Aufstieg geht es hier deutlich steiler bergauf als noch in Ulpisziche. Das australische Ehepaar, vor allem die Frau, schaut immer wieder auf die leicht keuchende junge Georgierin sowie auf Irina: »Sie stöhnen? Ich bin viel älter.«

»Ja, aber Sie sind vielleicht auch trainiert«, antwortet Irina trocken.

Luka führt sicher und erfahren, reicht unterwegs seine Hand zur Hilfestellung; ab und an pausiert er, wohl auch um ein Gefühl für die Psychologie der Gruppe zu bekommen. Während die junge Georgierin zwar Probleme mit ihren flachen, wenn auch nicht rutschfesten Schuhen bekommt, dann aber einfach achtsamer geht, langsamer auch, wird eine der beiden jungen Chinesinnen, diejenige in der gelben Windjacke, zum allgemeinen Problem. Auf halber Höhe bleibt sie stehen, geht keinen Schritt weiter. Offenbar leidet sie unter Höhenangst.

Luka fasst sie energisch beim Handgelenk. Er beginnt sie zu führen. Ihm vertraut sie. Gott sei Dank. Und wir können weiter.

Während unseres Aufstiegs, der seine Zeit braucht, verkündet Luka immer mal wieder, und das sehr überzeugend: »Jetzt sind es nur noch zehn Minuten. Der schwerste Teil liegt hinter uns; ab sofort wird es leichter.«

Mein Kopf glaubt ihm nicht, meine Seele vertraut ihm ganz.

Als wir den Kamm erreichen, können wir entweder zurück- oder hinaus in die Weite schauen. In der Weite vor uns liegt flaches, trockenes Land: »Das dort ist schon Aserbaidschan!« Entlang des Abhangs führt uns ein schmaler Weg, entlang eines halbhohen Metallzauns, der georgisch-aserbaidschanischen Grenze.

»Hier gab es viele Probleme«, erzählt Luka. »An sich liegt das Kloster David Garedscha ja schon zum Teil in Aserbaidschan. Deshalb kam es im Mai 2012 zu einem Grenzkonflikt wegen dieser Anlage. David Garedscha war dann einige Zeit für die Öffentlichkeit nicht zugänglich. Inzwischen hat sich nun diese Lösung ergeben: Das Territorium gehört zu Aserbaidschan, aber Touristen, die Georgien besuchen, dürfen auch David Garedscha besuchen, vor allem eben auch das Kloster Udabno, was ja hier oben direkt an der Grenze liegt.«

Hintereinander gehen wir nun den schmalen Grenzweg entlang. Die Sonne brennt erbarmungslos. Immer wieder ermahnt Luka: »Bitte, kontrollieren Sie sich selbst!« Und als die Chinesin in der blauen Windjacke beginnt, die Wiesenblumen zu fotografieren, welche rechts und links des Weges stehen, versucht er ihr klar zu machen, dass ein Absturz am Hang lebensgefährlich sei: »Sie landen in Aserbaidschan. Ich kann Ihnen dann nicht mehr helfen.«

Die Klosteranlage Udabno besteht nur noch aus Ruinen; aber was für welche. Im Licht der Sonne leuchten die Farben der Bilder auf. Alles ist mit Bedacht gesetzt.

Dieser Verfall ist nicht allein Folge der Überfälle von Mongolen, Persern und Türken, sondern auch von Erdbeben und nicht zuletzt der Erschütterungen, die sich durch den nahegelegenen Truppenübungsplatz zu Sowjetzeiten ergeben hatten, mittels Panzer, Helikopter und schwerer Artillerie. Mit der Unabhängigkeit Georgiens zog die Sowjetarmee ab. Zwar hatte nun die Georgische Armee die Absicht, dieses Militärgebiet selbst zu übernehmen, aber eine große Bürgerbewegung konnte das glücklicherweise verhindern.

Mönche im Kloster David Garedscha

Langsam erholt sich der Klosterkomplex David Garedscha, sodass sich hier Mönche ansiedeln und auch Besucher kommen.

Wir erreichen die ersten der Höhlen. Sie sind nebeneinander in den Berg gehauen, auch übereinander. Nicht alles ist für den Besucher problemlos zugänglich und begehbar.

Aber bereits das, was wir sehen, die Räume, die wir betreten können, beeindrucken mich; besonders die Wandmalereien. Sie wirken, gerade durch die Verwitterung, das Verblassen der Farben, organisch verbunden. Dieser Eindruck verstärkt sich auch dadurch, dass die meisten dieser Malereien nur noch partiell erhalten sind. Ein Heiliger mit weißem Umhang breitet seine Hände himmelwärts aus. Der Heiligenschein strahlt, sein Gesicht wiederum ist nicht mehr zu erkennen; es ist verwittert, oder zerstört. Während in diesen Wandmalereien aus dem 8. Jahrhundert zunächst die Farben Blau, Rostrot und Weiß dominieren, tauchen später, im 10./11. Jahrhundert, mit der Herausbildung einer eigenen Malschule, auch Grün-, Gelb- und Brauntöne auf. In einer dieser Höhlen erscheint Maria mit ihrem Kind; und immer wieder Heilige, Engel ... Da sind neben biblischen Szenen auch Szenen aus dem Leben von David Garedscha.

Mit einer kleinen Kapelle am Ende des Kammwegs ist in 878 m Höhe der Gipfel erreicht.

Abwärts wird es nicht unbedingt leichter, denn die Dynamik abwärts ist immer wieder aufs Neue auszugleichen, sodass uns Luka zum dritten Mal erinnert: »Bitte, kontrollieren Sie sich selbst!«

Davids Tränen bezeichnet, auf der anderen Seite des Berges, ein mächtiges, glattes, flächiges Felsgestein, das von tiefen, langen Rillen durchzogen wird. Durch diese Rillen wird das Regenwasser zu einer Quelle gelenkt, welche in einer der unteren Höhlen entspringt. Zur Quell-Höhle hin sind Stufen in den Stein gehauen.

Schließlich erreichen wir von der anderen Seite her erneut den restaurierten Klosterabschnitt, die Lawra. Seit Mitte der 1990er-Jahre kommt dieser Ort wieder zu sich, zurück zu seiner eigentli-

Davids Tränen

chen Bestimmung. Und so sehen wir Mönche umhergehen. Einige ihrer Höhlen sind inzwischen sogar mit Türen und Fenstern ausgestattet.

Und dies ist die Geschichte von Schah Abbas, welcher zur Osterzeit 1616 ein großes Licht in der Wüste bemerkte, ein ganzes Lichtermeer. Es kam von den Mönchen, die hier lebten und, jeder mit einer Fackel in der Hand, die Osternacht feierten. Es heißt, die Mönche wären gewarnt gewesen, hätten aber den Tod durch das Schwert einer Verteidigung oder gar einer Flucht vorgezogen.

Schah Abbas stürzte sich mit den Seinen auf die feiernden, wehrlosen Mönche und tötete in dieser einen Nacht Tausende.

Tiere

Erschöpft von der langen Wanderung, ist es während unserer Rückfahrt ausgesprochen ruhig im Wagen. Das touristisch-spirituelle Programm ist erfüllt. Und obwohl es keine weitere Station gibt, stoppt plötzlich unser Fahrer auf freier Strecke, steigt aus, denn eine Schildkröte läuft über den Weg. Der Fahrer hebt sie auf, verstaut sie, vorsichtig, hinten zwischen dem Gepäck und die Fahrt geht weiter.

Bald darauf stoppt der Fahrer ein zweites Mal, und wieder auf freier Strecke. Diesmal passiert eine grau-braun-grün schimmernde Schlange die asphaltierte Straße.

»Nimmt er jetzt auch die Schlange mit nach Hause?«, fragt Luka lachend, bevor er dem Fahrer hinaus auf die Straße folgt. Aber der Fahrer fotografiert die Schlange nur.

Im Gegenverkehr kommt ein Laster und hält auf der anderen Straßenseite. Jetzt hebt die Schlange ihren Kopf.

Tag 18 Gäste

Bodbe

Es ist Sonntag. Erneut bin ich mit Luka und in kleiner Gruppe unterwegs, erneut nach Kachetien, diesmal nach Bodbe und Sighnaghi. Jede dieser touristischen Gruppen hat ihre eigene Dynamik. Ich umreiße nur kurz, was sich mir eingeprägt hat.

Bei diesem Sonntagsausflug ist es eine Neuseeländerin. Im Bus sitzt sie hinter mir. Luka steigt ein, sieht mich, freut sich, schaut mich an und fragt auf Englisch: »Wie geht's?« Sofort antwortet die Frau hinter mir: »Super! Wundervoll!« Luka setzt das Gespräch nun auf Russisch fort: »Das war ein sehr schöner Ausflug nach David Garedscha, nicht wahr?« Natürlich stimme ich zu, denn genauso ist es gewesen.

»Bitte, liebe Gäste«, plaudert er inzwischen bereits, während wir noch durch den dichten Vormittagsverkehr von Tbilissi steuern. »Natürlich sind unsere Kirchen, Klöster, Höhlen sehr interessant und sehenswert. Aber um ein Gefühl für unser Land zu bekommen, setzen Sie sich doch bitte auch einmal zu einem Georgier mit an den Tisch. Unterhalten Sie sich mit ihm! Natürlich können Sie in der selben Zeit auch viele Bücher lesen, Reiseführer beispielsweise, und Landkarten studieren. Sie können sich alle möglichen Apps herunterladen, und damit in ganz kurzer Zeit ganz viel sehen und besichtigen. Aber so werden Sie nie erfassen können, was uns Georgier ausmacht, wie unser Leben hier geht.« Eine Zeitlang ist anschließend nur das Fahrgeräusch zu hören, bis Luka weiterspricht: »So«, setzt er fort. »Und nun zu unserem Fahrer. Unser Fahrer heißt Macho. Und wenn Sie Angst bekommen, während unserer Fahrt, machen Sie es wie er: Schließen Sie einfach Ihre Augen!« Einer der jungen Russen lacht laut. Und auch mir gefällt dieser Humor. Er erinnert mich an frühere Zeiten.

Kachetien also; Kachetien ist berühmt für den Wein, ist der *Weinkeller* Georgiens, wie ich inzwischen weiß: »Wenn der Sohn geboren wird, macht der Vater den Wein für ihn fertig. Und zwanzig Jahre später, wenn der Sohn heiratet, wird dieser Wein getrunken.«

Es gibt eine Weinkarte Georgiens, in der sämtliche Keltereien des Landes eingezeichnet sind. Eine besondere Ballung gibt es entlang des Alazani-Tals. Wobei Alazani auch *Roter Fluss* bedeutet, von den Persern so benannt wegen der vielen Kämpfe, die hier stattgefunden haben und des vielen Blutes, dass das Wasser im Fluss rot verfärbt hat.

»Wenn Sie können«, betont Luka jetzt, und ich notiere es innerlich sofort, »kommen Sie noch einmal im Herbst, zur Weinernte!« Ich höre es und habe gleich auch diese Kvevris vor Augen, die ich bisher nur von Fotos kenne: große Tongefäße, eingelassen in die Erde, in denen auf traditionelle Weise der Wein hergestellt wird, also so, wie noch vor sieben- oder achttausend Jahren. Denn nachgewiesenermaßen wird seitdem in Georgien Wein hergestellt, überhaupt der erste in der Menschheitsgeschichte.

»Georgien gilt also als das Geburtsland des Weins?«, frage ich später einen, der es genau wissen muss: Prof. Dr. David Chichua von der Agrar-Universität Tbilissi. Und er meint dazu: »Ja, so sieht es aus. Dabei ist aber zu beachten, dass vor 8.000 Jahren, als der erste Wein gemacht wurde, es weder die georgische Sprache noch Nation gab. Zugleich ist klar: Wir sind die Nachkommen einer Kultur, die hier existiert hat; wobei das eine Kette ist von mehreren Kulturen; aber nie so, dass die eine durch eine andere Kultur ersetzt worden wäre. Das georgische Volk ist autochton, also es stammt von hier. Türken, Aserbaidschaner, Armenier haben sich erst später hier angesiedelt. In diesem Raum nun wurden die bisher ältesten Wein-Artefakte gefunden. Wobei man sagen muss, dass dieser kulturelle Raum vor 8.000 Jahren eben auch viel größer war als das heutige Georgien, und damals auch noch das heutige Armenien sowie das heutige Aserbaidschan umfasst hat. Und deshalb wäre es nur logisch, wenn man irgendwann dort Artefakte finden würde, die *noch* älter sind als die, die jetzt hier gefunden worden sind.«

Unsere Fahrt geht weiter. Und Luka schwört auf die gute Qualität wirklich jedes georgischen Weines. Er ist sich sicher: »Schlechten Wein gibt es faktisch nicht, denn der wird gar nicht erst angeboten. In diesem Land ist die Konkurrenz viel zu groß.«

Bodbe ist dann ein Frauenkloster. Es ist eines der berühmtesten Klöster in ganz Georgien und wurde in den letzten Jahren restauriert. In der hiesigen Himmelfahrtskirche liegt die Heilige Nino begraben. Am hinteren Gelände führt eine Treppe hinunter zur heiligen Klosterquelle. Nach etwa zwanzig Minuten Fußweg wäre sie zu erreichen. Sowohl das Baden in dieser Quelle als auch das Trinken des Wassers soll Wunder bewirken.

Für Wunder bleibt uns leider heute keine Zeit. Gleich geht es weiter in das drei Kilometer entfernte Sighnaghi. Treffpunkt ist das alte, hölzerne Tor, in welches die Strahlen einer aufgehenden Sonne stilisiert eingearbeitet worden sind.

»*Mze*«, sagt Luka nur. »Auf Georgisch ist das Sonne.«

Sighnaghi

»Sighnaghi ist eine sehr kleine, sehr saubere Stadt«, sagt Luka, als wir kurz darauf unser Ziel erreichen. Es bleibt unklar, ob er die auch hier, zumindest für mich, künstlich wirkende Restaurierung der Häuser meint; ausgeführt zu Zeiten des Präsidenten Saakaschwili, mit dem Ziel, aus Sighnaghi eine Stadt für Touristen zu machen. Und die Touristen kommen. Überall sind Souvenirstände aufgebaut mit Postkarten, mit gestrickten Hüten, Strümpfen, Filz-Schuhen ...

»Und«, schließt Luka an. »Es ist die Stadt der Liebe, wo das Hochzeitshaus 24 Stunden am Tag geöffnet hat.«

Seit der Bronzezeit gilt die Gegend als besiedelt, die Mehrzahl der Häuser stammt aus dem 19. Jahrhundert. Die an den Hängen

Blick auf Sighnaghi

angelegten Terrassen sind typisch für Sighnaghi. Das wirklich Besondere dieser Stadt aber ist unbestritten ihre Mauer. Es ist eine Mauer mit 28 Türmen und soll, laut Lukas Aussage, gleich nach der Chinesischen Mauer, die zweitlängste der Welt sein. Erbaut wurde sie im 18./19. Jahrhundert, zum Schutz der königlichen Macht unter Irakli II.

Vor dem Ethnographischen Museum steht eine Figur, ein pummeliges Mädchen mit Zöpfen. Und auf dem Kopf trägt es einen breitkrempigen Hut. Das Kind steht auf einem Stuhl. All das wurde in Bronze gegossen, und zwar nach einem der berühmten Bilder des georgischen Malers Pirosmani.

Am Ende unseres kurzen Besuches in der Stadt sitzen wir im Gasthaus des Ethnographischen Parks, gelegen auf einem der umliegenden Hügel. Von hier aus genießen wir, während wir auf den hausgemachten Wein und die georgischen Speisen warten, den herrlichen Ausblick über das kachetische Land. Dabei hält uns Luka abschließend noch einmal den Kodex georgischer Gastfreundschaft vor Augen: »Der Gast wird uns von Gott geschickt. Das wissen wir. Und wir Georgier sind so, wie wir eben sind. Das heißt, dass, wenn da nun jemand meint, hier wäre nicht alles perfekt bei uns in Georgien, er völlig recht hat, wir dazu aber nur sagen können: ›Gut, dann sind wir vielleicht nicht so passend für diesen einen Gast, was natürlich schade ist. Aber was sollen wir machen?‹ Vielleicht wäre es für diesen Gast passender nach Venedig zu fahren, oder nach Paris? Wir lieben unsere Gäste. Und wir versuchen sie zu verstehen. Aber auch bei uns in Georgien gibt es sehr verschiedene Charaktere. Einmal war auch eine junge Ukrainerin bei uns zu Besuch. Und sie wollte unbedingt Sushi essen. Aber hier in den georgischen Bergen ist das schwierig mit Sushi. Wir konnten leider nichts für sie tun.«

Offenbar versucht Luka auf der Rückfahrt an seine kleine Ansprache der Verständigung anzuknüpfen und für seine Gäste, immerhin von Gott geschickt, noch etwas Angenehmes zu tun. Er möchte für uns Musik abspielen. Und so fragt er in die Runde: »Welche Art von Musik hören Sie gern? Folklore?«

Die Neuseeländerin scheint aus tiefem Schlaf wieder aufzuerstehen und ruft fröhlich nach vorn: »Country-Musik!«

Tag

19

Türme

Rusudan und Irine

Mir wird von Rusudan Nizharadze erzählt, die sehr gut Deutsch spricht und in der Haselnussfabrik in Sugdidi arbeitet. Und Rusudan wird mir dann wiederum von Irine erzählen. Rusudan und Irine sind Freundinnen, so innig wie Schwestern, und an sich eins.

Sugdidi liegt auf dem Weg nach Swanetien. Ich möchte einige Tage in Uschguli verbringen, dem höchstgelegenen Dorf Georgiens; einige sagen sogar, es sei das höchstgelegene Dorf ganz Europas. Aber bevor ich mich auf den Weg in den Nordwesten des Landes mache, rufe ich Rusudan Nizharadze an.

Es ist Mitte Juli und die Klimaanlage in Rimmas Quartier funktioniert, Gott sei Dank, tadellos. Tbilissi vergeht fast unter der Hitze, über 40 Grad Celsicus, ohne nachts abzukühlen.

Zwischen Rusudan und mir gibt es sofort ein herzliches Gefühl der Verbundenheit. Die Verabredungen bezüglich des Besuches der Haselnussfabrik in Sugdidi sind schnell getroffen. Ich werde nach Swanetien fahren und dort zuerst in Uschguli Station machen, auf dem Rückweg dann in Sugdidi. Mit *Uschguli* wird Rusudan aber sofort hellhörig: »Uschguli? Irine, meine Freundin, ist oft als Kind in Uschguli gewesen, bei ihren Großeltern. Die Swanen sind sehr stolz, auch verschlossen. Aber ich glaube, Irine würde Ihnen von dort erzählen.«

Ich liebe Geschichten. Und kaum ist das Telefonat mit Rusudan beendet, rufe ich Irine an, die bereits von mir erfahren hat. Irine bietet mir sofort Quartier bei ihrer Familie an.

»Aber ich habe schon ein Quartier. Es heißt *Discover*.«

Irine lacht: »*Discover*? Das sind Tamuna, Mariam und ihre Mutter. Wissen Sie schon, dass Mariam einen Spielfilm über und in Uschguli gedreht hat? Mariam Khatchvani.«

Das ist mir neu. Jetzt erinnere ich mich auch wieder an die Fotos, mit mir unbekannten Prominenten auf rotem Teppich, die ich unter den Fotos zum Quartier gefunden hatte. Ich nehme es als gutes Zeichen, denn ich liebe nicht nur Geschichten, sondern auch den Film.

»Uschguli ist ein geheimnisvoller Ort«, erzählt Irine schon weiter. »Ich fahre nie allein dorthin. Entweder ich fahre mit meiner Mutter oder mit meiner Schwester.«

Da ich bereits von Frauenraub gehört habe, und meine, Irines Äußerung bezieht sich darauf, versuche ich ihre möglichen Bedenken mit Bezug auf mich zu zerstreuen: »Ich denke, aus diesem gefährlichen Alter bin ich heraus.«

»Das Alter«, korrigiert mich Irine sofort, »spielt dabei keine Rolle. Als ich Kind war, wurde eine Frau geraubt, die war schon 71!«

Das verblüfft mich so sehr, dass Irine lachen muss: »Das war früher. Heute gibt es das nicht mehr. Seit Saakaschwilis Zeiten ist es verboten und wird mit Gefängnis bestraft. – Und wenn du magst, rufe ich Tamuna an und frage, ob Mariam vielleicht auch gerade in Uschguli ist. Dann könnt ihr miteinander sprechen. Du interessierst dich doch für Film, oder?« Was für eine Frage!

Georgia Insight

»Kennst du *Georgia Insight*?«, fragt mich erst Rachel; und dann auch Ralph. Beide sind Leute, denen Georgien sehr am Herzen liegt. Also gehe ich eines Tages ihrem Hinweis nach.

Georgia Insight ist ein georgisches Unternehmen, das sich auf deutschsprachige Reisende mit Schwerpunkt Kultur- und Wanderreisen spezialisiert hat.

Die Geschichte der Reiseagentur ist eng verbunden mit der Lebensgeschichte von George Tevdorashvili. Während der 1990er-Jahre studierte er in Tbilissi BWL, sah nach dem Studium im eigenen Land aber keine Perspektive, sodass er sich 1997 in Deutschland um einen Studienplatz für Politikwissenschaft bewarb und einer der Wenigen war, der diesen auch bekam. In Deutschland lernte er Katrin kennen, seine spätere Frau. Eine erste Anfrage ergab sich, mit der Bitte, George möge eine deutsche Gruppe auf ihrer Studienreise durch Georgien begleiten. Der Funke sprang sofort über und seitdem verfolgte George nun den Weg als Reiseleiter weiter. Nachdem sich mit dem Regierungswechsel 2003 in Georgien deutlich die Bedingungen für die Gründung eines Unternehmens verbessert hatten, kehrte George im Jahr 2009, mit seiner Frau Katrin und ihren vier Kindern (heute sind es sechs), nach Georgien zurück, um 2011 *Georgia Insight* zu gründen. »Und mit einem Laptop, einem Geländewagen, einem Kleinbus und sehr viel Enthusiasmus begann das Unternehmen zu arbeiten«, heißt es auf seiner Webseite.

Ich selbst bin gern allein unterwegs und suche nach keinem Reiseunternehmen. Aber als mir Ralph noch Grüße an George mitgibt, *falls* ich doch im Büro von *Georgia Insight* in der Tabukaschwili-Straße 41 vorbeischauen sollte, ist das für mich der eigentliche Anlass.

Die Tür wird mir, auf mein Läuten hin, sofort mit einem Lächeln aufgetan. Kaum sitze ich bei George im Büro, bei Tee und Keksen, richte ich die Grüße von Rachel und Ralph aus. George lächelt: »Nun, wenn Sie von Rachel und Ralph kommen, dann sind Sie hier erst recht willkommen. Sie schreiben ein Buch über Georgien? Wie können wir Ihnen helfen?« Meine finanziellen Mittel sind beschränkt. Aber die September-Kurzreise zum Höhlenkloster Wardsia dürfte durchaus machbar sein. Und als ich später von Swanetien und Uschguli erzähle, wird in George Tevdorashvili sofort der Reiseleiter wach:

»Uschguli? Von Tbilissi aus ist das an einem Tag kaum zu schaffen. Schon bis Mestia sind es neun Stunden Fahrt mit der Marschrutka. Und das ist keine Fahrt über glatte, gerade Straßen. Sie werden es selbst merken: Danach brauchen Sie mit Sicherheit eine Pause. Von Mestia bis Uschguli sind es dann zwar nur noch 40 Kilometer, aber diese Straße ist kurvenreich und unbefestigt. Und dafür brauchen Sie einen Wagen mit Vierrad-Antrieb. Das ist aber kein Problem, in Mestia gibt es genug Anbieter.«

»Und was empfehlen Sie?«

»Übernachten Sie erst einmal in Mestia. Dort ist es schön. Und dort gibt es, neben vielen anderen Unterkünften, auch das *Bapsha-Guesthouse*. Mein Freund David führt es, David Niguriani. Auch er spricht Deutsch. Grüßen Sie ihn von mir. Ich bin mir sicher: Er macht Ihnen einen guten Preis.«

Mestia

Also rufe ich David Niguriani an und habe Glück. In seinem gerade eröffneten Gästehaus *Bapsha* ist noch ein Zimmer frei. Er wiederum kennt eine Disponentin, die in Tbilissi Bestellungen für die Marschrutka-Plätze nach Mestia entgegennimmt. Im Handumdrehen ist alles organisiert: Die Marschrutka fährt morgens 7.00 Uhr vom Platz an der Metro-Station Samgori ab, 6.30 Uhr muss ich dort sein.

Diesmal bitte ich Rimmas Vater Tamaz mich zu fahren. Obwohl

Das Polizeipräsidium in Mestia

er mir 6.10 Uhr als Abfahrtszeit vorschlägt, meine ich, es besser zu wissen: »6.00 Uhr!« sage ich, denn ich stelle mir einen dichten, morgendlichen Straßenverkehr, ähnlich wie in Deutschland, vor.

Der Morgen von Tbilissi ist still. Auf der Straße ist außer unserem kaum ein Auto unterwegs. Auch der Platz an der Metro ist menschenleer. Nur ein Ehepaar steht mit Rücksäcken an der Station nach Mestia. Das sind Gaby und Thomas, wie ich später erfahre. Gaby freut sich schon, aber Thomas wäre ohne Gaby offenbar nie nach Georgien gekommen.

Während Thomas sich das anmerken lässt, liest Gaby in ihrem Buch. An sich steht unsere Marschrutka schon da. Nur vom Fahrer fehlt jede Spur. »Wir sind früh«, sage ich also. Worauf Tamaz, mein Hausvater, ernst, fast traurig feststellt: »*Sie* haben gesagt 6.00 Uhr sollen wir fahren. Ich habe gesagt 6.10 Uhr. Aber ich mache es so, wie es die Gäste wünschen. Für meine Touristen mache ich alles.«

»Ja«, kann ich seine Rede nur bestätigen. »Ich weiß: Sie sind so ein Mensch.« Und sofort entspannt sich sein Gesicht wieder. Tamaz lächelt nun und kümmert sich dann, als der Fahrer kommt und den Wagen öffnet, um mein Gepäck. Anschließend winkt er, wünscht mir: »Gute Reise!« und schon ist er davon.

Es sind neun Stunden Fahrt in Richtung Westen, mit zwei halbstündigen Pausen unterwegs, zum Essen und zum Trinken.

Es heißt, es gibt zwei Tore nach Swanetien. Sugdidi ist das eine; und von Sugdidi aus führt der Weg hinauf in das Obere Swanetien. Das zweite Tor bildet Tskaltubo, nahe Kutaissi; Tskaltubo eröffnet den Weg in das Untere Swanetien. Wir sind unterwegs über Sugdidi, hinauf in das Obere.

Die Strecke ist reich an Kurven, die den Fahrer zu knappen Überholmanövern reizen. Aber schließlich erreichen wir, durchgeschüttelt, aber heil und froh, das 1.500 Meter hoch gelegene Mestia. Auf

Wehrtürme in Mestia

dem Hauptplatz, dem Seti, wobei Seti der alte Name von Mestia ist, endet unsere Fahrt. Ich begebe mich auf den Weg zum *Bapsha*-Gästehaus. Die alten Wehrtürme stehen immer dichter.

Wehrtürme gehören seit jeher zu den swanischen Dörfern, zu jeder Familie gehörte einer. Es sind separate Burgen, in denen die Familien im Falle von Belagerung oder auch bei Lawinengefahr unterkommen und überleben konnten. Darüber hinaus lagerten sie im Turm die Vorräte an Lebensmitteln und Brennholz.

Solch ein Turm besitzt drei oder vier Stockwerke und ist 20 bis 25 Meter hoch, wobei der erste Eingang nur über eine Leiter zu erreichen ist; und das in etwa sechs Metern Höhe. Diese Leiter wurde bei Gefahr, kaum hatte sich die Familie oben einquartiert, eingezogen. Obenauf befinden sich die Schießscharten. Hier stand dann auch die Wache, während sich in den *Koschkis* selbst, wie sie hier genannt werden, bis zu fünfzig oder mehr Personen aufhielten.

Angelangt am *Bapsha*-Gästehaus, öffne ich das große Holztor und betrete den Hof. Tina Darakhvelidze ist die Managerin des Hauses. Sie spricht ein sehr gutes Englisch, zeigt mir das Zimmer und ich bin überrascht: Denn offensichtlich ist in diesem alten georgischen Bauernhaus alles mit europäischem Stil eingerichtet; entsprechend ist auch der Komfort.

»Möchten Sie einen Tee?«, fragt Tina. Und kurz darauf sitzen wir zusammen. Jetzt kommt auch David dazu: »Wie gefällt es Ihnen bei uns? Fühlen Sie sich wohl?« *Bapsha* ist der Stammname von Davids Familie, wobei *Bapsha* bedeutet: *die Nachkommen des Priesters*.

Das große Haus samt Hof gehörte einst Davids Großvater väterlicherseits. German, so hieß der Großvater, besaß eine große Ziegenherde sowie zwei Steinböcke. Das heutige Gästehaus ist früher Heuboden und Tenne gewesen. Es bietet 26 Betten in insgesamt zwölf Zimmern. Jedes Zimmer hat einen Anteil am Balkon sowie ein eigenes Bad. Dazu gibt es ein reichhaltiges Frühstück.

David muss weiter: »Meine Familie und ich«, fügt er halb schon im Gehen hinzu: »Wir alle waren und sind am Aufbau, und jetzt auch am Betrieb, von *Bapsha* beteiligt. Und wir freuen uns einfach, dass es so schön geworden ist. Es gibt noch Feinheiten, die fehlen. Aber bisher haben sich alle Gäste bei uns wohl gefühlt.«

Später erfahre ich, dass David Niguriani 1995 nach Deutschland gegangen ist, um Wirtschaftswissenschaften zu studieren. Anschließend arbeitete er bei der genossenschaftlichen GLS Bank, um dann 13 Jahre später mit den gesammelten Erfahrungen nach Georgien zurückzukehren.

»Waren Sie schon im Museum?«, fragt mich Tina. Draußen ist, bis auf ein paar Wolken, blauer Himmel, die Sonne wärmt – noch. Denn Rimma hat mich bereits in Tbilissi gewarnt: »Haben Sie warme Sachen mit? In Swanetien kann es nachts sehr kalt werden!«

Mit *Museum* meint Tina das Machubi-Familienmuseum, zu dem auch einer der insgesamt 42 Wehrtürme gehört, die in Mestia, vor allem im nördlichen Teil des Dorfes, die Zeiten bis heute überstanden haben. Vom Gästehaus aus sind es nur wenige Schritte und schon tauche ich in die alte Welt. Das Museum bietet ein gut erhaltenes und klassisch ausgestattetes altes, swanisches Wohnhaus, eben ein *Machubi*; mit der Feuerstelle als Zentrum. In diesem Wohnhaus, bestehend aus einem einzigen Raum, lebten, und das oft noch bis Anfang des 20. Jahrhunderts, Mensch und Tier zusammen. Die Körperwärme der Rinder und Schafe wärmte auch den Menschen. Schweine dagegen wurden, ihrer scharfen Ausscheidungen wegen, noch vor dem Winter geschlachtet.

Über dem Feuer hängt, an einer heiligen Kette, der Kupferkessel. Um die Feuerstelle herum stehen die Bänke – eine für die Männer, eine für die Frauen und eine für die Kinder. Das Familienoberhaupt sitzt auf einem reich verzierten Thron aus massivem Holz.

Als ich zurück ins Gästehaus komme, scheint Tina schon auf mich gewartet zu haben. Ohne Überleitung beginnt sie zu erzählen: »Mein Großvater war 1946 in Dresden stationiert. Er war Pilot bei der Sowjetarmee. Der Krieg war zu Ende. Und er gehörte mit zur Besatzungsmacht. Einmal sah er, wie russische Soldaten in

Blick in eine Machubi

ein Haus eindrangen. Dort wohnten offenbar wohlhabende Leute. Und dort wollten sie plündern. Mein Großvater folgte ihnen ins Haus und stellte sie zur Rede. Er sagte: ›Der Sieger muss Respekt haben vor dem Besiegten! Und wenn ihr hier plündert, dann schieße ich!‹ – Die starrten ihn an. Mein Großvater schoss dann wirklich, er schoss in die Luft und sie liefen davon.«

Russische Föderation
Autonome Republik Abchasien
Uschba
Mestia
Schchara
Uschguli
Sugdidi
Nikorzminda
Ambrolauri
Tskaltubo
Kutaissi
Süd-Ossetien
Schwarzes Meer
Georgien
Tbilissi
Türkei
Armenien
Aserbaidschan

Tag
20
Berührung

Unterwegs nach Uschguli

Auf den Straßen Mestias wimmelt es in diesem Sommer, vor allem von Rucksacktouristen. Halb Europa zwischen 20 und 35 Jahren scheint auf den Beinen zu sein, um sich hier an der Bergwelt zu erfreuen.

Am frühen Morgen tragen die Berggipfel noch Nebelhauben. Mestia schläft. Die meisten Häuser rund um den Seti-Platz sind perfekt restauriert. Aber auch hier wirkt alles künstlich auf mich, nichts als gewachsen, eher geschichtslos.

Unweit des Seti-Platzes steht ein modernes, fast futuristisch wirkendes Polizeipräsidium. Der Berliner Architekt Jürgen Hermann Mayer, einer der Lieblingsarchitekten des ehemaligen Präsidenten Saakaschwili, wählte sowohl für das Polizeipräsidium als auch für das Terminalgebäude des Flughafens Mestia stilisierte Wehrtürme. Die Fassade des Polizeipräsidiums wird dominiert von einer Glasfront in Form mehrerer riesiger, amöbenartiger, himmelblau verspiegelter Fenster.

Langsam wird es Zeit, sich an der Abfahrtsstelle für die Marschrutka einzufinden. Jeder fragt hier jeden: »Und woher kommen Sie?«

Kurz darauf sitzen die Vertreter der halben Welt mit im Wagen. Da sind zwei junge blonde Frauen aus Moldawien, die derzeit als Ingenieure in Polen arbeiten. Sie können kaum stillsitzen, die Begeisterung treibt sie regelrecht um: »Hier sind die Menschen so freundlich, so aufgeschlossen. Die Polen sind viel ernster, auch viel trauriger. Woran kann das liegen?«, fragt die eine und die andere ergänzt, wobei es klingt, wie irgendwo, tief innen, gerade angekommen: »Die Reise durch dieses Land öffnet mir den Geist. Ich spüre wieder, dass ich am Leben bin.«

Neben den beiden Mädchen sitzt ein älteres Ehepaar, Mitte/Ende 40, aus St. Petersburg, wobei der Mann fast indianisch wirkt, asiatisch auf jeden Fall. Beide sprechen kaum und verfügen über eine angenehm beruhigende Ausstrahlung.

Ja, und dann sind da noch zwei Chinesinnen; Tante und Nichte.

Zuerst ist die Straße nach Uschguli noch bzw. schon befestigt, dann erreichen wir die Stelle des aktuellen Straßenbaus. Wir kommen gut durch, auch als es dann unbefestigt wird, und steigen über die Kurven durch die Berglandschaft immer höher. Immer wieder passieren wir diese altertümlichen Wehrtürme, Teile des UNESCO-Weltkulturerbes. Die Berge, unten noch dicht bewaldet, sind auf den Gipfeln – selbst jetzt im Hochsommer – schneebedeckt. Zwischen hoch aufragenden Felsen schiebt sich der Fluss, der Enguri.

Swanische Geschichten

»Uschguli«, hatte mir Irine am Telefon gesagt, »ist ein mystischer Ort.« Wie Rusudan ist auch Irine Au-pair-Mädchen in Deutschland gewesen und spricht sehr gut Deutsch: »Ich bin nicht direkt in

Uschguli geboren. Aber meine Großeltern lebten dort. Als ich zwei Jahre alt war, bin ich das erste Mal hingefahren, mit meinen Eltern. Meine Großeltern hatten Kühe und anderes Vieh. Das war ihr grundsätzliches Einkommen, ihre Ernährungsmöglichkeit. Immer waren sie am Arbeiten; dadurch ab und zu auch gereizt, einfach müde. Und sie waren auch streng, sogar sehr streng«, erinnert sich Irine und atmet dabei lachend aus: »Vielleicht wird man im Gebirge so streng; auch durch das strenge Klima, das dort herrscht.«

»Hast du die Sprache verstanden, das Swanisch?«

»Leider nicht. Wenn wir in Uschguli waren, haben dann alle Georgisch gesprochen, auch die Großeltern. Für mich ist das bis heute eine Fremdsprache, das Swanisch. Ich verstehe nur einige Wörter.«

»Und wo in Uschguli habt ihr gewohnt?«

»Also, wenn man die Brücke raufgeht, ist dort ein Museum. Und gleich da steht unser Haus. Als wir zum ersten Mal in dieses Haus gekommen sind, ist gleich ein schwarzer Hund auf uns zugesprungen, Kurscha, vor lauter Freude. Dabei kannte er uns noch gar nicht, weder meine Schwester noch mich. Aber er hat meinen Vater gekannt. Wir haben ihn so geliebt, diesen Hund. Und Uschguli hat für mich natürlich auch sofort die Assoziation mit dieser starken Oma. Sie war körperlich sehr stark. Und wenn sie uns umarmt hat, dann hat sie uns liebevoll auf die Schultern geschlagen. ›Oh, meine Liebe!‹, hat sie dazu gesagt. Aber ich bin ein Kind von zwei Jahren gewesen, ein kleines Kind. Und sie hat wirklich stark zugeschlagen, um mir ihre große Liebe zu zeigen. Meine Schwester war ein Jahr älter als ich. Eigentlich waren wir so eng wie Zwillinge. Am liebsten bin ich heute in Uschguli zusammen mit meiner Mutter oder eben mit meiner Schwester. Denn dort ist zum Beispiel draußen im Hof diese Toilette. Und es war für mich immer eine Überwindung, erst recht als Kind, dorthin zu gehen, besonders nachts, und diese Angst zu überwinden. Das schaffe ich bis heute nicht. Die Nacht dort ist so dunkel.«

»Viele kennen so eine Angst.«

»Richtig. Aber es gibt dort eben noch diese Geschichten. Und immer abends, wenn nichts mehr zu tun war, da hat man sich diese Geschichten erzählt. Natürlich weiß keiner, ob diese Geschichten stimmen oder nicht. Aber sie haben stark auf mich gewirkt; bis heute wirken sie auf mich.«

»Und was sind das für Geschichten?«

»Mein Großvater hat uns erzählt, dass er und sein Bruder einmal mitten in der Nacht auf die andere Seite des Dorfes gefahren sind. Und das Erste, was sie dort gesehen haben, war ein Feuer. Dieses Feuer hat sich bewegt und es hat so geschrien, wie die Frauen schreien, wenn im Haus jemand gestorben ist. Das ist die Tradition bei den Swani-Leuten. Sie schreien immer so, wenn jemand stirbt. Mein Großvater und sein Bruder haben dann versucht, näher an dieses Feuer heranzukommen.« An dieser Stelle der Geschichte lacht Irine kurz auf: »Ja, wenn ich das jetzt so erzähle, stelle ich es mir vor. Und da gruselt es mich auch gleich wieder. Für mich spielt es keine Rolle, ob ich Kind bin oder schon erwachsen. Auf jeden Fall hat sich dieses Feuer immer weiter entfernt und ist in Richtung Fluss gegangen. Mein Opa hat dann zu seinem Bruder gesagt: ›Bitte, lass uns hier nicht mehr weitergehen. Das treibt uns zu sehr in Richtung Fluss.‹ Und so haben sie es dann auch gemacht. Sie sind stehen geblieben, haben das Kreuz geschlagen und sind wieder zurück nach Hause gegangen. Und am nächsten Tag wurde ein Mann im Fluss gefunden, ein Mann aus der Nachbarschaft. Er war ertrunken. Und es wurde erzählt, dass dieses Feuer ihn gelenkt und in den Fluss hineingezogen hätte. Natürlich ist das höchstwahrscheinlich einfach nur so eine Geschichte. Aber ich glaube schon, dass es im Gebirge, in den Bergen, etwas gibt, was wir Menschen sonst nicht kennen.«

»Und wie war das mit dem Frauenraub?«

»Ja, das gab es in Swanetien. Wobei die traditionelle Form über die Brautwerbung ging, das heißt, es wurde ein Vermittler geschickt, ein Mediator. Richtig ist aber auch, dass es Frauenraub gegeben hat. Ich kann jetzt gar nicht sagen, wann ich zum letzten Mal davon gehört habe; vielleicht in den 1990er-Jahren. Und da ist einmal ein Junge gewesen; davon habe ich gehört. Ich glaube, das war dann schon gar nicht mehr in Uschguli. Jedenfalls: Der hatte Gäste. Diese Gäste waren die besten Freunde seiner Schwester, sechs Personen. Und für eine Woche waren sie zu Besuch. Am Tag der Abreise sollte der Junge nun diese Frauen zum anderen Dorf begleiten, dorthin, woher sie gekommen waren. Sie nahmen ein Auto und sind alle eingestiegen; dazu auch drei, vier Jungs. Und auf der Mitte der Strecke, wo kein Mensch wohnt, hielt dieser eine Junge dann den Wagen an. Er war bewaffnet. Er sagte zu den Frauen, dass sie keine Angst haben müssten. Nur zu der einen Frau sagte er: ›Du aber, du bleibst jetzt bei mir!‹ Und dann brachte er diese eine Frau in sein Dorf. Ich kann einfach nicht ihr Gesicht vergessen; diese Riesenveränderung. Du liebst ihn nicht. Und du kennst ihn eigentlich gar nicht. Aber wenn du von ihm geraubt worden bist, musst du bei ihm bleiben. Denn wenn du nicht bleibst, und deine Familie würde dich wiederaufnehmen, kann dieser Mann Blutrache nehmen. Es ist eine große Schande für den Mann, nach dem Gesetz in den Bergen, wenn ihm eine Frau entzogen wird. Ja, und bei dieser Blutrache wird nicht die Frau getötet, sondern ein Mann, der den Namen dieser Frau trägt. Und daran denken die Frauen. Und deshalb bleiben sie. Auch diese Frau ist geblieben. Aber heutzutage, da sich die Gesetze geändert haben, die offiziellen sowie die ungeschriebenen, leben die beiden nicht mehr zusammen. Sie ist mit den Kindern zurück nach Hause gefahren ... Heutzutage gibt es bessere Verbindungswege, es gibt Internet ... Das trägt dazu bei, dass die heutigen Frauen anders sind, mutiger und selbstbewusster reagieren können. Schade ist es trotzdem, dass so etwas in diesem Jahrhundert noch passieren musste.«

»Und wie war das nun mit dieser 71-jährigen Frau?«

»Ja, sie hat bei uns gegenüber gewohnt. Und wenn ich bei ihr vorbeiging, hörte ich immer, wie die Frau geweint hat. Sie jammerte auf Swanisch. Sie ging dazu auf ihr Feld, wo sie etwas angebaut hatte, Zwiebeln und so. Und dort hat sie gesessen und um ihren verstorbenen Mann geweint. Auch der Mann, welcher sie dann geraubt hat, war früher schon verheiratet gewesen. Und auch seine Frau war gestorben. Und nun wollte er eine neue Frau haben. Er war auch schon in den 70ern. Und da ist er mit dem Pferd los, ist zu ihr geritten und hat sie entführt.«

»Aber kam diese Frau denn noch hoch aufs Pferd?«

Irine lacht, wieder in ihrer freundlichen Art: »Ich weiß es nicht. Jedenfalls lebten die beiden, wie es überall erzählt wurde, fortan gut zusammen und waren dabei sehr glücklich.«

Irine erzählt dann noch von ihrem Vater, der sehr streng zu ihr und ihrer Schwester gewesen war: »Da hatte man eigentlich keine Chance, dass man jemanden mal trifft.«

»Ja, aber eigentlich hat er euch dann doch geschützt.«

»Natürlich. Aber ich denke trotzdem, das war auch ein bisschen übertrieben. Die haben immer Angst gehabt. Mein Vater sagte oft: ›Dir vertraue ich, den anderen aber vertraue ich nicht.‹ Meine Mutter hingegen war ganz liberal. Sie meinte immer, dass man alles Gute auch erleben soll. Sie hat alles aus unserer Perspektive gesehen.«

Der Krieg

Uschguli liegt auf 2.200 Metern Höhe, am Berg Schchara, dem mit 5.200 m höchsten Berg Georgiens, an den Quellen des Enguri und Kwischri. Uschguli ist ein Dorf, das aus mehreren Ortsteilen besteht. Der Name selbst bedeutet so viel wie *furchtloses Herz*.

Seit dem 6. Jahrhundert vor Christus ist der Ort besiedelt. Im Winter, also etwa von Oktober/November bis Ende April, ist Uschguli völlig eingeschneit und abgeschnitten von der Welt. Das

Überwintern ist hart. Es müssen ausreichend Vorräte angelegt sein, sowohl an Speisen als auch an Holz, damit das Feuer nie ausgeht. Seit dem Unglück 1987, bei dem der untere Ortsteil unter Lawinen begraben worden ist, verbringen immer mehr Einwohner den Winter nicht mehr im Dorf, sondern ziehen in tiefer liegende Orte oder gleich nach Tbilissi. Das Ortsbild ist vor allem geprägt durch die Wehrtürme, die *Koschkis*.

Mein Quartier trägt den Namen *Discover*. Für mich klingt das weltverbunden, offen, eben nach – *Entdeckung*. Der Weg zu *Discover* führt mich mitten durch das Dorf, vorbei an mehreren *Koschkis*, an neuen Häusern und an uralten Ställen. Auf die Kuhfladen unterwegs achte ich automatisch, so naturbelassen der unbefestigte Weg ist.

Zu dieser mittäglichen Stunde ist das Dorf von Touristen bevölkert. Nur wenige von ihnen bleiben dann auch über Nacht. Als ich die zentrale Weggabelung erreiche, geht es nicht weiter. Der Weg ist blockiert: Zwei große Hunde mit weißem Fell kämpfen gegeneinander. Beide wirken wie eine Mischung aus Schäfer- und Hirtenhund und fletschen ihre Zähne. Wir Passanten bleiben stehen und halten die Distanz.

Nur einer der Touristen versucht Courage zu zeigen. Er geht einen kleinen Schritt vor, um dazwischenzugehen. Aber dieser kleine Schritt reicht aus, damit sich der Groll der beiden Halbwölfe nun direkt gegen ihn richtet. Der Mann hält inne und geht gleich darauf diesen Schritt langsam, vorsichtig wieder zurück. Und sofort verbeißen sich die beiden erneut ineinander.

Und so stehen wir, verteilt an den Zugängen dreier Wege, zwischen Wehrtürmen, Misthaufen, Feldsteinhäusern, und vermögen nichts weiter zu tun als abzuwarten. Die beiden Tiere scheinen von Tollwut ergriffen zu sein. Einer der Touristen hält schon sein Handy in der Hand, als wollte er irgendwo anrufen; die Frau neben ihm redet lange auf ihn ein, und er steckt es wieder zurück. Ich frage mich langsam, was für ein *Krieg* hier eigentlich tobt, bis es mir urplötzlich dämmert. Und mit der Kopulation, die dann auch wirklich einsetzt, endet er wieder, dieser *Krieg*. Und Ruhe zieht ein.

Jetzt sind es nur noch wenige Schritte und ich habe das *Discover* erreicht.

Discover

Das geschmiedete, einst hellblau gestrichene, inzwischen halb verrostete Tor signalisiert das Gelände; einen Zaun gibt es nicht. Ich gehe auf das Haus zu und eine junge, schlanke Frau kommt mir entgegen, ja, fast kommt sie auf mädchenhafte Art gesprungen. Ich schätze sie auf höchstens Mitte Zwanzig, um später zu erfahren, dass sie bereits einunddreißig ist. Das also ist Tamuna, Mariams Zwillingsschwester. Tamuna ist mir auf Anhieb unglaublich vertraut und wir wechseln sofort zum Du. Wir reden in einem Gemisch von Russisch, Englisch und Deutsch.

»Komm an!«, ermuntert sie mich freudig. »Meine Mutter bereitet schon das Zimmer für dich vor.«

Also schiebe ich einen der roten Plastikstühle unter den großen Sonnenschirm, denn die Sonne brennt heiß, intensiv, und positioniere mich dabei so, dass ich von hier aus, von Tschibiani aus als dem oberen Teil des Dorfes, auf die weiter unten liegenden Ortsteile schauen kann. Kaum aber habe ich Platz genommen, erfasst mich eine unerwartet tiefe Berührung und mir kommen die Tränen, ohne dass ich wüsste, warum. Ich weiß es bis heute nicht.

Tamunas Mutter ruft jetzt nach mir und winkt mich ins Haus herein. Makwala Tscharkwiana ist vielleicht zehn Jahre jünger als ich und nicht nur kräftig gebaut, sondern auch wirklich körperlich stark. Kaum sind die Zimmer hergerichtet und hat sie mir das meinige gezeigt, beginnt Makwala damit, Holz zu hacken; und das für die nächsten drei Stunden.

Mein Zimmer ist das hinterste, wobei das Fenster zum Nachbargrundstück führt, konkret – zu einem Stall. Und jeden Abend

Blick vom Discover zum Dorf

werden nun unter meinem Fenster die Kühe gemolken werden. Ich richte mich häuslich ein.

»Momentan kommt der Strom immer nur abends«, bedauert Tamuna, als ich wieder im Offenen bin. »Irgendetwas ist kaputt. Aber das betrifft das gesamte Oberdorf.«

»Und gibt es WLAN?«

»Ja, das gibt es. Nur eben nicht immer.«

»Dieser Ort, diese Berge, diese Türme«, sage ich und verfalle gleich wieder in merkwürdige Andacht. »Das alles ist zum Weinen schön. – Ihr kommt aus Uschguli?«

Mariam und Tamuna sind in Uschguli geboren und hier aufgewachsen, bis zum zehnten Lebensjahr. Aber seit dem großen Lawinenunglück 1987 überwintert die Familie nicht mehr im Dorf, sondern geht spätestens Anfang November in die Wohnung nach Tbilissi.

»Du bist Schriftstellerin, ja?« fragt Tamuna, bevor sie zu erzählen beginnt. »Vor zwei Tagen ist schon wieder ein Turm eingefallen, bei uns im Oberdorf. Es werden immer weniger Türme. 1920 sind es noch 200 gewesen; jetzt sind es gerade mal vierzig. Und niemand hilft uns. Die Regierung sagt, sie hätte kein Geld.«

»Aber gehören diese alten Wehrtürme nicht mit zum UNESCO-Weltkulturerbe?«

»Ja, denn es sind sehr alte Türme, die ältesten sind aus dem achten Jahrhundert. Eigentlich müssten sie alle stabilisiert werden, und zwar mit der alten Substanz, und auf dem alten Weg. Man kann sie nicht einfach wie neu machen. Dann halten sie nicht. Zum Beispiel wollten sie hier wieder einmal einen Turm erneuern. Und weil sie dafür Steine gebraucht haben, haben sie im Dorf nach Steinen gefragt. Einige Leute hatten ja noch ihre Dächer mit diesen Steinen gedeckt. Und die haben ihre Steine dann für die Türme weggegeben. Nun sind ihre Dächer aus Blech. Aber eigentlich hätte man es so machen müssen wie früher. Natürlich braucht es viel Zeit, das Sammeln, wenn man losgeht und die Steine aus den Bergen holt, so wie es unsere Vorfahren gemacht haben. – Unsere Türme fallen ein. Und diese Türme sind mit das Älteste, was es in Georgien überhaupt gibt. Die Regierung sagt jedenfalls, dass viel mehr Touristen nach Sighnaghi als nach Swanetien fahren. Und deshalb geht auch das Geld dorthin und nicht so viel zu uns. – Alles wird immer nur halb gemacht. Das macht mich so traurig, und auch wütend. Vielleicht machen wir eine Aktion und sperren nächste Woche einfach die Straße nach Mestia. Vielleicht wachen sie dann endlich auf!«

Tag 21 Filme

Dinola

Tamuna und ich sitzen vor dem Haus, auf roten Plastikstühlen, im üppigen Grün des wild wachsenden Grases. Mutter Makwala hackt wieder seit einer halben Stunde Holz. Und wir sprechen über Mariam und ihre Filme; zuerst über *Dinola*. Mariam selbst wollte nie Regisseurin werden, sondern Anwältin. Zugleich war da aber auch die Geschichte ihrer Großmutter: »Sie wollte Lubas Geschichte erzählen«, erklärt mir Tamuna. »Unsere Großmutter hat immer so bitterlich geweint, sobald sie an die Zeit dachte, als sie noch ein Kind gewesen und ihre Mutter fortgegangen war. Und ihre Mutter musste gehen. Denn der Mann war gestorben und sofort kamen zwei Männer aus dem Nachbardorf; einer davon legte ihr und ihren Eltern ein paar Patronen auf den Tisch und sagte zu den Eltern: ›Wenn sie morgen nicht mitgeht.‹ Und das bedeutete: Wenn sie nicht freiwillig mitgeht, wird es Blutrache geben. Und so ist sie dann also mitgegangen. Nur das Kind, unsere Großmutter, durfte nicht mit. ›Ja, das war so schlimm‹, sagt unsere Großmutter noch heute und weint. Sie vergisst es nie. Für sie ist das immer wie heute.« Mit der Geschichte ihrer geliebten Großmutter wachsen Mariam und Tamuna auf. Und dann kommt der alles entscheidende Moment: »Damals war ich in Uschguli und hatte gerade die Schule abgeschlossen. Und da fiel mir ein dünnes Büchlein in die Hände: Erzählungen über das Leben im alten Swanetien, über Bräuche und Traditionen. Kaum hatte ich dieses Buch ausgelesen, wurde mir klar: ›Darüber muss ich einen Film machen!‹«, erzählt mir Mariam später. »Ich stellte mir das alles ganz einfach vor. Ich ahnte ja nicht, wie kompliziert es ist, einen Film zu machen. Aber ich begann mich durchzufragen. Und zuerst musste ich einen Pilot-Film machen, um damit für den langen Spielfilm überhaupt einen Produzenten zu finden. Auch das georgische Filmzentrum hat geholfen. Und alles Geld, was ich bekommen konnte, habe ich erst einmal für diesen Kurzfilm ausgegeben, für *Dinola* – für Kamera, Kostüme ... Aber zehn Tage vor dem Shooting gab es noch ein anderes Problem: In Folge einer Polizeimaßnahme kamen mein Bruder, mein Ehemann und noch weitere ins Gefängnis. Bis heute steht Aussage gegen Aussage. Aber auch hier hat das georgische Filmzentrum geholfen, sodass mein Bruder, mein Ehemann und die anderen gegen finanzielle Auflagen, dann doch noch bei den Dreharbeiten dabei sein konnten. Mein Bruder hat ja auch mitgespielt. Und meine Schwester Tamuna war Mädchen für alles. Ich selbst hatte mich um die einzelnen Szenen gekümmert; ich sah ja bereits alles klar vor mir. Wir haben dann in Uschguli gedreht. Und die Darsteller sind alle von uns, alles Swanen.«

Dinola ist ein Film, der mit nur fünfzehn Minuten Dauer sowohl durch die Handlung berührt als auch mit den Bildern ästhetisch eindrücklich anspricht. Es geht um das kleine Mädchen, das Mariams und Tamunas Großmutter einst gewesen ist.

»Das Kind, das in *Dinola* spielt«, erzählt mir Tamuna weiter, »ist zum Zeitpunkt der Dreharbeiten gerade drei Jahre alt geworden. Aber sie wirkt größer, älter. Eigentlich suchten Mariam und das Team ein Kind von sechs oder sieben Jahren, aber sie fanden keines. Sie haben in allen swanischen Schulen geschaut. Schließlich gingen sie auch in einen Kindergarten. Die Kinder wurden ihnen vorgestellt; und alle Kinder standen da, mit gesenkten Köpfen, schauten zu Boden; und nur ein Kind schaute Mariam direkt an; und für dieses Kind haben sie sich dann auch entschieden.«

Mariam Khatchvani selbst erzählt mir später zu ihrer Arbeit mit diesem kleinen Mädchen: »Weißt du, wenn ich arbeite, weiß ich genau, was ich brauche. Und ich brauchte genau dieses Kind. Aber es gab *noch* etwas Besonderes: Das Mädchen hat nicht gesprochen. Wir haben gewartet – sechs Stunden, sieben Stunden, einen ganzen Tag. Das Kind sprach nicht. Am Ende spricht es insgesamt nur drei, vier Sätze im Film. Mehr kam einfach nicht. Denn dieses Kind hat vor allem geschaut, gewartet und geschaut; und immer wieder hat es die Arme verschränkt. Und erinnerst du dich noch an die Szene im Zimmer, als sie aufwacht und die Mutter ist weg? Das geschieht alles wirklich. Wir haben die Kamera versteckt. Keiner war im Zimmer. Das Kind war allein. Erst hat es geschlafen, dann ist es aufgewacht. Und als es sah, dass es allein war, dass die Mutter weggegangen war, da hat es angefangen zu weinen. – In *Dinola* gibt es auch eine Szene mit einer Beerdigung: Bei einer Beerdigung wird normalerweise geweint, geklagt, auch geschrien. Aber weil die Darsteller alles Laien gewesen sind und Swanen eben, die sich von nichts und niemandem etwas befehlen lassen, hatte ich das Gefühl, ich kann die Leute jetzt nicht darum bitten, zu weinen; das wäre zu viel verlangt. Ich sagte also nur: ›Ein Mann ist gestorben. Nehmt Abschied von ihm.‹ Eine der Frauen kam daraufhin zu mir und flüsterte: ›Wenn du möchtest, kann ich auch weinen.‹ Ich war erstaunt und fragte: ›Kannst du das denn?‹ – ›Ja‹, antwortete sie. ›Und wenn ich weine, werden auch alle anderen weinen.‹ Und so war es dann auch.«

Mariam

Der Film *Dinola* ist auf Youtube zu sehen, wohingegen *Dede* – auf swanisch: *Mutter*, oder auch: *Großmutter* –, zur Zeit meiner Georgienreise noch nicht im öffentlichen Verleih ist, sondern erst einmal auf den verschiedenen internationalen Filmfestivals läuft. Ich selbst sehe ihn später in Deutschland, auf dem Festival in Braunschweig. Und wenn es auch in Braunschweig leider nicht zu einem Preis gereicht hat, so ist 2017 der Film *Dede* doch Gewinner des Jury-Preises beim Batumi International Arthouse Film Festival, des Publikumspreises beim Mediterranean Film Festival in Montpellier und nicht zuletzt Gewinner des UNESCO-Preises bei den Asia Pacific Awards.

Mariam ist 31 Jahre alt, kommt nicht vom Fach und schafft es trotzdem, diesen Film über ihre Großmutter zu machen, über die alten Bräuche und Traditionen. Sie agiert in dieser Sache im Auftrag der Ahnen und mit deren Unterstützung. Als ich sie frage, wer ihr geholfen hat, überlegt sie erst und meint dann: »Gott hat mir geholfen; und meine Mutter. Meine Mutter hat mir unwahrscheinlich geholfen: Sobald sie hörte, dass ich diesen Film machen möchte, brauchte ich nicht mehr putzen, nicht mehr kochen ... Ich habe nur noch gemalt und geschrieben. Das Skript für *Dede* habe ich dann zusammen mit dem Produzenten geschrieben, mit Vladimer Katcharava und Irakli Solomonashvili. Und mit dem Kameramann Konstantine-Mindia Esadze, der aus einer berühmten georgischen Filmfamilie kommt, habe ich die Einstellungen besprochen: Dabei gab es viel Kampf, denn er hatte ganz andere Vorstellungen als ich. Und er hatte das ja auch studiert, besaß Erfahrungen. Und ich? Inzwischen habe ich das auch studiert. Damals aber hatte ich nur einfach die Bilder. Die habe ich vor mir gesehen und aufgemalt.«

»Und wer von euch beiden hat dann *gewonnen*?«

»Wir haben wirklich viel gestritten. Aber am Ende wurde alles so gemacht, wie ich es vor meinen Augen schon gesehen hatte. – Aber auch sonst gab es Kämpfe. Du weißt, dass wir im Januar die Geister immer zu uns einladen, die Verstorbenen? Und diese Geister lieben keinen schmutzigen Schnee und würden auch nicht kommen. Aber es ist merkwürdig: Immer kurz vor diesem Tag, an dem die Geister kommen, fällt frischer Schnee. Das ist jedes Jahr bei uns so. Und jetzt sollte also diese Szene mit der Tradition der Geister gedreht werden. Der Kameramann schimpfte: ›Der Schnee ist zu schmutzig für die Aufnahmen!‹ Ich sagte zu ihm: ›Du kannst ruhig sein: In dieser Nacht wird es noch schneien!‹ Natürlich glaubte er mir nicht. Aber es schneite tatsächlich in dieser Nacht und am nächsten Tag lag frischer Schnee. Seitdem hatte dieser Mensch Respekt vor mir und er sagte: ›Mariam, du hast nicht studiert. Du hast keine Erfahrungen mit dem Film. Aber ich sehe, dass du vielleicht mehr weißt als ich.‹ Weißt du, ich arbeite aus dem Herzen heraus. Wie soll ich sagen: Ich weiß es, ohne dass ich es weiß; aus einem Gefühl heraus, weiß ich es.«

Dede

Der Film *Dede* erzählt die Geschichte einer jungen Frau, die trotz alter Traditionen und Bräuche versucht, ihre Liebe zu leben. Auch *Dede* wurde in Uschguli gedreht und, bis auf eine Ausnahme, ausschließlich mit Laien besetzt, welche aus Uschguli selbst kommen oder aus der Umgebung. Dabei sind diese Laien von ihrer inneren Art her gar nicht in der Lage etwas zu spielen, oder gar sich zu verstellen; denn immer bleiben sie, unverstellt, wer sie sind. Im Film führen sie dann einfach noch einmal ihr eigenes, seit alters her ritualisiertes Leben, bloß eben vor der Kamera.

»Aber«, erzählt mir Tamuna, während wir noch immer, mit Blick auf die alten Wehrtürme, vor dem Gästehaus *Discover* in der Sonne sitzen, »wir Swanen sind eigen. Heute sagen die Leute: ›Ja!‹, aber morgen ist es für sie schon wieder anders. Und dann sagen sie: ›Nein!‹. Und dieses ›Nein!‹ meinen sie auch so. An keinem Tag wussten wir, wer dann wirklich zum Drehbeginn da sein wird. Manche sind auch gekommen, haben die vielen Kameras und alle diese Leute gesehen

Luba, die Großmutter von Mariam und Tamuna

und sind gleich wieder gegangen. Ich war die rechte Hand meiner Schwester und habe mich um unsere Leute gekümmert.«

Tamuna erzählt von einer alten Frau, welche eine der Großmütter spielen sollte: »An zwei Tagen ist sie zu den Dreharbeiten gekommen; aber am dritten Tag kam sie plötzlich nicht mehr. Wir sind dann zu ihr nach Hause gegangen, um nachzusehen. Da lag die Frau angezogen und ausgestreckt auf ihrem Bett und sagte: ›Ich komme nicht mehr.‹ Wir baten und bettelten. Aber sie sagte immer nur: ›Ich muss jetzt schlafen.‹ Wir baten weiter. Und da sagte sie: ›Ich kann nicht mehr zu euch kommen, denn wenn ich wieder zu euch komme, werde ich sterben. Und das möchte ich nicht.‹ Und sie ist wirklich nicht mehr gekommen; und gestorben ist sie auch nicht.«

Als ich zwei, drei Tage später das Museum im Turm besichtigen möchte, welches sich im unteren Dorf und hinter der Brücke befindet, ruft mich plötzlich jemand. Es ist eine alte Frau, die auf einer Bank am Turm sitzt und mich zu sich heranwinkt. Es ist Hochsommer. Sie aber steckt in weichen Stiefeln, in Socken, langer Hose und darüber einem Rock; Pullover, Weste, Schürze sowie einer über die Schultern gelegten Jacke. Um den Kopf gebunden trägt sie ein schwarzes Kopftuch mit weißen Punkten.

Als ich bei ihr ankomme, hat sich die Frau schon erhoben und beginnt mir, gestützt auf ihren Stock, etwas zu erzählen. Ich nehme an, sie spricht Swanisch. Ich verstehe jedenfalls kein Wort. Sie macht eine wegwerfende Handbewegung. Zugleich schaut sie mich so erwartungsvoll an, fast zutraulich, dass ich ihr Gesicht vorsichtig mit beiden Händen fasse und es rechts und auch links küsse. Jetzt lacht sie und schickt mich, immer noch lachend, endgültig weg.

»Ja«, bestätigt mir Tamuna, als ich es ihr erzähle. »Das ist sie. Und sie sitzt immer am Turm auf ihrer Bank.«

Alte Bräuche

Es gibt eine ganze Reihe von Aufzeichnungen und auch filmischen Dokumentationen, welche Außenstehende über Swanetien und über das Leben der Swanen gemacht haben und machen. Mit *Dinola* und *Dede* erzählen Swanen, noch dazu in eigener Regie, selbst über sich; sie lassen sich nicht darstellen, sondern sie selbst nehmen ihre Geschichte in die Hand, erzählen sie, und stellen sich selbst dar. Mariam stellt im Spielfilm *Dede* einige dieser alten Bräuche dar.

Der Schwur

Ein Mann ist in den Bergen gestorben und wird von einem anderen, der ganz in der Nähe war, nach Hause gebracht. Nun wird ihm vorgeworfen: »Du hast ihn getötet!« – Diese Anklage kann nur durch einen Schwur aus der Welt geschafft werden, durch den Schwur auf die goldene Ikone des Heiligen Georg. Dazu braucht der Betroffene drei Bürgen. Mehrere Zeugen, allesamt Männer, wohnen dem Schwur bei.

Albträume

Der Ehemann hat Albträume. Da bindet ihm seine Frau ein rotes Bändchen um das Handgelenk; zuerst ihm, und dann auch sich selbst: »Das wirkt wie ein Gebet«.

Krankheit

Erkrankt jemand, zum Beispiel an Masern, dann wird der gesamte Raum mit roten Fäden und Bändern geschmückt ... Krankheit liebt rote Farbe. Deshalb geht sie gern dorthin, wo das Rote ist. So verlässt sie den Kranken und er wird wieder gesund.

Der Onkel von Mariam und Tamuna ist schon als Kind gestorben, mit vier Jahren, an einem Virus. Und das hatte sich so ergeben: Für ein anderes, krankes Kind im Dorf wurde eine Versammlung der Kinder gemacht, um den Kranken seelisch aufzubauen. Aber bei dieser Versammlung der Kinder steckte sich der Kleine an und ist dann an diesem Virus gestorben. Es war Winter, und das Dorf abgeschnitten. Es gab keine Medizin im Dorf. Und es gab auch keinen Weg, um von irgendwoher Medizin zu holen.

Spielzeugtiere

An einem besonderen Tag, einem Festtag vielleicht, oder wenn ein Kind krank war, wurden aus süßem Teig kleine Spielzeugtiere geformt. Das waren alles Tiere, die das Kind gut kannte – Pferde, Schweine, Hühner und Hähne ...

Tag 22

Geister

Geister

In der Woche der Geister, d. h. in Anwesenheit der Geister, bitten die Menschen einander um Verzeihung. Die Geister vermögen in dieser Zeit Versöhnungen sehr zu unterstützen. So erzählen sie es mir; erst Tamuna, später Mariam.

Bevor in Swanetien am 7. Januar Weihnachten gefeiert wird, wird zwei Monate zuvor gefastet. Also darf weder Fleisch noch Käse gegessen werden. Neujahr wird dann am 14. Januar begangen.

Was nun diese Woche der Geister betrifft, beginnt sie am ersten Montag nach dem Neujahrstag. Alles im Haus wird mit Wasser gewaschen. Sogar das sowieso schon saubere Geschirr wird noch einmal gewaschen und der Tisch für die Geister festlich gedeckt: mit Tschatscha und Wasser, einem großen, runden Käse, einem ganzen Schwein ... Die Seelen sollen sich freuen, wenn sie bei den Lebenden sind. Die Geister – das sind die Seelen der Verstorbenen dieser Familie. Es sind die eigenen Leute.

Wenn die Geister kommen, muss frischer Schnee liegen. Dann wird die Tür aufgemacht und die Geister herein- und zu Tisch gebeten. Wenn die Geister mit im Raum sind, drehen die Männer des Hauses diesen Tisch um 360 Grad, zuerst insgesamt, dann auch die einzelnen Gläser und Krüge.

Am zweiten Tag gehen die Geister in die Berge. Dort sprechen sie mit Gott und beten für ihre Familie. Und die Menschen zu Hause beten auch. Am Abend kehren die Geister wieder zurück ins Haus.

Die Woche der Geister ist unterschiedlich lang; sie beginnt an diesem ersten Montag nach Neujahr, endet aber in jedem Falle am 21. Januar. Dann gehen die Geister wieder zurück in ihre Welt. Sie werden zur Tür des Hauses gebracht, besser aber ist es noch, sie gleich bis zur Kirche zu begleiten, um sie dort zu verabschieden. Kaum sind die Geister davon, wird erneut alles im Haus mit Wasser gereinigt.

»Der Mensch besitzt nach unserer Vorstellung nur ein einziges Leben«, erklärt es mir Tamuna: »Die Seelen der Verstorbenen leben dann im unsichtbaren Bereich weiter. Zu den Feiertagen mit den Toten werden die Geister herbeigerufen.«

Der Zufall will es, dass ich gerade am 13. Juli, *Petre-Pawloba,* in Uschguli bin. Auch *Petre-Pawloba* ist ein Tag der Begegnung der Lebenden mit den Toten. Makwala, die Mutter, lädt mich ein, mit ihr durchs Dorf zu gehen. Etwas weiter unten am Fluss wohnen ihre Verwandten. Und in der Küche, dort auf ihrem Bett, sitzt dann die Großmutter, über deren Leben in *Dinola* und *Dede* erzählt wird. Makwala führt mich zu ihr.

Makwalas Mutter, Tamunas und Mariams Großmutter sieht mich kommen und strahlt, als ob wir uns schon lange kennen und lieben. Anschließend beginnt sie behutsam über ihre Knie zu streichen. Dabei jammert sie leise vor sich hin. Und plötzlich fragt sie mich, mit Hoffnung im Blick, nach einer die Schmerzen lindernden Salbe. Aber ich habe keine. Die Großmutter atmet tief durch und sagt: »Dann muss es auch so gehen.« Sie küsst Makwala die Hände, immer wieder, winkt dann auch mich zu sich heran, um mir die Hände zu küssen, und bricht gleich darauf in Tränen aus. Obwohl die Großmutter weder Russisch und erst recht nicht Englisch spricht, habe ich das Gefühl alles genau zu verstehen. Auch heute ist ein Tag der Geister, der Toten. Und an der Wand, gegenüber dem Bett der Großmutter hängen hier, in der Küche, die Fotos von ihrem einstigen Ehemann sowie ihrer verstorbenen Tochter, von Makwalas Schwester. Gleich darauf geht es Großmutter Luba wieder um ihre schmerzenden Knie. Und sie lacht, während sie doch wettert, energisch wie eine junge Frau: »Meine Knie schmerzen aber immer noch. Und Sie haben wirklich keine Medizin?« Jetzt muss auch Makwala lachen, und zwar aus vollem Hals: »Großmutter vergisst immer wieder, dass sie kein junges Mädchen mehr ist.«

In der Küche, um uns herum, sind die Frauen des Hauses in Bewegung. Für *Petre-Pawloba* wird gebacken und gekocht. Was ich in diesem Moment noch nicht weiß: Nachher werden alle hinauf zum Friedhof gehen oder auch fahren, nach oben an die Lamariakirche. Und Essen und Trinken werden mit nach oben genommen. Die Lamaria ist vom *Discover*-Gästehaus gut zu sehen. Später steige ich gemeinsam mit Tamuna von hier aus zur Lamaria nach oben.

Das Seitentor zum Friedhof ist verschlossen und Tamuna schimpft, dabei von null auf hundert gehend: »Das ist ein georgischer Priester! Er versteht nichts!« – Dafür steht das Haupttor weit offen. Tamuna schraubt ihre Emotionen sofort von hundert zurück auf hull.

Auf den Grabsteinen sind die Bilder der Verstorbenen eingraviert; sie wirken wie Fotos. Jedes Grab ist eingezäunt mit einem halbhohen Metallzaun, innerhalb dessen nun die einzelnen Familien schon ausgiebig essen und trinken. Ich bekomme sofort ein kleines Wasserglas mit Tschatscha gereicht, wobei mir signalisiert

Auf dem Friedhof zu Petre-Pawloba

wird, dass ich das Hochprozentige insgesamt hinunterkippen soll. Und das ist nun das erste und einzige Mal, dass ich Folge leiste. Auch die Großmutter ist mit dabei. Tamuna sagt zu mir: »Wir machen hier immer alles zusammen.«

Leben im Dorf

Noch nie im Leben habe ich so viel Kartoffelbrei gegessen, bergeweise, noch dazu zum Frühstück. Aber es schmeckt, was mir Makwala auf den Tisch stellt: Kartoffelpüree, mit etwas Maismehl; dazu Kräuter und Paprika. Und immer wieder Spiegelei. Makwala bereitet auch anderes zu, aber dieser Kartoffelbrei wird Teil meiner Erinnerung.

Ich sitze also beim Frühstück. Da sehe ich, wie auf dem Feld hinter dem gegenüberliegenden Haus auf alte Art gepflügt wird.

Zwei Männer sind bei der Arbeit: Der eine Mann führt das Pferd, während der andere gebeugt hinterhergeht, um den Pflug, den er in der Hand hält, so tief wie möglich in die Erde zu drücken, damit die Furche entsteht.

Über die Geschichte der Swanen berichten in Uschguli gleich zwei Museen. Das eine befindet sich ganz in der Nähe vom *Discover* und ist ein altes swanisches Wohnhaus, ein sogenanntes *Machubi*, ausgestattet mit allen möglichen Alltagsgegenständen. Zwei junge Männer, Brüder, führen die Gäste und erzählen vom Leben ihrer Ahnen und der Swanen überhaupt. Und das zweite Museum ist das Museum im Turm an der Brücke.

Wenn ich durchs Dorf gehe und auf Georgisch grüße, *Gamardschoba, Sei der Gewinner!*, grüßt mich keiner zurück. Im besten Falle bekomme ich noch ein Nicken. Also frage ich Tamuna: »Und was heißt auf Swanisch: *Guten Tag?*«

»Chotschaladich!«, sagt sie. Zumindest verstehe ich das so. Und ob ich es nun richtig ausspreche und was es tatsächlich heißt, weiß ich natürlich nicht. Ich sage das fremde Wort, und das mit aller Festigkeit und Energie. Aber wenn ich es sage, dann lächelt manchmal einer – fast.

In Uschguli gab es nie einen König. Und wenn doch einer kam, dann wurde er getötet. Die Frauen brachten ihn nach oben in die Lamaria-Kirche und bildeten einen Kreis um ihn. Der König musste sich auf den großen Herrenstuhl setzen. Dann bekam er roten Wein. Und das war für alle das Zeichen. Sie stürzten sich zugleich auf ihn, um ihn zu töten.

Tamuna sagt es auf ihre Art: »Wir brauchen hier keinen Herrscher, keinen König. Wir regeln alles selbst, untereinander.«

Und tatsächlich haben sich die Swanen in ihrer gesamten Geschichte nie einer fremden Macht unterworfen. Die Swanen gelten als kriegerisches Volk.

»Und die Polizei lieben wir auch nicht. Nur die swanischen Polizisten sind gut für uns, die haben denselben Charakter wie wir. Einmal waren wir auf der Brücke, am Abend. Und da waren auch welche aus dem Nachbardorf. Sie wollten, dass einer von uns, ein bestimmter, rauskommen soll zu ihnen. Sie haben ihn dann mit dem Messer verletzt. Ich hasse sie dafür! Wir haben den Jungen hier zuerst versorgt, das ganze Blut auch weggemacht und ihn dann zur OP nach Mestia gebracht. Die Polizei hat gefragt. Aber wir haben gesagt, dass nichts gewesen ist.«

Zur Schneekatastrophe von 1987, bei der sieben Personen starben, davon fünf Kinder, lag der Schnee drei Meter hoch. Das betraf vor allem das untere Dorf. Tamuna und Mariam waren damals gerade mal ein Jahr alt. Und es gab eine Lawine, die eines der alten Häuser zerstörte. Einige konnten sich in einen der Türme retten und riefen: »Helft uns! Helft uns!« Das war im ganzen Dorf zu hören. Aber bis dahin war es ein Kilometer Entfernung. Es war nicht möglich, ihnen zu helfen. – Ein Vater und seine Kinder wohnten in einem Haus. Der 15-jährige Nachbarjunge und der Vater spielten Karten. Da sagte der Vater: »Geh ins Haus, schlafen!« Der Junge wollte nicht, musste aber losgehen. Unterwegs wurde er von der Lawine erfasst.

Pridon

»Pridon ist ein Maler«, fällt Tamuna plötzlich ein, als wir wieder so zusammensitzen. »Er malt surreal. Er war lange auch der Direktor vom Museum im Turm. Vielleicht gehst du ihn besuchen? – Mit Pridon ist es merkwürdig: Jeden aus unserer Familie hat er schon gemalt; nur mich nicht. Ich frage ihn immer wieder. Aber er macht es einfach nicht.«

So mache ich mich auf den Weg zu Pridon Nizharadze. Auf halber Strecke in Richtung Lamaria-Kirche steht sein Haus, weiß gestrichen, genau wie Tamuna es beschrieben hat. Die Berge rundum sind hoch, wirken sanft und sind bis zum Gipfel begrünt. Die Rinder auf ihrem Weideland sehen aus wie Spielzeug. Wolkenschatten schieben sich langsam über die grünen Berge hinter Pridons Haus.

Pridon mit seinem Einstein-Stecken

Eine Klingel gibt es nicht. Aber ich kann über das halbhohe Tor hinweg in den Garten sehen. Da sitzt weiter hinten, gelehnt an der Hauswand, ein bärtiger Mann, schaut vor sich hin und raucht.

Das Tor ist offen. Und ich trete in den fremden Garten ein, gehe langsam, schaue mich um, sehe aber, außer diesem Einen, weiter keinen anderen, auch *im* Haus, die Tür steht offen, ist niemand zu sehen. Also gehe ich weiter auf diesen rauchenden, bärtigen Mann zu. Überaus langsam führt er seine Zigarette zum Mund, ebenso langsam stippt er kurz darauf die Asche ab.

Ich grüße. Und der Mann nickt zustimmend, bevor er einen kurzen, tiefen Ton von sich gibt.

»Entschuldigung«, frage ich auf Russisch, »hier soll ein Maler wohnen.«

Der Mann nickt erneut, auch der merkwürdige Ton wiederholt sich. Inzwischen ahne ich, dass er selbst der Maler ist. Tamuna hat mir erzählt, dass immer wieder Touristen zu ihm kommen.

»Könnte ich mir Ihre Bilder anschauen?«, frage ich nun, woraufhin es Pridon innerlich durchfährt. Er sagt etwas, stößt Worte aus; unterlegt auch weiterhin von diesem Ton. Der Aufruhr überrascht mich. Zum Glück tritt in diesem Moment jemand aus dem Haus. Es ist Pridons Bruder und natürlich könne ich die Bilder sehen.

Der Bruder des Malers geht voraus, auf eine Tür zu, hinter der eine Treppe nach oben führt, in das Atelier des Meisters. Ich folge ihm. Und auch Pridon, der während unseres kurzen Gespräches seitlich hinter seinem Bruder gestanden hatte, folgt uns eilig. Dabei huscht er mehr, als dass einer sagen könne, er ginge.

Oben angekommen, redet Pridon aufgeregt auf seinen Bruder ein. Immer wieder höre ich das Wort *transzendental*. Erst als der Bruder auf Russisch zu Pridon sagt: »Sie ist aber auch transzendental!«, hält der Maler überrascht inne, wird ruhig und es geschieht erst einmal nichts weiter.

Dann aber bekomme ich diese komische Eingebung, bekomme selbst Bilder und beginne zu erzählen: »Sie haben immer gemalt, gezeichnet. Sie haben sogar in der Schule immer gezeichnet. Sie haben im Unterricht gar nicht aufgepasst. Alles haben Sie vollgezeichnet – ihre Hefte, ihre Bücher, sogar die Bank ...«

Pridon steht da, aufmerkend, und es sieht aus, als würde er vergessen zu atmen. Nach der Pause, die ich dann lasse, nickt er, wieder so langsam, und ergänzt: »Und auch bei der Armee habe ich immer gezeichnet.« Das Eis ist gebrochen. Was weiß denn ich, welche swanischen Geister mir da geholfen haben. Jedenfalls beginnt er unverzüglich mit einer kleinen Führung und sein Bruder zieht sich zurück. Pridon zeigt mir ein Bild nach dem anderen. Und ich verstehe sowohl den Inhalt seiner Rede als auch seine Bilder nur phasenweise. Aber ich fühle: Das alles ist hier echt. Das ist nicht künstlich, sondern Kunst; das ist authentisch. Pridon bekommt die Bilder, und er als Maler vergegenständlicht sie.

In Pridons unbetontem, unablässigem Redefluss bemerke ich so nach und nach Wörter, die sich wiederholen. Und diese Wörter sind: *transzendental*, *kosmogon* und dann auch – *galaktische Spirale.*

Ich habe keine Ahnung, was er alles damit verbindet. Im Laufe seiner Rede und während seines starren, zugleich aufmerksamen, ja, intensiven Blickes immer direkt in meine Augen hinein, fühle ich mich relativ schnell von Uschguli weggebeamt und irgendwo frei schwebend zwischen Planeten und Sternen im Weltall.

»Galaktische Spirale«, wiederholt er – er spricht ein klares und für mich gut verständliches Russisch –, und verschwindet dann in einer Seitenkammer, um kurz darauf mit einem durchsichtigen Plastikbeutelchen zurückzukommen. Er greift vorsichtig hinein und bringt einen versteinerten Ammoniten zum Vorschein.

»Galaktische Spirale!«, wiederholt er und weist mich auf die Spiralform des versteinerten Gehäuses hin; Zeichen der Ewigkeit.

»Wo haben Sie die gefunden?«

Pridon regt sich gleich wieder auf. Offenbar hat er erwartet, dass ich, transzendental wie ich bin, das sowieso weiß. Aber er antwortet dann doch: »Na, hier, am Gletscher, in den Bergen. Hier befand sich das große Meer. Hier ist es gewesen. Aber bei Poti, das ist dann das Schwarze Meer.«

Die Hafenstadt Poti gehört mit zu Oberswanetien. Sie liegt am Schwarzen Meer, im kolchischen Tiefland, an der Mündung des Rioni, in der Antike: des Phasis. In unmittelbarer Nähe von Poti befand sich im sechsten Jahrhundert vor Christus eine griechische Kolonie und die antike Stadt Phasis. Der Argonautensage nach befand sich wiederum an der Mündung des Flusses Phasis die Stadt Aia, wo König Aietes herrschte. Und hierher waren Jason und die Argonauten, auf ihrer Suche nach dem Goldenen Vlies, gekommen.

Inzwischen ist Pridon dabei, den versteinerten Ammoniten wieder wegzupacken. Dabei schaut er mich offen an, wie: ›Jetzt muss ich dir aber etwas sagen!‹ Und er sagt, was ich den Worten nach klar verstehe, aber nicht dem Inhalt nach: »Meine Seele geht davon. Ich male nicht mehr. Im Herbst geht meine Seele davon.«

Während ich seiner Bemerkung noch nachhänge, ist Pridon bereits beim nächsten Thema. Dabei geht es um nichts weniger als um die Erdrotation sowie die Neigung der Achse. Gerade demonstriert er mir, eilig, mit Hilfe seines rechten Unterarmes die Zunahme dieser Neigung, um mich dann auf sein Bild *Gott in Swanetien* aufmerksam zu machen, vor dem wir jetzt stehen.

Im Bild hängt unsere Erdkugel mitten in einem Feuer, wobei, interessanterweise, jedenfalls so, wie ich es sehe, die Erde selbst nicht in Flammen steht. Vergleichbar ist das Ganze auch mit einer swanischen Feuerstelle: Hier brennt das Feuer und darüber hängt der Kessel, der heilige Kessel, die Erdkugel, in dem das *Essen* zubereitet wird. In diesem Feuerbereich nun, in dem die Erde hängt, erscheint die Zahl 50.000.000, aufgebracht auf eine Reihe von Patronenhülsen, welche zugleich festverpuppten Wickelkindern ähneln. Nur sind da keine Baby-, sondern Totenköpfe gemalt. Und auf dieser Erde stehen sich zwei Pole gegenüber. Auf der einen Seite ist da Hitler im Hakenkreuz und auf der anderen Stalin im roten Stern.

Über alledem, im Himmel oder wo auch immer, jedenfalls darüber angeordnet, hängt bzw. liegt einer, gelehnt an einen Regenbogen, sehr leger da, ein Mann mit einer Art Turban auf dem Kopf, ein Mann, vielleicht Gott, aus dessen Körper ein roter Blitz auf die Erde geschleudert wird. Innerhalb der Erdkugel entstehen dadurch Risse. Und diese galaktische Spirale, von der Pridon immer wieder gesprochen hat, findet sich innerhalb dieses Himmelsbereiches gleich dreimal wieder. An klaren, hellen Farben mangelt es dem Bild nicht – grün, gelb, rot, blau und violett.

Gegen Ende meines Besuches holt Pridon aus der Nebenkammer noch ein weiteres, ihm offensichtlich mindestens ebenso wichtiges Bild hervor. Es ist knapp mannshoch. Als er es vor mir aufstellt, reicht es ihm bis zu den Schultern. Gerade noch sein Kopf schaut darüber hinweg.

Das Bild wirkt wie ein großes Manadala. Und Pridon hat das Bild so gemalt, dass das Eine hinübergeht in das Andere. Alles wird miteinander verbunden, verschmilzt. Dabei wirkt das Gesamte stärker als das Einzelne. Erst auf den zweiten Blick werden die einzelnen Elemente wahrnehmbar. Aber ich muss schon bewusst schauen. Unmengen an Blumen beispielsweise sind zu sehen; und immer wieder Spiralen.

»Sie kommen aus Deutschland?«, will Pridon jetzt wissen. Ich nicke.

»Dann kennen Sie Rainer Kaufmann? Er war hier. Er hat einen Film gemacht.«

Zu diesem Zeitpunkt habe ich von Rainer Kaufmann und seinen georgischen Unternehmungen in Form von Film, Reiseunternehmen, Hotel und Verlag noch nichts gehört.

»Und Sie kommen wirklich aus Deutschland?« Eine Antwort darauf wartet Pridon nicht ab, sondern ist schon beim nächsten Thema: »Ich war einen Monat in der Psychiatrie. Aber ich bin nicht schizophren.«

Diesmal bin ich es, die darauf nichts sagt. Aber ich erzähle ihm jetzt, warum auch immer, dass ich weinen musste, kaum dass ich im Gästehaus *Discover* angekommen war und auf die Türme und Dächer von Uschguli gesehen habe, auf das Grün der Berge: »Ich weiß nicht, warum ich geweint habe.«

Pridon schaut mich groß an und beschließt: »Das waren gute Tränen!«

Pridons Bruder

Später lädt mich Pridons Bruder noch ein. Seine Frau bringt mir einen Tee. Es sind freundliche Leute. Die Frau geht, der Mann bleibt, setzt sich aber nicht zu mir mit an den Tisch, sondern auf einen der Sessel an der Wand.

»Pridon ist schwer zu verstehen. Er weiß so viel. Er ist ein Philosoph. Wir Menschen können das nicht alles verstehen. Auch unsere Eltern haben ihn nicht verstanden. Aber sie haben ihn gelassen. Er konnte immer malen. Unsere Eltern spürten, dass das wichtig ist. Manchmal kann ich verstehen, was er sagt; ein wenig. Pridon ist ein echter, ein reiner Künstler.«

Dann weist mich Pridons Bruder auf das Swastikazeichen hin, immer mal wieder ist es in die Holzbalken geritzt, auch im *Machubi*, im typischen Wohnhaus der Swanen, als Teil der Verzierung: »Hitler hat dieses Zeichen aus dem Kaukasus. Es ist das alte Zeichen für die Sonne. Und er hat auch bestimmt, dass kein Krieg gegen die Swanen und überhaupt gegen Kaukasusvölker geführt werden soll. Er wusste, dass wir wilde Völker sind.«

Rainer

Rainer Kaufmann ist überall und nirgends. Ich nehme Kontakt zu ihm auf, doch eine Verabredung kommt, warum auch immer, nicht zustande. Im Herbst habe ich es längst aufgegeben und treffe ihn dann, völlig unerwartet, zum Stadtfest in der einstigen deutschen Siedlung Bolnissi.

»Pridon meint, wer dich nicht kennt, Rainer, der kann gar nicht aus Deutschland kommen.« Rainer Kaufmann lacht.

»Ja, ich habe ihn 1993/94 kennengelernt zu den Dreharbeiten für die ZDF-Produktion *Gletschergold*. 1993 bin ich zur Recherche in Uschguli gewesen, und 1994 dann zu den Dreharbeiten. Damals war Pridon noch Museumsdirektor. Er war der Chef des Museums im Turm, in Uschguli. Es war damals richtig gefährlich, durch Swanetien zu reisen. Aber Tariel, ein Mathematikprofessor und Swane der oberen Gesellschaftsschicht, hat uns begleitet; auch als Absicherung in der obersten swanischen Gesellschaft. Über Tariel habe ich Pridon kennengelernt. Seitdem komme ich regelmäßig mit Touristen in Pridons Familie. Manchmal ist er völlig verschlossen. Es kann passieren, dass ich hochgehe und er erkennt mich nicht; dann guckt er durch mich hindurch. Und ein anderes Mal, wenn ich hochkomme, steht er im Garten und ruft schon: ›Kaufmann! Kaufmann! Einstein!‹ und freut sich. Das ist unser Begrüßungsritual. Und manchmal ist er auch wieder ganz innen.«

»Einstein? Er hat sich ja auch so einen Stock geschnitzt, mit Gesicht und einer langen, roten, herausgestreckten Zunge.«

»Ja, ja, er *ist* Einstein. Und von dort oben aus, vom Oberdorf aus, begreift er auch die Welt. Da kann er einem in einem Satz, der zehn Minuten dauert, die Welt erklären – von Cäsar über Alexander dem Großen bis hin zu Angela Merkel, Papst Johannes, Papst Benedikt ... Das hat er alles drauf. Hitler – klar, Stalin ... Und Einstein ist eigentlich er. Er fühlt sich als Einstein. Pridon verarbeitet die ganze Menschheitsgeschichte in seinem Hirn. Aber wenn er nicht will, dann will er nicht. Ich habe einen Swanen-Thron aus Holz von ihm. Der steht bei mir in der Rezeption, im Hotel, im *Kartli*, in Tbilissi. Ein tolles Ding. Den habe ich 1993/94 bei ihm gekauft.«

Das Goldene Vlies

Das Goldene Vlies wurde in Kolchis aufbewahrt, in einem heiligen Hain. Es wurde von einem Drachen bewacht. Dieses Goldene Vlies war das Fell eines goldenen Widders, welcher fliegen und sprechen konnte. Diese Legende existiert in verschiedenen Varianten. Allen gemeinsam ist das Folgende:

König Athamas besaß, gemeinsam mit seiner ersten Frau Nephele, zwei Kinder – den Sohn Phrixos und die Tochter Helle. Als der König sich von Nephele trennte und dafür Ino heiratete, kamen seine Kinder aus erster Ehe durch seine zweite Frau in Gefahr, insbesondere Phrixos als der Thronanwärter.

Daraufhin kam ein goldener Widder angeflogen, um die Kinder auf seinem Rücken nach Osten davonzutragen. Helle, die sich während des Fluges nicht genug festhielt, stürzte genau an der Grenze zwischen Europa und Asien ins Wasser und ertrank. Phrixos aber wurde nach Kolchis gebracht und gerettet.

In Kolchis wurde dieser goldene Widder dann den Göttern geopfert. Zum Dank dafür wurde er Sternbild am Himmel und sein goldenes Fell in einem heiligen Hain aufbewahrt.

Die Sage vom Goldenen Vlies gehört zum antiken griechischen Sagenschatz. Zugleich ist Kolchis, West-Georgien, tatsächlich goldreiches Land gewesen. Um den Goldstaub aus den Flüssen zu waschen, wurden, wie es immer wieder erzählt wird, vor allem Schaffelle verwendet, ins Wasser gehalten, damit sich der Goldstaub in ihnen verfängt. Der Höhepunkt dieser Gold-Zeit lag um das 5. Jahrhundert vor Christus.

Wer das Museum im alten Wehrturm an der Brücke in Uschguli besucht, oder auch das Historisch-Ethnographische Museum in Mestia, wird eine Vielzahl von Goldschmiedearbeiten bewundern können – Ikonen, Kreuze ... Schon seit Urzeiten sollen die Swanen Goldwäscherei betrieben haben, wobei sie die Stellen geheim hielten.

Aber wie der Kaukasiologe Heinz Fähnrich in seinem 1993 erstmals erschienen Text *Goldwäsche* dem Leser versichert, hat er selbst einmal solch eine Goldwäsche in Swanetien gesehen. Er schrieb, es habe fast so ausgesehen, als habe da einer mit Schaffellen Fischerei betreiben wollen.

Dass ich selbst nichts dergleichen zu berichten vermag, sagt noch gar nichts. Denn der Sommer als hohe Zeit der Touristen dürfte Ruhezeit für jegliche, geheime Goldwäscherei sein. Aber vorstellen kann ich es mir schon: Das Fell hängt im Fluss, der Goldstaub setzt sich im Fell ab, sodass am Ende eine Art goldenes Vlies entsteht …

In der ZDF-Dokumentation *Gletschergold* von Tina Radke-Gerlach, an der eben auch Rainer Kaufmann mitgearbeitet hat, werden die Schätze der Swanen erwähnt, welche in ihren Kirchen lagern.

Bis heute haben sich in Swanetien die alten heidnischen Glaubensvorstellungen erhalten. Zugleich finden wir in den goldenen Ikonen Jesus Christus, Johannes, Michael, den Heiligen Georg … Mit großer Innigkeit wie Selbstverständlichkeit gehört für die Swanen offensichtlich beides zusammen, das christliche wie das vorchristliche, als wären sie nie auch nur auf die Idee gekommen, das eine vom anderen zu trennen. Eher so, dass das Eine schon da war und das andere noch hinzugekommen ist.

Tag 23

Wege

In meinem Buch bin ich der Herr, bin der Verfasser. Da beten die Leute alltäglich: ›Verfasser unser, der du bist in unserem Buchweltbezirkshimmel‹.

(…) Neuerdings finde ich auch Flugblätter zwischen den Blättern meines Buches. Die sagen: ›Es gibt gar keinen Verfasser!‹ oder ›Buchpersonen, werft euer Thema ab und macht euch zu freien Realpersonen!‹«
Giwi Margwelaschwili in »Vaterunser« (19)

Gletscher

»Du gehst einfach immer geradeaus«, erklärt mir Tamuna den Weg zum Gletscher. Das sind sechs Stunden Weg, drei Stunden für den Hin- und drei Stunden für den Rückweg. »Du brauchst keine Karte. Da sind ja auch überall Leute.«

Der Gletscher gehört zum Schchara, dem höchsten Berg Georgiens. Ich bin kein Alpinist, nicht einmal ein Wanderer, sondern eher Spaziergänger, egal wie viele Stunden es sind. Heute habe ich vor, die Gletscherzungen des Schcharas zu erreichen.

Kurz nach acht Uhr am Morgen gehe ich los und bin auf dem Weg allein. Ich laufe nach oben zur Lamaria-Kirche und dann linksseitig am Enguri entlang. Die Sonne steigt höher. Und als ein breiter, tiefer Bach als Seitenarm des Enguri meinen Weg kreuzt, bin ich immer noch keinem einzigen Menschen begegnet.

»Das kann nicht der richtige Weg sein«, schließe ich daraus und kehre wieder um. Nur wenig später begegne ich einer Frau von Mitte Dreißig. Ich spreche sie an, zuerst auf Englisch. Aber Katharina ist Deutsche, lebt in Frankreich und arbeitet in einem Hotel. Durch Georgien ist sie allein unterwegs.

»Du musst einfach auf die Markierung achten«, macht sie mich auf die Wegzeichen aufmerksam und sondiert erst einmal für sich die Situation. Seit ich nun aber weiß, dass dieser Weg hier der richtige ist, gehe ich gleich anders an die Sache heran: Also folge ich seitlich diesem kraftvollen Bach und finde hundert Meter weiter einen Steg, der über das Wasser führt.

Wir, Katharina und ich, gehen jetzt gemeinsam weiter, erzählen, schweigen, schauen, und kommen dabei dem mächtigen Schchara immer näher. Die Flussauen sind überzogen mit üppigen Blumenwiesen. Und als diese Wiesen enden, beginnt das Feld der Steine. Am gegenüberliegenden Ufer reicht eine erste, mit schmutzigem Schnee verharschte Gletscherzunge bis an den Enguri heran.

Tamuna hatte völlig Recht gehabt: Einer Karte bedarf es wahrlich nicht. Mit Blick zurück ist in der Ferne immer noch der Wehrturm der Lamaria zu sehen und vor uns wartet schon, unübersehbar majestätisch, der Berg. Gerade jetzt kommt der einzige Wegweiser auf der gesamten Strecke und so bekomme ich noch einmal bestätigt, was ich schon weiß.

Uschguli mit dem Schchara im Hintergrund

Hinter diesem Wegweiser erstreckt sich in der Folge das Feld der halbhohen Pflanzen, auch der hochgewachsenen, gelben Orchideen. Katharinas türkisfarbenes T-Shirt leuchtet selbst durch das dichte Blattwerk der Pflanzen und Büsche hindurch. Der Weg wird immer schmaler, steinig auch; und der Gipfel des Schcharas ist mittlerweile in Wolken getaucht.

Schließlich stehen wir am Fuße des Berges. Wobei sich vor uns ein Geröllfeld ausbreitet, auf das sich eine mächtige schmutzigweiße Gletscherzunge geschoben hat. Hier also geht es nun weiter. Und wir, Katharina und ich, beginnen über das Geröll hin nach oben zu steigen. Doch je höher wir steigen, desto kürzer geht mein Atem und die Höhe legt sich mir zunehmend schwerer auf die Brust. Schließlich entscheide ich mich und kehre um. Katharina winkt mir noch zu und dann trennen sich unsere Wege. Kurz darauf, wieder unten angekommen, ist sie nicht mehr zu sehen, nicht einmal eine letzte Spur ihres leuchtend türkisfarbenen T-Shirts. Und wenn sie nun ...?

Mit einem unguten Gefühl mache ich mich auf den Rückweg. Katharina, die ja mit ihrem Auftauchen nun auch zu einer meiner Buchfiguren geworden ist, kann mir nicht gleichgültig sein. Unterwegs beginne ich bereits zu formulieren: »Liebe Katharina, wenn du diese Zeilen liest, hier in meinem Buch, bitte melde dich!«

Als ich drei Stunden später Uschguli auf der Höhe Lamaria wieder erreicht habe, kommen mir fünf Georgier entgegen, vier davon etwas älter als ich, und der fünfte deutlich jünger. Ich grüße sie, erschöpft, mit meinem *Chotschaladich!* Der Älteste unter ihnen reagiert sofort, ungewöhnlich aufgeschlossen: »Ich kenne Sie«, spricht er plötzlich ganz gut Russisch. »Sie waren im Turmmuseum. Kommen Sie mit? Ich lade Sie ein.«

»Wohin? Ich komme nicht mehr weit.«

»Wir gehen nicht weit. Wir wollen uns bloß ein bisschen erholen«, sagt er und hebt demonstrativ seinen vollbepackten Beutel hoch. Erst jetzt bemerke ich auch die beiden Plastikflaschen, die mitgeführt werden; die kleinere Flasche ist, wie ich bald schon erfahre, mit Kognak gefüllt, die größere mit Wein. Dem weiteren, möglichen Verlauf dieser Geschichte wegen schließe ich mich ihnen an. Denn manchmal habe ich das Gefühl, als wären die Geschichten, welche ich unterwegs erlebe, schon da, als wären sie schon irgendwo geschrieben. Und meine Freiheit bestünde nun allein darin, dass ich versuche, sie zu verhindern oder eben nicht. Diese Geschichte hier möchte ich trotz meiner Erschöpfung und allein aus einer blassen Ahnung heraus nicht verhindern. Und so geschieht sie.

Mitten in der Landschaft, etwas abseits vom Weg, kommen wir zu einem Tisch mit zwei Bänken. Als erstes bereiten die Männer ihre *Erholung* vor. Die mitgebrachten Gläser waschen sie unter dem Quellwasser und decken den Tisch. Kurz darauf liegt dieser Tisch voller guter Dinge – Brot, Käse, Lauch, vorsorglich bereits zu Hause geknackte Walnüsse, Tomaten, Gurken, Pfirsiche ...; dazu Kognak und Wein, letzterer von bräunlicher Färbung. Wein wie Kognak sind selbstgemacht, versteht sich. Und spätestens mit dieser *Supra* werden automatisch auch diese fünf Swanen zu Figuren in meinem Buch. Wobei ich sie jetzt nicht im Einzelnen nach ihren Namen frage; wahrscheinlich ist bereits die Formulierung *die fünf Swanen* für die Geschichte genug.

In diesem Moment muss ich an Giwi Margwelaschwili denken, der meines Wissens rein gar nichts mit Swanetien zu tun hat; zugleich aber doch etwas mit der Art, wie sich diese Geschichte von der verlorenen Katharina hier jetzt *weiterschreibt*.

Giwi ist Schriftsteller und Philosoph, 90 Jahre alt und lebt heute in Tbilissi. Ihm persönlich begegne ich leider nie. Die einen sagen, dass er keine Besuche mehr empfängt. Die anderen sagen: »Du musst nur hingehen!« Für mich klingt alles nach einem beschwerlichen Alter und so ist klar, dass ich es lasse.

Aber von allen Seiten wird mir sein Name genannt, von Dato, von Maja, von Bessik ... Zweifellos gehört er mit zu meiner Reise, ist offensichtlich trotz körperlicher Abwesenheit als Buchfigur mit vorgesehen, wobei die Begegnung mit ihm dann eben anders geschieht. Ich schaue auf Youtube nach, finde dort kurze Filme über ihn und mit ihm, höre, wie er in diesen Filmen so sorgfältig auf Deutsch seine Worte wählt, ja, dass er sogar charmant berlinert. 1927 wurde er als Sohn von georgischen Emigranten in Berlin geboren, überlebte hier die Zeit des Nationalsozialismus und den Krieg und war nach dem Krieg gemeinsam mit seinem Vater vom sowjetischen Geheimdienst NKWD von der britischen in die sowjetische Besatzungszone entführt worden. Sein Vater wurde kurz darauf erschossen, was Giwi aber erst Jahre später erfuhr. Giwi selbst, auch er in Gefangenschaft, kommt schließlich in das sowjetische Speziallager Sachsenhausen, und wird 1947 dann gezwungenermaßen nach Georgien gebracht.

Als ersten seiner Texte finde ich beim Stöbern diesen einen, kurzen Text: *Verfasser unser.* Und auf der Stelle vermag ich in diese, seine Weltsicht einzusteigen, bin fasziniert, denn schon immer habe auch ich mich gefragt: Wer *schreibt* uns eigentlich? Und wenn wir *geschrieben* sind, wie viel Freiheit bleibt uns dann?

Und während wir uns nun, die fünf Swanen und ich, so schön bei Brot, Käse und Wein *erholen*, bemerke ich plötzlich, drüben auf dem Weg, etwas Türkisfarbenes, das genau an uns vorübergeht.

»Das ist Katharina!«, rufe ich.

Sofort springt mein Nachbar auf, um Katharina mit zu uns an den Tisch heranzuwinken. Und Katharina kommt. Ich bin wirklich froh über diesen Fort- und Ausgang der Geschichte. Wobei die fünf Swanen damit also bis zum Schluss namenlos bleiben werden, genau wie die Hirten in Margwelaschwilis Roman *Muzal*, den mir Maja in Tbilissi so sehr ans Herz gelegt hatte.

Giwi

Giwis philosophischer Wörtertanz sucht seinesgleichen, vor allem, weil er durch den überraschenden Perspektivwechsel, immer aufs Neue Verblüffendes zutage bringt, und daraus resultierend, Weiteres entwickelt, weiterverfolgt, und dies fast stoisch, zugleich mit einer vielleicht sogar naiv anmutenden, hochintelligent verspielten Logik. Und so wird Witz, was Welt ist; und umgekehrt nicht anders. Und vielleicht war es für ihn, für Giwi, auch nach allem, was er erlebt hat, nur über diesen Weg möglich, unsere Welt überhaupt noch auszuhalten.

Der Liedersänger Ekkehard Maaß wird mir später von seiner ersten Begegnung mit Giwi erzählen: Es war das Jahr 1983, im Ostteil Berlins. Und die beiden Lyriker Elke Erb und Adolf Endler hatten Ekkehard für seine erste Georgienreise empfohlen, den, wie er selbst es später in seiner Festschrift zu Giwis 75. Geburtstag dann beschrieb, »seltsamen Dissidenten Giwi Margwelaschwili zu besuchen, einen Schriftsteller, der dort in Georgien auf Deutsch schriebe. Giwi empfing mich mit Swing von Benny Goodman …« (20)

Spätestens an dieser Stelle muss man weiterhin wissen, dass Giwi 1947, nach dem Lager Sachsenhausen, als inzwischen 19-jähriger, dann zwangsweise nach Tbilissi gebracht worden war, wo er erst einmal Georgisch und Russisch lernte, Germanistik studierte, auch als Deutsch- und Englischlehrer arbeitete und schließlich am Philosophischen Institut der Georgischen Akademie der Wissenschaften angestellt worden war. In diesen 1960er-Jahren begann er, literarisch wie philosophisch zu schreiben, und zwar auf Deutsch. Nichts davon wurde veröffentlicht, weder in Georgien noch in Deutschland, dreißig Jahre lang nichts. Und die Brücke zu Deutschland und zur deutschen Sprache waren vor allem Besucher wie Heinrich Böll oder auch Elke Erb, Adolf Endler und eben Ekkehard Maaß. Ihnen zeigte er seine Texte, und sie waren seine Leser. Von Anfang an fand sich in diesen Texten das Motiv der Buchpersonen, Personen, welche nicht allein ihr Buchleben lebten, sondern darüber hinaus ein Eigenleben besaßen, welches sie aber nur dann leben konnten, wenn sie gerade nicht gelesen wurden. Ihr Buchleben wiederum war abhängig von den *Realpersonen*, vorausgesetzt, dass diese das Buch überhaupt aufschlugen. Giwi Margwelaschwilis Roman *Muzal* beginnt: »Ich bin eine Buchperson.« Und natürlich muss ich spätestens jetzt auch an Giwi selbst denken.

Als ich Dr. Lasha Bakradze später im Literaturmuseum Tbilissi besuche, in einem Museum, das weniger Museum ist als vielmehr Archiv, vergleichbar mit dem in Marbach am Neckar, erfahre ich, dass hier sowohl Nach- als auch Vorlässe von georgischen Schriftstellern gesammelt werden und frage gleich, ob solch ein Vorlass hier auch von Giwi Margwelaschwili zu finden wäre.

»Zu Giwi Margwelaschwili haben wir leider nichts. Ich kenne ihn sehr gut. Aber von Giwi haben wir noch keinen Vorlass. Seine Rolle in der georgischen Literatur ist an sich gering, weil ich glaube: Man kann ihn nicht als georgischen Schriftsteller bezeichnen.

Er ist ein georgisch-stämmiger deutscher Schriftsteller. Er schreibt alles auf Deutsch. Ich mag ihn sehr. Ich glaube, er ist einer der interessantesten heutigen Schriftsteller. Natürlich nicht für das breite Publikum, sondern eher für Liebhaber. Und er ist einer der interessantesten heutigen Denker. Das kommt durch seinen philosophischen Zugang zur Literatur. Und durch seine, wie er es selbst nennt, *Ontotexte*, die auch nicht leicht zu lesen sind. Aber z. B. seine Biographie *Wakusch* ist, glaube ich, eine sehr interessante Quelle insgesamt zum 20. Jahrhundert; speziell auch zur Nazizeit in Deutschland und der Zeit der sowjetischen Besatzung. Und er ist ein äußerst witziger Mensch. Es ist wirklich ein Vergnügen, sich mit ihm zu treffen, mit ihm zu sprechen.«

Während Giwi 1993 erst einmal wieder nach Berlin gezogen war, lebt er seit 2011 erneut in Tbilissi. Inzwischen feierte er seinen 90. Geburtstag.

Bessik Adeishvili, einer seiner alten georgischen Freunde, sagt über ihn: »Giwi ist ein besonderer Mensch. Er ist mein Freund; ein guter Freund. Ich liebe ihn – sehr. Und er ist lustig. Und er besitzt Musikverständnis; ein großes Verständnis für Musik. Für ihn bestehen keine Unterschiede zwischen klassischer oder anderer Musik. Für ihn ist Musik eine Ganzheit, ein Organismus; auch Jazz, natürlich. Giwi ist ein Philosoph. Aber besser gesagt: Er ist *dennoch* und *zuerst,* in ganz besonderer Potenz, ein Dichter und ein Prosaschreiber, ein Prosaschriftsteller, ja? Und *dann* ist er Philosoph. Ja, er ist ein Mensch wie von einem anderen Planeten. Dieser Kontrast existiert. Aber das kommt von seinem Lebenserlebnis. Seine Lebenserlebnisse haben dabei eine große Rolle gespielt, sodass man diese Fremdheit bei ihm fühlen darf. Von seiner inneren Natur her ist Giwi sehr gesellig, lustig und freundlich. Das kann ich sagen. Das kann ich bestimmt sagen, ganz bestimmt. Ob er heute noch schreibt? Bestimmt schreibt er immer noch. Er kann nicht ohne Literatur leben. – Er ist ein tragischer Mensch ... Wir alle sind tragische Menschen. Aber was soll es: *Stirb und werde*, hat Goethe gesagt.«

Als es vier Tage nach seinem 90. Geburtstag eine Feier im Goethe-Institut in Tbilissi gibt, in der sein Werk und nicht zuletzt er als Person höchste Wertschätzung erfahren, schließt Giwi: »Ich bin ein Auswanderer aus meinem ganzen Leben, aber mit der Unterstützung meiner Freunde in Georgien und Deutschland habe ich viele Hindernisse überwunden. Ich habe mein Leben der Literatur und meinen wissenschaftlichen Arbeiten gewidmet. Einst Emigrant, immer Emigrant.«

Buchfiguren

Kurz bevor ich am nächsten Tag Uschguli verlasse, tauchen – nach Katharina, Giwi und den fünf Swanen – gleich zwei weitere meiner Buchfiguren erneut auf: Auf der Terrasse des Restaurants *Koschki* treffe ich zufällig Gaby und Thomas wieder. Und selig strahlen sie mich an; sie wirken völlig verwandelt. Die swanischen Geister oder Swanetien überhaupt haben ganze Arbeit geleistet: Gaby und Thomas sind in diesen vier Tagen, in denen ich in Uschguli geblieben bin, gewandert; und zwar von Mestia bis hier herauf. Nun sitzen sie in der Sonne, winken mir zu, und rühren sich fürs Erste nicht mehr von der Stelle.

Bei mir ist das anders, denn für mich geht es jetzt nach Mestia zurück. Da kommt auch schon meine Marschrutka. Sie hält direkt am *Koschki*. Ich darf überrascht sein, denn am Steuer sitzt, nach eigener Aussage, *Superdriver,* welcher außerdem noch Maisa heißt. *Superdriver* bzw. Maisa ist nun eine nächste Buchfigur, welche in Echtzeit ganze zwei Stunden agiert, um den Wagen samt Insassen zurück ins Tal zu kutschieren, was in *Buchweltzeit* dann aber keine fünf Minuten sind. Anders als allerdings die fünf Swanen aus der Katharina-Geschichte erscheint *Superdriver* Maisa in dieser Buchwelt hier nun sogar mit zwei Namen. Damit wird er Ausnahmeerscheinung. Und überhaupt scheint er ein tüchtiger Mann zu sein: Denn früh am Morgen ist Maisa, wie er mir beschwingt auf Russisch erzählt, bereits von Batumi herüber nach Uschguli gekommen und fährt jetzt, zum Abschluss seines Tages, zurück nach Mestia, wo er auch wohnt. Erst einmal bin ich sein einziger Gast und sitze, gleich einer Assistentin, bei ihm vorn. Unterwegs winken uns dann aber drei Studenten zu, welche die Strecke nach Mestia laufen, und fragen auf Englisch bei ihm an. Ich übersetze. Eine Fahrt mit *Superdriver* kostet 20 Lari. Die drei sagen sofort zu und steigen ein. Plötzlich aber fährt von hinten her eine zweite Marschrutka auf. *Superdriver* stoppt und die beiden Fahrer verhandeln irgendetwas; an sich wirkt es wie ein heftiger Tumult. Es geht darum, dass diese drei Studenten wohl eigentlich seine Fahrgäste gewesen wären ... Jedenfalls müssen die drei nun wieder aussteigen. Ohne jeden Widerspruch steigen sie aus, steigen aber nicht bei dem anderen ein, sondern setzen in aller Friedfertigkeit nun ihren Weg zu Fuß nach Mestia fort. Ich habe aber auch mitbekommen, dass dieser andere Fahrer 40 Lari für die Strecke verlangt habe, welche sie aber nicht hatten zahlen wollen. Als nun, wiederum über mich, unser *Superdriver Maisa* davon erfährt, ist er nicht mehr zu halten. »Das sind Studenten«, fährt er seinen Kollegen an. »Die haben kein Geld. 40 Lari! Sie fahren jetzt bei mir!«

Und? *Superdriver* hat es geschafft! Nachdem Maisa nun auch den drei Studenten von seinem langen Tag erzählt hat, ruft er immer mal wieder aus: »Lamasia!« Als wir den Wald durchfahren, ruft er es aus, beim Durchfahren des Flusstales ruft er es, und auch später, als wir in der Ferne schon die Wehrtürme von Mestia sehen können. Kurz bevor wir den Seti-Platz von Mestia erreicht haben, meint er abschließend: »Lamasia! Ist das nicht ein schönes Wort? Lamasia bedeutet *Schönheit*. Ein schönes Wort für die Schönheit, nicht wahr? Lamasia!«

Tag 24

Nüsse

Sugdidi

Es ist vor allem heiß. Sugdidi ist bekannt durch sein Schloss weniger durch seine Nussfabrik *Drei Haselnüsse*, aber es ist die Fabrik, die ich heute oder morgen besuchen möchte. Da warte ich aber noch auf Nachricht von Rusudan.

Das Schloss war Sitz megrelischer Fürsten, wobei besonders die Familie Dadiani eine Rolle gespielt hat. Ende des 19. Jahrhunderts reiste sogar Bertha von Suttner, österreichische Baronesse und spätere Friedensnobelpreisträgerin, an, um hier auf Einladung des Fürstenhauses mit ihrem Ehemann Arthur ihre Flitterwochen zu verbringen. Sie hatten die Ehe gegen den Willen der Eltern geschlossen. Die Suttners verbrachten insgesamt sieben Jahre in Georgien.

Heute ist das Schloss bzw. der ehemalige Fürstenpalast Geschichts- und Volkskundemuseum. An das Schloss schließt der ehemalige Schlossgarten an, heute Botanischer Garten.

Wesentlich für Sugdidi ist darüber hinaus, dass hier seit dem Abchasienkonflikt, seit 1991, auch viele Georgier leben, die aus Abchasien fliehen mussten. Bis Abchasien sind es nur zehn Kilometer.

Als ich mein Quartier in der Nikolewka-Straße erreiche und mir dort alles gleich gezeigt wird – die betonierte, ungeflieste Dusche, das Klo, zu dem es auf den Hof geht, in ein Häuschen ohne Wasser –, bin ich mir nicht sicher, ob ich hierbleiben werde, auch wenn ich mir sage: »Jetzt bist du selbst schon westeuropäisch verwöhnt!«

Dabei ist das Haus groß und solide gebaut. Über eine herrschaftliche, rund angelegte Eisentreppe führt außen der Weg nach oben zu meinem Zimmer. Aber das Eisen des Geländers ist verrostet und bei jedem Schritt schwingt die gesamte Konstruktion. Hier hat man schon bessere Zeiten erlebt. Auch die schweren, samtbezogenen Möbel im Wohnzimmer sprechen diese Sprache. Das Wohnzimmer wird während der Zeit, in der ich dann bleibe, nie benutzt. Das eigentliche Leben spielt sich unten in der Küche ab.

Aber da sind, neben dieser dürftigen Einrichtung, eben auch deren Bewohner. Strahlend, Könige ihrer selbst, kommen sie mir entgegen, wie geflogen. Da ist zuerst Dascha, die Herrin des Hauses. Dazu der Bruder, die Mutter, Mischa, der zwanzigjährige Sohn sowie drei Kinder, die ich zunächst nicht zuzuordnen weiß. Es sind drei Jungen im Alter von einem Jahr, neun und zehn Jahren.

»Konstantin«, ruft mir Dascha aus der Küche zu. *Konstantin*, wie ich hier der Einfachheit halber gerufen werde. Zwar habe ich kein Essen gebucht, aber sie bitten mich dennoch zu Tisch. Die gesamte Familie hat sich bereits versammelt. Es gibt Reis und ein Hackfleischragout. Nebenher erfahre ich, dass der Einjährige, der kleine Nika, welchen Dascha gerade liebevoll, zugleich bestimmend füttert, gar nicht ihr leibliches Kind ist, sondern ein, wie sie es nennt, *staatliches*. Nika ist ein Pflegekind. Dafür bekommt Dascha eine finanzielle Unterstützung. Genauso wie sie eine weitere finanzielle Unterstützung für die Erziehung und Versorgung von

Grigor und Valeri bekommt, den beiden Größeren. Dascha erzieht streng, bestimmt und zugleich achtsam. Ich mag sie von Anfang an. Und natürlich bleibe ich bei dieser Frau und den ihren. Wo sie leben können, kann ich es auch.

Nun sitzen wir also zusammen. Alle, wirklich alle, die mit am Tisch sitzen, freuen sich und strahlen mich an; selbst der Zehnjährige fordert mich immer wieder zum Essen auf, höflich, wie ein kleiner Hausherr.

»Darf ich etwas fragen?« Auf das einhellige Nicken hin, frage ich dann: »Wie sehen Sie es: Ist es jetzt für Sie besser oder war es das zu Sowjetzeiten?«

Sofort reißt Mischa, der zwanzigjährige Sohn, seine Augen weit auf: »Jetzt! Jetzt!«

Und auch Daschas Bruder meint, alles auf Russisch: »Jetzt ist es besser. Zu Sowjetzeiten waren wir wie eingeschlossen. Wir konnten nirgendwohin reisen; nur innerhalb der Sowjetunion. Heute können wir überall hin – Frankreich, Deutschland, USA ...«

»Waren Sie schon einmal im Ausland?«

»Leider noch nicht«, antwortet Daschas Bruder. Und auch Mischa hebt traurig, fast pantomimisch übertrieben die Schultern und schüttelt dabei den Kopf.

»Doch«, korrigiert Dascha ihren Sohn strahlend. »Doch, das waren wir. Wir lebten in Moskau! Zwanzig Jahre lang haben wir in Moskau gelebt! Mein Mann ist gestorben. Danach sind wir zurück, nach Hause.«

»Und woher kommen Ihre Gäste?«

»Viele kommen aus Polen«, erzählt Dascha. »Aus Deutschland ...«

Und Mischa ergänzt: »Einmal ist sogar einer aus Australien gekommen!«

In diesem Moment klingelt mein Telefon. Es ist Rusudan. Ich kann nachher gleich, am späten Nachmittag, die Nussfabrik besichtigen. In einer halben Stunde kommt sie und holt mich ab.

Die Nussfabrik

Die Fabrik liegt etwas außerhalb. Sie wurde auf freiem Feld gebaut. Am Eingang stehen, zufällig oder nicht, die beiden Chefs, Wachtang Lukawa und Mamuka Beriashvili, beide geschätzt Mitte Vierzig. Entspannt, respektvoll, fast familiär begrüßen sie mich.

Kaum sind wir allein, bestätigt Rusudan meinen Eindruck: »Wir sind ein familiär geprägtes Unternehmen. Wachtang und David sind Mamukas alte beste Freunde. Wachtang kommt aus Sugdidi, David aus Tbilissi. Wobei David seit über zwanzig Jahren im zentralen Betrieb arbeitet, im Firmensitz in Prag. Und die drei schaffen es, diese Freundschaft auf eine solide Arbeitsebene zu bringen. Ein Grund, warum ich außerdem noch sehr gern hier arbeite, ist die Lust, korrekt zu arbeiten, diszipliniert. Sicher ist noch nicht alles perfekt. Aber dieser grundsätzliche Anspruch besteht, und hat von Anfang an bestanden. Mamukas Philosophie für die Belegschaft lautet: ›Wir arbeiten alle für unsere Familien, für deren Zukunft. Durch uns soll alles so entwickelt werden, dass unsere Kinder und Enkelkinder unsere Schritte einmal nachvollziehen und später auch weiter entwikkeln können. Es geht hier also nicht um ein einmaliges, großes Geschäft, sondern um ein langfristig arbeitendes Unternehmen, mit langfristigen Kundenverbindungen und Planungen. Mamukas Gedanken und Ideen sind inzwischen unsere Ideen. Wir alle haben Familie. Uns soll es gut gehen, und auch unseren Kindern soll es gut gehen. Und der Gewinn unseres Unternehmens wird, neben den Investitionen, dann bis auf den letzten Mitarbeiter aufgeteilt. Ohne soziales Denken würde wohl kein Mensch diese schwere Arbeit hier leisten. Wir gehören alle zusammen, ganz gleich, wo wer sitzt.«

In ihrem Büro drückt mir Rusudan dann die Image-Broschüre des Unternehmens in die Hand: »Schau es dir in aller Ruhe an«, sagt sie. »Ich muss noch etwas erledigen.«

Also sitze ich in ihrem klimatisierten Büro und blättere: Die Firma *Drei Haselnüsse* ist eine Manufaktur, deren Lieferungen nach halb Europa gehen. Sie stellt reine Naturprodukte wie zum Beispiel Haselnussmehl, geröstete blanchierte Haselnusskerne oder auch Haselnusspaste her. Die Firma in Sugdidi gibt es seit dem Jahre 2010.

Die Produktionsfläche beträgt 2.200 Quadratmeter, wobei die Produktion allen Standards der EU entspricht. Das Unternehmen ist ausgestattet mit zwei Laboratorien, mit Fotosortierern und Metalldetektoren. Jährlich werden hier 2.000 Tonnen an diversen Haselnussprodukten produziert.

»Es geht vor allem darum«, erklärt mir Rusudan, als wir uns auf den Weg zum Produktionsbereich machen, »Vertrauen aufzubauen. Es ist schwierig für so ein kleines Land wie unseres überhaupt auf den Markt zu kommen. – Weißt du, von Haus aus bin ich Übersetzerin. Für mich ist das hier alles noch neu, das ist keine Routine. Und auf der Ebene, auf der ich eingesetzt bin, geht es vor allem auch um menschliche Werte, um die zwischenmenschliche Ebene; und nicht allein darum, etwas zu verkaufen. Wobei ich durchaus Erfahrungen mit Verkauf gemacht habe, zuerst als Studentin in Georgien, in einem Supermarkt; und später in Österreich, wo ich in Wien Betriebswirtschaft studiert und nebenbei u. a. an einem Souvenirstand in Schönbrunn verkauft habe. Seit Juli 2016 bin ich nun hier. Und das ist so gut!«

Wir erreichen den Lagerraum. Neben Jutesäcken sind auch große, blaue Plastikverpackungen zu sehen: »Ja, wenn da vielleicht ein Stück mit zu den Haselnüssen reinkommt, von diesem blauen Plastik, dann ist das gleich zu sehen. Alles wird vakuumverpackt, damit das biologische Produkt nicht kaputtgeht.«

Die eigentliche Produktionshalle wird beherrscht von großen, metallisch-glänzenden Maschinen. »Wenn wir die Nüsse vom Bauern bekommen«, erklärt Rusudan, »sind die noch ganz verschieden groß. Wir sortieren sie zuerst nach der Größe. Danach wird noch einmal per Hand sortiert, abschließend mit Luft gesäu-

Rusudan führt mich durch die Haselnussfabrik in Sugdidi

bert und schließlich in die Säcke verpackt. Wir produzieren auch nur nach Bestellung; vorher nicht. Denn am besten sind Nüsse immer in der Schale aufgehoben.«

»Und das hier ist das Labor?«

»Richtig«, sagt Rusudan, während wir durch eine große Scheibe hineinschauen können. Alles wirkt blitzsauber. Die Arbeitsflächen sind frei und die benötigten Instrumente offensichtlich allesamt sorgsam weggeräumt.

Rusudan ist eine junge und sehr präsente Frau, zugleich mädchenhaft unkompliziert. »In unser kleines Labor kommen von jeder Lieferung einhundert Nüsse. Und die werden hier dann geöffnet und die Kerne geprüft.«

Wir betreten im Anschluss die Halle mit den Fließbändern. Beidseits stehen hohe Metallstühle, Barhockern ähnlich. Hier also sitzen normalerweise die Frauen, acht Stunden lang, mit Pausen, und sortieren unentwegt Haselnüsse.

»Ich denke, das ist mit Abstand die schwerste Arbeit im ganzen Unternehmen. Dabei schauen die Frauen nach fehlerhaften Nüssen, z. B., wenn welche geschrumpft oder noch ganz roh sind. Unser Produkt geht zu 100 Prozent in den Export. Wir in Georgien verwenden in der Küche kein Haselnussmehl, eher Walnüsse. Nüsse hat hier fast jeder im Garten; keiner geht dafür extra ins Geschäft. In Deutschland, Österreich und im übrigen Europa ist das anders. Für Süßigkeiten wird eben dieses Haselnussmehl verwendet; auch für Eiscreme. Irgendetwas wird immer damit gemacht. Hier, in dieser Gegend rund um Sugdidi, gibt es besonders viele Haselnusssträucher, denn durch die Nähe zum Schwarzen Meer ist es sehr feucht, genau wie in Abchasien. – Ich hoffe sehr, dass alles gut geht. Wir haben dieses Potenzial. Ich meine nicht nur die Fabrik hier, sondern überhaupt die Leute in Georgien – damit vieles nicht verloren geht. Und darum müssen wir uns kümmern. Ja.«

Tag

25

Garten

Der Stein I

Irgendwo bei Sugdidi soll es einen schwingenden Stein geben. Kaum habe ich im Tourismuszentrum von diesem *rocking stone* erfahren, möchte ich ihn berühren. Ein Stein, der reagiert.

Ich lese im Informationsblatt: »Dieser schwingende Stein befindet sich auf einem Kalksteinmassiv in Tsalenjikha. Allein durch eine einfache Berührung mit der Hand wird dieser riesige Stein so erschüttert, dass er klopfende Geräusche macht.«

Ich frage den nächstbesten Taxifahrer, der von solch einem Stein aber nichts weiß. Auch der zweite weiß nichts, dafür aber der dritte. Von diesem dritten Taxifahrer erfahre ich: Es sind knapp dreißig Kilometer bis nach Tsalenjikha. Das letzte Stück aber müsse man zu Fuß gehen, durch die Berge.

Mein Gefühl sagt mir: »Hier brauchst du auf jeden Fall einen, der kundig ist.« Vielleicht würde Dascha mitkommen, mit den beiden Jungs?

An der Kirche

Nachdem ich am Morgen im Schloss gewesen bin und dort unter anderem eine der Totenmasken von Napoleon Bonaparte betrachtet habe, gehe ich hinüber zur Kirche. Und wie ich auf deren Eingang zugehe, sitzen davor aufgereiht drei Frauen. Als ich näher herankomme, sagen sie zueinander auf Russisch: »Das ist eine gute Frau.« Dabei strecken sie mir ihre nach oben geöffneten Hände entgegen. »Danach!«, flüstere ich ihnen nur zu und gehe erst einmal in die Kirche hinein.

Diese Kirche ist eine Kathedrale und besitzt eine starke Energie. Der ganze Raum ist voller alter, nicht selten sehr großer und mit Gold eingefasster Ikonen.

Das alles lasse ich auf mich wirken. Da spricht ein Mann mittleren Alters mich an: »Bist du Christin? Du musst Christin sein, unbedingt, und ein Kreuz tragen. Dann bist du geschützt. Ich trage zwei Kreuze. Siehst du? Und was trägst du?« Daraufhin zeige ich ihm meinen Perlmuttanhänger: »Einmal meinte ein armenischer Priester, er habe darin Mutter Maria gesehen.«

Das aber beeindruckt diesen Menschen in keiner Weise: »Nein«, versichert er mir. »Das schützt nicht. Du *musst* ein Kreuz tragen.«

Ich bitte ihn dann, mich in der Kirche noch ein wenig allein zu lassen. Und er lässt mich.

Bevor ich den Raum nun wieder verlasse, ordne ich meine Lari und bereite für jede der drei Frauen am Eingang einen Lari vor. Aber da sind sie schon verschwunden.

Der Stein II

Als ich wieder im Quartier bin, spreche ich mit Dascha. Ja, sie würde mich begleiten zu diesem Stein, aber nur mit einem der Jungs, mit Giorgi. Valeri bleibt bei Daschas Mutter. Und ich rufe Jemali an, einen Fahrer, den mir Andrea vom *Biographischen Projekt* empfohlen hatte: »Jemali ist ein Goldstück!«

Keine fünf Minuten später ist Jemali da und zählt mir alle möglichen Ziele auf, die wir heute und morgen anfahren könnten. Mir geht es um diesen Stein. Während wir auf Dascha und Giorgi warten, erzählt Jemali von Andrea: »Andrea ist eine großartige Frau. Vielleicht wird sie eines Tages in Georgien wohnen. Gefällt Ihnen Georgien? Möchten Sie auch hier wohnen? Dann können Sie gemeinsam mit Andrea hier sein.«

Als Giorgi, der Zehnjährige, ins Auto einsteigt, mit befeuchtetem, frisch gescheiteltem Haar, steht Valeri in der Tür, schaut ihm nach, und sein Gesicht verdunkelt sich. Ich sage zu ihm: »Bitte, nicht traurig sein!« Sofort lächelt Valeri, aber gleich darauf fällt sein Lächeln wieder zusammen. Valeri geht zurück ins Haus.

Dascha und Giorgi sitzen hinten, und ich vorn beim Fahrer. Hier in Georgien sitzt der Gast immer vorn. Wir fahren los, der Weg ist kurvenreich. Schließlich erreichen wir das Dorf Tsalenjikha. Der Erste, den Jemali dort fragt, hat noch nie etwas von solch einem Stein gehört. So fragt Jemali also den nächsten, und den übernächsten auch.

Und letztlich weiß es einer: Es gibt diesen Stein. Und er befindet sich *oben im Gebirge*. Man müsste jetzt noch ein Stück fahren, dann in einen Allrad-Wagen umsteigen und anschließend etwa drei Kilometer zu Fuß durch den Wald gehen. Dascha sagt: »Das ist heute nicht mehr zu schaffen.«

»Dann morgen?«, fragt Jemali. Ich sage sofort zu. Dascha aber meint mit Blick auf die Wolken: »Morgen wird es regnen.«

»Gut«, sagt Jemali. »Morgen 9.00 Uhr. Aber nur, wenn es *nicht* regnet.«

Botanischer Garten

»Es gibt in Georgien mehrere botanische Gärten. Ich kenne die in Tbilissi, Batumi und Kutaissi. Es gibt auch einen in Sugdidi«, erzählt der georgische Künstler Wato Tsereteli, Tbilissi: »Als ich den in Kutaissi für mich entdeckt hatte, stellte ich fest: Dort wachsen alle Pflanzen. Das ist wie ein Garten von Eden; ein Paradies. Und an sich ist doch Georgien selbst ein botanischer Garten, ein Garten Eden, ein Paradies. Aber dieses Paradies funktioniert aktuell nur zu fünf Prozent; vielleicht noch weniger. Es ist ein Organismus, der stillsteht. Wir haben hier eine solche Erde, dass man be-

Im Botanischen Garten Sugdidi

stimmte Sachen viermal im Jahr ernten könnte. Aber diese Erde bleibt eigentlich unbearbeitet, obwohl wir ökologisch unglaublich viel anbauen könnten. Ich erkläre das mit den Traumata aus dem Sowjetregime. Privatinitiative – das war verboten; und an sich war auch das Kollektiv zerstört, es war mutiert ...«

Die Atmosphäre in der Stadt ist ruhig. Die Menschen sind offen, wirken aber nicht euphorisch; sondern zufrieden mit dem, was sie *trotzdem* immer noch haben. Das jedenfalls ist die Atmosphäre, die mir besonders auch im Botanischen Garten Sugdidi begegnet. Diese hohen, alten Bäume bilden mit ihrem dichten Blätterdach, dem Buschwerk dazwischen, ein komplexes grünes Haus. Auf diese Art erscheint einem dies hier wie eine Welt in der Welt. Da ist nicht allein der Schatten bei dem vielen Licht, da ist nicht allein die Stille mitten im Lärm der Stadt ...

Ich komme an einen Teich. Frösche springen und quaken. Spätestens mit dem Gezwitscher der Vögel entsteht schnell die Illusion einer friedlichen Welt, und zugleich ist es genau das jetzt und hier.

In der Ferne höre ich Reifen quietschen. Aber zum Aufprall kommt es offenbar nicht.

Viele Menschen sind an diesem späten Nachmittag im botanischen Garten unterwegs. Sie spazieren, wandeln, allein, zu zweit, mit der ganzen Familie. Ein Vater von vier Kindern ist mit dem Fahrrad da. Abwechselnd nimmt er eines seiner Kinder zu sich mit aufs Rad, um jeweils eine Extrarunde zu drehen.

Schließlich komme ich an einen wirklich großen Palast, beidseits vom Eingang je mit einer Palme gesäumt. Vielleicht die alte Orangerie? Vielleicht. Das Alte ist vergangen. Und trotzdem sind wir hier mittendrin.

Der Stein III

Am Abend kommt dann auch Mischa, Daschas 20-jähriger Sohn. Dascha schlägt vor, dass er mich morgen zum schwingenden Stein begleitet. Mischa ist fast außer sich vor Begeisterung: »Ich war schon dort. Ich weiß, wo das ist. Du berührst den Stein und dann …« Er macht eine pantomimische Vorstellung, wie von einem Stromschlag getroffen. Mischa wendet sich der Verdeutlichung halber nun dem Kühlschrank zu und schüttelt ihn ein bisschen: »So!«

Am nächsten Morgen regnet es. Ich rufe Jemali an. Es regnet den ganzen Tag. Aber als Mischa ihn mir so vorgeführt hat, diesen schwingenden Stein, diesen *rocking stone,* hatte ich ihn ja fast schon gesehen.

Tag 26 Abenteuer

Unterwegs nach Ratscha

Wir kennen uns nur dreißig Minuten und schon entscheidet Elene Rakviashvili: »Du kommst mit nach Ratscha, zum Arteli-Kunstfestival!« Elene Rakviashvili ist Performance-Künstlerin und Filmemacherin aus Tbilissi. Wir sprechen Englisch miteinander. »Einverstanden?« Die Antwort sieht sie als gegeben an. Elene muss schon wieder los.

»Aber wer wird dort sein? Und was muss ich mitbringen?«

»In drei Tagen, 8.30 Uhr, am McDonald's!«, ruft sie nur, winkt dabei, ohne sich noch einmal umzudrehen. »Du musst pünktlich sein!«

Pünktlich bin ich dann am Treffpunkt. Inzwischen habe ich auch noch einmal auf die Landkarte geschaut: Die Provinz Ratscha liegt, grenzend an Swanetien, im Nordwesten des Landes.

Auch Elene ist pünktlich sowie Maka Batiashvili, eine junge

Malerin. Maka freut sich: »2007 war ich in Leipzig, für drei Monate; über ein Residenz-Programm. Ich habe dort wirklich gute Menschen getroffen. Kennst du Ralph Hälbig?«

Mit Elenes Auto fahren wir aber noch nicht gleich nach Ratscha, sondern erst einmal zu Kotes Haus. Dass Kote Jincharadze der Kern des Ganzen ist, habe ich inzwischen mitbekommen. Und auch, dass wir in Ratscha, in irgendeinem Dorf, dann für eine ganze Woche im Haus seines Großvaters alle miteinander wohnen und arbeiten werden.

Vor Kotes Haus steht ein schwarzes Auto mit Allradantrieb. Kotes Vater steht daneben, ein betagter Herr, und schaut unverwandt das Auto an. Erst später erfahre ich: Es ist seines. Kote kann gar nicht Auto fahren. »Ich habe Angst!«, erklärt er. Und sein Vater wiederum fährt nicht mehr.

Jetzt kommen auch noch Chingiz Babayev und Elnur Babayev dazu, zwei Künstler aus Aserbaidschan, nicht miteinander verwandt; als Freunde aber in gewissem Sinne schon. Darüber hinaus fungiert Chingiz als unser Fahrer. Bald darauf lenkt er das schwarze Gefährt umsichtig zur Stadt hinaus, ohne Elene. Sie hat noch in Tbilissi zu tun und kommt drei Tage später.

Irgendwann sage ich zu Chingiz: »Du bist ein guter Fahrer.« Elnur lacht jetzt auf, worauf Chingiz trocken zu ihm sagt: »Ja, siehst du: International bin ich bereits anerkannt!« Mit Maka spreche ich, wie mit Elene, vor allem Englisch, mit Kote und den beiden Aserbaidschanern zumeist Russisch. So wechseln wir hin und her. Der Abstand zwischen den Aserbaidschanern und mir scheint gesetzt zu sein. Und vielleicht wird er noch dadurch vergrößert, dass ich Maka von meinem Buch über Armenien erzähle.

Auf dem Flughafen Kutaissi, wo die günstigen Flüge von Warschau aus landen, holen wir den deutschen Maler Jens Rausch ab. Und nun gibt es von Kutaissi aus zwei Wege: Der eine ist der längere, wenn ich richtig verstanden habe: der um fast zwei Stunden längere, und der andere eben der kürzere.

Die Autorin in den Bergen von Ratscha

Wer auch immer es so entschied: Wir nehmen den kürzeren Weg. Anfangs ist es noch eine Asphaltstraße, später ein unbefestigter Weg voller kantiger Schottersteine. Langsam kommen wir voran. Rechter Hand liegt in der Tiefe der Fluss, wobei auch wir, von oben gesehen, wiederum in einer Tiefe liegen. Die Verkehrsschilder warnen vor Steinschlaggefahr.

Chingiz versucht geschickt, sämtliche Steine im Weg zu umfahren. Dieser Weg, der als *kurzer Weg* angekündigt worden ist, erscheint allmählich recht lang.

»Wann sind wir da?«, fragt Elnur. Er ist ein sehr ruhiger, bedachtsamer Zeitgenosse. Kote versichert in eben diesem Ton: »Es ist nicht mehr weit. Nur noch zehn Minuten.«

Eine halbe Stunde später fragt Elnur, unverändert ruhig, bedachtsam, ohne jede Spur von Ironie in der Stimme: »Und wie lange dauert es jetzt?« – »Nun ist es wirklich nicht mehr weit.«

An den steilen Berghängen, die zum Flusstal führen, stehen vereinzelt sogar Häuser. Ansonsten ist aber alles dicht bewaldet. 40 Prozent der Gesamtfläche Georgiens sind ja ohnehin Wald, davon vier Prozent regelrechter Urwald ...

Allmählich versiegen alle Gespräche. Es ist eine Schaukelei, die stumpfsinnig macht. Maka versucht ein neues Gespräch: »Hier wurden Höhlen gefunden, in der einmal Menschen gelebt haben.« Ich muss sofort an Uplisziche und David Garedscha denken und frage: »War das ein Kloster?«

Kote antwortet: »Ja, wahrscheinlich war das ein Kloster, ein sehr altes.« Darauf ergänzt Chingiz trocken-ironisch: »Wahrscheinlich war es ein armenisches Kloster.«

»Ist das jetzt ein Witz?«, frage ich.

»Ja, es ist ein Witz, dass überall die Armenier zuerst da waren, und alles zuerst erfunden und zuerst entdeckt haben. Und jetzt mache ich diese Witze eben auch.«

Es ergibt sich eine längere Pause, nach der Jens auf Englisch zu erzählen beginnt, von einem Film über Jesus Christus, woraufhin Chingiz, wiederum in russischer Sprache, erneut auf *die Armenier* kommt: »Die Armenier behaupten auch, Armenisch und Aramäisch wäre so gut wie ein und dasselbe.«

Erst einmal sage ich nichts. Immerhin werden wir knapp eine Woche auf engstem Raum zusammen sein, in einem Haus, wie in einem der Dramen von Anton Tschechow. Wird es ein Drama werden? Soll es das? Was sage ich und was lasse ich besser? Gott sei Dank fällt mir eine Episode ein, und so antworte ich Chingiz, wiederum auf Russisch: »In Armenien gibt es ein Dorf, in dem vor allem Aramäer leben. Und mir wurde von einem Armenier erklärt, dass das Aramäische überhaupt nichts mit dem Armenischen zu tun hätte.« Nun sagt erst einmal gar keiner etwas. Wir fahren und nach wie vor liegen uns jede Menge Steine im Weg. Schließlich meint Elnur, weiterhin die Ruhe selbst: »Nun, dann war das ein sehr kluger Armenier.« Und die erste dunkle Wolke zieht davon.

Doch plötzlich überrascht uns ein heftiges Geräusch. Etwas schlägt gegen den Wagen. Chingiz stoppt und alle steigen aus. Mein erster Blick fällt auf eine kleine Delle in der Karosserie, mein zweiter direkt darunter auf den platten Reifen, und erst der dritte auf den anderen Reifen auf ebendieser Seite; denn auch der ist platt. Und da stehen wir nun am späten Nachmittag in der Pampa, neben unserem voll bepackten Auto. Bis hierher hat es uns gebracht. Und jetzt ist es aus dem Verkehr genommen.

Eine nächste dunkle Wolke zieht auf. Kote sagt etwas zu Chingiz, wiederum auf Russisch, was dieser sofort abwehrt. Daraufhin geht es heftig hin und her. Ich höre Fragen wie: »Und wer saß am Lenkrad? Warum musstest du so fahren?«

»So? Was meinst du damit? Das Auto ist sehr alt. Dein Vater ist schon lange nicht mehr damit gefahren.«

»Lass bitte meinen Vater. Und auch das Auto ist gut.«

»Und wer hatte noch mal entschieden, diesen Weg zu nehmen?«

Zugleich scheint mir, dass sie immer auch einen Moment zögern, bevor sie ihre Worte aussprechen. Wir lernen uns gerade kennen.

Maka wirkt gelassen. Ab und an sagt sie etwas, lässt die Männer aber auch gleich wieder unter sich verhandeln. Sie telefoniert, offenbar auch mit Elene. Denn kurz darauf klingelt bei Kote das Telefon.

Elnur wirft nun das Stichwort *Ersatzreifen* in den Disput.

»Es gibt einen«, antwortet Kote schnell. Später, nachdem die Männer alle Winkel des Wagens abgesucht haben, versichert er, nun etwas zurückgenommen: »Es gab wirklich einen. Ich habe ihn selbst gesehen.« – »Und wann war das?«, fragt Chingiz.

Kote antwortet nicht, aber Elnur beginnt plötzlich zu lachen. Es dauert nicht lange und er biegt sich schon vor Lachen, steht da, pausiert, sieht wieder den Schaden und bricht erneut in sein närrisches Gelächter aus. Nachdem er sich ausgelacht hat, meint Elnur auf Englisch zu Jens, und wieder absolut seelenruhig: »Das ist ein Abenteuer.« Und Jens sagt: »Ja.«

Langsam wird es Abend und Zeit für eine Lösung. Kote ist schon dabei. Er telefoniert mit Freunden aus dem Dorf. Als ein Auto angefahren kommt, seit dem Unfall übrigens das erste, stoppt Kote den Wagen und spricht mit dem Fahrer. Das zweite Auto kommt, alles wiederholt sich. Die Autos fahren weiter. Aber das dritte Auto wird von Budschu gefahren, einem alten Mann um die Achtzig. Neben ihm sitzt sein Sohn. Auch Budschus Auto ist alt. »Dreißig Jahre!«, wie wir später erfahren. Budschu und sein Sohn steigen aus. Kote und die beiden besprechen sich.

Schließlich wird das Gepäck umgeladen. Und als wie aus dem Nichts eine Marschrutka vorbeikommt, fährt Budschus Sohn kurz entschlossen mit. Wir anderen steigen in Budschus Wagen ein, alle bis auf Elnur und Chingiz. Sie werden mit dem lädierten Wagen zurückgelassen. Auch für Budschu liegt dieser Weg voller Steine. Ich habe noch Kotes letzte Zeitangabe im Ohr: »Nun ist es wirklich nicht mehr weit«, frage aber nicht nach. Wir fahren noch eine ganze Stunde. An Budschus Rückspiegel baumelt eine Kette aus Holzperlen, mit einem Kreuz. Was mir nicht auffällt, was aber Maka mir später erzählen wird: »Budschu hat ein T-Shirt getragen, mit dem Foto von einem Jungen. Er hat einen Sohn verloren, oder einen Enkelsohn.«

Kote wirkt erschöpft. In sich gekehrt schaut er vor sich hin, in die Berge, die wir passieren. Weiter geht es über Serpentinen, bergauf, später auch wieder bergab; und immer wieder über Schotter. Das Auto kommt zunehmend mühsam voran. Als es gar nicht mehr geht, stoppt Budschu, steigt aus, öffnet die Motorhaube, prüft, zieht schließlich eine Wasserflasche heraus, um Kühlwasser aufzufüllen. Und schon geht es wieder ein Stück weiter.

Endlich erreichen wir, 19 km von Ambrolauri entfernt, das Dorf Tchkvishi. Das ist Kotes Dorf, aber noch nicht sein Haus.

»Wie weit ist es bis zu deinem Haus?«

»500 Meter.«

»Aber das können wir doch laufen.«

Kote reagiert überhaupt nicht und Budschus Wagen quält sich weiter. Auf halber Strecke gibt es ein nächstes Auffüllen des Wassers, und den nächsten Neustart gibt es auch. Nicht nur der Motor heizt sich auf, auch Budschu ist jetzt schon ganz rot im Gesicht. Aber er sagt nichts, er macht einfach immer nur weiter. Schließlich hat er sein Wort gegeben. Und für 50 Lari, umgerechnet 16 Euro, bringt er uns schließlich zum Ziel.

Während wir im Dämmer beginnen auszuladen, und das Gepäck in Kotes Großvater-Haus hinüberzutragen, auch Budschus Wasserflasche wieder aufzufüllen, fällt immer wieder das eine Wort – *adventure, Abenteuer*.

Budschu fährt mit Kote erneut davon. Zwei Stunden später kommen, inzwischen ist es stockdunkel, unsere fehlenden drei Männer – Kote, Chingiz und Elnur. Maka, der ich nicht helfen durfte, hat inzwischen in der Küche gestanden und eine Suppe gekocht, aus dem, was gerade da war – Kartoffeln, Makkaroni, Tomate, Zwiebel ... Alle essen mit stiller Begeisterung. Maka strahlt, möchte aber nicht gelobt werden.

In allen Ecken und in jedem der Räume dieses großen, alten Hauses stehen Betten, und an allen Wänden hängen avantgardistische Bilder, Zeichnungen, Collagen ... Sogar das Foto einer Frau mit Vogel aus Sergej Paradschanows Film *Die Farbe des Granatapfels* ist mit dabei. Und als wir schon nach oben und zu Bett gegangen sind, flüstern Kote und Chingiz unten immer noch miteinander. Sie reden bis hinein in die andere Hälfte der Nacht. Wahrscheinlich geht es wieder um alle diese Wege, die kürzeren, die längeren ... Aber noch bevor ich beginne, Steine zu zählen, schlafe ich ein.

Tag 27 Häuser

Das Großvater-Haus

Kotes Großvater-Haus liegt in der Idylle einer Mittelgebirgslandschaft. Bäume, Büsche, Wiesen kreieren, hin über weitläufige Berge, ein einziges Grün; und immer dazwischen sucht sich auch das Wasser des Rioni seinen Weg.

Ratscha ist dünn besiedelt. Und würde gegenüber unserem Haus nicht diese lange Bank stehen, auf der jeden Morgen aufgereiht die Großmütter sitzen, um zu schauen, was heute hier Neues geschieht, könnte man meinen, außer uns wäre sonst keiner mehr da. Dabei ist der Sommer *die* Zeit, in der die Weggezogenen wochenlang zurückkommen, in ihre Häuser, die inzwischen Sommerhäuser geworden sind.

Ich spaziere allein durch das Dorf, begegne drei freilaufenden Schweinen. Jenseits des Weges erstreckt sich ein Maisfeld. Und als ich mich umwende, wegen der Schritte hinter mir, sind mir drei Kühe gefolgt – die eine weiß, die zweite braun, die dritte schwarz. Ich lasse die friedvollen Kühe an mir vorüberziehen, die weiße lässt nebenher einen Fladen fallen, und setze anschließend meinen Rundgang fort. Weit vorn, in der Kurve, sehe ich eine Frau am Wegesrand sitzen; eine allein; ganz in Rot gekleidet; auch der Schal, den sie um den Kopf gewickelt trägt, ist rot. Ich möchte die Frau nicht aufstören, gehe noch einige Schritte, und kehre dann wieder um.

Gleich darauf bricht hinter mir ein aufgeregtes Rufen aus. Und als ich zurückschaue, sehe ich, dass die Frau mir jetzt nachkommt; aber was heißt *kommt*; mit wedelnden Armen fliegt sie regelrecht.

Kaum ist sie da, öffnet sich ein ganzer Wortschwall, wobei ich rein gar nichts verstehe. Das sage ich ihr auch, auf Russisch, was wiederum ihrerseits nicht erwidert wird.

Dann schauen wir uns eben nur an, aber in einer so unmittelbaren Art, dass ich sie am liebsten umarmt hätte, hier zwischen Kuhfladen, freilaufenden Schweinen und dem Mais. Ich zögere. Aber es muss in der Luft gelegen haben. Denn jetzt ist sie es, die ohne zu zögern noch einen Schritt weiter auf mich zukommt. Und wir umarmen uns; als hätten wir uns vor langer Zeit verloren, nun aber endlich wiedergefunden; und das genau im Dreigestirn von Kuhfladen, Schweinen und Maisfeld. Anschließend trennen wir uns und sehen uns nicht wieder.

Was Ratscha, neben seiner herrlichen Natur, zu bieten hat, das sind vor allem der Wein, der Chwantschkara, und der Samen der Nordmanntannen. Letztere hat der finnische Botaniker Nordmann 1838 in Bordschomi, also 200 km von hier, entdeckt und erstmals beschrieben.

Und mit Bezug auf den Wein: In Ratschas Hauptstadt Ambrolauri gibt es, innerhalb des zentralen Kreisverkehrs, *das* Wahrzeichen der Stadt: Und dieses wahrlich nicht nur einzige, sondern auch einzigartige Wahrzeichen ist eine überdimensional große Weinflasche, etikettiert mit: *Chwantschkara*; meines Wissens ohne den edlen Tropfen selbst.

Odschaleschi und Twischi kommen aus der unmittelbaren Nähe und sind mindestens ebenso gute Weine wie der Chwantschkara, aus der Provinz Letschchumi, westlich von Ambrolauri gelegen.

Das Vater-Auto ist heute wieder fahrbereit. Aliko hat es gerade gebracht, gemeinsam mit seiner Frau. Die Reifen sind frisch aufgezogen, bloß das Fenster auf der Fahrerseite lässt sich nun nicht mehr schließen. Keiner kann den Zusammenhang zwischen der Reifenpanne und diesem einseitigen Ausfall der Elektrik erklären. Doch was soll es: Hauptsache, dass der Wagen wieder rollt!

Aliko und seine Frau gehören zu *den* jungen Leuten, die bewusst beschlossen haben, in der Region Ratscha zu bleiben. Sie haben ein eigenes Gästehaus eröffnet. Und bei jeder von Kotes Kunstprojekten sind sie spätestens bei der Vernissage mit dabei: »Wir sind Kote sehr verbunden, weil er seit Jahren mit Arteli-

Kotes Großvater-Haus

Ratscha unsere Gegend belebt. Künstler aus aller Welt kommen zu uns.« Aber umgekehrt ist Kote, und sind auch wir, jetzt Aliko sehr verbunden, und zum Dankeschön für seine Hilfe gibt es erst einmal eine Extra-*Supra* im Großvater-Haus.

Elnur ist ein wunderschöner Mann. Wahrscheinlich stammt er aus einem orientalischen Märchen. Seine Stimme ist sanft und tief, das Haar voll und, bis auf einzelne weiße Härchen, schwarz. Er ist jetzt 55 Jahre alt. Meistens ist er still und schaut. Wenn er spricht, dann in aller Ruhe. Und gerade grillt er – Paprika und Fleisch, knapp über dem Erdboden, auf niedriger Feuerstelle. Sein Freund Chingiz spielt ihm dabei ein Stück auf der Flöte. Dieses Spiel klingt sehr alt. Chingiz ist, im Vergleich zu Elnur, ein drahtiger, feuriger Geist, ein Denker, der spielt, wenn er arbeitet, und eben auch Flötist. Und dieses Spiel jetzt hier auf der Flöte ist vielleicht nichts weiter als die künstlerische Überleitung zu Chingiz' informativer, nicht-künstlerischer Unterweisung in Sachen Fleisch: »Das Essen im Sommer ist gefährlich. Alles muss rechtzeitig verbraucht werden. Besonders Schweinefleisch ist anfällig. Deshalb hat Mohammed es auch verboten. Natürlich ist es, wenn man alles genau beachtet, nicht gefährlich. Ich esse auch Schweinefleisch, aber nur im Winter. Wir sind hier eine Gruppe, in einem kleinen Dorf. Hier gibt es keinen Arzt. Wir müssen sehr aufpassen auf das, was wir essen.«

Noch ist das Fleisch nicht durch und Kote spielt mit Aliko noch eine Runde Nardi. Es ist ein Brettspiel, mit weißen und schwarzen Steinen. Als das Spiel beginnt, schaue ich ihnen zu, um wenigstens eine Ahnung vom System dieses Spiels zu bekommen. Kote, schon im Spielrausch, erklärt mir nebenher etwas von vier *Abteilungen*, bzw. einem *Haus* und drei *Abteilungen*. Am Ende verstehe ich nur das, was ich die ganze Zeit schon sehe: Es ist ein schnelles Spiel!

»Und woher kommt es?«

Sofort fliegen mir von allen Seiten die Informationen zu, und jede ist anders: »Aus dem Iran – von den Kaukasiern – aus der

Kote beim Nardi-Spiel

Türkei – von den Arabern …«, bis Chingiz die ganze Sache spitzbübisch beschließt: »Na, woher schon: Das Spiel kommt aus Armenien!«

Kaum ist das Gegrillte fertig, beginnt die *Supra*. Kote greift nach seiner Gitarre. Sein Lied ist eine Sehnsuchtsparodie namens *Chatschapuri*. Chatschapuri haben wir nun leider nicht. Dennoch ist der Tisch reich gedeckt: Brot, Tomate, Gurke und Gegrilltes, dazu mehrere Flaschen Rotwein … Und während anfangs vor allem gegessen und getrunken wird, wird später nur noch gesungen. Maka tanzt dazu. Mit ihrer Frisur aus der Charleston-Zeit, kinnlang und die Spitzen leicht nach vorn frisiert, erinnert sie mich an Marina Zwetajewa, an diese berühmte russische Dichterin von vor hundert Jahren.

Bombing Bird

Nach dem Fest sitzen Maka Batiashvili und ich noch zusammen. Was heißt: *sitzen* – wir liegen in unseren Betten und erzählen ins Dunkel der Nacht hinein.

Maka hat eine Galeristin, kann regelmäßig ausstellen, auch im Ausland, und ihre Bilder werden wirklich gern gekauft. Dabei biedert sie sich keinem Kunstmarkt an. »Du hast Erfolg«, sage ich.

»Kunst ist für mich die wichtigste Sache. Es ist Vergnügen, auch Genuss.«

Diese Haltung ist ihren Bildern anzusehen. Maka bevorzugt den Blick in den Alltag: Jemand möchte eine Tasse Kaffee trinken, der aber noch zu heiß ist. Oder jemand geht mit einer Taschenlampe durch die Dunkelheit. In Schwarz und Weiß hat sie zuletzt erwähntes Bild gerade heute hier gemalt. Ansonsten malt sie eher farbig.

Die alten, hölzernen Fensterläden des Großvater-Hauses sind weit in die Nacht hinaus geöffnet. Draußen ist es friedlich und still.

»Ja«, sagt Maka, »ich besitze Fantasie. Aber der Hauptpunkt in meiner Kunst sind die Menschen. Ich schaue ihnen zu, was sie tun, was sie sagen ... Und das ergibt dann auch die Farben und Formen. Das ist meine Kunst. – Als ich 17 war, begann ich das Studium an der Kunstakademie. Aber das war eine sehr schwierige Zeit: die Kriegszeit.«

Maka zögert an dieser Stelle. Aber ich bitte sie darum weiterzuerzählen. Und, als hätte Maka nur darauf gewartet, erinnert sie sich sofort. »Es war 2008. Ich war gerade am Schwarzen Meer, mit meiner Tochter Ninna. Niemand glaubte an einen Krieg. Aber dann haben wir im Fernsehen die Nachrichten gesehen. Ich rief meinen Freund an, der in dieser Zeit im Gouvernement gearbeitet hat. Und er sagte mir, dass etwas Schreckliches passieren würde und dass ich sofort nach Tbilissi kommen soll, zu den Eltern. In dieser Nacht wurden dann die Bomben geworfen. Und die Menschen umarmten sich. Es war wie in einem Film. In meiner Kindheit habe ich viele solcher Filme gesehen. Und die Frauen weinten, warfen Blumen, küssten die Männer ... Und ich stieg sofort in mein Auto, mit meiner Tochter, um nach Hause zu fahren, nach Tbilissi. Unterwegs sah ich, wie der Wald bombardiert wurde. Die Menschen waren außer sich. Sie verstanden nicht, warum das geschah. Und zehn Minuten, bevor ich Gori passieren wollte, wurde auch Gori bombardiert. Ich stand da und wartete. Dann kam jemand und sagte, dass ich jetzt passieren könnte. Und ich fuhr schnell, erreichte schließlich Tbilissi und kam zu meinen Eltern. Wir gingen in den Keller, umarmten uns und hörten in der Ferne die Bomben fallen. Alle Freunde schrieben mir SMS und gaben mir Instruktionen, wie ich mich verhalten soll, wenn bombardiert wird. Diese fünf Tage waren unwirklich. – Heftig war es auch mit meiner Tochter: Sie fühlte keine Angst. Und heftig war auch, dass ich in mir selbst entdeckte, dass ich jetzt jemanden töten könnte, dass ich jetzt dazu fähig wäre, einen russischen Soldaten zu töten. Dieses Gefühl hatte ich, aber nur in dieser Zeit, weder vorher noch jetzt, seitdem nie wieder. Und in dieser Zeit kreierte ich eine Skulptur, die ich *Bombing bird* nannte, Bomben-Vogel, eine Skulptur aus dem Teilstück einer echten russischen Bombe, die in Gori niedergegangen war. Ich schnitt das Metall aus, sodass es Vogelform bekam, und malte darauf einen Vogel. Dabei sagte ich mir: Wie ein Vogel ist es vom Himmel gefallen, als Bombe, aber im Gegensatz dazu fliegt es nun als etwas Neues, als ein Kunstwerk wieder davon. Das ist meine erste und letzte Arbeit in diesem Stil. Ich hasse sie und ich schätze sie. Ein Stück Bombe. Und nach dem Krieg, als alles zu Ende war, damals war meine Tochter 14 Jahre alt, kam sie nachts, wenn sie das Geräusch von einem Hubschrauber hörte, gleich zu mir herüber, aus Angst, dass es wieder los geht ... Und ich kann sagen, dass ich damals, in dieser Zeit, eben nicht so aktiv war. Erst als ich wieder mit der Arbeit begann, endlich, spürte ich, wie wichtig diese Arbeit, diese Kunst, tatsächlich für mich ist. – Ich freue mich, hier mit euch zu sein. Heute war unten im Atelier ein ganz besonderes Licht. Dazu diese schöne Natur, und du hörst die Glocken der Kühe ...«

Maka besitzt eine sanfte Art, sowohl sich zu bewegen als auch zu erzählen, ist von zarter Gestalt und geht, sowohl im Leben wie in der Malerei, einen liebevollen Weg. In ihrer Flächigkeit erinnern mich ihre Bilder an die Malerei von Paula Modersohn-Becker, wobei Makas Bilder noch dazu nicht selten witzig sind.

»Was macht deine Tochter heute? Wird sie auch einmal ins Ausland gehen, so wie du?«

Obwohl es dunkel ist, meine ich, dass Maka lächelt, während sie sagt: »Heute ist meine Tochter 23 Jahre alt. Sie schreibt, für Zeitungen; auch als Journalistin. Und vielleicht geht sie eines Tages für eine Zeit ins Ausland, so wie ich. Aber sie sagt auch: ›Bevor ich ins Ausland gehe, möchte ich erst einmal alles in Georgien gesehen haben.‹«

»Und, hat sie es geschafft?«

»Immer wenn Zeit gewesen ist, ist sie durch unser Land gewandert, mit Freunden. Langsam bekommt sie das Gefühl, hier alles gesehen zu haben ...«

Tag 28

Artefakte

Der Chef

Kote Jincharadze ist 54 Jahre alt, Initiator des Kunstfestivals Arteli-Ratscha und selbst Künstler. Er und ich stehen im Garten und warten auf die anderen. Kote möchte uns Artefakte zeigen im Dorf …

Das Haus ist im Grunde stabil aus Stein gebaut und auf der ersten Etage ausgestattet mit dem typisch langen Holzbalkon, dessen Balustraden reich verziert sind mit Kreuzen, alten Sonnenzeichen und weiteren Schnitzereien. An dieser Balustrade ist auch ein langes Tuch befestigt, auf dem Blau auf Weiß geschrieben steht: *Arteli-Ratscha*.

Mit Blick darauf meine ich scherzend zu Kote: »Und du bist der Chef!«

Kote strahlt fast immer, liebt den Wein und macht zuweilen den Anschein, er komme nicht zuerst aus Tbilissi, sondern an sich von einem anderen Stern. Diesmal bleibt Kote ernst: »Ich bin hier kein Leiter, erst recht kein Diktator. Du merkst es ja selbst: Es ist kollektives Leben. Und weil das nicht immer einfach ist, entsteht daraus unsere Erfahrung. Und die ist heilsam.«

Mich überrascht der Plan, der offenbar schon die ganze Zeit hinter dem verborgen lag, was mir auf den ersten Blick als planlos und zufällig erschien. Zugleich weiß ich sofort, dass es wahr ist ...

»Das ist das Haus meines Großvaters. Die Geschichte des Hauses als *Art Residenz* begann 2005. Damals kam mir die Idee, jedes Jahr hierher Künstler einzuladen. Und ich habe mit den Umbauten des Hauses begonnen. Es gibt ein Studio für die Künstler. Jahr für Jahr entwickelt sich auch der Komfort.« Kote tut tatsächlich, was er kann. Naturbelassen und imperfekt bleibt es allemal. Keiner scheint sich daran zu stören.

Der Engel mit der weißen Schale

Während Kote und ich immer noch vor dem Großvater-Haus stehen und auf die anderen warten, bemerke ich im hölzernen Giebel des Nachbarhauses das Bildnis eines Engels, mit großen weißen Flügeln, vor sich eine flache, weiße Schale in der Hand. Und ich bemerke, dass Kotes großer Hirtenhund, wenn er so daliegt, seine Vorderbeine kreuzt. Während ich noch überlege, warum er das tut, und ob es nicht vielleicht einen Zusammenhang zwischen dem Engel und diesem Tier gibt, sind inzwischen auch alle anderen gekommen und wir gehen los, durchs Dorf, vorbei an Häusern, Zäunen, Gärten; auch vorbei an einem alten Pflug, der am Wegesrand lagert.

Artefakte

Das erste dörfliche Artefakt ist eine Hoftür aus Holz, mit steinerner Toreinfassung. In den Sandstein ist die Jahreszahl 1938 eingebracht; dazu Blumen- und Blattornamente, und mittig ein fünfzackiger Stern, dazu Hammer und Sichel.

Später, in der abschließenden Ausstellung, wird auch ein Bild von Elnur zu sehen sein, namens *Metamorphose*: »Das war eben das, was ich gesehen habe. Wir sind eines Morgens durchs Dorf spaziert. Und ich fragte mich: ›Was mache ich eigentlich hier?‹ Alles endet vielleicht. Klar ist, dass alles einen Anfang hat, aber das Ende ist nicht klar. Und ich spazierte also durch das Dorf und sah einen alten Pflug am Weg. Der gefiel mir sehr. Und als wir noch höher gingen in diesem Dorf, kamen wir zu einem Eingangstor zu einem Haus. Ich weiß jetzt nicht, was da auf Georgisch geschrieben stand, aber es war irgendetwas mit Stalin. Und später sah ich an einem anderen Eingangstor Hammer und Sichel, Symbole der Sowjetunion. Und das habe ich verbunden. Ich bin ja selbst ein Lebewesen zwischen der Vergangenheit und der Zukunft. So entstand diese Idee. Aber ich weiß nicht wirklich, wie sie entstanden ist. Und das in diesen Bergen. – Es sind Symbole des Landes, in dem wir gelebt haben. Dann ging das System unter, und es wurde zerstört. Die Symbole sind geblieben, als alte Gegenstände. Heute sind es Artefakte. Und ich habe einfach diese Artefakte aufgenommen. Das ist die Geschichte, zu *dem* Teil, der erzählbar ist. – Natürlich ist es traurig, dass sich vor allem die Orte meiner Kindheit so verändert haben. Aber das sind Prozesse, die man nicht aufhalten kann; dafür muss man bereit sein. Dieser Prozess ist ja nicht nur das Kaspische Meer oder Georgien oder Deutschland oder Amerika. Überall gibt es Veränderungen. Das Wichtige daran ist, dass es die Natur so betrifft. Die Ressourcen dieser Erde sind limitiert. Kohle, Gas ... Das können wir doch nicht restlos verbrauchen. Ich weiß es nicht. Heute gibt es Menschen, die sehr irrational sind. Oder vielleicht nicht irrational, aber destruktiv. Sie zerstören alles, z. B. den Regenwald am Amazonas. Sie wollen mehr, mehr, mehr. Kann sein, dass das Leben so ist. Bloß, so wird die Zukunft nicht gelingen. Zugleich gibt es auch immer eine Alternative.«

Elnur malt nicht nur, er fotografiert auch, wobei er auf eine besondere Art fotografiert: Lange steht er da, mit vorgehaltener Kamera, schaut durchs Objektiv; so lange, dass es fast aussieht, als ob er auf etwas warte. Als ich später seine Fotografien sehe, begreife ich, dass Elnur zu etwas Unmöglichem imstande ist: Er fängt Zeit ein. Denn dieses lange Warten ist in den Bildern dann wahrzunehmen.

Durchs Dorf geht es immer weiter bergauf. Wir spazieren. Und es ist, typisch für Ratscha, wirklich sehr heiß. Obwohl Elnur und Chingiz durch die Sommer in Baku an Hitze gewöhnt sein dürften, möchten sie nun nicht mehr weiter, zu welchem Artefakt auch immer. Sie kehren um, und Maka begleitet sie.

Für Kote und mich geht es noch weiter, bis zu einem letzten Artefakt.

»Und du lädst Künstler aus verschiedenen Ländern ein?«

»Ja, zumindest seit den letzten drei Jahren. Wir arbeiten hier und am Ende gibt es immer eine Ausstellung, entweder in Oni oder in Ambrolauri; jedenfalls hier in der Region. Denn dies ist eine aussterbende Region und ich möchte sie mit Festivals und Ausstellungen beleben. Dann kommt auch die Jugend und schaut. Wir arbeiten in Oni mit der Kunstschule zusammen. Auch in Georgien insgesamt haben wir aktuell eine sehr schlechte Situation. Die ökonomische Krise hält an und das Leben ist schwer, viele sind ohne Arbeit. Dadurch denken sie wenig an Kunst. Und gerade deshalb ist der Enthusiasmus wichtig, mit dem solche Ausstellungen organisiert werden. Mit euch hier zusammen – das ist eine Kommune auf Zeit. Und in dieser Zeit können wir uns vieles geben.«

Wir erreichen, oben auf einem der Berge dieses langgezogenen Dorfes, einen Stall, notdürftig eingezäunt, aber mit zwei Sandsteinsäulen überraschend edel eingefasst. Auf der linken Säule ist ein Georgier mit seinem Trinkhorn zu sehen und auf der rechten Seite einfach ein Blätterornament. Nichts passt zur Umgebung. Die Tür ist ein angelehntes, großes Stück Blech.

Dörfliche Artefakte

Und nun kommt auch Temur, der Hausherr, dazu. Man kennt sich. Und schon sind wir eingeladen. Im Handumdrehen ist ein weißes Sonnendach aufgezogen und der Tisch darunter gedeckt mit allen möglichen Köstlichkeiten. Dodo, Temurs Frau, kommt immer wieder aus der Küche gelaufen mit Salaten, Hühnchen, Brot, Käse, Tomate, Gurke ... Und auch Temur kommt mit eigener Gabe zur Tafel, mit einer Karaffe, gefüllt mit selbstgemachtem Wein.

Der Gast wird von Gott geschickt. Nun sitzen wir hier, in der hiesigen Minutenwelt. Wir sitzen eine ganze Stunde zusammen und wünschen uns nur das Beste.

Georgiens genetischer Code

Drei Tage später kommt dann auch Elene Rakviashvili dazu. Mütterlich-energisch nimmt sie die Zügel in die Hand, nicht zuletzt in der Küche, und auch Kote, der, wie schon gesagt, bisher sein Bestes getan und gegeben hat, ordnet sich ihr sofort dankbar unter. Zudem offenbart sich mir mit dem Erscheinen von Elene und ihren ausführlichen Konferenzen mit Jens, dass es für das Ganze auch ein thematisches, gemeinsames Konzept gibt, *Lost Landscape / Verlorene Landschaft*. Und schon in drei Tagen wird die Ausstellung in der kleinen Stadt Oni eröffnet werden.

»Und du, Constanze, schreibst vielleicht auch etwas?«, schlägt Elene vor. Sehr gern. Kunst ist ein Gespräch. Elenes Beitrag zur Ausstellung ist, wie ich im Gespräch mit ihr erfahre, ein kleiner Film: *Links am Bach*. In diesem Film sieht man am Anfang den Wald, den Bach, hört die Vögel singen, und dann kommen plötzlich brutale Stimmen, elektronische Klänge dazu, Maschinen ...

Elene Rakviashvili ist eine kreative Künstlerin, hat an der Staatlichen Kunstakademie studiert und arbeitet seit dem Jahr 2000 vor allem multidisziplinär in den Bereichen Video, Performance, Installation ...

Bei der Vernissage in Oni:
Chingez, Elene, Jens, Maka, Elnur und die Autorin

»Meine letzte Performance machte ich über den genetischen Code. Das war in London, in der Nähe einer großen Brücke. Es geht um den Code, der *in* uns existiert. Manchmal wollen wir diesen Code verändern. Manchmal wollen wir uns sogar von ihm trennen. Aber dieser Code ist mit uns. – Ich trug ein Dress, einen eng anliegenden Anzug, und versuchte nun in einen *Kvevri*, eines der in Georgien verwendeten Tongefäße zur Weinherstellung, hineinzukommen. Zuerst versuchte ich, hineinzukommen, und dann versuchte ich, wieder herauszukommen. Bildlich gesprochen: Ich versuchte, aus meinem genetischen Code herauszukommen, um ein Teil von Europa zu sein, von der Welt ... Das war eine Performance im öffentlichen Raum. Am Ende brach ich diesen *Kvevri* dann auf und nahm eines der ausgebrochenen, alten, georgischen *Kvevri*-Stücke in meinen Arm.«

Und immer wieder Chinkali

»*Lost Landscape* ist eine Idee von Jens und mir. Wir wollten zu diesem Thema ein gemeinsames Projekt machen. Kunst hat Nachrichten zu versenden. Und *Lost Landscape* ist ja nicht nur ein georgisches Thema. Zugleich fehlt uns hier in Georgien vieles. Aber weißt du, was eine gute russische Freundin einmal zu mir gesagt hat: ›Ihr habt vor allem eines, bei allem, was ihr tut: Und das ist euer Spirit.‹«

»Und ist es so?«

»Ich glaube schon«, Elene wird jetzt leidenschaftlich. »Zum Beispiel – *Chinkali*!« Dass jetzt *Chinkali*, die Teigtaschen, mit ins Bild kommen, ist für mich überraschend. Wir lachen, bevor Elene ihren Gedanken weiter ausführt: »In Georgien heißt es, dass unsere *Chinkali* eigentlich aus China kommen. Kann sein. Aber wir veränderten sie, mit unserer Art, mit unserem Spirit. So machten wir sie von Anfang an mit mehr Soße. Das schmeckt! Ich werde gleich hungrig, wenn ich davon erzähle. Und kaum waren diese chinesischen Teigtaschen bei uns angekommen, wurden sie auch größer. Unsere Idee der Teigtasche ist *eine Suppe mit Rindfleisch*. Bei uns in Georgien ist es nun möglich, Suppe und Beef in einem Gericht zugleich zu essen, in der Teigtasche, *Chinkali*. Das Gericht wurde hier also entwickelt, transformiert, verändert ... Natürlich kam es aus China, ist aber heute in Georgien ein völlig neues Produkt. Da ist nämlich unser Spirit mit eingegangen, unsere Natur, unser Charakter. Das macht auch die Kunst aus. – Ich wünsche so sehr, dass Georgien sein Gesicht behält. Und wir haben dafür zu sorgen. Und jetzt, Constanze, möchte ich dich nicht länger aufhalten. Schreib!«

In Wolken

Chingiz Babayev wohnt in Aserbaidschans Hauptstadt Baku in der 17. Etage eines Hochhauses. Und vielleicht entstand dort die Idee eines Wolkenbildes von Aserbaidschan, die Idee der Landkarte als

Wolke. Für die Ausstellung in Oni bereitet er jetzt ein weiteres Wolkenbild vor. Diesmal besitzt die Wolke, die er mit weißer Farbe auf schwarzen Untergrund malt, die Umrisse Georgiens.

Hier in Ratscha sitzt Chingiz die ganze Zeit ebenerdig, am liebsten hinter dem wuchtigen Schreibtisch, direkt gegenüber der Küche. Kaum sitzt er da, wird der Raum zu seinem Büro. Nur wenn er pausiert und zur Flöte greift, verändert sich dieses Bild: Dann sitzt Chingiz auf der Kante des Tisches oder geht, immerzu die Flöte spielend, im Garten spazieren, kommt an Maka vorbei, die mit dem Rücken zur offenen Tür sitzt, um das Tageslicht zu nutzen, spaziert weiter zu Elnur, der gerade Kotes weißen Hirtenhund fotografiert, kommt schließlich zu Jens, um, das Flötenspiel unterbrechend, ihm seine Ansichten von der Welt und seinem künstlerischem Werk zu unterbreiten. Vom offenen Studio aus, kann ich jedes Wort verstehen: »Unsere Werke machen wir nicht selbst. Und wenn wir unsere Werke benennen, dann ist das ein bisschen wie *secondhand*. Das haben nicht wir geschöpft. Was können wir schon kreieren? Ich benenne meine Werke, aber ich schöpfe sie nicht. Das macht die Natur, das macht Gott; ich transformiere nur das, was ich sehe; stelle Fragen, aber antworte nicht auf Fragen. Meine Werke sind mein Weg, um Fragen zu stellen: Was ist eine Frau? Was ist Liebe? Was ist der Mensch? Es gibt Werke, die wir mit dem Gefühl sehen: *Das sagt mir jetzt etwas!* Und in diesen Momenten agiert dann diese Energie, die das Leben zu transformieren vermag.«

Jens hört Chingiz ausgesprochen gern zu, muss aber weiter. Bis zur Ausstellungseröffnung im Ethnologischen Museum ist noch vieles vorzubereiten. Und während Jens schaut, wo Elene gerade ist, hat Chingiz schon wieder nach seiner Flöte gegriffen, um zurück in Richtung Schreibtisch zu spazieren. So schließt sich der Kreis.

Chingiz' eigentliche Spezialität sind Teppiche. Während die altorientalische Webkunst ihre Symbole im wahrsten Sinne des Wortes so verwob, dass nur Wissende die archaischen Elemente als solche erkennen konnten, minimalisiert und abstrahiert es Chingiz genauso in seinen heutigen Teppichentwürfen. Darüber hinaus schafft er Teppiche, die vergänglich sind. Er gestaltet sie aus Früchten, auch mit Hilfe von Blättern und Blüten. Gerade für diese vergänglichen Teppiche erhielt er in Europa bereits viel Aufmerksamkeit.

Und Gedichte schreibt er.

Und der Schlaf beschäftigt ihn, die Kunst der Träume.

Jetzt träumen wir

»Baku steht unter Wasser. Die Stadt sieht aus wie ein riesiger Swimmingpool, voll mit schmutzigem Wasser. Aber es gibt einen Weg. Wir, Elnur und ich, wir beide gehen diesen Weg. Wir kommen bis zu einem Punkt, an dem sich ein Mann uns in den Weg stellt. Und dieser Mann sagt zu uns: ›Hier geht es aber nicht weiter.‹«

Elnur fügt nach kleiner Pause hinzu: »Ich habe dann aber noch etwas anderes geträumt. Ich war mit meiner Mutter in Armenien. Dabei bin ich doch noch nie in Armenien gewesen. Aber meine Großmutter war wirklich einmal dort. Als sie schwanger war, zu Sowjetzeiten, war sie in Dilidschan, in einem Sanatorium. Und vor 80 Jahren wurde meine Mutter also dort in Armenien geboren. Jedenfalls sagte meine Mutter im Traum: ›Lass uns Blumen in den Kindergarten bringen!‹ Wir gingen los. Und ich weiß nicht, wo wir eigentlich waren. Meine Mutter trug die Blumen. Es war ein großer Strauß. Sie sagte zu mir, ich solle noch in einen Laden gehen, um Süßes für die Kinder zu kaufen. Ich wusste nicht, welche Sprache sie hier sprechen. Da kam ein armenischer Soldat auf mich zu und sagte: ›Komm mit! Du bist ein Aserbaidschaner! Ich bringe dich an einen Ort!‹ In diesem Traum war ich mir sicher: Erst sperrt er dich ein, dann wirst du exekutiert. Aber ich wollte nicht auf diese Art sterben ... Es war schrecklich ... Und ich fühlte mich so schrecklich ... Und dann wachte ich auf, sah mich um, fragte mich: ›Wo bin ich?‹ Und mir wurde klar: Ich bin in Ratscha, ich bin in Georgien.«

Vom Glück dieses Hauses

Und wer ist der Verfasser? Wer schreibt, wenn ich schreibe? Wie hat es Chingiz noch einmal ausgedrückt: »Ich benenne meine Werke, aber ich schöpfe sie nicht. Das macht die Natur, das macht Gott; ich transformiere nur das, was ich sehe.« Vielleicht ist es ja genauso. Und während in Armenien nicht zuletzt die Priester der armenisch-apostolischen Kirche maßgeblich transformierend wirken, über den Weg des Glaubens, auch im Alltag, scheinen es mir in Georgien tatsächlich eher die Künstler zu sein, Schriftsteller, Übersetzer, Maler, Filmemacher ... Und immer wieder wird auch gesungen, mehrstimmig gesungen, musiziert und getanzt.

Der Tag der Ausstellungseröffnung ist gekommen. Im Ethnologischen Museum beginnen die Künstler ihre Werke zu hängen und zu positionieren. Am späten Nachmittag wird die Ausstellung *Lost Landscape* eröffnet werden. Chingiz hängt sein Georgien-Wolkenbild, Elnur die *Metamorphose*, Jens oxidierende Landschaften, Maka präsentiert, bildmäßig, das Werk mit der Taschenlampe, Kote ein Ornament, Elene ihren Film und ich meine Texte:

Wir wissen es schon, dass,
würden wir diese Einladung annehmen, zurück,
und die offene Tür durchschreiten,
zu diesem Verlebten, Überlebten, dennoch Lebendigen hin,
drehten wir eine Runde in uns selbst -
zurück.
»Hier geht es aber nicht weiter«, wird gesagt.
Und tatsächlich: Keinem von uns ist es erlaubt, die Zeiten
zu verdrehen.

»Chingiz hat völlig recht«, meint Elnur, als ich für das Gruppenfoto neben ihm stehe. Aliko, Kotes junger Freund, fotografiert uns. »Auch ich glaube, dass Kunst die Liebe zeigt.« Mich wundert, wie er gerade jetzt darauf kommt. Aber ich spüre es ja selbst, wie wir mit der Zeit uns verbunden haben, ganz gleich ob Mann oder Frau, ganz gleich aus welchem Land. Das mit dem Gruppenfoto dauert, denn Elene läuft plötzlich weg, um eine Frau zu begrüßen. Später stellt sich heraus, dass es Rosana ist, die Leiterin der Kunstschule Oni. Wir warten jedenfalls, in der Haltung nun wieder leger. »Es gibt so viel Bitteres in der Welt, im Leben, Schweres, Probleme, Trauer ... Kunst kann Hoffnung geben, Hoffnung auf die Zukunft.« An dieser Stelle würden auch Kote, Elene und Maka sofort zustimmen. Da bin ich mir sicher. »Deshalb sage ich«, bemerkt wiederum Elnur: »Kunst ist unsere Hoffnung. Und Kunst ist keine banale Sache. Es beeinflusst die Welt; wie die Liebe. Einfach weil es schön ist, ganz einfach und elementar – schön. Zum Beispiel eine alte Frau. Sie ist alt, aber ich kann ihre Schönheit sehen. Ich kann sehen, wie sie gesehen wurde im Kunstwerk. Der Künstler sollte nicht destruktiv sein. Er kann sagen, dass dies oder das schlecht ist, aber – er soll es als Künstler sagen.«

Elene kommt jetzt wieder zurück und Aliko kann das Foto machen. Nach dem Besuch in Rosanas kleiner, zugleich anspruchsvoller Kunstschule für Mädchen und Jungen geht es weiter in das Gästehaus *Gallery*. Es ist das Gästehaus, das Rosana und ihr Mann Temur führen. Erstmals trinke ich *Tschatscha* aus einem Trinkhorn. Das Horn sieht nicht groß aus, aber besitzt ein umfängliches Volumen. Wir reichen es uns einander zu.

Rosana selbst malt und Temur arbeitet in Holz. Die künstlerischen Spuren der beiden ziehen sich durch alle Räume des Hauses. Dazu gehört auch eine in alter Tradition neu kreierte Haussäule, zu der wir schließlich kommen. Der weißbärtige Temur erklärt: »Dreht es nach links, stellt das Zeichen die Sonne dar, dreht das Zeichen nach rechts, oder dreht es gar nicht, dann ist es das Zeichen für den Mond.«

Die Tradition der Haussäule stammt aus der Zeit des Matriarchats. Damals befand sich diese Säule immer im Zentrum des

Hauses, um so das Gesamte zu stützen. In der Säule, zumindest in der von Temurs kreierten Säule, stehen zwei Zeichen – eines für die Sonne, das andere für den Mond. Sie stehen übereinander und sind zugleich eingebunden in einer liegenden Acht, dem Zeichen für die Ewigkeit, für das Unendliche.

»Sonne und Mond bleiben vereint, obwohl sie voneinander getrennt sind«, erklärt es Temur. »In ihrer Beziehung bleiben sie miteinander verbunden. Und darin liegt das Glück dieses Hauses.«

Tag 29 Hülle

Nikorzminda

Auf der Rückfahrt nach Tbilissi möchte uns Kote noch die Kirche Nikorzminda zeigen. Wir sind sehr früh gestartet und reden nicht viel. Aber dann beginnt Elnur noch von dem in dieser Region hochgeschätzten Buch *Ali und Nino* von Kurban Said zu erzählen, welches ja bereits für Rachel Türöffner nach Georgien gewesen ist.

»Es ist eine Geschichte wie Romeo und Julia«, meint Elnur. »Aber es geht nicht allein um diese Liebe, auch nicht allein um die unterschiedlichen Religionen Christentum und Islam. Es wird auch viel über Baku erzählt, über das Leben dort, und in Aserbaidschan überhaupt; und dann auch in Tbilissi, über das Georgien der damaligen Zeit, vor hundert Jahren.«

Dass wir schon so früh gestartet sind, hat seinen Grund darin, dass Chingiz und Elnur heute gleich weiter nach Baku wollen. Um acht Uhr morgens erreichen wir Nikorzminda.

»Die Kirche ist geschlossen?«

»Ja, sie öffnet erst um neun Uhr.«

»Aber können wir nicht jemanden fragen, ob uns schon eher geöffnet wird?« Bevor Kote antwortet, ist seinem Gesichtsausdruck anzusehen, dass etwas Ungutes in ihm hochsteigt: »Die beiden Aserbaidschaner wollten ja so früh losfahren. Sonst wären wir zu einer späteren Zeit hier angekommen, zu der dann auch die Kirche geöffnet hat.«

»Aber entschuldige, Kote, wir wussten gar nicht, dass wir an Nikorzminda vorbeifahren.«

»Aber das ist der Weg.«

Nun meint Elnur in seiner Seelenruhe: »Ich verstehe nicht, dass die Kirche überhaupt geschlossen wird. Sollte ein Gotteshaus nicht immer offen sein?«

Schließlich bricht es aus Kote, der zweifellos immer sein Bestes gegeben hat, aber nach dieser Woche auch sichtlich erschöpft ist, heraus und er schimpft: »Auch Gott muss einmal schlafen!«

»Und deshalb öffnet er sein Haus erst um neun Uhr? Das verstehe ich nicht.«

»Gott muss viel arbeiten. Deshalb muss er auch regelmäßig ruhen.«

Also umrunden wir die Kirche und besichtigen sie von außen. Die Bischofskirche Nikorzminda ist in ganz Ratscha die bedeutendste Sehenswürdigkeit. Erbaut im zweiten Jahrhundert unter Bagrat III., dem ersten Oberhaupt eines vereinigten Königreiches Georgien, steht sie auf einem Hügel nahe dem gleichnamigen Dorf. Besonders, und das ist unser Glück im Unglück, die Außenfassaden sind Grund für den Ruhm der Kirche. Vor allem um die Türen und Fenster finden wir steinerne *Flechtarbeiten*, dazu mit Blumen und Blätterranken, immer wieder Lebensbaummotive, Kreuze ...

Wir sind erst einige Kilometer weitergefahren, als, immer noch ist es früh am Morgen, ein Betrunkener, uns fröhlich zuwinkend, unseren Weg kreuzt. Dabei kreuzt er nicht allein unseren Weg, sondern, die eigene Linie nur schwerlich haltend, auch immer wieder den eigenen. An seiner gehobenen Stimmung ändert das nichts.

»Er ist fröhlich. Ihm geht es gut. Und er ist auch schon wach.«

»Gott ist jetzt wach?«

»Nein, aber dieser hier ist es schon!«

Tag 30

Schweizer Naturjodel

Tskaltubo

Den Schweizer Botschafter Lukas Beglinger, der bereits im Kosovo, in Polen und Belarus Botschafter gewesen ist und der nun in Georgien amtiert, lerne ich gemeinsam mit seiner Frau Barbara Kohler Beglinger kennen, der Vorsitzenden der *International Women's Association of Georgia*. Durch beider offene Art habe ich bald das Gefühl, wir würden uns lange kennen. Und als ich Lukas einmal danach frage, wie er sein mögliches *Abenteuerbuch Georgien* nennen würde, sagt er: »Ein vielfältiges Land auf der Suche nach sich selbst.« Zugleich vermerkt er die *starke kulturelle Identität* des Landes.

Er und seine Frau haben mich nun nach Tskaltubo eingeladen, zum diesjährigen *Tskaltubo Art Festival*. Seit 2013 findet dieses Festival jährlich statt, immer im Herbst; wobei übrigens in diesem Jahr letztmalig mit Schweizer Unterstützung. Das Festival hat mit der

Zeit die Reife erlangt, völlig in landeseigene Hände überzugehen, was zukünftige Zusammenarbeit natürlich nicht ausschließt.

Tskaltubo liegt nahe bei Kutaissi, verfügt über warme, radonhaltige Heilquellen und ist einer der berühmtesten Kurorte der Sowjetunion gewesen. In diesen Zeiten gab es hier um die 20 verschiedenen Sanatorien zum Kurieren von Herz- und Kreislauferkrankungen, gynäkologischen Krankheiten, Rheuma sowie Gelenk-, Nerven-, Haut- und Gefäßleiden.

Der Kurbetrieb endete mit dem Zusammenbruch der Sowjetunion; jeglicher Tourismus brach zusammen, die gesamte Wirtschaft kollabierte. Die Sanatorien und Gästehäuser standen leer und füllten sich erst wieder 1992/93, und zwar mit Tausenden von Landsleuten, die vor dem Bürgerkrieg um die umstrittene Region Abchasien hatten fliehen müssen. In der Zwischenzeit hat sich einiges getan. Aber bis heute leben in Tskaltubo noch etwa 4.500 IDP, wie sie offiziell genannt werden, *Internally Displaced Persons*.

Bekannt ist die Gegend um Tskaltubo nicht zuletzt für ihre Grotten, welche seit 1970 auch für therapeutische Lungenheilverfahren genutzt worden sind.

Wichtigster touristischer Anziehungspunkt ist, acht Kilometer von Tskaltubo entfernt, die Prometheus-Höhle; aufwendig ausgeleuchtet und mittels Rundgang oder auch Bootsfahrt zu erkunden.

Träger des *Tskaltubo Art Festivals* sind seit 2013 die Schweizer Stiftung *artasfoundation* sowie die lokale NGO *IDP Women's Union of Tskaltubo*. Seit 2017 liegt die Hauptverantwortung bei der *IDP Women's Union*. Darüber hinaus hat auch die DEZA, Direktion für Entwicklung und Zusammenarbeit, also die staatliche Agentur für Entwicklungszusammenarbeit der Schweiz, entsprechende Unterstützung geleistet. Lukas Beglinger als der Schweizer Botschafter wird das Festival an diesem 7. Oktober eröffnen.

Ich habe mich wie immer privat einquartiert – diesmal bei Anastasia, Lehrerin, und Giorgi, Arzt. Anastasia ist freundlich, ihre

Schnelligkeit grenzt aber schon an Nervosität. Erst als wir miteinander ins Gespräch kommen, beruhigt sie sich.

Von meinem Quartier aus mache mich auf den Weg zur Festhalle. Unterwegs bekomme ich eine erste Ahnung von der weiten Ausdehnung des Ortes. Die breiten Wege erinnern an die vielen Kurgäste, die einst hier promenierten. Aber was gewesen ist, kann perspektivisch durchaus auch wieder so werden. Die radonhaltigen Heilquellen fließen nach wie vor. Inzwischen wurden auch schon die ersten der alten Badehäuser saniert und instand gesetzt.

Die Natur hat noch am besten die tiefen gesellschaftlichen Wandlungen und Ereignisse überstanden. Im Kurpark stehen alte, hohe Bäume und ihr Blattwerk bildet dichte, weite Dächer.

Der Konzert- und Theatersaal *Iveriahalle* ist zweifellos ein Zentrum des Kurortes. Der Saal ist groß und die Bühne breit. Wenn, wie jetzt, der Saal nicht voll besetzt ist, verliert sich der Einzelne. Ich schaue mich um. Kinder rennen durch die Reihen. Hier sitzen Männer zusammen, und dort Frauen. Auf der Bühne üben einzelne Tänzer noch letzte Schritte und Sprünge. Lukas Beglinger und seine Frau Barbara sehe ich noch nicht. Aber kurz vor 17.00 Uhr, dem offiziellen Beginn, sind sie da: »Wunderbar, dass Sie sich auf den Weg nach Tskaltubo gemacht haben«, sagt Lukas, als wir uns begrüßen, und schon muss er auf die Bühne. Die Abschlusspräsentation des diesjährigen *Tskaltubo Art Festivals* beginnt. Seine Frau Barbara und ich sitzen für diesen Moment zusammen. Barbara umreißt mir kurz die konkrete Projektarbeit im Vorfeld, d. h. die Workshops, geleitet durch internationale, nicht zuletzt Schweizer und georgische Künstler, mit Kindern, Jugendlichen und Erwachsenen; und das in Kooperation mit der lokalen Kunst-, Tanz- und Musikschule. Gerade in diesem Moment kommen Albin Brun und Patricia Draeger auf die Bühne, das Akkordeon bzw. das Schwyzerörgeli in den Händen. Gemeinsam mit den beiden Schweizern betreten jetzt auch noch um die zwanzig Kinder die Bühne und beginnen, im Wechselspiel mit Albin und Patricia, auf ihren *Panduris* zu spielen, den dreisaitigen

Langhalslauten. Später tanzen Jugendliche, Männer wie Frauen, Georgier oder dann auch Armenier … Sie tanzen die Tänze ihrer Kulturen, mit fließenden Bewegungen und hohen Sprüngen. Und die Männer vom georgischen *Naduri-Chor* aus Tskaltubo singen nicht nur aus voller Kehle, sondern aus dem ganzen Körper heraus. Sie singen georgische Lieder, wie zum Beispiel das bekannte *Suliko*-Lied, und sogar Schweizer Volkslieder mit Jodel. Das überrascht mich schon. Aber, wie ich später erfahre, entwickelten die Sänger des *Naduri-Chores* diese Fähigkeiten bereits in einem Workshop im Rahmen des *Tskaltubo Art Festivals* im Jahr 2014, gemeinsam mit dem Jodlerklub Wattwil, Kanton St. Gallen.

Es ergibt sich, dass wir, Patricia und Albin, Barbara und Lukas, andere und auch ich, hinterher noch in einem einstigen Kulturhaus ein wenig zusammensitzen, um georgisch zu essen. Wobei allerdings, vielleicht einmalig für Georgien, kein Wein vorrätig ist. Aber es gibt da einen edlen Tropfen, zunächst als Geschenk für den Botschafter gedacht, der nun für uns alle zum Geschenk wird.

»Und wie lange habt ihr geprobt?«, frage ich Albin und Patricia, die neben mir sitzen. Albin antwortet sofort aus dem Bauch heraus: »Viel zu kurz!« Patricia nickt bestätigend und beide lachen. Und je länger wir zusammensitzen, essen, trinken, immer wieder lachen, umso mehr kommen wir miteinander ins Gespräch. Natürlich bin ich neugierig, wie sich die künstlerische Zusammenarbeit bis hin zur heutigen Präsentation gestaltet hat. Albin erzählt: »Also, die Männer von *Naduri* haben uns anfangs georgische Lieder vorgeschlagen, bei denen wir zusammenspielen könnten. Ganz zu Beginn hatten sie uns auch ein wunderschönes getragenes Lied vorgesungen, zu dem ich liebend gern mit dem Saxophon improvisiert hätte. Aber sie erklärten uns dann, das sei ein religiöses Lied, und dazu dürfe man nicht mit Instrumenten spielen. Patricia und ich hatten auch einen *Schweizer Naturjodel* mitgebracht, ein sogenanntes *Zäuerli*, das recht einfach zu singen ist. Das wollten wir mit dem Chor einstudieren. Bei dieser Art Gesang wird eine Solomelodie von den anderen Stimmen mit langen Akkordtönen unterlegt. Die Reaktion darauf fiel etwas verhalten aus. Aber der musikalische Leiter des Chors nahm die Noten mit nach Hause und kam am nächsten Tag mit einer eigenen harmonischen Bearbeitung wieder. Auf diese Weise entstand eine schöne georgisch-schweizerische Mischung.«

»Und wie lief es mit den Kindern?«

»Ja, bei den Kindern von der Musikschule war es ein bisschen anders, denn da sind es die Schüler gewohnt, möglichst fehlerfrei das auszuführen, was der Leiter ihnen vorgibt. Uns ist aber gerade auch der lustvolle und spielerische Zugang zur Musik wichtig. Als der Leiter aber am zweiten und dritten Tag wegen eines Todesfalls in der Familie abwesend war, nutzten wir die Gelegenheit und probten mit den Schülern eine improvisierte akustische Alpen-Natur-Atmosphäre. Dazu hatten wir eigens eine Kiste voller Vogelpfeifen, Kuhglocken, Muh-Dosen usw. mitgebracht. Die Schüler sind richtig aufgeblüht und haben gestrahlt. Und als der Leiter wieder zurück war, spielten wir ihm diese musikalische Naturkulisse vor. Er konnte sich ein Lächeln nicht verkneifen und begann dann selbst auf seiner Flöte Vogelstimmen nachzuahmen.«

In Anbetracht dieses Tages kommt mir, auch wenn es heute nicht gesungen worden ist – oder habe ich es überhört? –, *Zutisopeli* in den Sinn, die *Minutenwelt*: *Wir sind Gäste in dieser Welt der Minute ...*

Und als ich, schon im Auseinandergehen, die Bemerkung mache, dass dieses georgisch-schweizerische Zusammenspiel so organisch gewirkt hat, bemerkt Albin noch: »Mein Großvater stammt ja aus Georgien. Er hat in Bolnissi gelebt – Alfred Bissegger.«

Tag 31

Argonauten

Kutaissi

Kutaissi ist ein wesentlicher Ort, nicht zuletzt als die einstige Hauptstadt des alten Kolchis, im achten Jahrhundert vor Christus, später Residenz georgischer Könige, erobert von den Osmanen, darauf folgend von den Russen, und heute, nach Tbilissi und Batumi, die drittgrößte Stadt in Georgien, mit knapp 150.000 Einwohnern. Die Stadt liegt in der Kolchischen Tiefebene, entlang des Rioni. Kutaissi ist bis heute wirtschaftliches und kulturelles Zentrum West-Georgiens, u.a. mit Universität und Technischer Universität, mit Auto-, Traktor- und Flugzeugwerken sowie Chemiefabriken ... Es gibt fünf Theater ... Auch die Dichter Wladimir Majakowski und Grigol Robakidse stammen aus Kutaissi ... Sowohl die Bagrati-Kathedrale als auch die Akademie Gelati sind touristisch gesehen ein *Muss*; Gelati anerkannt als UNESCO-Weltkulturerbe.

Das alles bewege ich für mich immer wieder, aber nie bleibe ich länger als für ein oder zwei Stunden in der Stadt, immer fahre ich gleich weiter; zuletzt jetzt eben auf dem Weg nach Tskaltubo. Immer ist es mir dort zu heiß, immer sind es mir zu viele Menschen ... Aber die sind in Tbilissi auch. Und ich verstehe es nicht. Kutaissi ist mein Nicht-Ort, zumindest bisher.

Die Argonauten

Held Jason lässt sein Haar nicht schneiden. Er trägt es lang und wild. Bekleidet ist Jason mit einem ganz gewöhnlichen Gewand, über das er aber ein Panther- bzw. Löwenfell trägt. Das ist markant. Noch markanter ist, dass er nur mit einem einzigen Schuh bekleidet ist.

Held Jason soll nun, bewaffnet mit zwei Speeren, nach Kolchis reisen, an die Mündung des Phasis, um dort, im Hain des Ares, das Goldene Vlies zu erbeuten. Das Goldene Vlies wird bewacht von einem Drachen, der nie schläft. Und erst wenn Jason dies gelingt, könne er König werden. So hat es ihm zumindest sein Onkel gesagt, König Pelias, den wiederum das Orakel gewarnt hatte, und zwar vor demjenigen, der kommen wird und nur einen Schuh trägt. Denn der werde laut Orakel sein Thronfolger werden.

König Pelias greift daraufhin zur List und schickt Jason nach Kolchis. Der König ist sich sicher, dass Jason von dort nie zurückkehren wird.

Mit Hilfe auch von Athena baut Jason die Argo, ein schnelles Schiff, das zugleich so leicht ist, dass, wie es heißt, ein einzelner Mann es auf seinen Schultern tragen kann. Die wichtigsten Helden Griechenlands versammeln sich, um Jason auf seiner Reise zu begleiten – Orpheus, Theseus, Herakles ... Viele seiner Begleiter sind göttlicher oder zumindest halbgöttlicher Abstammung. Und obwohl sie um das Risiko dieser Fahrt wissen, scheuen sie nichts. Ja, sie scheuen nicht einmal den Tod. Fortan werden sie die Argonauten genannt.

Nach vielen Umwegen und Kämpfen erreichen sie schließlich Kolchis, das Schwarze Meer, die Insel Aja.

Gleich am Morgen nach der Ankunft begibt sich Jason zum König Ajetes, um das Goldene Vlies einzufordern. Während er bei Ajetes vorspricht, verliebt er sich in dessen Tochter Medea. Der König verwehrt ihm das Goldene Vlies grundsätzlich nicht, so sieht es zumindest aus. Zugleich hat Jason aber drei Proben zu bestehen:

1. Jason soll mit feuerschnaubenden Stieren auf dem Ares-Feld Furchen pflügen.

2. Jason hat die Zähne des von Kadmos getöteten Drachen auszusäen und die daraus erwachsenden erdgeborenen Krieger zu bezwingen.

3. Jason hat das Goldene Vlies dem Machtbereich des niemals schlafenden Drachen zu entwenden.

Mit Hilfe Medeas besteht Jason die ersten beiden Proben. König Ajetes, der ahnt, dass Jason auch die dritte Prüfung bestehen würde, der aber das Goldene Vlies nie wirklich hatte hergeben wollen, beschließt in der Nacht die Argonauten zu erschlagen. Medea bekommt das rechtzeitig mit und verrät Jason den Plan ihres Vaters. Sie ist es auch, die Jason nun hilft, das Goldene Vlies zu erbeuten; und das unter der Bedingung, dass Jason sie zur Frau nimmt.

Über die Heimfahrt der Argonauten weichen die Sagen nun sehr viel mehr voneinander ab, als sie es schon bis hierher tun. Jedenfalls irren die Argonauten noch eine Weile zu Land und zu Wasser durch die Gegend, bis sie endlich wieder in ihrer Heimat landen.

Russische Föderation
Autonome Republik Abchasien
Ambrolauri
Süd-Ossetien
Georgien
Schwarzes Meer
Autonome Republik Adscharien
Batumi
Bordschomi
Achalziche
Achalkalaki
Wardsia
Tbilissi
Kardenachi
Signagi
Assureti
Paravanisee
Bolnissi
Sadachlo
Türkei
Armenien
Aserbaidschan

Tag

32

Meer

Ali und Nino

Inzwischen ist es Anfang Oktober, es wird schon Herbst. Meine Zeit in Georgien neigt sich dem Ende zu. Und schließlich fahre ich auch ans Schwarze Meer, zwar nicht wie die Argonauten mit dem Schiff, sondern über Land, mit der Marschrutka. Im Sommer hatte mich die Vorstellung der vielen, vor allem russischen Touristen, die jedes Jahr nach Batumi kommen, noch abgehalten, die Hafenstadt zu besuchen.

Batumi ist der Haupthafen Georgiens, Hauptstadt der Autonomen Republik Adscharien, unweit der Grenze zur Türkei gelegen. Batumi besitzt auch einen Flughafen, verfügt über gute Zug- und Busverbindungen, auch in die Türkei. Mit dem Zug nach Tbilissi sind es gerade mal fünf Stunden Fahrt, was ich auf meiner Rückfahrt dann zu nutzen weiß. In Batumi herrscht subtropisches Klima.

Anders als sonst, habe ich mich diesmal nicht privat einquartiert, sondern in einem kleinen Hotel in der Altstadt, ganz nah beim Alphabet-Turm, ganz nah beim Hafen, ganz nah beim Denkmal von Ali und Nino, und zugleich nicht weit weg von der Medea-Säule. In Batumi zieht mich vor allem das Meer an, und eben diese Türme.

Am Schwarzen Meer ist Nachsaison. Der Hotelier zeigt mir mein Zimmer, meint dann aber, er könne mir gern auch, zum selben Preis, ein anderes Zimmer anbieten. Dieses andere Zimmer ist in der obersten Etage des vierstöckigen schmalen Hotels, und ich kann über die Dächer schauen. Mir gefällt es sofort. Und von hier höre ich erstmals in meinem Leben einen Muezzin rufen.

Bald darauf mache ich mich auf den Weg zum Denkmal von Ali und Nino, dem Denkmal für eine ungewöhnliche Liebe, für die Liebe zwischen einer georgisch-christlichen Prinzessin und einem aserbaidschanisch-muslimischen Aristokraten. Dabei muss ich nur zwei Straßen weiter durch die Altstadt, in Richtung Alphabet-Turm, am Ufer des Schwarzen Meeres entlang, um dann, keine zehn Minuten später, die beiden Liebenden zu erreichen. Sie befinden sich in ewiger Bewegung.

Ali und Nino: Ihre Körper sind stilisiert dargestellt mittels metallischer Scheiben, zwischen denen es jeweils passend Zwischenräume gibt. Und es sind gerade diese Zwischenräume, die dann entscheiden, dass die Begegnung und Verschmelzung, das Eins-Werden der beiden Figuren, überhaupt möglich wird, ohne dass sie dabei einander berühren; und ohne dass sich auch nur einer der beiden verformen müsste.

Als ich das Liebes-Denkmal erreiche, bewegen sich die beiden gerade langsam wieder voneinander weg, um dann schließlich, man muss nur warten, warten, warten, wieder aufeinander zuzugehen und Eins zu werden, für einen weiteren, fließenden Moment.

Wenn die Sonne scheint, glänzt das Metall der Gesamtkomposition auf und hebt sich fotogen vom blauen Himmel ab. Dann fällt es völlig aus der Zeit.

Das Denkmal von Ali und Nino; im Hintergrund der Alphabetturm

Geschaffen wurde das acht Meter hohe Denkmal im Jahr 2010 von den beiden georgischen Bildhauern Tamar Kwesitadse und Paata Sanaia.

Ali und Nino ist zunächst ein Roman, der 1937 erstmals in Wien und Leipzig erschien. Als Verfasser wird *Kurban Said* genannt, ein Pseudonym. Wer verbirgt sich dahinter? Diese Frage ist eine Zeitgeschichte für sich und wird in dem Buch *Der Orientalist*, das der US-amerikanische Autor Tom Reiss geschrieben hat, spannend wie in einem Krimi aufgeblättert. Im Autorenvertrag von 1937 wird eine Baronin Elfriede Ehrenfels von Bodmersdorf genannt. Ist sie Kurban Said? Wenn ja, ist sie es dann allein? Und welche Rolle spielt in diesem Zusammenhang Lev Nussibaum, ein zum Islam konvertierter Jude, stammend aus Baku, der später, eben als *der Orientalist*, nach Berlin gegangen ist?

Der Roman *Ali und Nino* war lange verschollen und ist erst in den 1970er-Jahren als Übersetzung ins Englische wieder aufgetaucht: Am Vorabend der Russischen Revolution leben Ali und Nino in Baku und verlieben sich ineinander. Sowohl Religion als auch Sitten verbieten diese Verbindung. Aber ein Vermittler, ein armenischer Freund, vermag so zu vermitteln, dass die Hochzeit möglich und schon vorbereitet wird. Bloß dann entführt genau dieser Vermittler die Braut. An sich müsste nun Ali beide töten. Alis Liebe zu Nino ist aber so groß, dass er zwar den einstigen Freund tötet, nicht aber Nino. Sie heiraten und kehren, kaum dass es die politischen Verhältnisse wieder erlauben, nach Baku zurück, reisen auch nach Georgien …

Wie Elnur schon vorausgeschickt hatte: Das Buch erzählt vom Leben in Baku und auch vom Leben in Tbilissi, in diesen Zeiten, gibt aber vor allem Einblick in die unterschiedlichen Denkweisen. Und so lese ich:

»›Ich bin ein alter Mann‹, sagte er (Aga Musa Nagi – C.J.), ›und ich bin traurig über das, was ich sehe, und über das, was ich höre. Russen rotten die Türken aus, die Türken die Armenier, die Armenier wollen uns ausrotten und wir die Russen. Ich weiß nicht, ob das gut ist …‹« (21)

Der Alphabet-Turm

Das heute im Alltag verwendete georgische Alphabet, Mchedruli, besteht aus 33 Buchstaben. Es wird in den Schulen wie auch zu Hause verwendet. Assomtawruli (Mrgwlowani) und Nuschuri sind wiederum *die* beiden Alphabete, welche bis heute in den Gemeinden der georgisch-orthodoxen Apostelkirche gelehrt werden.

Im Laufe der Geschichte Georgiens wurden also insgesamt drei Alphabete entwickelt. Beginnend mit Assomtawruli (Mrgwlowani) entwickelte sich dabei eines aus dem anderen.

Es wird von links nach rechts geschrieben. Eine Groß- und Kleinschreibung gibt es bei allen drei Alphabeten nicht. Im Jahr 2016 wurde die georgische Schrift in das immaterielle UNESCO-Weltkulturerbe aufgenommen.

Rachel Gratzfeld schreibt in ihrem Begleittext zu dem Bilderbuch *Schlaf gut* von Tatia Nadareischwili über die georgische

Sprache: »Die georgische Schrift ist über 2.000 Jahre alt, viel älter als beispielsweise das deutsche Alphabet. Man nimmt an, dass König Parnawas I., der im dritten Jahrhundert vor Christus an der Macht war, das georgische Alphabet einführte.« (22)

Der Alphabet-Turm in Batumi ist 130 Meter hoch, wurde 2011 fertiggestellt und verbindet nun die Einmaligkeit des georgischen Alphabetes mit dem Aufbau der DNA als Doppelhelix.

So stehe ich unterhalb des Turmes, schaue hinauf zur Glaskugel, welchen den Turm oben abschließt, und denke an Elene, die ihrerseits die georgische DNA mit dem *Kvevri* verbunden hat ...

Gott in Batumi

Als ich Saira in der Wohnung ihrer Schwester Nega in Tbilissi kennengelernt habe, hat sie zu mir gesagt: »Wenn Sie in Batumi sind, dann müssen Sie mich unbedingt besuchen.« Seitdem trage ich ihre Adresse bei mir.

Eines Nachmittags mache ich mich ohne telefonische Vorankündigung auf den Weg zu ihr: ›Wenn Gott möchte, dass wir uns treffen, wird sie da sein.‹ Fünfzehn Minuten sind es von meinem kleinen Hotel bis zu ihrer Wohnung. Eine Klingel gibt es nicht. Und während ich Saira dann doch anrufe, um ihr zu sagen: »Ich bin jetzt da!«, schaue ich zu dem kleinen Park hinüber, vor dessen großem Eingangstor jemand sitzt, der aussieht wie *Gott*. Jedenfalls habe ich mir als Kind Gott immer so vorgestellt: weiß gekleidet, sehr alt und mit einem langen weißen Bart. Nur die Vorstellung, dass dieser Gott dann zurückgelehnt in einem Klappstuhl sitzt, vor dem Eingangstor zu einem Park und in einer Stadt namens Batumi, hatte nicht zu meiner kindlichen Vorstellung gehört.

Mit dieser Haltung, eher wie ein König auf seinem Thron, lächelt dieser *Gott* mir über die Straße hin zu, winkt freundlich, und ich winke zurück.

Gott in Batumi

Saira sagt, dass sie gleich da ist. Und Gott bleibt, wo er ist. Wie ich sehe, winkt er jedem zu, der an ihm vorüberkommt. Vor sich auf dem Boden hat er ein Schälchen stehen. Gerade beugt sich einer der Passanten nieder und legt etwas Geld hinein.

Der fliegende Händler

Die Herbstsonne wärmt noch. Ich sitze auf den Steinen am Strand und schaue hinaus aufs Meer. Ein fliegender Händler kommt heran, beladen mit Popcorn, Badeschuhen, süßem Brot ...

»Möchten Sie?« – »Haben Sie auch Wasser?« – »Nein, Wasser habe ich nicht; aber süßes Brot.« – »Was kostet es?« – »Einen Lari.«

Ich krame in meinem Portemonnaie.

»Für sechzig Tetri gebe ich Ihnen ein Brot dazu.« Als ich nicht abwehre, fragt er: »Sie sind allein hier?« – »Ja.« – »Ich bin auch allein hier.« Er reicht mir die Hand. Ich reiche ihm die meine.

»Dann können wir uns kennenlernen. Ich heiße Risa.« – »Angenehm. Aber ich muss allein bleiben, weil: Ich muss noch ein bisschen nachdenken.« – »Und ich bin einfach nur Aserbaidschaner.« – »Angenehm.« – »Und Sie haben wirklich keine Zeit, damit wir uns kennenlernen können?« – »Leider nein.«

Nun zieht er weiter, und später verschwindet er mit all seinen Lasten am Horizont.

Atmosphäre

Kaum kommt für einen Tag der Sommer zurück, belebt sich der Hafen. Und es gibt Schiffe, die hier losfahren, um kurz darauf zu fliegen.

Zur selben Zeit schafft es auch eines dieser Ausflugsboote, wiederum ausschließlich zu Wasser, genug Passagiere zu versam-

Angler im Hafen von Batumi

meln, sodass sich die Ausfahrt aufs Meer lohnt. Und nach fast einer Stunde des Wartens verlassen sie für eine halbe Stunde den Hafen.

Der letzte Schwimmer

Das Meer ist ruhig. Die Wellen schlagen sanft aus.

Ein letzter Schwimmer steigt ins Wasser, taucht unter, schwimmt einige kräftige Züge, legt sich weiter draußen dann aufs Wasser, so, dass er dabei zurück ans Ufer schauen kann. Das Meer ist die Weite und der Schwimmer erweckt inzwischen den Anschein eines toten Mannes.

Aber jetzt taucht der Schwimmer, wieder am Leben, plötzlich unter. Ich bin mir sicher, dass er um unsere Blicke weiß.

Medea

Während sowohl der Alphabet-Turm als auch *Ali und Nino* an der Uferpromenade des Schwarzen Meeres stehen, ist die Säule mit Medea nicht dort, sondern in Alt-Batumi zu finden, genauer gesagt auf dem innerstädtischen Europaplatz. Der Weg ist nicht weit. Und dort steht Medea, auf einer meterhohen Säule, fast schon wie halb weggebeamt. Ihr Haar weht im Wind, und in der Hand hält sie das Goldene Vlies.

Medea, die *Ratwissende*, die Zauberin, die Kräuterkundige, ist eine der wesentlichen Frauengestalten der griechischen Mythologie, Tochter des Königs Aietes. Als Jason mit den Argonauten kommt, um das Goldene Vlies zu erbeuten, ist sie ihm in Liebe verbunden und hilft ihm bei sämtlichen Prüfungen, die ihm Vater Jason stellt. Bedingung ihrer Hilfe bei der letzten Prüfung ist, dass Jason sie heiratet. So geschieht es.

Jason und Medea bekommen zwei Söhne und leben in Korinth. Dort leben sie eine ganze Zeit, bis Jason Medea verstößt. Er

Das Medea-Denkmal

möchte nun die Tochter des Königs Kreon von Korinth heiraten. Aus Rache dafür ermordet Medea Kreon, und auch dessen Tochter. Medea tötet schließlich sogar ihre eigenen Kinder ...

Die Weite des Meeres

In der Weite des Meeres liegt unsere Begrenzung. Wir lieben es. Zuweilen wirkt es sanft. Im Vertraut-Werden beginnen wir sogar, uns mit ihm zu vergleichen. Immer verbinden wir uns so schnell, immer wieder versuchen wir das, was größer ist als wir, zu uns herunterzubrechen. Dabei muss doch das Meer, nur weil es uns in diesen Minuten als gefahrlos erscheint, nicht wirklich auch gefahrlos sein. Überhaupt ist gut möglich: Das Meer besitzt seinen eigenen Geist.

Tag 33 Spiegel

Küssen

Als ich im Zug von Batumi nach Tbilissi sitze, fällt mir beim einschläfernden Schaukeln der Wagen auf, dass ich hier in Georgien, viel häufiger als sonst, für mich etwas formuliere, etwas im Sinne von: ›Wir sehen uns nie wieder.‹ Und erst jetzt begreife ich, dass selbst ich hier in Georgien, nicht zuletzt durch die *Zutisopeli-Minutenwelt*-Philosophie zunehmend anders wahrnehme. Und erst jetzt meine ich Bessiks Zögern von damals besser begreifen zu können, sein Schweigen auf mein: »Auf Wiedersehen!«

Ich habe mein einseitiges Versprechen nie vergessen, merke aber, dass ich ohne Kontaktdaten bin. Dato, den ich seit damals nicht wiedergesehen habe und den ich nun anschreibe, hilft mir sofort. Er schreibt: »... habe ein schlechtes Gewissen, dass es mir nicht gelang, dich in Tbilissi zu treffen. Bitte glaub mir, ich hatte monatelange keine Zeit, richtig auszuschlafen. Hier die Festnetznummer von Bessik ... Ich arbeite jetzt intensiv an drei Projekten, zurzeit bevorzugt an der Übersetzung der *Nibelungen* von Friedrich Hebbel ...«

Ich rufe Bessik an und wir treffen uns am Schota-Rustaweli-Denkmal. In der Helligkeit des Tages wirkt Bessik noch älter, noch zerbrechlicher, noch hilfsbedürftiger. Und während wir uns auf den Weg zum Rustaweli-Prospekt machen, um ein kleines Café zu finden, wo wir ungestört sitzen können, promenieren wir als ungleiches Paar und werden wie eine Erscheinung gemustert. In das dritte Café gehen wir dann, obwohl auch dieses nicht zu uns passt. Es ist zu chic, zu glatt, zu glänzend.

»Früher war ich hier zu Hause«, sagt Bessik leise und schüttelt immer wieder den Kopf. »Aber heute? Früher waren hier überall Cafés und wir haben uns getroffen. In diesen Cafés fühlten wir uns heimisch. Aber heute sind das ja alles nur Geschäfte.«

Wir trinken jeder einen Espresso, einfach um etwas zu trinken, wechseln aber schnell in eine parallele Welt, genauer gesagt in Bessiks innige Welt der Literatur, der Philosophie. Während also der eigentliche Abschied wahrscheinlich bereits damals bei unserem Treffen in Negas Wohnung bzw. vor meinem Privatquartier bei Rimma gewesen ist, erzählt mir Bessik nicht nur von seinem Freund Giwi Margwelaschwili, sondern empfiehlt mir auch den in deutscher Sprache herausgegebenen Grigol Robakidse.

»Drei Werke sind da für mich wichtig«, meint Bessik. »*Die gemordete Seele, Die Schützer des Grals* und *Das Schlangenhemd*«. Das sagt er, um dann flüsternd und völlig unvermittelt zu fragen: »Darf ich dich küssen? Bitte?«

Wir schauen uns nun etwas länger an.

Und als wir eine halbe Stunde später am Rustaweli-Denkmal Abschied voneinander nehmen, bin ich es, die ihn küsst – auf die linke Wange, und auf die rechte auch. Wir sehen uns nicht wieder.

Spiegellabyrinth

Der Mtatsminda ist der Heilige Berg von Tbilissi und mit 750 Metern auch der höchste Berg der Stadt. *Tsminda* bedeutet heilig und *mta* ist der Berg.

Schota Shvelidze ist Anfang Dreißig und georgischer Projektleiter im *Biographischen Projekt* der Berghof-Stiftung, ein Kollege von Andrea. Er ist ein kluger Mensch, zuverlässig und fröhlich. Auch er spricht ausgezeichnet deutsch. Zuerst wollte ich ein Interview mit ihm machen, zum Projekt. Aber weil bei Schota immer etwas dazwischengekommen ist, hatte ich das Gefühl, es könnte an dieser Idee eines Interviews liegen und deshalb verabrede ich mich dann *einfach so* mit ihm. Es klappt. Und Schota sagt: »Lass uns auf den Mtatsminda gehen!«

Nach dem Heiligen David hieß dieser Berg zunächst der Davidsberg, und erst später der Heilige Berg. Vom Mtatsminda aus hat man einen herrlichen Blick auf die ganze Stadt.

Schota und ich besteigen das Funikular, die Standseilbahn, welche über 500 Meter nach oben fährt. Nach der Besichtigung der Davidskirche steigen wir weiter aufwärts, zum Gipfelrestaurant sowie Vergnügungspark. Es ist dunkel, vieles im Park aber noch geöffnet. Und obwohl die Aussicht über der erleuchteten Stadt einfach einmalig ist, genau wie die *Chinkali*, die wir später essen und der Wein, den wir trinken werden, ist mir die Erfahrung im Spiegellabyrinth das eigentlich Wichtige.

In so einem Spiegellabyrinth, selbst wenn du mit einem anderen hineingehst, so wie ich mit Schota, begegnest du dir immer wieder selbst. In diesem Labyrinth, erstellt aus Spiegeln, merkst du sehr bald, dass nicht nur das zählt, was du vermeinst zu sehen. Dass du auch getäuscht wirst. Und dass du dich täuschen lässt. Und du besinnst dich auf deine anderen Sinne. Schließlich möchtest du heute noch zum Ziel kommen, zum Ausgang. Also tastest du dich so durch, bleibst ruhig, versuchst es zumindest, nimmst

Im Spiegelkabinett

Kontakt zu dem anderen auf, wie ich in diesem Falle zu Schota, fragst, wie es bei ihm so läuft und ob er schon am Ziel angekommen ist. Es wird ernst, obwohl es zuerst nur wie ein Spiel ausgesehen hat; zugleich bleibt es immer, was es ist – ein Spiel.

Und ich sehe Schota nah, obwohl er eigentlich fern von mir ist. Ich sehe ihn vor mir, obwohl er hinter mir ist. Ihm geht es nicht anders. Und immer wieder versperre ich mir, zeigt zumindest der Spiegel, selbst den Weg.

Der Eingang ist nicht das Problem, der Ausgang aber schon. Denn der Ausgang ist genauso verhüllt wie der Eingang. Und vielleicht, ich weiß es bis heute nicht, sind Eingang und Ausgang ohnehin eins gewesen.

Das Schwefelbad

»Ich stieg im Wirtshaus ab; am nächsten Tag begab ich mich in die berühmten Tifliser Bäder.« (23) Das hat Puschkin in seiner *Reise nach Erzurum* geschrieben. Ich selbst schreibe in mein Notizbuch: »Nachdem ich wieder bei Rimma Quartier genommen habe, begebe ich mich am nächsten Tag, endlich, in eines der Bäder von Tbilissi. Es ist ein kühler Herbsttag. Und ich brauche eine Pause.«

Rachel hat mir das Königsbad empfohlen: »Dort gibt es einzelne Kabinen. Badesachen brauchst du nicht. Und eine Stunde im Bad kostet 50 Lari; ohne Massage.«

»Vor dem Eingang in die Bäder saß der Wirt, ein alter Perser«, schreibt Puschkin weiter. »Er öffnete mir die Tür; ich trat in einen weitläufigen Raum.« (23) Und während Puschkin damals, obwohl gerade Frauen-Bade-Tag ist, ins Bad mit hinein darf, ist für mich im Königsbad für diesen Tag nichts mehr frei.

Ich ziehe also weiter, zum nächsten. Vor der Tür des benachbarten Bades hockt an diesem tristen Herbsttag kein Mensch. Drinnen aber sitzt hinter dem Schalter eine blonde Frau. Sie telefoniert. Vor dem Schalter sitzt auch eine Frau. Ich schätze sie auf Anfang achtzig. Sie mustert mich. Das Telefonat der Blonden scheint länger zu dauern. Aber die gute Alte nickt mir aufmunternd zu. Also bleibe ich. Puschkin beschwerte sich seinerzeit über die alten georgischen Frauen. Sie wären Hexen. Das hat er geschrieben. Dennoch sehe ich hier für mich kein Problem.

Die Blonde und ich werden uns schnell einig. Es kostet nur die Hälfte wie im Königsbad; ja, und dann die Massage dazu; insgesamt siebzig Lari. Und ich finde, das ist die Geschichte auch wert.

Als ich das schwarz und weiß marmorierte Einzelbad betrete, führt mich die gute Alte resolut in die Modalitäten ein: »Die Tür bleibt offen. Hier kommt keiner rein. Zuerst duschen Sie, dann gehen Sie in das Wasser und nach fünfzehn Minuten bin ich da.« Und so ist es auch. Es ist unsagbar angenehm nach dieser ungemütlichen Herbstkühle draußen hier ins warme Schwefelwasser zu steigen. Und obwohl ich weiß, wie anstrengend dieses Wasser mit der Zeit für den Kreislauf sein kann, meine ich im ersten Moment, dass mir die Zeit zu kurz werden würde. Eine Uhr habe ich nicht dabei. Aber ich bin froh, als die gute Alte schließlich kommt. Mager ist sie nicht, schwach sieht sie nicht aus, aber doch wie Anfang achtzig! Erst einmal schöpft sie mit einem großen Eimer Wasser aus dem Becken, dann kippt sie es mit Schwung über einer Art schwarz marmorierten Diwan aus. Dreimal schöpft sie so Wasser und kippt es mit Schwung. Anschließend soll ich mich, nach wie vor so wie Gott mich geschaffen hat, auf diesen Diwan legen. Ihre Anweisungen dulden keinen Widerspruch. Kaum hat alles seine Ordnung, beginnt sie damit, mich einzuseifen, vom Kopf bis zu den Füßen. Anschließend beugt sie sich wieder mit dem Eimer zum Wasser hinunter, schöpft und kippt den Schwall nun, wiederum mit Schwung, über mir aus. Ich bin Gegenstand ihrer täglichen Arbeit.

Puschkin ist es tatsächlich schlimm ergangen, auch wenn er sich danach wie neugeboren gefühlt hat: Auf dem warmen Steinboden wurden ihm die Glieder verrenkt, nach seinem Gefühl sogar herausgezogen, der Körper wurde ihm mit der Faust malträtiert … Warum auch immer hat mir das die gute Alte erspart. Die folgende Behandlung bekomme ich allerdings genau wie Alexander Puschkin, nur um knapp zweihundert Jahre versetzt: »Danach rieb er mich lange mit einem wollenen Handschuh, und nachdem er mich reichlich mit warmem Wasser überspült hatte, begann er mich mit einem eingeseiften leinenen Beutel zu waschen; eine unaussprechliche Empfindung: die heiße Seife übergießt Sie wie die Luft!« (23)

Im Bäderviertel von Tbilissi

Nach der einen Seite widmet sich die gute Alte auch zügig meiner anderen Seite. Ich überlasse mich dem ganz. Am Ende, als ich wieder zivilisiert erscheine, und am Einlass meinen Obolus bezahle, lächelt sie mir erwartungsvoll zu. Und ich kann gar nicht anders: Ich muss sie umarmen. Anschließend wanke ich langsam, sehr langsam, gewissermaßen benebelt, nach Hause. Aber das sind keine zehn Minuten Weg. Und dort falle ich recht bald in einen tiefen Schlaf, gefühlt schlafe ich etwa hundert Jahre.

Tag 34 Feuer

Unterwegs nach Wardsia

Nun ist es soweit und ich bin mit dem georgischen Reiseunternehmen *Georgia Insight* unterwegs. Unsere Reiseleiterin, um Verwechslungen auszuschließen nenne ich sie Teona, spricht tadellos Deutsch. Sie begleitet uns auf dieser Kurzreise, mit einer Übernachtung. Ziel ist das Höhlenkloster Wardsia.

Von meiner gestrigen Schwefelwasserbehandlung bin ich noch immer absolut entspannt. Und wenn ich gerade mal nicht mit offenen Augen träume, dann schlafe ich. Aber das fällt nicht weiter auf. Denn unsere Reisegesellschaft ist klein, fünf Personen, und rasch haben sich, außerhalb von mir, die Gesprächspaare gefunden: Die junge Georgierin Eka Bedia und ihr Mann Jens, beide aus Köln, unterhalten sich sehr angeregt, lehnen auch immer wieder ihre Köpfe aneinander und halten sich bei den Händen. Das ist schön anzusehen. Und regt auch niemand unnötig auf. Und ich kann beruhigt auf eine nächste Runde in den Schlummer gehen.

Und auch die beiden anderen Mitreisenden, zwei deutsche Frauen, Gabriele und Gabriele, sind gut miteinander ins Gespräch gekommen, die eine kommt aus den alten, die andere aus den neuen Bundesländern; und beide sind gleichermaßen an Georgien interessiert.

Und selbst Teona macht für eine Reiseleiterin ungewöhnlich große Pausen zwischen ihren Erklärungen über Land und Leute. Dafür telefoniert sie allerdings von Beginn der Reise an immer wieder. Und es sind lange Gespräche. Was ich zu diesem Zeitpunkt nicht wissen kann, das ist, dass es rund um unseren Zielort Warnungen vor Waldbränden gibt. Und nun muss abgeglichen werden, ob und inwieweit es uns betrifft. Wir als die Gäste bekommen erst einmal nichts mit, Eka mal ausgenommen.

Unser Fahrer heißt Georgi. So sicher, wie er fährt, auch nie riskant überholt, ist er gar nicht zu vergleichen mit den oft doch sehr burschikos steuernden Marschrutka-Fahrern. Georgi bevorzugt da eher den ruhigeren Stil. Kurzum: Unsere kleine Gesellschaft auf Zeit ist friedvoll gestimmt. Die erste Station ist das Stalinmuseum in Gori.

Nasuki

Kurz vor Gori kommt Eka, wodurch auch immer, auf *Nasuki* zu sprechen: »Das kennt ihr nicht?«

Nasuki ist ein süßes, georgisches Rosinen- und Gewürzbrot, gewürzt mit Zimt und Nelken. An sich wird das beste *Nasuki* an der Brotstraße von Surami angeboten. Da wir aber in anderer Richtung unterwegs sind, kaufen wir es – »Ihr *müsst* es probieren!« – dann in Gori an einem Stand. Das Brot ist frisch gebacken und noch warm. Ich setze mich auf eine der Bänke vor dem Museum, während die anderen, bis auf Gabriele, das Museum besuchen. Das Brot schmeckt mir ausgesprochen gut, durch Ekas Begeisterung sogar noch etwas besser.

Bordschomi

In Georgien gibt es insgesamt 103 Kurorte und 2.400 Mineralwasserquellen. Bordschomi ist eine davon. Die kleine Stadt befindet sich etwa 150 km westlich von Tbilissi, und, genau wie die Hauptstadt, am Kura-Fluss. Bordschomi liegt im Kleinen Kaukasus.

Zu Puschkins Zeiten kamen russische Soldaten hierher. Einen von ihnen quälten ständige Magenschmerzen. Er hatte Durst, trank wie alle anderen direkt aus der Quelle und spürte sofort eine gewisse Linderung. Von nun an trank er dieses Wasser regelmäßig. Und nach nur wenigen Tagen war er schmerzfrei und geheilt.

1906 wurde in Bordschomi die erste Abfüllfabrik gebaut. Diese produziert bis heute. Das Bordschomi-Mineralwasser wird in großem Umfang exportiert, geht nach Russland, Westeuropa, in die USA, auch nach Israel, und macht zehn Prozent des georgischen Exportvolumens aus.

Die junge Eka demonstriert uns, was wir nun zu tun haben: Sie schüttet ihr bisher mitgeführtes Wasser weg und befüllt ihre Plastikflasche mit Bordschomi-Wasser. Dabei erzählt sie uns, wie sie als Kind schon einmal hier gewesen ist, mit ihrer Mutter und ihrer Tante und dieses Bordschomi-Wasser damals einfach ekelhaft fand. Daraufhin riefen die Mutter und die Tante entsetzt: »Aber Mädchen, extra wegen dir sind wir hierhergefahren!« Außer Eka, ihrer Mutter sowie der Tante waren hier aber auch, nur eben schon viel früher, der Komponist Pjiotr Tschaikowski und der Schriftsteller Lew Tolstoi. Bis heute sind in Bordschomi Trinkkuren möglich.

Im Kurpark, durch den wir jetzt spazieren, ist vor einem Felsen und einem Wasserfall, die Skulptur eines übergroßen jungen Mannes aufgestellt. Das Gesicht dieses Mannes ist gezeichnet von Ernst, Schmerz, entschlossener Ruhe. Er trägt ein goldenes Tuch um die Lenden und vor sich her eine goldene Kugel mit goldenem Schweif.

Amirani bzw. Prometheus bringt den Menschen das Feuer

»Das ist Prometheus oder eben Amirani«, erklärt Teona, unsere Reiseleiterin. »Hier bringt er den Menschen gerade das Feuer. Amirani ist der Held der georgischen Mythologie und sozusagen der Vorgänger von Prometheus.«

Amirani ist Sohn der Göttin Dali – Göttin der Natur, der Tiere, der Jagd –, sowie Sohn eines Menschen, eines Jägers, eines verheirateten Jägers.

Die Swanen erzählen, dass die Frau des Jägers daraufhin die Göttin Dali tötete, indem sie ihr im Schlaf die Haare abschnitt. Kaum war die Göttin tot, schnitt der Jäger aus ihrem Bauch heraus den gemeinsamen Sohn – Amirani.

Der Junge war gezeichnet, weil halbgöttlichen Ursprungs: Auf seinen Schulterblättern befanden sich die Zeichen von Mond und Sonne; zudem besaß er einen goldenen Zahn.

Amirani war ein Titan und vermochte Drachen sowie Feinde aller Art zu besiegen, ohne selbst dabei Schaden zu nehmen.

Eines Tages forderte er schließlich sogar die Götter heraus und entführte Kamar als das Zeichen des göttlichen Feuers. Die Menschen unterrichtete er anschließend in der Metallurgie. Zur Bestrafung wurde er an eine Klippe des Kaukasus-Gebirges gekettet. Tagsüber zerstörte ein Adler seine Leber, die nachts immer wieder heilte. Sein Hund, einziger Helfer in dieser Not, versuchte die Kette seines Herrn nach und nach durchzubeißen. Aber an einem bestimmten Tag im Jahr, manche sagen, es geschehe immer zu Gründonnerstag, andere sagen, es geschehe einen Tag vor Weihnachten, schickten die Götter einen Schmied, der die Kette wieder reparierte.

Auf der Weiterfahrt erfährt unsere kleine Gesellschaft, was jeder Georgier weiß und was auch ich mit Anspannung verfolgt hatte, nämlich dass es im Sommer große Waldbrände in verschiedenen Gegenden des Landes gegeben hatte. Begonnen hatte es im Waldgebiet um Bordschomi. Das sei merkwürdig gewesen, höre ich von mehreren Seiten, denn seit 2008 hätte es hier nicht mehr gebrannt. Und damals, 2008, sei es auch nicht *einfach so* ausgebrochen, sondern Brandstiftung gewesen, innerhalb des georgisch-russischen Konfliktes. Und deshalb fand man es merkwürdig, dass es in diesem Sommer so plötzlich erneut zu Bränden gekommen war.

Bordschomi-Charagauli-Nationalpark

In Georgien gibt es aktuell elf Schutzgebiete. Das größte davon liegt hier in unmittelbarer Nähe und ist der Bordschomi-Charagauli-Nationalpark. Hier leben unter anderem Braunbären, Wölfe, Luchse, Gämsen, Steinadler. Im nördlichen Teil, dem Kolchischen Wald, in bis zu 1.800 Metern Höhe, wachsen Rhododendren, Kirschlorbeer und Steineichen. In anderen Bereichen geht es bis 2.000 Meter hoch, zu subalpinen Wiesen, u. a. mit Frauenmantel, Windröschen, Hahnenfuß und kaukasischem Lotus.

Dieser Nationalpark wurde 1995 gegründet und mit Unterstützung der Bundesrepublik Deutschland und dem WWF eingerichtet.

Achalziche

Knapp fünfzig Kilometer südlich von Bordschomi liegt Achalziche. *Achalziche* bedeutet neue Burg. Spätestens mit Achalziche haben wir den Süden Georgiens erreicht. Auch Achalziche wurde zunächst von den Osmanen erobert, anschließend von den Russen. Heute leben hier 17.000 Einwohner, überwiegend armenischer Abstammung. Nach dem Krieg 1830 wurden viele Armenier, die aus dem Osmanischen Reich herübergekommen waren, angesiedelt. Insgesamt waren es wohl 95.000 Menschen. Und so entstanden auch die armenischen Dörfer in Südgeorgien. Achalziche war bis 1990 sowjetische Militärbasis.

Rabati heißt die neue Festung von Achalziche.

An sich wirkt Rabati wie ein buntes Durcheinander. Unter dem Präsidenten Saakaschwili entstanden viele der Gebäude auf diesem Gelände neu, gestaltet in den verschiedenen Stilen der Welt. Es sollte damit ein Zeichen der Toleranz gesetzt werden. Allein der russische Pavillon gehört zum alten Bestand. Er wurde neu nachgebaut.

Sehr anschaulich aufbereitet sind Kunst und Geschichte der Region im hiesigen Museum.

Feuer

»Was ist das?«, fragt Eka. Eka ist nicht nur zierlich und die Jüngste von uns, auch ihre Stimme ist mädchenhaft hell. »Ist das etwa Feuer?«

Eka weiß es schon die ganze Zeit; seit Teonas besorgten Telefonaten weiß sie es, von Anfang an. Bloß wir, die wir kein Georgisch verstehen, konnten es nicht wissen.

Dieses Feuer zieht sich rund um Wardsia. Teona hat also in all diesen Telefonaten das Ausmaß des Feuers mit anderen besprochen, mit ihrem Ehemann, mit *Georgia Insight* und dem Gästehaus *Volodias Cottage*. Dort sollen wir nächtigen. Aber können wir das? Oder besteht Gefahr für Leib und Leben in Anbetracht dieser Brände? Wir haben keine Ahnung.

Gedanklich bin ich gleich wieder im Bordschomi-Kurpark, bei dieser großen, halbvergoldeten Figur, ob es nun Amirani ist oder Prometheus; er ist der Feuerbringer gewesen. Derjenige, der sich mit seinen Herrschern überwarf, nur weil er den Menschen das Feuer bringen wollte und, entgegen des strikten Verbotes, dennoch gebracht hat. Der Segen wird zum Fluch. Amirani bzw. Prometheus landete angekettet an den Felsen des Kaukasus und die Menschen betreiben von nun an nicht allein die Metallurgie, sitzen nicht nur gemütlich am Lagerfeuer, um Hammel zu braten und Lieder zu singen, sondern betreiben Brandrodung oder legen absichtlich Brände.

Ekas Art der Information versetzt einen nicht in Angst. Aber Information ist es genug, um nun den Kopf etwas einzuziehen, wodurch uns, in der Karosserie des Wagens, der Blick nach oben zu den Gipfeln der Berge erst gelingt: Dort entlang ziehen also diese Feuer. In der Dunkelheit der Nacht liegt vor uns ein riesiges, brennendes Kreuz. Wie auch immer: Unbefestigtes Feuer macht

Angst. Die Bibel spricht von Feuer und Rauch als Begleitelementen von Gotteserscheinungen. In diesem Falle, so linear zum Kreuz gezogen, mag ich daran nicht glauben.

Dieses Zeichen nun ist so stark, dass es keiner auszusprechen oder gar zu deuten wagt. Interessant ist aber spätestens an dieser Stelle die etymologische Verwandtschaft der georgischen Begriffe: *Zozchloba* für Leben, *zozchali* für lebendig und *zezchli* für Feuer bzw. *zcheli* für heiß. Allein mit diesen Begriffen bleibt die Vorstellung wach, dass alles Leben aus dem Feuer, dem himmlischen, entsprungen ist.

Inzwischen haben wir das Gästehaus erreicht. Zwischen den Feuern auf den Bergen und unserem Quartier liegt wie zum Schutz der Fluss Mtkvari, die Kura. Jens weist uns allerdings auf die giftigen Rauchgase hin, die entscheidend sein können und die das eigentlich Gefährliche sind.

»Hier riecht es schon nach Rauch«, ist sich die eine Gabriele sicher, genauso sicher, wie die andere meint: »Ich rieche nichts.« Wenn ich mir lange genug vorstelle, dass es hier nach Rauch riecht, rieche ich es auch. Umgekehrt gelingt es mir ebenso. Ich entschließe mich, die zweite Variante der Imagination zu präferieren und den Entscheidungen der Gastgeber zu vertrauen. Zudem ist im Speisesaal für uns bereits der Tisch gedeckt; nicht zuletzt mit Fisch, frisch aus dem Fluss.

»Und außerdem«, versichert uns nun auch Teona, »möchte ich morgen wieder bei meiner Familie sein. Wenn es eine große Gefahr geben würde, wären wir umgekehrt.«

Also tafeln wir, trinken ein Glas mehr als sonst vom roten Wein und erzählen, als wären das vielleicht unsere letzten Minuten. An einem der Nachbartische sitzen weitere deutschsprachige Gäste und einer von denen beginnt jetzt von seinem Vater zu berichten, der in Georgien in Kriegsgefangenschaft gewesen sei. Aber er wisse bis heute nicht, was sein Vater überhaupt im Krieg gemacht habe. Und er wisse auch nicht, ob er das überhaupt wissen möchte.

»Eka ist ein schöner Name«, sage ich zu Eka, die mir erklärt, dass er abgeleitet sei von Ekaterina. »Und auch mein Familienname hat seine Bedeutung«, offenbart sie gleich weiter. »Bedia. Und das bedeutet *Schicksal*. Oder: *Das ist ein Schicksal*.«

Es ist schade, dass wir uns schließlich vereinzeln. Aber die Zimmer sind gebucht, und ihre Fenster gehen zur anderen Seite. Auch die Normalität ist ein Mittel, durch die Angst zu gehen. Obwohl vom Zimmer aus das brennende Kreuz nicht mehr zu sehen ist, wird mir die Nacht doch lang; sehr lang.

Tag

35

Jüngstes Gericht

Wardsia

Am nächsten Morgen trete ich aus dem Haus, um nach dem Feuer zu sehen. Aber da brennt nichts mehr. Auf dem Kamm des nächstliegenden Berges liegt eine Spur von heller Asche. Vergessen ist die Gefahr; wir fahren nach Wardsia, dem eigentlichen Ziel dieser Reise.

Am linken Ufer der Kura, westlich der Stadt Achalkalaki, nur wenige Kilometer von der türkischen Grenze entfernt, erhebt sich dann, herausgearbeitet aus einer Wand des Berges Eruscheti, das Höhlenkloster Wardsia. Das Besondere dieses Höhlenklosters, im Vergleich zu Uplisziche und David Garedscha, ist, dass Wardsia nicht allein in der Fläche angelegt wurde, sondern in den Berg hinein, in Fläche und Höhe zugleich, mit sage und schreibe 13 Etagen.

Sachkundig und mit großem Engagement führt uns Teona durch die gesamte Anlage. Ihres Spezialwissens wegen möchte ich

Blick auf einen Teil des Höhlenklosters Wardsia

an dieser Stelle dennoch vor allem Ana zu Wort kommen lassen, nämlich Ana Kldiaschwili, die ich erst später und kurz vor meinem Abflug kennenlernen würde. Die Kunsthistorikerin schrieb zu Wardsia ihre Dissertation.

»Was wirklich interessant ist«, betont Ana. »Wardsia war vor dem Bau des Klosters kein leerer Ort, kein leerer Berg. Sondern es gab dort bereits ein Dorf, in diesem Felsen. Und dort lebten Menschen. Im Höhlenkloster Wardsia befanden sich ursprünglich insgesamt dreizehn Kirchen, allesamt bemalt; wobei unklar ist, ob sämtliche dieser Kirchen auch innerhalb der dreißig Jahre Bauzeit des Klosters gebaut und bemalt worden sind.«

Der umfängliche Ausbau als Zufluchtsort für bis zu 50.000 Menschen fand unter Giorgi III. im zwölften Jahrhundert statt. Am Ende gab es hier eine Bibliothek, Küche, Bäckerei, Wasserleitungen, Apotheke, Kirche, Ställe, Badebassins ... Der Zugang zur Höhlenstadt war über Leitern möglich, die jederzeit eingezogen werden konnten. Und zum Fluss hin gab es unterirdische Gänge.

Als Kind lief Königin Tamar durch die Gänge und Höhlen von Wardsia. Manchmal versteckte sie sich auch. Natürlich suchten und riefen alle nach ihr; solange, bis sie sich irgendwann ergab und zurückrief: »Hier bin ich, Onkel!« Auf Georgisch heißt das: »Aka war, dsia!« Und so soll Wardsia zu seinem Namen gekommen sein.

»Übrigens«, merkt die Kunsthistorikerin Ana an. »Wir Georgier sagen nicht *Königin Tamar*, wir sagen *König Tamar*. Obwohl *Tamar* eine Frau war; als *König* ist sie männlich. Es gab noch andere georgische Königinnen, z. B. Königin Katharina. Aber nur zu Tamar haben wir gesagt – *König*. Sie vereinigte Georgien. Die Kleidung von ihr, von Tamar, als König, war die Kleidung eines *Imperators*. Sie trug männliche Kleidung. So wurde König Tamar damals gesehen.«

Und während im zwölften Jahrhundert Wardsia aus- und aufgebaut worden war, wurde es bereits hundert Jahre später, 1283, durch ein schweres Erdbeben größtenteils wieder zerstört. Von diesem überdimensionalen Bau sind heute nur noch an die 750 Räume erhalten. Und die einst im Berg verschlossene Stadt ist offen einzusehen.

»Nur zwei dieser insgesamt dreizehn Kirchen«, führt Ana weiter aus, »waren nach dem Erdbeben noch übrig – eine kleine Kirche, ganz oben, welche meistens gar nicht besucht wird, und eben die Hauptkirche, die Gottesmutter-Kirche.«

Der Besucher kommt durch ein prächtiges Säulenportal und betritt einen großen Saal in Form eines Tonnengewölbes. Auf den Fresken sind unter anderem König Giorgi III. und Königin Tamar dargestellt. *Normalerweise*, muss hinzugefügt werden. Denn tatsächlich betreten wir gerade nichts als einen verrußten Raum, in dem, unter der Rußschicht, Malereien zu erahnen sind. Innerhalb der kurzen Zeit dieser Wardsia-Reise ergibt sich damit eine nächste Geschichte vom Feuer: Und diese hier wird so erzählt, auch von Teona, dass – *wahrscheinlich* – ein Mönch unachtsam mit dem offenen Feuer der Kerzen umgegangen und es dadurch zu einem Brand gekommen ist. Weder Tamar noch Giorgi sind momentan zu erkennen. Aber die Gerüste für die Restauratoren stehen schon bereit.

»Der Stil dieser Malerei ist byzantinisch«, setzt Ana fort, »ist aber gemalt von Georgiern, nur eben in diesem Stil. Da gab es eine ganze Gruppe von georgischen Malern, die die Fresken in all diesen Klöstern gemalt haben. Dadurch bekommt die byzantinische Malerei hier spezielle Merkmale, Eigenheiten, originelle Zeichen. Zum Beispiel: Normalerweise wird in der byzantinischen Malerei das Jüngste Gericht an die westliche Wand gemalt. Der Besucher muss also unbedingt an diesem Jüngsten Gericht vorbei, bevor er den Raum verlässt. Und das hat seinen theologischen Grund: Wenn er sich alles bereits angeschaut hat, all diese Bilder, und dann also wieder hinaus ins Leben geht, soll er unbedingt daran erinnert werden, dass es auch das Jüngste Gericht geben wird und dass er also *richtig* leben soll. – Hier aber, in Wardsia, in der Gottesmutter-Kirche ist es genau das Gegenteil: Wenn du in die georgische Kirche hineingehst, siehst du *sofort* das Jüngste Gericht. Und wenn der Besucher am Jüngsten Gericht vorbeigegangen ist und in der Kirche steht, sieht er direkt vor sich König Tamar und ihren Vater Giorgi III. Gleich rechts steht der Altar. Und spiralförmig, also im Rundgang, kannst du zwölf Gottesrituale betrachten, gemalt in

Georgische Frauen tragen beim Betreten der Gottesmutter-Kirche Tücher

historischer Reihenfolge. Und dann kommst du wieder zu König Tamar. Und jetzt möchtest du doch irgendwann den Raum auch wieder verlassen, nicht wahr? Dann siehst du über der Ausgangstür Christus; aber nur seinen Kopf. Und typisch für die byzantinische Kunst ist ja, dass alles sehr menschlich dargestellt wird. Christus schielt sogar ein wenig. So sieht es jedenfalls aus. Er besitzt sozusagen eine menschliche Natur. Und das ist irgendwie ein Schlüssel zu dieser Malerei, zur georgischen Malerei. Ich selbst«, erzählt Ana weiter, »hatte während eines Ausfluges dort eine besondere Erfahrung, ein eigenartiges Erlebnis. Es war eine wissenschaftliche Expedition. Der Raum lag in der Abenddämmerung. Ich war allein zurückgeblieben und wollte gerade gehen. Aber da drehe ich mich noch einmal um und sehe, dass unter der Tür ein Licht aufscheint, ein Licht wie Milch, also nicht ganz weiß. Und da sehe ich den Kopf des Christus. Und plötzlich bekommt er einen Körper, von Licht gebaut. D.h. also, das ist zielgerichtet so angelegt worden, dass du unter bestimmten Umständen im Licht tatsächlich seinen Körper sehen kannst. Und dann habe ich es verstanden; und so steht es ja auch im Evangelium: *Ich bin die Tür*. Und da muss man hindurchgehen, um hineinzukommen. Jetzt vermochte ich es aber einfach nicht, durch diese Tür, mit dieser Erscheinung, auch wirklich hindurchzugehen. Und so habe ich mich entschlossen, die andere Tür zu nehmen. – In der Gottesmutter-Kirche gibt es doch auch Hölle und Paradies. Und wenn du hinausgehst, kommst du gleich ins Paradies. Dann bist du im Paradies. Programmatisch gesehen, ist das zielgerichtet so gebaut, so gemalt, dass du nicht bedroht wirst; ganz im Gegenteil: Du kommst ins Paradies. Das ist ganz humanistisch. Der Weg mit Christus ist nicht gefährlich.«

Wir gehen weiter. Teona führt uns, zeigt uns die Apotheke, weit über uns, einige Etagen höher. Und auch am Wasserbassin kommen wir vorbei. Je mehr wir uns aber dem Ausgang nähern, desto mehr verengt sich unser Weg. Schließlich geht es im Fels abwärts, noch dazu im Dunkel; aber hier ist nicht fehlzutreten. Und als es schließlich über Stufen weitergeht, fällt schon vom Ausgang her das Licht herein. So verlassen wir die imposante Höhlenstadt über den einstigen Geheimgang und treten, am Ende dieses Gangs, hinaus auf eine Sommerwiese, in gleißendes Sonnenlicht, in ein Paradies. Weiter hinten fließt die Kura.

Achalkalaki

Nach unserem Besuch in Wardsia muss unser Fahrer tanken. Georgi fährt eine Tankstelle in Achalkalaki an. Achalkalaki wird zu 90 Prozent von Armeniern bewohnt. Ein freundlicher junger Mann, den Georgi auf Georgisch anspricht, antwortet auf Russisch und betankt unseren Wagen.

Am Parawanisee

In der Folge durchfahren wir ein armenisches Dorf nach dem anderen und die einzige Abwechslung ist der Parawanisee, der auf 2.073 Meter Höhe liegt und mit 37,5 Quadratkilometern der größte See des Landes ist.

An dessen Ufer liegt das georgisch-orthodoxe Foka-Kloster aus dem elften Jahrhundert. Hier soll einst die Heilige Nino ein Weinrebenkreuz errichtet haben.

»Nach der Überlieferung«, erzählt Eka, die jetzt unbemerkt an mich herangetreten ist, »hatte die Heilige Nino das Weinrebenkreuz mit ihrem eigenen Haar zusammengebunden. In manchen Gemälden oder auch Darstellungen ist das gut zu sehen. Dort wird das Weinrebenkreuz oft mit einem Zopf umwickelt dargestellt. Das hat aber auch«, und hier macht Eka eine kleine rhetorische Pause, bevor sie fortsetzt, »noch eine andere symbolische Bedeutung. Während des Ernennungsrituals als Mönch oder Nonne, in der orthodoxen Kirche, schneidet der Pastor der betreffenden Person einige Kopfhaare ab. Mönch bzw. Nonne zu werden, bedeutet, ein Leben lang Gott und der Religion zu dienen.«

Assureti/Elisabethtal

Die Rückfahrt scheint endlos. Wir durchfahren die Dörfer im Süden Georgiens und sehen Menschen, die auf den Feldern arbeiten.

»Die Schwarzerde ist gut für den Kartoffelanbau«, erklärt Teona. Die Anspannung der Feuer-Ereignisse weicht allmählich auch von ihr. Und ich bin froh, wie sie die gestrige Situation begleitet, geführt und getragen hat.

Wir sehen auf den Weideplätzen Kühe und Schafe; die Grundlage der hiesigen Milchproduktion …

Und als ich schon überlege, ob ich nicht vielleicht an diesem heutigen Abend, dann zurückgekehrt in Tbilissi, noch etwas un-

Ein Haus der einstigen deutschen Siedler von Elisabeththal

ternehmen sollte, kündigt Teona das Dorf Assureti an, welches ursprünglich Elisabethtal hieß. Elisabethtal wurde gegründet von deutschen Siedlern.

»Hier«, sagt Teona, »leben heute Georgier, auch der Vater eines Klassenkameraden von mir. Wir kennen uns gut. Und er lädt uns jetzt zu sich in seinen Weinkeller ein.«

»Brauchen wir Geld?«

Teona lacht: »Nein, er lädt uns wirklich einfach ein.«

Und wir machen uns auf den Weg zu ihm. Direkt heranfahren können wir nicht, weil in diesem ehemaligen deutschen Dorf gerade die Straße gebaut wird. Noch ist alles aufgerissen.

»Hier«, sagt Teona und zeigt auf ein uraltes, verfallenes Fachwerkhaus. »Das ist ein deutsches Haus.« Es ist ein langgestrecktes, flaches Haus mit Giebel, halb verdeckt durch drei große, weit ausladende Bäume. Auch an dieser Stelle ist die Straße noch nicht asphaltiert, aber zum Asphaltieren schon vorbereitet. Wenige Meter weiter vorn steht eine Straßenwalze.

1818 wurde das Dorf durch 72 deutsche Auswanderer-Familien besiedelt, der Tag der Gründung fiel auf den Tag der Heiligen Elisabeth. Die neugotische evangelisch-lutherische Dorfkirche, die zu Sowjetzeiten weder abgerissen noch umfunktioniert worden war, steht zumindest noch. 1868 erbaut, verfügt sie derzeit über eine Art Gebetsvorraum mit kleinem Altar.

Wie erwartet, ist der Vater von Teonas Klassenkameraden ein älterer Herr, zugleich ist er von kraftvoller Statur. Verlegen fährt er sich durchs weiße Haar, als er uns kommen sieht. Dabei strahlt er. Er freut sich über die Maßen. Kaum sind wir da und haben uns begrüßt, führt er uns in seinen Keller. In den Kellern befinden sich immer die eigentlichen Schätze, nämlich das, was der Mensch zum Leben braucht, die Vorräte, nicht allein an Wein, sondern auch an eingelegtem Obst und Gemüse; Getrocknetes auch. Der Keller befindet sich ebenerdig.

Und bald schon kosten wir von *seinem* Wein. Es ist ein kräftiger, dunkler Rotwein. Und kaum äußern wir, dass uns sein Wein ausgesprochen gut schmeckt, beginnt der Hausherr sofort, nach kleinen Plastikflaschen zu suchen. Eka wehrt auf Georgisch ab. Aber offenbar gibt es da keine Diskussion. Er hat es schon entschieden.

Reich beschenkt, machen wir uns auf den Rückweg zum Wagen; zumindest haben wir das vor. Denn nun hören wir plötzlich diesen Gesang – einen kraftvollen polyphonen Gesang. Es singen Männer. Und die Musik kommt genau vom Nachbargrundstück, welches durch einen Bretterzaun verdeckt ist.

»Kommt das aus einem Radio?«

»Da singen welche.«

»Es klingt gut!«

»Gut? Fantastisch!«

»Es kommt aus dem Garten gegenüber.«

»Ja, aber es kann trotzdem aus einem Radio kommen.«

Kurz entschlossen stellt sich Eka auf einen Stein, Jens sichert sie von hinten, und wartet, gemeinsam mit uns, was Eka auf der anderen Seite des Bretterzaunes sieht. Erst einmal schaut sie nur, dann sagt sie: »Sie feiern.« Damit wissen wir zwar noch nicht, wer da was feiert. Aber das müssen wir ja auch nicht. Wichtig war nur zu erfahren, dass der Gesang nicht aus einem Radio kommt, sondern dass da tatsächlich gesungen wird, live.

Schon machen wir uns auf den Weg zurück, da ruft Teona noch irgendetwas auf Georgisch über den Bretterzaun. Von dort kommt sofort Antwort, woraufhin die Rufe nun dreimal hin und her gehen, bis plötzlich hinter uns die Tür aufgerissen wird und drei Männer gelaufen kommen. Mit weit ausgebreiteten Armen laufen

Die Männer singen für Tengis zum 70. Geburtstag

sie hinter uns her, rufen etwas und winken. Teona kann uns gerade noch informieren, dass da einer seinen siebzigsten Geburtstag feiert. Und schon sind wir mittendrin in der Festgesellschaft.

Tengis wird heute siebzig Jahre alt. Schnell erfahren wir das Wichtigste: Tengis und seine Frau haben fünf Söhne, zwei davon stehen jetzt direkt neben ihm und allesamt strahlen uns an. Mittlerweile haben sich auch die Gäste von der langen Tafel erhoben. Es sind alles Männer. Sie stehen auf der einen Seite, und wir mit Tengis auf der anderen. Uns im Rücken befindet sich das Haus, einst von deutschen Siedlern erbaut, und hinter den Gästen liegt der Garten mit den Apfelbäumen.

Mehrmals werden wir aufgefordert auf den Jubilar anzustoßen, und das machen wir gern. Die Feststimmung der anderen springt im Handumdrehen auf uns über. Und immer hält auch der Tamada, deutlich älter noch als Tengis, seinen nächsten Trinkspruch bereit – auf die Gäste, auf den Frieden, auf die Liebe ... Und dass nur der zu lieben vermag, Respekt zu haben, der sich selbst respektiert. Und wieder stimmen die Gäste ein Lied an; polyphon gesungen. Inzwischen kommen auch die Frauen mit dazu.

Tengis ist es wichtig, jetzt noch einmal darauf hinzuweisen, und ihm röten sich dabei die Augen, dass hier in diesem Dorf einst Deutsche gelebt haben, aber dass sie unter Stalin deportiert worden sind, und dass nun sie hier, zum Beispiel er mit seiner Familie, in diesen gut gebauten Häusern leben, in Häusern, die auch heute, hundert oder fast zweihundert Jahre später, noch halten.

»Und dann«, jetzt versagt Tengis kurz die Stimme, sodass er pausiert. Aber es geht auch gleich weiter, »und dann kommen Sie heute zu meinem Geburtstag, als Deutsche, in mein Haus, um mir zu gratulieren. Das werde ich nie vergessen. Das ist ein großes Geschenk.«

Abschließend erzählt er uns folgende Geschichte:

»Einst lebten drei Brüder. Als sie wieder mal so beisammen sitzen, erscheint ihnen ein Engel. Und dieser Engel geht zum

Ältesten der Brüder und fragt: ›Was ist dein Wunsch? Sprich ihn aus und ich werde ihn erfüllen.‹ Der Älteste spricht seinen Wunsch aus und der Wunsch wird erfüllt. – Nun fragt der Engel den Zweitältesten: ›Und was ist dein Wunsch?‹ Und auch der Zweitälteste zögert nicht und spricht seinen Wunsch aus. Kaum ist auch dieser erfüllt, wendet sich der Engel zur Tür, um zu gehen. Seine Hand liegt schon auf der Klinke, da rufen ihm die beiden älteren Brüder zu: ›Aber was ist mit unserem Jüngsten? Du hast ganz vergessen, nach seinem Wunsch zu fragen!‹ Jetzt wendet sich der Engel noch einmal um, schaut sie eine ganze Weile an, bevor er ihnen offenbart: ›Euer jüngster Bruder hat sich gewünscht, dass ich zu euch komme. Und genauso ist es geschehen.‹«

Eka, die Frau von Jens

»Gott ist für mich wichtig. Mir hilft die Vorstellung, dass, wenn ich etwas vorhabe, ein Ziel habe, dass Gott mir dabei hilft. Ich glaube daran. Ich bin ein kleiner Mensch, denke ich. Wenn ich mir aber vorstelle, Gott ist mit dabei, bekomme ich mehr Kraft.

Ich wurde im Juli 1986 geboren und war später eine sehr fleißige Studentin, ich bekam auch ein Stipendium und habe Management studiert. Nach dem Studium habe ich mich beworben, aber keine Arbeit gefunden. Ich wollte gern arbeiten und eigenes Geld verdienen, das Leben selbstständig führen. Dann habe ich gedacht, ich sollte mein Berufsbild schärfen, Erfahrungen machen und im Ausland studieren. Aber ich war nicht so mutig, direkt als Studentin ins Ausland zu gehen und bin 2009 als Au-pair-Mädchen nach Deutschland gegangen. Ein Jahr lang habe ich bei einer deutschen Familie gelebt. Und die haben mir sehr geholfen. So habe ich die deutsche Kultur kennengelernt und zugleich meine Sprachkenntnisse verbessert. Später konnte ich in Köln mit dem Fachstudium beginnen.

Ohne Georgien war es für mich in Deutschland am Anfang sehr schwierig. Ich hatte Heimweh. Und als ich jetzt, vor einem Jahr, umgezogen bin und meine Sachen sortieren musste, habe ich die Briefe wiedergefunden, die ich damals nach Georgien an meine Mutter geschickt hatte. Diese Briefe habe ich noch einmal durchgelesen und, ja, ich habe fast geweint. Denn da habe ich gelesen, wie stark mein Heimweh war, am Anfang.

Später habe ich viele Georgier in Deutschland kennengelernt. Und wir haben in Köln das georgische Kulturzentrum *Das Goldene Vlies* gegründet. Wir treffen uns mindestens einmal in der Woche. Wir tanzen georgisch. Und da haben wir sozusagen unser *Kleines Georgien*. Das hilft sehr gegen das Heimweh.

Die Menschen in Georgien sind herzlich und offen. Das habe ich am Anfang in Deutschland sehr vermisst. Liebe, Offenheit ... In Deutschland gibt es auch Leute, die Unbekannte begrüßen; aber irgendwie ist das oberflächlich, denke ich. Zugleich aber habe ich in Deutschland meine große Liebe gefunden. Wir haben uns an einer Haltestelle kennengelernt; ganz zufällig. Mein Mann war mit der Gitarre unterwegs, zur Bandprobe. Er ist Musiker. Wir haben uns einfach angesprochen. Das war es am Anfang. Aber später ... Wir haben entdeckt, dass wir gleiche Hobbys haben, dass wir gerne ins Museum gehen, Ausflüge machen ... Wir haben sehr viel Gemeinsames in uns gefunden. Und auch entdeckt, dass wir miteinander harmonisieren. Manchmal verstehen wir uns auch ohne Worte. Ich kann Gedanken von ihm lesen und er auch meine. Das hat so gut gepasst. Und ich habe gedacht: Besser geht es nicht. Wir beide haben sehr früh den Vater verloren. Auch dieses Schicksal verbindet uns. Wir können den anderen verstehen. Ja, und wir haben eine ähnliche Weltanschauung. Wir reisen viel. Und wir legen Wert darauf, dabei die Menschen kennenzulernen, ihre Kultur. Das ist unsere Leidenschaft, unsere Erfüllung.

2008 war ich gerade in Georgien, in Martwili, bei meiner Familie in Westgeorgien. Es war Sommer und ein sehr heißer Tag. Und wir haben nachträglich den Geburtstag meines Bruders gefeiert. Es herrschte eine fröhliche Stimmung zu Hause. Aber plötzlich hat die Erde gebebt. Wir dachten: Ist das jetzt ein Erdbeben oder was? Wir hatten zwar die Spannungen zwischen Russland und Georgien mitgekriegt, um Ossetien, diese politische Unruhe. Aber einen Krieg hatten wir überhaupt nicht erwartet. Wir konnten das nicht glauben. Und wir sind zum Nachbarn gegangen, zur Hauptstraße, um nachzufragen: Was könnte es sein? Und dort haben wir dann die Panzer gesehen, die unterwegs waren. Und wir fragten uns: Ist das wirklich wahr? Sind das russische Panzer und haben sie uns jetzt okkupiert? Aber das waren georgische Panzer, die geflohen waren. Sie hatten den Befehl bekommen, Panzer, und was sie noch so schützen können, wegzufahren, und auch sich zu schützen, weil – man konnte nicht gegen das große Russland … So wurde es in Martwili erzählt. Und bis dorthin haben wir auch die Einschläge gespürt. Erst später, im Fernsehen, haben wir erfahren, dass ein Krieg begonnen hat und die Leute fliehen.

Als ich einige Monate später an Zerowani vorbeigefahren bin, wo auf der rechten Seite die Flüchtlingshäuser stehen, die sehr schnell gebaut worden waren, musste ich weinen. So viele Leute sind geflohen. Und in diesen kleinen Häusern müssen sie bis heute leben.

Mein größter Wunsch ist, dass ich Georgien vereinigt sehe. Dass Abchasien und Ossetien wieder ein Teil von Georgien sind und dass wir friedlich zusammenleben, so wie am Anfang. Mir tut es sehr weh, wenn ich Georgien so zerkleinert und zerstückelt sehe. Das tut mir wirklich sehr weh, körperlich. Sobald ich daran denke, weine ich.«

Tag 36 Schachteln

Bolnissi/Katharinenfeld

Es war einmal *ein Dorf mit Pappelreihen, roten Ziegeldächern, weißen Giebeln und strahlenden Fenstern* ... Und mitten aus diesem Dorf *heraus erhebt sich die gotische Kirche mit ihrem spitzen, weitschauenden Turm.* (24) So beschreibt Immanuel Walker, Lehrer und Einwohner im damaligen Katharinenfeld, in seinem Buch *Fatma* den Ort, der heute Bolnissi heißt. 1818 wurde die Stadt von deutschen Siedlern aus Württemberg gegründet. Mit dem Namen Katharinenfeld sollte die württembergische Königin Katharina geehrt werden, die Schwester des russischen Zaren Alexander I., der diese Ansiedlungen unterstützte.

Der heutige Name der Stadt, Bolnissi, steht im Zusammenhang mit dem gleichnamigen Dorf, nur zehn Kilometer entfernt, und der dortigen Sioni-Kirche, erbaut um 500 vor Christus. Diese Sioni-Kirche ist die älteste georgisch-orthodoxe Kirche im Land, berühmt für ihre alt-georgischen Inschriften und das Bolnissikreuz. Gemeinsam mit dem Weinrebenkreuz der Heiligen Nino ist dieses Bolnissikreuz heute das am häufigsten verwendete Kreuz in den georgischen Kirchen.

Bolnissi liegt im Süden Georgiens, eine knappe Autostunde vom georgisch-armenischen Grenzübergang Sadachlo entfernt. Es ist ein sonniger Herbsttag. Wie immer bin ich mit öffentlichen Verkehrsmitteln gereist – erst mit der Metro durch Tbilissi, dann weiter mit der Marschrutka bis Bolnissi, wo ich wieder ein privates Quartier genommen habe. Erst einmal stelle ich nur die Tasche ab, um mich auf den Weg zum Festplatz zu machen. Dort wird, auf Einladung der deutschen Botschaft und innerhalb des Deutsch-Georgischen Jahres 2017, gerade das 200-jährige Jubiläum der Besiedlung gefeiert.

Wie schon in Elisabethtal, werden auch in Bolnissi Straßen gebaut. Und zugleich neue Leitungen verlegt. Die Fußwege sind bereits neu. Jedes Haus hat sein eigenes Stück Wegstrecke, was aber bedeutet, dass ich zwischendurch jeweils eine Stufe abwärts steigen muss, um gleich darauf die nächste Stufe wieder aufsteigen zu können.

Ich komme an Straßenarbeitern vorbei. Während sie, Hämmer in der Hand, die Straße pflastern, hebt einer von ihnen, als er mich wahrnimmt, seinen Kopf und ruft mir beschwingt in gebrochenem Deutsch zu: »Guten Morgen! Guten Abend!« Wir lachen. Es herrscht Aufbruchsstimmung.

Der Festplatz befindet sich vor der ehemaligen evangelisch-lutherischen Kirche, die 1854 von deutschen Siedlern erbaut worden war, von der heute aber nicht mehr viel übrig ist. Laut Gedenktafel wurde die Kirche 1943 teilweise zerstört und zu einem Kino umfunktioniert. Seit 1989 ist hier der Sportclub untergebracht.

Dr. Oliver Reisner erklärt später: »Nach der Deportation wurden nach und nach die Spuren getilgt, die an die Deutschen erinnert haben. Im Gedächtnis der Leute ist es natürlich dennoch geblieben. Eine Kirche mit einem Kirchturm aber war nicht mehr akzeptabel. Hier hat man mir erzählt, dass Griechen – hier lebten ja verschiedene Bevölkerungsgruppen – diesen Kirchturm abreißen sollten. Die haben sich aber geweigert; also auch den Altar einzureißen oder ein Kreuz über dem Eingang zuzuspachteln. Andere haben dann die Sakristei zugemauert. Das Kreuz kann man heute noch im Sportklub sehen, in der ersten Etage.«

Zackige Marschmusik erfüllt den einstigen Kirchplatz. Das irritiert mich etwas. Gemäß dem Anlass dieses Festes, der Ankunft der schwäbischen Siedler, hätte ich eher schwäbische Musik, zumindest doch deutsche Volksmusik erwartet; und dies auch nicht unbedingt von einem bayrischen Heeresmusikkorps der Bundeswehr. Aber ich schaue auf die Uhr, denn gleich beginnt der Stadtrundgang.

Oliver steht, eine blaue Mappe mit historischen Stadtansichten unter dem Arm, schon bereit. Die Gruppe sammelt sich. Ich schließe mich an. Und schon bald geht es vorbei an den alten Häusern, zumeist ausgestattet mit weit ausladenden Balkonen.

Das Haus mit der Nummer 43 stammt tatsächlich noch aus dem Jahr 1818 und ist damit das älteste noch verbliebene Haus. Wie bei den Georgiern ist auch bei den deutschen Siedlern der Keller mit konstant vierzehn Grad Temperatur wichtig – für Wein, Kartoffeln, Milchprodukte …; die Dachböden wiederum sind wichtig zur Lagerung von Getreide und geräuchertem Fleisch.

Der Ort ist in Bewegung, und unsere kleine Stadt-Rundgang-Gruppe ist es auch. Einzelne kommen hinzu, andere bleiben unterwegs irgendwo *hängen*. Selbst Oliver ist immer mal kurz weg, zumindest mit der Aufmerksamkeit. Von allen Seiten strecken sich ihm zur Begrüßung Hände zu, wird genickt und gerufen. Dass

An einem Haus in Bolnissi werden Teppiche ausgestellt

man irgendwo *hängen bleibt*, kann schnell geschehen, nicht nur der vielen Leute wegen, sondern auch, weil die Stadt heute zugleich offenes Museum ist. Aus dem Innenleben der Häuser sind die alten, zurückgelassenen Dinge hervorgeholt und für diesen Tag ans helle Licht gebracht worden; drapiert auf Tischen, Stühlen oder auf Schaufensterpuppen. So auch die Festkleidung von vor zweihundert Jahren. An dieser Kleidung fällt vor allem auf, dass der Schnitt des weißen Herrenhemdes und der dunklen Damenbluse einander gleichen: Beides ist jeweils ein Kasack, mit schmalem Stehkragen versehen.

Nur wenige Schritte weiter steht in einer Einfahrt ein altes Harmonium: »Fast jede der deutschen Familien besaß solch eine kleine Orgel im Haus. Musik war wichtig und wesentlich für ihr Leben.«

Oliver braucht unterwegs seine blaue Mappe mit den historischen Stadtansichten nur zu öffnen, schon bildet sich eine Menschentraube: Wie war es früher? Und wie ist es jetzt?

Günter Anton ist ein betagter Herr, der jährlich einmal nach Bolnissi kommt. Seine Vorfahren stammen von hier, die Familie Allmendinger, dessen wohlhabender Zweig bereits 1930 außer Landes gegangen ist. Die Familie Allmendinger waren reiche Weinhändler; sie waren Millionäre.

Gerade stehen wir vor einem ungewöhnlich großen Haus mit drei Giebeln. Der Hausanteil unter dem einen Giebel gehörte Ernst Allmendinger, die beiden anderen einer Familie Walker. Von den Walkers höre ich in diesem Zusammenhang zum ersten Mal.

Heute sind 85 Prozent der Einwohner in Bolnissi Georgier. Auch einige Armenier siedelten hier, aber keine Deutschen mehr.

Stadtfest in Bolnissi mit Harmonium und Waschtisch

Das Haus der Familien Allmendinger und Walker

Die Stadt lebt von Wein-, Obst- und Gemüseanbau. Das kulturelle Erbe der einstigen deutschen Siedler wird von der Gemeinde der evangelischen Kirche Georgiens getragen. Die meisten evangelischen Christen sind Nachfahren aus Mischehen mit Kaukasusdeutschen. Im Gemeindehaus gibt es eine kleine deutschsprachige Bibliothek und einen Museumsraum.

Ulmer Schachtel

»Sie kommen aus Leipzig?«, fragt mich während des Stadtrundgangs ein junger Mann. »Dann möchte ich Ihnen unbedingt etwas erzählen.«

So lerne ich schließlich und endlich den bereits mehrfach erwähnten Wato Tsereteli kennen, der gemeinsam mit der deutschen Künstlerin Caroline Bayer zum Bolnissi-Stadtfest interaktiv mit Gästen im Pingpong-Verfahren zeichnet. Die beiden machen gerade Mittagspause.

Caroline, 1973 in Stolberg im Rheinland geboren, lebt heute in Berlin. Aktuell arbeitet sie viel auf Papier, zugleich – »Sehr gern!«, wie sie betont – auch im offenen Raum. Ihre schwarz-weiß-gestreifte, lange Flagge, sinnbildlich für die *Ulmer Schachtel*, hier in Bolnissi aufgehängt, gehört mit dazu.

»Also, die Schwaben, die vor zweihundert Jahren hierhergekommen sind, die kamen von Süddeutschland, von Ulm, mit sogenannten Ulmer Schachteln. Die Ulmer Schachtel ist ein sehr einfaches Boot gewesen, ein Holzboot, für das dieses schwarz-weiß-gestreifte Muster typisch gewesen ist. Und diese Fahne hier, die so lang herab drüben am Haus hängt und die ich gestaltet habe, nimmt dieses schwarz-weiß-gestreifte Motiv auf. Das ist einfach eine Referenz an die Schwaben, an ihre Reise hierher. Und mit diesen einfachen *Schachteln* sind sie die Donau runter gefahren, bis nach Rumänien, bis zur Westküste des Schwarzen Meeres. Und dann sind sie weiter über Land bis an die Ostküste, bis nach Georgien. Diese Boote sind bis zu dreißig Meter lang gewesen. Und da wurden dann so viele Leute drauf gepackt, wie es nur ging. Das müssen keine schönen Zustände gewesen sein. Das haben auch nicht alle überlebt.«

Oliver kommt mit dazu und ergänzt: »Diese Boote wurden an der Donaumündung bei Galatz, Rumänien, auseinandergenommen und das Holz verkauft.«

Schließlich komme ich auf den Punkt von Watos ursprünglicher Anfrage zurück: »Und was wollten Sie mir nun erzählen?« Und ich erfahre, dass er als bereits Zwölfjähriger, 1987, mit seinen Großeltern, Rusudan Mepisaschwili und Wachtang Tsinsadse, in Leipzig gewesen ist. Damals durfte er seine Großeltern begleiten, deren Bücher über die alte georgische Kunst und Kultur eben auch in Leipzig veröffentlicht worden sind. Heute ist er selbst Künstler und Visionär.

»... Dabei geht es auch um eine neue Sicht auf Tbilissi als Stadt«, reißt er nur eines seiner Arbeitsfelder thematisch an. Aber schon ist die Mittagspause für Caroline und Wato vorüber. Ihr Projekt *Pingpong-Zeichnungen* unter der wehenden Ulmer-Schachtel-Flagge geht weiter. Wir beschließen, uns noch einmal in Tbilissi zu treffen.

Die Maske

In meinem Quartier in Bolnissi empfängt mich David. Er ist der Freund der Familie, ein Maler und betreut Haus und Garten. Er wohnt hier, während die Hausherren – eine Biologieprofessorin an der Universität und ein Architekt – in Tbilissi arbeiten.

David schaut mehr, als dass er redet. Erst als er mitbekommt, dass ich schreibe, Schriftstellerin bin, sucht er das Gespräch mit mir. Mit Frau Walker, die hier genau wie ich Quartier genommen hat, redet er kein Wort. Von ihm aus ist das keine Unhöflichkeit, so wie ich es verstehe, sondern ein Gespräch mit ihr besitzt für ihn keine innere Notwendigkeit. Umgekehrt funktioniert es nicht anders. Als er mir eines seiner Bilder präsentiert, das mit der Kuh, wirft sie nicht einmal einen Blick darauf. Frau Walker ist gerade in ihrer ganz eigenen Welt: Ihre Vorfahren stammen aus Bolnissi. Allein deshalb ist sie aus Sibirien hierhergekommen.

David ist zwar Maler, sagt aber, er male nur, wenn ein Bild *kommt.*

»Und Sie: Was schreiben Sie? Schreiben Sie auch philosophische Geschichten?«

Als ich es nicht grundsätzlich verneine, sagt er entschlossen: »Ich habe da eine Geschichte für Sie.« Und ohne meine Antwort abzuwarten, beginnt er zu erzählen: »Vor fünf Jahren hatten wir hier Gäste. Das ganze Haus war voll belegt. Es waren alles Musiker. Sie musizierten und sangen. Und plötzlich hatte ich die Idee, auf den Dachboden zu gehen. Ich wollte nach den Sternen sehen. Also stieg ich hinauf in die zweite Etage. Auf dem Dachboden sah ich ein Tuch mit dem Bild von Bob Marley liegen. Ich nahm dieses

Bolnissi. Nach dem Fest

Tuch und spannte es mir übers Gesicht; ich spannte also *sein* Gesicht vor meines. Dabei fragte ich mich: ›Ändert das etwas? Und wie wäre es überhaupt mit einem fremden Gesicht zu leben?‹ Anschließend legte ich das Tuch wieder zurück, lehnte die Leiter an und stieg zur Dachluke hinauf. Oben angekommen öffnete ich die Luke und schaute in die Sterne. Ich fühlte mich als Teil des Universums und hatte das Tuch mit Bob Marleys Gesicht schon wieder vergessen. Aber langsam wurde es kalt und ich wollte wieder runter zu den anderen gehen. Beim Abstieg ging irgendetwas schief: Die Leiter rutschte weg. Ich konnte mich gerade noch so am Rahmen festhalten. Aber nun fiel auch das Dachfenster zu, genau auf meine Hand. Und plötzlich hing ich da, mit eingeklemmter Hand. Die Musik, unten im Haus, war wirklich laut. Ich brauchte erst gar nicht rufen. Kein Mensch hätte mich gehört. Also überlegte ich, wie lange ich es aushalten würde, hier zu hängen. Irgendwann fand ich Kräfte in mir; erst imaginierte ich sie und dann waren sie wirklich da. Ich zog meine Beine hoch, stemmte sie gegen die Wand und sprang dann in die Tiefe. Wie eine Katze landete ich auf allen Vieren. Es ist mir nichts geschehen. Aber was meinen Sie: Hatte alles das etwas mit dem Gesicht auf dem Tuch zu tun, mit Bob Marley? Ich hatte es mir ja genau auf *mein* Gesicht gelegt. Und das war die Geschichte.«

Der Geist des Kommunismus

Ein Maler sitzt auf einem Melkschemel. Vor ihm steht eine riesige, schwarz-weiß gefleckte Kuh. Der Maler streicht sie gerade rot an. Der Betrachter des Bildes wird nie erfahren, ob der Mann jemals damit fertig werden wird.

Im Hintergrund des Bildes bemerke ich eine Schubkarre.

»Das ist Zufall«, sagt David, »dass diese Karre dort steht. Damit wird dann der Mist weg gekarrt, den die Kuh macht.«

Im Garten

Ich sitze auf der Terrasse und der Maler geht über die Wiese im Garten. Das Gras steht hoch.

»Sollte ich es schneiden?«

»Ich weiß nicht. Ich verstehe nichts von Gärten. Hier ist es wie ein kleines Paradies.«

»Gut. Aber wird nun im Paradies das Gras geschnitten oder nicht?«

Schwarzer Stein

»Sehen Sie dort diesen schwarzen Stein? Erst war er draußen, am Straßenrand. Aber dann habe ich ihn hereingeholt, in unseren

Garten. Ich habe immer das Gefühl, er ist ein Anker.«

»Ich habe gehört, dass die Energie der schwarzen Steine schützt.«

Sehr interessiert fragt David nach: »Wirkt das dann so wie eine Therapie?«

»Vielleicht auch wie eine Therapie; aber ich denke erst einmal an Prophylaxe.«

David lächelt: »Gut!«

Buddhismus

»Jeden Morgen gehe ich langsam durch diesen Garten. Ich schaue alles an, betrachte es. Diese Kürbisse dort am Baum. Sehen Sie? Jetzt sind sie noch grün, später werden sie gelb. Dann werde ich sie nehmen und vielleicht anmalen. Ja, das werde ich sicher tun. – Der schwarze Stein bewegt sich manchmal. Das kommt durch die Erde, welche darunter in Bewegung ist. Alles lebt hier, bewegt sich; aber immer bewegt es sich langsam. Ich auch«, sagt David, streckt plötzlich seine Arme aus, springt in die Höhe und schon hängt er am Baum, an einem der starken Äste. David streckt sich, bleibt eine ganze Zeit so hängen, *hängt ab*, sagt nichts. Dann lässt er wieder los.

Erneut beginnt David damit, langsam durch den Garten zu gehen. Nun spricht er auch wieder: »Manche sagen, ich wäre Buddhist. Aber ich weiß es nicht. Ich bin David, das weiß ich.«

Und wieder lacht er, so ein kleines, stilles, spitzbübisches Lachen.

Die Walkers

Als ich nach dem Fest in mein Quartier gekommen bin, ein großes schönes Landhaus mit vielen Zimmern, ist jetzt dort auch noch der weitere Gast, Frau Walker. Ich schätze sie auf Mitte sechzig. Sie kommt aus der Millionen-Stadt Omsk in Sibirien. Die Frau ist klein, zierlich und trägt das Haar blond. Sie spricht immerzu – Russisch. Deutsch kann sie nicht, obwohl sie deutsche Vorfahren hat. Ihre Großeltern und Urgroßeltern haben es einst in einer dieser Ulmer Schachteln bis ans Schwarze Meer geschafft, und auf dem Landweg dann weiter bis in den Kaukasus, bis nach Katharinenfeld.

Da die Nachfahrin der Walkers immerzu spricht, komme ich nicht dazu, sie nach ihrem Namen zu fragen. So bleibt sie für mich die Frau aus Omsk bzw. eben Frau Walker. Es war immer ihre Sehnsucht gewesen, eines Tages nach Katharinenfeld bzw. Bolnissi zu kommen, den Ort ihrer Vorfahren. Und bis es soweit war, hat sie Fotos gesammelt. Ihre Vorfahren wurden ebenfalls 1941 deportiert. Auch in Omsk gibt es eine Siedlung mit Deutschen.

»Wir haben dort ein eigenes Kulturzentrum. Vor zwei Jahren habe ich von diesem Fest hier erfahren. Und es war sofort klar, dass ich mit dabei sein werde. Zwei lange Jahre habe ich nun nur darauf gewartet, und endlich bin ich hier. Ich bin heute mit den Fotos durch die Straßen gelaufen und habe die Häuser von meinen Vorfahren gesucht. Ich habe sie alle gefunden, bis auf eines. Da habe ich eine Frau gefragt und ihr das Foto von diesem Haus gezeigt. Die Frau schaute mich groß an und sagte: ›Das ist unser Haus. Das haben wir gekauft, aber nun ist es umgebaut. Wo der Balkon war, sind jetzt zwei Zimmer. Sie konnten Ihr Haus gar nicht finden. Es ist schon ganz verändert. Ich zeige es Ihnen. Bitte, kommen Sie!‹ – Das war so ein großes Glück für mich. Also habe ich alles gefunden, was ich gesucht habe. Und morgen gehe ich noch einmal dorthin. In der Sporthalle, wo früher die Kirche war, wird morgen ein Gottesdienst stattfinden. Ich möchte mit dabei sein. – Wissen Sie, als ich jung war, haben mich diese Geschichten nicht interessiert. Aber später habe ich die Aufzeichnungen von meinem Großvater gelesen. Er hieß Walker.« Die Frau aus Omsk spricht diesen Namen zärtlich aus, fast geheimnisvoll, als müsste sich jedem, der diesen Namen nur hört, sofort ein ganzes Universum eröffnen. »Walker hieß er, Immanuel Walker. Er hat in deutscher Sprache ein Buch geschrieben: *Fatma*. Da können Sie alles lesen.«

Fatma ist ein türkischer Vorname arabischer Herkunft und bedeutet: *Die, die sich entwöhnt*.

Als ich später in der Deutschen Nationalbibliothek sitze, nur fünf Minuten von meiner Leipziger Wohnung entfernt, kann ich es lesen: Der ausgewanderte Vorfahre dieser Frau aus Omsk, ist Johann Georg Walker, der aus Pfrondorf stammt, Kreis Tübingen. Bereits 1810 wanderte er aus, zunächst nach Groß-Liebenthal in Südrussland, wo sich im Oblast Odessa, am Schwarzen Meer bereits seit 1803 Deutsche angesiedelt hatten. Das Vorwort zum Buch hat ein Nachfahre geschrieben, Oberlehrer J. Walker, 1871 in Katharinenfeld geboren und 1931 nach Deutschland zurückgekehrt.

In Walkers Buch erfahre ich die Gründe für die Auswanderung – also von der schweren Zeit nach den napoleonischen Kriegen, den Missernten 1816/17 sowie der Zeit religiöser Intoleranz. Hinzu kam damals die Einladung des russischen Zaren Alexander I., woraufhin ca. 15.000 Familien aus Württemberg sich auf den Weg machten, um in den Kaukasus überzusiedeln. Allein in den Jahren 1817 und 1818 gründeten sich acht deutsche Kolonien: Alexanderdorf, Annenfeld, Elisabethtal, Helenendorf, Katharinenfeld, Marienfeld, Neu-Tiflis und Petersdorf. Damit bereicherten die Deutschen die bereits bestehende kaukasische Völkervielfalt. In ihrer Nachbarschaft befanden sich armenische, tatarische und georgische Dörfer. Die Rede ist darüber hinaus vom *Russendorf Bjely Kljutsch* und dem *Griechendorf Zinsgara*. Die nächst gelegene deutsche Kolonie ist Elisabethtal.

Der Autor schreibt von *Gefahren und Rückschlägen* – zugleich von *wirtschaftlichem und kulturellem Aufschwung*, auf den 110 Jahre später der *Niedergang* folgte: Die Deutschen wurden enteignet, die deutsche Sprache in Amt und Schule wurde abgeschafft und 1937 kam es, in der Zeit der *Stalinschen Säuberungen*, zu massenhaften Verhaftungen; später dann zur Auflösung der Kolonien und zur Verschleppung der Deutschen nach Kasachstan und Sibirien. (24)

Alfred

Albins Großvater, der Großvater des Schweizer Musikers, den ich in Tskaltubo traf, stammt also auch aus Katharinenfeld. Und kaum erfährt Albin, dass ich in Bolnissi gewesen bin, fragt er mich: »Wie kann man das herausfinden? Sein Name ist Alfred Bissegger.«

Ich habe keine Ahnung, kenne mit Oliver aber jemanden, der es wissen könnte.

»Wir haben die Liste mit den Namen der ersten 116 Familien«, antwortet er, »die sich in Katharinenfeld niedergelassen haben. Für eine spätere Periode muss man die Kirchenbücher konsultieren oder das Ahnenbuch von Biedlingsmeier, welches aber nicht vollständig ist. Es gibt auch die Liste von Allmendinger, der 1930 bei seiner Auswanderung nach Deutschland im Ort gelebt hat, und die Liste der 1941 deportierten Familien. Als Schweizer könnte Alfred Bissegger davon ausgenommen gewesen sein …«

Tag
37
Wein

Saguramo

Gemeinsam mit Prof. Dr. David Chichua von der Agrar-Universität Tbilissi bin ich unterwegs zu den universitären Versuchsfeldern von Saguramo. David ist ein absolut vielbeschäftigter Mann.

»Aber«, so hat er es mir selbst vorgeschlagen, »wenn Sie mit mir im Auto nach Saguramo fahren, können Sie sich dort umschauen und während der Fahrt alles fragen, was für Sie wichtig ist.« David spricht wirklich gutes Deutsch.

Schon als Kind faszinierte ihn die Herstellung von Wein. Diese Faszination hat er zum Beruf gemacht, hat über dreizehn Jahre zunächst als Kellermeister in verschiedenen Weinkellern gearbeitet und unterrichtet heute in Theorie und Praxis der Weinherstellung an der Agrar-Universität Georgien. Diese Faszination vom Gegenstand ist ihm geblieben. Ich begegne einem Mann in seinem Element.

»In Saguramo«, beginnt David zu erzählen, »haben wir verschiedene georgische und auch internationale Rebsorten angebaut. Wir untersuchen und testen sie dort: Was sind die besten Anbaubedingungen? Über welche Qualitäten verfügt jeweils der Wein? – Übrigens unterstehen wir dem Ministerium für Landwirtschaft. Und wenn wir nachher nach Saguramo kommen, wird heute auch der Minister da sein, um ein Fest für leukämiekranke Kinder zu eröffnen. Dieses Fest machen wir jedes Jahr. Und überhaupt haben wir oft Gäste.«

Unterwegs erzählt David auch davon, dass es in Georgien für die Weinherstellung mehr als 500 verschiedene endemische Traubensorten gibt, Sorten also, die es nur hier gibt.

Von Tbilissi aus brauchen wir eine halbe Stunde bis nach Saguramo. Diese Zeit bleibt uns, um die Weinherstellung historisch zu betrachten: »Und welche Voraussetzungen waren damals, vor 8.000 Jahren gegeben, damit die Weinherstellung überhaupt möglich wurde?«

»Nun, es musste Ackerbau betrieben werden, im Wald musste die Wildrebe wachsen und man musste auch technisch einen Stand erreicht haben, um entsprechende Tongefäße herstellen zu können, und zwar in Brennöfen. Diese drei Voraussetzungen sind hier im Kaukasusgebiet dann zusammengekommen.«

Von einer Wildrebe habe ich noch nie etwas gehört. Und überhaupt verstehe ich von Wein nur so viel, dass ich gern ein Glas trinke.

»Die Wildrebe ist rot«, doziert David weiter, in angenehmer Weise, und nie von oben herab. »Deshalb waren auch die ersten Weine rot. Erst durch Mutation wurden aus roten Trauben weiße.«

Ich erfahre, dass die Wildrebe noch ein Geschlecht besessen hat, weiblich oder männlich war, dass heute aber, nach Jahrtausenden der Entwicklung, die meisten Rebsorten in der ganzen Welt inzwischen Hermaphroditen sind und sich selbst befruchten.

Wir erreichen Saguramo. David begleitet mich noch zum Versuchsfeld, das gleich hinter dem Festzelt für die Kinder beginnt: »Fühlen Sie sich frei; schauen Sie sich um. Ich muss jetzt erst einmal den Minister begrüßen«, sagt er und schon ist er verschwunden.

Die langen Reihen der Weinstöcke auf den Versuchsfeldern ziehen mich an. Und da ich dazwischen Kinder sehe, zum Teil kahlköpfig, mit ihren Eltern, auch mit zwei kostümierten Begleitern, mit zwei Clowns, bin ich gleich darauf mittendrin und spaziere durch die langen Reihen von Weinstöcken, jede Reihe bestückt mit einer anderen Rebsorte. Es sind helle oder auch dunkle Trauben.

Vom Partyzelt kommt laute Stimmungsmusik. Und vor mir her, in Richtung Weinpresse, stapfen wieder die Kinder, samt ihrer erwachsenen Begleiter. Auch eine Nonne sehe ich. Und eben

Weinfest in Saguramo

Die ersten Schritte bei der Weinherstellung ...

die beiden Clowns, ein Mann und eine Frau, die jetzt mit ihren Trillerpfeifen lustige Geräusche machen. Die Erwachsenen tragen die Eimer mit den Trauben, alles helle Trauben, von den Kindern gepflückt. Da ich nicht zur Festgesellschaft gehöre, halte ich immer etwas Abstand. Aber es interessiert mich doch, was nun geschieht.

Die nächste Aufgabe für die Kinder als Erntehelfer ist, dass sie die blitzsauberen Gummistiefel anziehen, welche an der Weinpresse schon für sie bereitstehen. Währenddessen schütten die Erwachsenen die Weintrauben in einen länglichen, zudem schräg stehenden Holzbottich und verteilen die Trauben dann gleichmäßig im Behältnis. Nun steigen die Kinder in den Bottich ein und beginnen die Trauben zu zertreten. Der Saft, der entsteht, fließt durch die Schräglage des Bottichs ab und wird in einem Eimer gesammelt.

Später erfahre ich von David, dass das, was hier der Bespaßung dient, zugleich der alten Technologie der Weinherstellung im Kaukasus entspricht: »Die Trauben wurden einfach zusammen in eine Wanne geschüttet und mit den Füßen zerstampft. Es gab gar keine andere Technologie. Und dann wurde das alles zusammen mit der Maische, also auch mit Schalen, Reben, Kernen, das alles wurde zusammengenommen und hat im *Kvevri* die Gärung miterlebt. Den vergorenen Wein ließ man einfach ablaufen. Und das ist der Ursprung aller heutigen Weine, weltweit. Zu alter Zeit wurde der Wein immer im *Kvevri* hergestellt. Und bis heute sind die Georgier, zumindest wenn sie Wein für den eigenen Konsum herstellen, beim *Kvevri* geblieben. Zur kommunistischen Zeit begann die gegenläufige Strömung. Die Kommunisten wollten alles industrialisieren, alles wirtschaftlicher machen und hatten keinen Respekt gegenüber der Tradition. Sie haben gesagt: ›Hört auf mit diesem Blödsinn, diesem *Kvevri*. Es ist viel einfacher, viel billiger, den Wein in gro-

ßen metallischen Tanks zu verarbeiten.‹ Dennoch hat dieser Stil der Weinherstellung im *Kvevri* auch diese schlimme kommunistische Zeit überstanden. Zu 99 Prozent wird der Wein heute industriell hergestellt. Aber ein Prozent von dem Wein, der verkauft wird, wird nach wie vor im *Kvevri* vergoren. An sich ist auch das ein Zeichen dafür, dass sich das Entstehungsgebiet hier befindet. Denn jede Tradition bleibt am ehesten stabil im Entstehungsgebiet.«

Für die Kinder geht es inzwischen weiter zu den Partyzelten, wo bereits lange Tafeln festlich gedeckt worden sind. Große Körbe stehen bereit, gefüllt mit Weintrauben; dazu Brot, verschiedene Käsesorten, Tomate, Gurke ... Und dazu gibt es, nun, natürlich nicht Wein, sondern georgische Limonade.

Als es zu regnen beginnt, stelle ich mich unter das Dach der Weinpresse. Ein Mann Mitte dreißig tritt an mich heran, Vano. Er spricht Deutsch und arbeitet im Obstanbau. Auch dies ist eine

Tönerne Kvevri stehen bereit

Versuchsanlage der Agrar-Universität. Und dort geht es dann um die besten Bedingungen für Pflaumen, Äpfel, Kirschen ...

Auf unserem Rückweg nach Tbilissi sitze ich wieder mit David im Wagen und es bleibt uns eine weitere halbe Stunde für ein Gespräch über Wein. Ich kenne es noch selbst, dass der Wein mit zum Alltag gehört hat. David, der trotz des Gesprächs umsichtig auf den Weg achtet, kann das für Georgien nur bestätigen: »Früher hat man zu Hause gearbeitet. Man hat im eigenen Garten gearbeitet, auf dem eigenen Weinberg. Morgens hat man ein bisschen Wein getrunken, auch zum Mittagessen, und beim Abendessen noch einmal. Dieser alte Wein war aber eher wässrig. Wenn man arbeitet und so eine Wasser-Wein-Mischung trinkt, hat das eine tonisierende Wirkung. Das belebt. Heute trinken die Georgier meistens zu seltenen Anlässen, zur *Supra*, dann aber in großen Mengen. Ursprünglich ging es bei der *Supra* auch um eine gewisse Vereinfachung des Gottesdienstes. Diese ganzen Trinkgelage, auch dieses viele Essen, das gehörte nicht zum Ursprung der *Supra*. Das kam erst durch den russischen Bedarf dazu, im 19. Jahrhundert. Den Russen gefielen diese langen Feiern. Und was erst nur Ausnahme war, zum Beispiel zu Weihnachten oder Ostern, das ging damit mehr und mehr in den Alltag ein. Zurück aber zum Aspekt des Gottesdienstes: Die Leute hatten ja zunächst jeden Tag Wein konsumiert, und das ohne große Sprüche. Auf der anderen Seite gab es aber auch eine gewisse Tischzeremonie, die mit gewissen vorchristlichen und christlichen Ritualen verbunden war. Z. B. im ostgeorgischen Gebirge Chewsuretien, Tuschetien ... Dort waren die Leute schon christlich geworden, hatten aber keine Kirche und keine Priester. Und diese Rituale wurden von Laien gemacht. Das war die Simulation eines Gottesdienstes. Und all diese Gebete wurden zwar nicht kanonisch gesprochen, aber man hat etwas gesagt; und alles wurde mit Wein begleitet. Diese Vereinfachung des Gottesdienstes, also dass man anstelle der Gebete Trinksprüche sagte, gehört meiner Meinung nach auch zu dem Hintergrund der Entstehung dieser ganzen Tischzeremonie, der *Supra*. Eine Messe beginnt mit Gott, als erstes betet man das *Vater unser*. Und der Gottesdienst endet mit der Anbetung der Gottesmutter. Das ist aber auch der erste und der letzte Trinkspruch der georgischen *Supra*. Besonders wichtig wurde das in der Zeit der Kommunisten. Der Vater meines Großvaters war ein Priester. Und die Kommunisten hatten die Dorfkirche aufgelöst, geschlossen und den Vater meines Großvaters entlassen. Aber sein Leben lang hat er im Dorf auch weiterhin alle Beerdigungen, Hochzeiten und Taufzeremonien durchgeführt; nur dann eben nicht in der Kirche, sondern zu Hause. Er war zwar kein Priester mehr, er hat kein Kreuz mehr getragen, aber er war am Tisch der Tamada.«

Die Zauberin

Natürlich weiß ich nicht, wer sie wirklich ist. Für mich ist und bleibt sie *die Zauberin*. Es ist Herbst. Und des Weines wegen möchte ich nun, zur Erntezeit, auch noch einmal nach Sighnaghi bzw. nach Khardenaki, einem Dorf ganz in der Nähe, zu Nika Bakhia, von dem später noch zu erzählen ist.

Die Marschrutkas nach Sighnaghi starten an der Metrostation Samgori. Gut. Ich komme an, und finde Ausgänge vor, die in drei verschiedene Richtungen führen. Ich steige erst einmal von der Unterführung her nach oben, schaue mich um, kann aber nirgends einen Platz mit Marschrutkas entdecken. Ich beginne mich durchzufragen.

»Ja, Sie müssen hoch zum Basar und dann zum anderen Ende.«

»Nein, hier ist der Basar. Dahinter kommt nichts mehr.«

»Doch, doch; Sie müssen über den Basar!«

Alle wissen es genau, aber nie komme ich an. Ich frage weiter. Da meine Auskunft von dem kleinen Informationshäuschen auf dem Freiheitsplatz in Tbilissi ist, weiß ich, dass sie stimmt und dass hier von Samgori die Marschrutka nach Sighnaghi auch wirklich abfährt.

Gerade steige ich wieder einmal in die Unterführung hinab, die mit den Rolltreppen, um auf der anderen Seite wieder aufzutauchen, da höre ich Musik. Ein junger Mann steht in der Unterführung und spielt auf der *Panduri*. Vor ihm, auf dem freien Platz, bewegt sich mit weit ausholenden Bewegungen eine Frau. Sie trägt um den Kopf ein buntes Tuch, direkt im Nacken gebunden; und dazu ein weites, weißes, trapezförmig geschnittenes Kleid; fast ist es schon ein Kittel. Tanzt sie zur Musik? In diesem Kittel sieht sie für mich von Anfang an aus wie eine Zauberin. Fehlt nur noch der spitze Hut.

Sie bewegt sich, dabei in den Knien leicht gebeugt, mit diesen weit ausholenden Schritten einer Schamanin. Wie jemand, der sich tanzend an etwas heranpirscht. Mit ihren Armen weht sie durch die Luft.

Falls sie aber wirklich eine Zauberin gewesen ist, beginnt das Eigentliche erst an dieser Stelle. Denn jetzt huscht sie plötzlich auf die Rolltreppe, kommt dicht hinter einem Mann zu stehen. Aber nicht *zu* dicht, denn von alledem bemerkt er selbst nichts. Mit ihren Händen streicht sie ihm in schnellen, fließenden Bewegungen etwas vom Rücken ab, ohne ihn dabei zu berühren. Dann streicht sie noch etwas von seinen Schultern. Und schon ist sie fertig.

Als sich die Rolltreppe ihrem Ende nähert, steht die Frau ganz normal da, mit herabhängenden Armen. Und der Mann vor ihr geht davon.

Nun huscht-pirscht sie, wieder mit diesen weichen, fließenden Bewegungen, über die nächste Treppe herauf. Der Mann mit seiner *Panduri* ist verschwunden.

Lara

Es regnet, es ist kalt in Sighnaghi. Und ich bin nur deshalb noch einmal hierhergekommen, um Nika zu besuchen auf seinem

Weingut. Nika ist Georgier, Künstler, der in den letzten Jahren mehr in Berlin gelebt hat, mit Frau und Kind, jetzt aber, mit Beginn seiner Arbeit als Winzer, zunehmend wieder in Georgien ist.

Einquartiert habe ich mich diesmal in einer Herberge. Hier treffe ich auch Lara, eine junge, blonde, sehr sympathische Niederländerin. Sie sieht aus wie Mitte zwanzig, ist aber zehn Jahre älter. Lara reist mit Rucksack allein durch das Land. Sie wandert. Und sie zeltet allein.

»Ich trampe auch«, erzählt sie. »Aber nicht in der Nacht.«

Es gefällt ihr nicht, dass sie in Georgien immer wieder von den Männern bedrängt wird. Sagt sie. Und sie ist froh, dass sie in den einzelnen Fällen dann gerade immer noch eine Tür gehabt hat, die sie hatte verschließen können.

»Warum kann ich nicht wie ein Mann unbehelligt durch dieses schöne Land ziehen? Ich verstehe das nicht. Zugleich weiß ich ja: Ich muss mich besser abgrenzen. Aber ich liebe es, wenn alle so zusammensitzen und *Tschatscha* trinken ...«

Nika

Nika ist nicht im Dorf. »Aber meine Eltern sind da«, sagt er mir am Telefon. »Meine Mutter kann dir alles erklären und zeigen. Und wenn du noch Fragen hast, sprechen wir über Skype.«

Aus der Situation heraus lade ich Lara ein mitzukommen. Vom Gästehaus in Sighnaghi fährt uns der Sohn des Inhabers in Nikas Dorf, welches heute ohne Nika bleibt, in das Dorf Kardenakhi. Dieses Dorf ist nicht ganz einfach zu finden. Aber schließlich erreichen wir das Gelände. Hier hat Nika Bakhia also 2006 begonnen, durch den Kauf eines kleinen Hauses und eines kleinen Weinberges, ein Weingut aufzubauen: »Das kam durch meine Liebe zum Wein als Konsumgut. Ich trinke schon immer gern Gutes. Und ich kaufe ungern ein. Aber jetzt habe ich immer ein passendes Geschenk zur Hand. Dabei hatte ich nicht unbedingt vor, Winzer

Nika ist Künstler und Winzer zugleich

zu werden. Das hat sich erst mit der Zeit so entwickelt. Wir sind nicht aus Kardenakhi. Meine Familie stammt ursprünglich aus Westgeorgien, später dann aus Tbilissi. Deshalb jedenfalls finden es die Einheimischen auch ziemlich befremdlich, dass ich nun dort mit bin. Aber ein Kollege meines Vaters Tariel und meiner Mutter Lunetta wohnt dort, in der Nachbarschaft. Und er wollte meine Eltern als Nachbarn haben. Er ist Physiker, dieser Nachbar, genau wie meine Eltern. Wir haben praktisch nicht danach gesucht, sondern – es war eine Fügung.«

Lunetta, Nikas Mutter, kommt freundlich und zugleich geschäftig auf uns zu. Sie zeigt uns, Lara und mir, alles: die *Kvevris*, das Haus ... Erst jetzt wird für mich spürbar, wie die Aufmerksamkeit sich, anders als sonst, wenn ich allein unterwegs bin, sofort teilt, wenn man zu zweit ist. Für einen Moment hatte ich diese Erfahrung völlig verdrängt, einfach weil Lara eine wirklich nette Person ist. Aber das ursprüngliche *Unglück*, dass Nika nicht mit da ist, erweist sich nun als *Glück*: Ich treffe ihn später, dafür aber allein.

Zuerst führt uns Nikas Mutter in einen großen Raum, in dem die Wände voller Regale stehen und diese Regale wiederum bis hoch an die Decke mit Kartons gefüllt sind. In jedem Karton sind sechs Flaschen Wein.

Mitten im Raum, in der Erde versenkt, befinden sich dann die legendären *Kvevri*, die tönernen Weinbehälter, in welche 18 bis, sage und schreibe, 2.200 Liter Wein gefüllt werden können; meistens um die 1.000 Liter.

Dadurch dass Nika seinen Wein macht, noch wie vor Urzeiten, bot sich Puschkin im Jahr 1829 auf seiner Erzurum-Reise wohl ein vergleichbares Bild wie uns heute: »Der Kachetiner und der Karabacher halten einigen Burgundersorten die Waage. Den Wein bewahren sie (...) in riesengroßen, bis zur Erde eingegrabenen Krügen. Sie werden unter feierlichen Zeremonien geöffnet. Vor kurzem ist ein russischer Dragoner, welcher einen solchen Krug heimlich geöffnet hat, hineingefallen und im Kachetiner (...) ertrunken.« (25)

Die Weinherstellung in *Kvevris* gehört seit 2013 ebenfalls zum UNESCO-Weltkulturerbe. Für diese traditionelle Herstellung hat Nika Bakhia, gemeinsam mit seinem Freund und Kollegen Udo Hirsch, ein Gütesiegel initiiert und vor fünf Jahren als Marke gesichert, zum Schutz des Naturweins.

Während uns Lunetta, Nikas Mutter, erst einmal die verschiedenen Sorten präsentiert, beginnend mit der Sorte *Amor*, kommt Vaso, der Nachbar, mit einem langstieligen Quirl, hebt den Deckel des ersten *Kvevri* an und beginnt in der Tiefe des Weins zu rühren.

»2007 haben wir«, erzählt Nikas Mutter, »überhaupt unseren ersten Wein gemacht. Und der Wein ist gelungen, erst einmal nur privat. Den Wein von 2008 haben wir dann schon in Flaschen abgefüllt. Das war ein erster richtiger Erfolg. Den haben wir genossen. – Solange die alkoholische Gärung stattfindet, muss gerührt werden. Am Anfang muss sogar nachts gerührt werden, manchmal mehrmals. Je nachdem wie intensiv die Gärung verläuft. Manchmal sogar alle zehn Minuten; manchmal auch nur jede Stunde. Aber dieses Jahr, 2017, läuft es ziemlich ruhig. Da haben wir mit achtmal pro Tag angefangen; und jetzt sind wir bei einmal am Tag. Die Länge dieses Gärungsprozesses ist jedes Jahr unterschiedlich, weil wir ja nur mit Naturhefen arbeiten.«

Draußen auf dem Hof stehen weitere, noch umgedrehte, gereinigte *Kvevris* bereit. Nachdem wir uns alles angesehen haben, fragt uns Nikas Mutter, ob wir den Wein nun auch einmal probieren möchten. Dazu sind Lara und ich sofort bereit. – Es sind kräftige Weine, die sehr gut munden. Auch ein *Saperawi* ist dabei. Ich entscheide mich für eine Flasche *Amor*. Wie uns Lunetta stolz erzählt, wird Nikas Wein europaweit verkauft, darüber hinaus sogar in Japan und den USA.

Mit Nika selbst treffe ich mich drei Tage später in Tbilissi, im *Lid Sarcho*, auf der Tabukaschwili-Straße. Das *Lid Sarcho* ist ein Museums-Shop-Imbiss, gelegen unterhalb des Rustaweli-Prospektes; ganz in der Nähe vom *Georgia-Insight*-Büro. In der Internet-Ankündigung ist die Rede von einem Laden in einem alten

Keller, in dem es Wein gibt, *Tschatscha*, Mineralwasser, *Tschurtschela*, also die in gelierten Weinsaft eingelegten Walnüsse, *Tschwischtari*, also Maisbrot mit Käse. Auch *Chatschapuri* fehlt nicht. Darüber hinaus gibt es Marmeladen, Saucen und Käse. Man kann einfach einkaufen oder sitzen, essen und trinken.

Nika kümmert sich um unseren Tee. Mit Baskenmütze, weißer Hemdbluse und dunkler, weiter Hose sieht Nika auch äußerlich wie der Künstler aus, der er ja ist.

»Ich wurde in Tbilissi geboren, keine zweihundert Meter von hier entfernt. Und ja, ich bin Künstler, Bildhauer, Zeichner, Maler, inzwischen auch Designer und Architekt. Mein Meisterstudium habe ich im Städtebau absolviert. In Tbilissi habe ich zwei Studien abgeschlossen, und ein weiteres, 2000, an der Hochschule der bildenden Künste im Saarland. Und als ich den Weinberg gekauft habe, 2006, war ich an sich gerade nach Berlin gegangen. Ohne meine Eltern könnte ich das gar nicht so betreiben. Und jetzt gehören ja auch meine Frau Anna und meine Tochter Maria Sophie dazu. Jeder in unserer Familie hat seinen eigenen Wein, sogar meine kleine Tochter. Ihr Wein heißt *Ma fille*. Das ist Französisch für *Meine Tochter*. Wir haben hier verschiedene Rebsorten, überwiegend aber Saperawi für Rotwein und Rkatsiteli für Weißwein. Und wie jeder Wein seinen Namen hat, so hat auch jeder Weinberg seinen Namen, z. B. heißt ein Weinberg Dari (Tarieluna) nach meinen Eltern Tariel und Lunetta. Oder einer heißt Nika, so wie ich. Und einer heißt eben Amor. – Heute ist der Wein mein existentielles Standbein. Die Arbeit mit dem *Kvevri* ist anstrengend und vor allem risikoreich, wenn man das richtig und konsequent macht. Was meine ich damit: Ich kann *Kvevri*-Wein nicht von der Natur trennen. Und unter Naturwein verstehen wir einen Wein, wo man im Weinberg ein Produkt gewinnt, was absolut frei ist von Eingriffen, chemischer oder ähnlicher Art. Das betrifft die Arbeit auf dem Weinberg, auch im Weinkeller, sogar schon beim Bau des *Kvevri*. Denn der *Kvevri* ist ein Gefäß, das ebenfalls Einfluss auf den Wein nimmt. Ja, und die Etiketten, das sind meine kleinen Werke, zeichnerische und Designwerke. Das Etikett von *Amor* war zuerst ohne Tochter, und als sie geboren wurde, kam jetzt noch dieser kleine *Kvevri* mit dazu.«

Wir trinken unseren schwarzen Tee, tauschen uns in aller Ruhe aus und ich bin froh, dass auch Nika ein so gutes Deutsch spricht. Abschließend meint er: »Weißt du, wir sind ein kleines Land. Aber dieses Land besitzt ein sehr großes Potenzial. Wir haben seit zehn Jahren Frieden und in dieser Zeit schon einiges auf die Beine gestellt. Und deswegen sollte man uns das auch gönnen. Dazu brauchen wir die Hilfe von Freunden, die dies mit beeinflussen können. Alleine können wir das nicht schaffen. Unser vielleicht stärkster Charakterzug ist, dass wir die Freude nicht verlieren. Man ist hier gelassener. Und dabei kann man immer noch«, Nika lacht jetzt verhalten, »ein Gläschen genießen.«

Tag 38 Lücken

Gia

Schon am Anfang meiner Georgienreise hat mich Dato mit interessanten Menschen bekannt gemacht; nun, gegen Ende meiner Zeit hier, gibt es seinerseits eine zweite Einladung. Wobei es diesmal nicht, wie bei Bessik, ein Germanist ist, den ich kennenlernen darf, sondern mit Gia Bugadze einen Maler. Zwar habe ich schon mit Kote, Elene und Maka georgische Maler kennengelernt, Dato meint aber, dass ich Gia Bugadze unbedingt kennenlernen sollte. Nicht nur seine Malerei sei speziell, sondern er selbst darüber hinaus ein großer Liebhaber der Musik von Richard Wagner. Jahrgang 1956, war Gia Bugadze von 2003 bis 2012 zudem Rektor der Staatlichen Akademie der Künste in Tbilissi.

Bei dieser schönen Gelegenheit lerne ich auch Datos Frau kennen, Nino Kopadse. Sie ist Kunsthistorikerin und hat bei Gias Frau Ana Kldiashvili an der Kunstakademie studiert.

Als wir die Wohnung des Paares erreichen, in der 14. Etage eines Hochhauses, ist erst einmal nur Gias Frau da, was uns Zeit gibt für Anas kunsthistorische Ausführungen über das Höhlenkloster Wardsia. Schließlich kommt auch der Maler nach Hause. Er hat noch an der Staatlichen Ilia-Universität zu unterrichten gehabt. Und überhaupt habe er uns aus irgendeinem Grund schon eine Woche früher erwartet.

Kaum ist Gia Bugadze da, spricht er wie ein Buch. Und vielleicht ist er ja auch eines, ein lebendes Buch. »Ich selbst bin germanophil«, beginnt er, ohne dass ich eine Frage hätte stellen müssen, »von Kindheit an. Und ich habe Schelling gelesen, Schiller, Hegel. Caspar David Friedrich ist mein Lieblingsmaler. Er lebt in meinem Herzen, jeden Tag. Wirklich!«

Die Wände in allen Räumen, und es sind große Räume mit hohen Wänden, hängen voller Bilder; alle von ihm. Plötzlich verweist Gia uns auf zwei Gemälde, die direkt hinter ihm an der Wand hängen. »Das sind meine ersten deutschen Gemälde«, sagt er zu diesen farblich in Blau und Weiß gehaltenen Bildern. »Das sind Bilder zu Parzival von Wolfram von Eschenbach. Es sind ganz alte Gemälde. Ich habe sie vor vierzig Jahren gemalt. Und das war Ausdruck meiner Liebe zu Weimar, zu Jena und, sozusagen zu dieser Welt; und natürlich zur deutschen Romantik. Zu all dem, was ich lesen konnte. Es war damals ganz schwer, diese Texte zu finden.«

Gia und Richard Wagner

»Und als ich zum ersten Mal *Tannhäuser* gehört habe, das Vorspiel, war ich total begeistert. Damals war ich ungefähr siebzehn Jahre alt. Es gab noch Schallplatten. Und ich hatte so eine, mit einem russischen Dirigenten; mit Franz Schalk als Interpret. Franz Schalk hatte deutsche Wurzeln und war einer der besten Wagner-Interpreten der sowjetischen Zeit. Und diese Schallplatte wurde veröffentlicht. Das war eine Seltenheit, dass ich die überhaupt gekriegt habe. Auf dieser Schallplatte war nichts als die Ouvertüre, das Vorspiel von Wagners *Tannhäuser*. Damals bin ich fast verrückt geworden, als ich das hörte. Led Zeppelin, Beatles und das alles habe ich weggeworfen. Mit Wagners Musik hatte ich etwas ganz anderes gefunden. Und meine Freunde dachten: ›Was hat er? Was ist los mit Gia? Ist er verrückt geworden?‹ – Ich habe auch Wagners Briefe gelesen. Und das war damals problematisch, irgendwo Wagners Briefe zu bekommen. Ich habe viel gelesen, aber ich habe auch sehr viel mein Eigenes hineininterpretiert. Und ich fing an, mir zu überlegen, wie ich das alles irgendwie, Wagner, diese Wagnerianische Idee und das alles, auf georgischen Grund pflanzen könnte. In meinem Bekannten- und Freundeskreis habe ich immer Vorlesungen gehalten, und ich habe diese Musik vorgestellt. Vielleicht, ich wusste damals ja nicht viel, über Wagner und über Musik, aber vielleicht wollte ich trotzdem mein Wissen irgendwie weitergeben. Und das habe ich auch gemacht. Zugleich hatte ich schon ganz jung eine Familie gegründet. In dieser Zeit bekam ich einen privaten Auftrag, in einem großen Haus als Anstreicher, zur Aushilfe; und den musste ich annehmen, um Geld zu verdienen für meine gerade gegründete Familie. Zumindest habe ich es versucht, diesen Auftrag auszuführen. Zwei, drei Monate habe ich so gearbeitet und in dieser Zeit weder Wagner gehört noch Bilder gemalt. Das war ein Auftrag, mit irgendwelchem groben Material. Und in dieser Zeit stand ich dann im Bus, in einem sowjetischen Bus, der wie immer völlig überfüllt war. Und überall roch es anders, nach Schweiß, nach Öl … Der Autobus fuhr und machte seine Fahrgeräusche, immer auch mal in einem bestimmten Rhythmus. Und plötzlich, aber das ist jetzt keine Mystik, hörte ich die verschiedenen Akkorde vom *Parzival*, von der Ouvertüre. Als ich das hörte, fing ich an zu weinen, noch immer im Bus. Und ich begriff: ›Meine Seele ist nicht tot!‹ Und ich sagte mir: ›Weg damit! Schluss mit diesen Aufträgen mit diesem groben Material.‹ Und der Herr hat mich gerettet. – Und als ich nach Hause kam, sagte ich: ›Nein, ich werde dort nicht weitermachen. Niemals gehe ich dorthin wieder zurück.‹ An diesem Tag wurde ich neu geboren. Und seitdem habe ich also gemalt; mein ideales Georgien, also ein freies Georgien. Tag und Nacht habe ich gearbeitet. Und ich wollte dieses alte Material benutzen, um die neue Welt zu schaffen. 1985, zur sowjetischen Zeit, gab es dann in Tbilissi eine Ausstellung mit diesen Bildern. Und es gab Besucher, die meine Bilder anschauten, denen ich sozusagen ein utopisches Modell von Georgien vorstellte, und sie haben geweint. Und dabei wollte ich mich nicht befreien von meiner Vergangenheit, sondern ich musste aus dem, was von meiner Vergangenheit geblieben ist, etwas Neues schaffen. Weil: Ich hatte keine Gegenwart. Also diese Gegenwart; wir waren versklavt von ... das war eben Sowjetunion, das war kein Georgien.«

Das achte Leben

»Hast du diesen Roman eigentlich schon gelesen?«, frage ich Dato, obwohl ich weiß, dass er sehr viel zu tun hat und ich froh sein kann, ihn vor meiner Abreise überhaupt noch einmal zu sehen. Dato schreibt an einem neuen Gedichtband, dazu an verschiedenen Übersetzungen. Er übersetzt Lyrik von Nicolaus Lenau, Essays von Ernst Jünger und, wie schon erwähnt, die *Nibelungen* von Friedrich Hebbel.

Nino Haratischwilis Roman ist zuerst auf Deutsch erschienen, bevor er dann auch in Georgisch erscheinen wird.

»Ich habe es nicht gelesen, aber ein Buch von solch einem Umfang«, antwortet Dato, »das von so vielen Menschen gelesen wird, muss man erst einmal schreiben. Das verdient allen Respekt.«

Bewegte Grenze

Die Grenze zwischen Südossetien und Georgien wird gegenwärtig stückweise zu Ungunsten Georgiens bewegt. Gia Bugadze, unser Gastgeber, sagt dazu: »In unserem Land lebten immer schon Georgier und Osseten in den Dörfern zusammen. In dem einen Dorf waren es vielleicht mehr Osseten, in dem anderen mehr Georgier. – Man will das Land teilen, damit es seinen inneren Atem verliert.«

Amor

Inzwischen haben wir miteinander angestoßen, Nikas Wein *Amor* getrunken und auch Weintrauben und Gebäck gegessen.

Übersetzen

Übersetzen und Dolmetschen sind zweierlei. Bevor das Thema, bei Gia Bugadze absehbar, wieder in die Politik wechselt, möchte ich nur allzu gern auch das Atelier des Malers gesehen haben. Das ist nicht so einfach, denn kaum ist eine Frage gestellt, antwortet der Hausherr aufs Neue mit souverän gesetzten rhetorischen Bögen. Dato dolmetscht. Und das macht er phänomenal, denn Dato ist von Hause aus Dichter und Übersetzer, nicht Dolmetscher. Blitzschnell muss er nun, noch dazu im kunstwissenschaftlichen Fach, von der einen Sprache hinüber in die andere übersetzen, und wieder zurück. Am Anfang ärgern ihn noch die Fehler, die er, obwohl er sie sofort bemerkt, dann aber schon gemacht hat. Nur geht alles so schnell, dass Dato letztlich nicht einmal mehr Zeit hat, sich zu ärgern.

Auf den ersten Blick

Das Atelier des Malers Gia Bugadze, das wir schließlich betreten, steht voller Bilder; davon sind die einen rund, andere eckig; und die kleineren lehnen an metergroßen. Auf einem der Porträts steht in großen Druckbuchstaben geschrieben, als Teil des Bildes, *Hegel*; gleich daneben: *Schelling*. Das ist das, was ich auf den ersten Blick hin sehe.

Biblische Bilder

»Und das möchte ich euch zeigen«, sagt Gia, während er beginnt, eine ganze Reihe großformatiger Bildern aufzudecken und aufzustellen. Es dominieren Blau, Grau und Weiß.

Frappierend ist die Technik und noch nie habe ich so etwas gesehen. Aus der Nähe wirkt alles wie vernebelt; erst mit etwas Abstand zeigen sich die Gestalten. Gut, das ist an sich nichts Neues. Aber über jedem dieser Bilder zieht sich jeweils eine Art strukturierter Folie. Und das ergibt einen unruhigen, und zugleich einen lebendigen Schein.

»Es sind insgesamt zwölf Bilder«, erklärt Gia Bugadze in die Stille hinein, welche sich mit dem Betrachten der Bilder ergeben hat.

Es sind Szenen aus der biblischen Geschichte, diese aber, im wahrsten Sinne des Wortes, eigenartig dargestellt. Da ist zum Beispiel das letzte Abendmahl: Unter einem schneeweißen überdimensionalen Tuch hocken zwölf Gestalten zusammen und gleichen damit dem abgedeckten Mobiliar eines Sommerhauses. Wobei hier eine dreizehnte Gestalt extra bedeckt worden ist, durch ein eher gräuliches Tuch.

Bildnis von Jesus

Das Bildnis von Jesus wird für mich das eigentlich Unfassbare.

»Das geht weit über die Kunst hinaus«, denke ich laut. Mir bleibt rätselhaft, wie das Gesicht von Jesus auf diesem Bild überhaupt erscheinen kann, denn es zeichnet sich nicht ab.

»Ich bekomme dafür keinen Auftrag und kein Geld«, meint der Maler nur.

Die russische Sprache

In diesem Haus, im Gespräch mit Ana und Gia, ist die russische Sprache ein absoluter Fehltritt. Denn sobald ich Russisch spreche, wird mir nicht geantwortet. Gia versucht es zwischendurch sogar mit ein paar Brocken Deutsch, nur um nicht Russisch sprechen zu müssen. Gut, dass Dato da ist als der Dolmetscher zwischen uns. Wochenlang bin ich durch Georgien gereist und hier begegnet es mir so zum ersten Mal.

Die Lücke

Ana Kldiashvili und Gia Bugadze wohnen im Hochhaus, in der vierzehnte Etage. Eines Tages fliegt ihnen ein Wellensittich zu. Und weil sie wissen, dass ein Wellensittich an Einsamkeit sterben kann, kaufen sie noch einen zweiten.

»Die beiden haben immer zusammengehockt«, erzählt Ana. »Bis einer von ihnen starb. Da haben wir noch mal einen gekauft, einen dritten.«

Der Alteingesessene besitzt grünes Gefieder, der Zugezogene blaues. Sie hocken in ihrem Käfig, auf dieser Stange, aber immer so mit Abstand. Der dritte, der Verstorbene, würde bequem dazwischen passen.

Tag

39

Dramatisches Glücksgefühl

Gurdjieff

Es gibt hier einen Fotografen, der Teil des Stadtbildes ist, eine Stadt-Gestalt – Aleksandr Cherkezishvili. Dieser Mensch ist einst Maler gewesen. Heute fotografiert er. Fotografien, die einem wie gemalt erscheinen. Als ich ihm in den Straßen von Tbilissi begegne und seine Fotografien sehe – abgewohnte Häuser, schiefe Treppengeländer, alte Balkone – bemerke ich: »Aleksandr, Sie sehen das Imperfekte schön.«

Da schaut er mich an, lächelt kaum merklich und meint: »Es geht immer um die Energie. Sie kennen George Iwanowitsch Gurdjieff?«

Aleksandr spricht so schnell Russisch, dass ich nicht immer folgen kann. Aber die *Energie* seiner Rede bekomme ich gut mit. Und sollte ich sie malen, dann in Goldgelb.

Gurdjieff gilt als einer der einflussreichsten spirituellen Lehrer des 20. Jahrhunderts, im Kaukasus wie auch darüber hinaus. Geboren wurde er um 1866 in Alexandropol, dem heutigen Gjumri in Armenien, gestorben ist er 1949 in Paris. Der Vater war Grieche, die Mutter Armenierin. Die Familie zog von Gjumri weiter nach Kars, wo der Vater, ein *Aschugh*, ein Dichtersänger, zugleich einen Holzhandel betrieb.

1883 zog Gurdjieff weiter nach Tbilissi. Seit frühester Jugend meinte er, die Spuren verborgener esoterischen Schulen und Traditionen erkennen und aufspüren zu können. So machte er sich auf die Suche, durchstreifte Zentralasien, Nordafrika und schließlich auch Europa. Es ging ihm darum, herauszufinden, wie der Mensch sein eigentliches Potenzial entfalten könne. Einer seiner bekanntesten Schüler war P. D. Ouspensky, der auch als einer der Ersten begann, über Gurdjieff zu schreiben.

1919 zogen Gurdjieff und seine Schüler über den Kaukasus, erneut nach Tbilissi, um hier im September desselben Jahres ein erstes Institut zu eröffnen. Finanziell hielt er dieses Unternehmen mit Teppichhandel über Wasser. Zumindest beschreibt er selbst es so in seinem Buch *Begegnungen mit bemerkenswerten Menschen:* Alte, zum Teil kaputte Teppiche wurden bei Streifzügen über Land aufgekauft, gereinigt, repariert und dann mit Gewinn wieder verkauft. Das Geschäft funktionierte. – Bei der Suche nach einem passenden Haus für sein Institut wurde der Meister sogar vom Bürgermeister unterstützt. Darüber hinaus hatten sich, in diesen Zeiten des Umbruchs, auch schon ungewöhnlich viele Teilnehmer für die angekündigten Kurse angemeldet. Die Arbeit begann in provisorischen Räumen, die ersten Kurse liefen an, der vielen Interessenten wegen, nicht nur am Tag, sondern auch in der Nacht. »Allein die Behörden zögerten, ihr Versprechen zu halten, und der Platzmangel machte die Arbeit immer unmöglicher. Als dann mit der Offensive der Bolschewiken die Schwierigkeiten des täglichen Lebens noch zunahmen und die Stabilität der georgischen Regierung ins Schwanken geriet, gab ich es schließlich auf ...« (26)

Gurdjieff zog mit seinen Schülern sieben Monate später weiter. Es ging über Konstantinopel bis nach Berlin, immer auf der Suche nach dem passenden Ort für sein *Institut für die harmonische Entwicklung des Menschen*. 1922, in Paris, wurde er endlich fündig.

Ich selbst bekenne mich dazu, Liebhaber seiner Musik zu sein, welche alte kaukasische Melodien, zum Teil avantgardistisch, auflöst.

Die ganze Zeit schon sucht Aleksandr nach irgendetwas in seiner Tasche. Nun zieht er ein schmales Buch hervor. An seinem Blick kann ich ablesen, wie sehr ihn dieser Vorgang bewegt: *Gurdjieff in Tiflis. Internationales Gurdjieff Seminar in Tbilissi*. Das Ganze fand im März 2007 statt und wurde organisiert von der Botschaft Italiens und der Staatlichen Universität Jawakischwili Tbilissi. Thema war: *Gurdjieff – vom Südkaukasus in die westliche Welt. Sein Einfluss auf die Spiritualität, das Denken und die Kultur in Italien, Europa und USA*.

Und auch in dem modernen Roman von Zurab Karumidse *Dagny oder Ein Fest der Liebe* bewegt sich Gurdjieff noch einmal im Tbilissi Anfang des 20. Jahrhunderts und wird hier eingeführt als *der Schöpfer des Heiligen Tanzes, der Mann des Vierten Weges, Der schwarze Grieche – Tiger von Turkistan. (27)*

Ich kann nicht anders und verneige mich leicht, als ich Aleksandr sein Gurdjieff-Büchlein zurückreiche. Und er küsst diese Hand.

Wato

Unmittelbar vor meinem Abflug bin ich dann noch einmal mit Wato Tsereteli verabredet. Wenn man das Alter, auf das ich ihn schätze, also knapp vierzig Jahre, abzieht von seinem bei *social media* angegebenem Alter – optimistische 105 Jahre–, kommt man in die Nähe wiederum meines Alters. Wir haben uns viel zu erzählen. Wato ist ein charismatischer Mensch.

Zentrum für zeitgenössische Kunst

»Das ist hier eine Community«, stellt mir Wato das von ihm gegründete Zentrum vor, »camoufliert mit einer Institution, seit sieben Jahren. Wir nennen uns *Zentrum für zeitgenössische Kunst*, was eine wechselnde Gemeinschaft von Menschen ist. Wir bieten ein Bildungsprogramm an, das *Independent-Study-Programm*; also informelle Masters, in einem neunmonatigen Studiengang. An sich ist das eine Nische, weil, wenn du in Georgien einen Unterrichtsprozess von mehr als neun Monaten anbietest, musst du eine Lizenz haben. Und weil wir wissen, dass es im Bildungsministerium sehr schwer zu vermitteln ist, visionär zu sein, wollen wir diese Lizenz gar nicht erst, sondern nutzen unsere Nische. Und die andere Nische ist, dass wir unseren Studiengang *Informeller Master* nennen. D. h. eigentlich, dass der Master etwa so etabliert ist, dass diese informelle Komponente es zu etwas Neuem macht; wo man Verantwortung hat, aber nicht diese akademische Schicht noch darauf trägt. Diese Schule ist essenziell für dieses Land, weil in jedem Jahr ungefähr zehn Studenten das Studium beenden. Und diese werden nicht orientiert auf die künstlerische Praxis im Atelier, sondern auf die Kreativität im öffentlichen Raum, in Gesellschaft und Umwelt. Sie multiplizieren die Energie, weil sie mit sozialen Gruppen arbeiten. 140 Leute haben hier schon studiert. Und die sind alle verbunden mit der Realität, auch international. Wir sind nicht daran interessiert, uns einem eurozentrischen Mainstream anzuschließen, sondern eher daran, uns 360 Grad anzuschauen, überall zu lernen und mit allen etwas zu teilen.«

Wiederherstellung der Zukunft

»Außerdem arbeiten wir an einem Forschungsprojekt mit der Ambition, die kommunistische Kunstgeschichte neu zu schreiben. Dieses Projekt heißt: *Recovery of the Future*; Wiederherstellung der

Zukunft. Denn erst mit der Richtigstellung der Vergangenheit bekommen wir ein Fundament, um nach vorn schauen zu können. Denn wenn man die Vergangenheit nicht kennt, ihr keine Referenzen machen kann, kann man nirgendwohin gehen. Durch diese zensierte Kunstgeschichte haben wir bisher kein wirkliches Bild.«

Kreative Mediation

»Das ist ein erweitertes Konzept dessen, was Joseph Beuys *soziale Skulptur* nannte. Und Léon Nicholas Bourriaud, der Franzose, nannte es *relational art*. Es geht darum, dass außer der individuellen Praxis der Künstler außerdem noch soziale und Umwelt-Kombinationen und -Situationen gestaltet. Wir teilen *Spielregeln*: Wie kann man heute funktionieren? Wie funktioniert die Ökonomie? Wie kann man mit Politikern sprechen? Wie kann man mit Businessleuten sprechen? Wie kann man eigene Rechte schützen? Wie kann man Projekte schreiben, Reporte schreiben ... Also alles, was mit Wirklichkeit zu tun hat. Es ist ein Studiengang mit rund dreißig verschiedenen Fächern.«

Dramatisches Glücksgefühl

»Tatsächlich ist es so: Wir leben hier und heute. Wir bleiben nicht nur in der Geschichte«, führt Wato kurz vor meinem Abflug noch aus. Und für mich sind das alles durchaus interessante Gedanken, wobei ich mich frage, warum ich all das erst jetzt zum Schluss zu hören bekomme. Wer schreibt da?

»Der georgische Philosoph, Merab Mamardaschwili, hat einmal gesagt«, sagt wiederum Wato: »›Da ist ein dramatisches Glücksgefühl.‹ Also – ohne Grund glücklich zu sein, sich glücklich zu fühlen. Und das sind wir – die Georgier. Immer glücklich, ohne Grund. Heftig manchmal.« Wato lacht. »Aber da ist schon die Lust am Leben, die Liebe zum Leben, die ist da. Wahrscheinlich ist das geprägt durch die Natur. Mit der Zeit hat sich für mich ein Gedanke herauskristallisiert, für mich ganz persönlich: Georgien hat eine spezifische, geographische, geopolitische Lage, die uns oft als ein Problem erscheint. Aber ich glaube, wir können darin auch eine Möglichkeit sehen. Also, das Dilemma umkippen, drehen. Anstatt so pro-Nato und anti-russisch zu sein, denke ich, ist es relevanter, dass wir uns auf unseren eigenen Hintergrund besinnen. Und was wir da finden, das ist ein unglaublicher Schatz von Religionen und Völkern, die friedlich zusammengelebt haben, seit Tausenden von Jahren. Und deshalb glaube ich fest, dass uns dieser seltene Hintergrund erlaubt, an Frieden zu denken, Friedensgespräche anzubieten, diese Stadt und dieses Land als einen Ort für Frieden zu profilieren, auch für Friedensverhandlungen; und das zusammen mit den Künstlern.«

Tag

40

Nachklang

Kleiner, polyphoner Abgesang

Wir sind Gäste in dieser Welt der Minute ... Geh nach draußen, lüfte dich! ... Wir vergehen, und die nächsten bleiben hier ... Sei vorsichtig und gehe nie allein durch die Nacht ... Dieses Land hat ein sehr großes Potenzial ... Und wenn du dich wirklich bemühst, wirst du alles schaffen ... ER gab uns Menschen die Welt ... Und es heißt, die Mönche wären gewarnt gewesen ... Wir alle sind tragische Menschen ... Und mit diesen heißen Quellen verbunden ... Galaktische Spirale, Zeichen der Ewigkeit ... Wir sind Gäste ... Und was wir miteinander tun, all diese freundlichen und angenehmen Dinge ... Ich warne dich: Bring mir nur ein hübsches, ein gutes Mädchen mit nach Hause! ... Georgien ist das schönste Land der Erde ... Und wieder begann die Heilige Nino zu beten ... Allein können wir das nicht schaffen ... Unser vielleicht stärkster Charakterzug ist, dass wir die Freude nicht verlieren ... Das ist es doch, wofür wir leben, oder? ... Friedensgeschichten ... Wir haben dieses Potenzial ... Und eines Tages werden wir gestorben sein ... Aber vorher kann man immer noch ein Gläschen genießen ... Geh nach draußen, lüfte dich! ... Wir sind Gäste in dieser Welt der Minute ...

Quellenangaben

(1) Pasternak, Boris: »Briefe nach Georgien«, Fischer Taschenbuch Verlag, Frankfurt am Main, 1989, S. 106

(2) Das Gedicht bzw. Lied »Zutisopeli« existiert nach Auskunft georgischer Freunde in drei verschiedenen Fassungen. Die vorliegende ist eine Nachdichtung von mir, basierend auf einer englischen Version, welche mir die Schriftstellerin Irma Tawelidse zur Verfügung gestellt hat.

(3) www.georgia-insight.eu

(4) Eich, Clemens: »Aufzeichnungen aus Georgien«, S. Fischer Verlag, Frankfurt am Main, 1999, S. 104
Georgische Musik auf langer Reise im All; 6. September 2017
Auf Internetseite: http://georgien-aktuell.info

(5) Schmid, Wilhelm: NZZ: Georgische Minutenwelt; 30.11.2003
Kvastiani, Giorgi; Spolanski, Vadim; Sternfeldt, Andreas: »Georgien, Unterwegs zwischen Kaukasus und Schwarzem Meer«, Trescher Verlag, Vorwort, S. 13

(6) Bitow, Andrej: »Georgisches Album. Auf der Suche nach Heimat«, 1. Auflage, Suhrkamp, Frankfurt am Main, 2003, S. 7
Nielsen, Fred (Hrsg.): »Europa erlesen. Georgien«, Wieser Verlag, Klagenfurt/Celovec, 2006, S. 17
Puschkin, Alexander Sergejewitsch: »Die Reise nach Arsrum«, in: »Dramen. Märchen. Die Reise nach Arsrum. Aufsätze«, SWA-Verlag, Berlin, 1949, S. 342
Vgl. (3)

(7) The Armenite. http://thearmenite.com/2016/02/love-song-by-sayat-nova-laurie-alvandian/ Übersetzung: Alice Stone Blackwell

(8) Gratzfeld, Rachel: »Begleittext«; in: Nadareischwili: »Schlaf gut«, Baobab Books Verlag, Basel, 2017

Fähnrich, Heinz (Hrsg.): »Königin des Waldes. Sagen und Mythen aus Georgien«, Buchverlag König, Greiz, 2012

(9) Rustaweli, Schota; »Der Recke im Pantherfell«, Prolog, Übersetzung: Hermann Buddensieg; in: Endler, Adolf: »Georgische Poesie aus acht Jahrhunderten«, Verlag Volk und Welt, Berlin, 1974, S. 55

(10) Teichmann, Frank: »Der Gral im Osten. Motive aus der Geistesgeschichte Armeniens und Georgiens«, Verlag Freies Geistesleben, 1986, S. 162

(11) Karumidse, Zurab: »Dagny oder Ein Fest der Liebe«, Weidle Verlag, 2017, S. 30

9. April 1989: https://www.youtube.com/watch?v=v7I6E3K87DM

Writers House of Georgia, www.writershouse.ge

Pasternak, Boris: »Briefe nach Georgien«, Fischer Taschenbuch Verlag, Frankfurt am Main, 1989

Deutscher, Isaac: »Stalin. Eine politische Biographie«, Argon Verlag, Berlin, 1988

(12) Gelaschwili, Naira: »Georgien – ein Paradies in Trümmern«, Aufbau Verlag, Berlin, S. 226/ 227

(13) Uplisziche; mehrsprachiges Leporello vor Ort; Uplisziche, ohne weitere Angaben

(14) Tschantladse, Schota: »Manifest«; Kaukasus, Band 8, Lyrik, Pop Verlag, Ludwigsburg, S. 44

The life of St. Nino, Bodbbde Convent of St. Nino, 2010

(15) Bitow, Andrej: »Georgisches Album«. Vgl. (6), S. 166

(16) Vgl. (10), S. 118

Georgian Journal: https://www.georgianjournal.ge/arts-a-culture/33690-georgian-blue-tablecloth-granted-unesco-material-monument-status.html; 8.8.2017

(17) Haratischwili, Nino: »Das achte Leben«, Frankfurter Verlagsanstalt, 2014, S. 1054

(18) John, Constanze: »Heimat und Los«, Victoria Verlag, 2009

Vgl. (10), S. 39 ff.
Fähnrich, Heinz (Hrsg.): »Königin des Waldes«. Vgl. (8)
https://youtu.be/WvG6iFaassI
https://kurier.at/chronik/oberoesterreich/extrembergsteiger-edi-koblmueller-erfroren-die-berge-waren-edis-leben/125.617.686; 17.4.2015
Wato Tsereteli: https://www.youtube.com/watch?v=p4_UB-8Dp3RM&t=61s
https://www.youtube.com/watch?v=QICFqs3r9dk&index=7&list=PLuWuLQiJX7HIDFUV6jUiiorxp3gQpxFmD
Vgl. unter (5), S. 159 und S. 202
Vgl. (10), S. 122/ 123
The life of St. Nino, Bodbe Convent of St. Nino, 2010
Dinola: https://www.youtube.com/watch?v=XRutog8qQMs
Gletschergold: https://www.youtube.com/watch?v=SQ94B3 BTVbo
Vgl. (10)

(19) Margwelaschwili, Giwi: »Verfasser unser«, Verbrecher Verlag, Berlin, 2013, S. 15

(20) Maaß, Ekkehard: »Zum 75. Geburtstag von Giwi Margwelaschwili«; Privatdruck
https://www.youtube.com/watch?v=P7nQjeG7Tps
Margwelaschwili, Giwi: »Muzal. Ein georgischer Roman«, Insel Verlag, Frankfurt/ Main und Leipzig, 1991
Kvastiani, Giorgi; Spolanski, Vadim; Sternfeldt, Andreas: »Georgien, Unterwegs zwischen Kaukasus und Schwarzem Meer«. Vgl. (5), S. 349/ 350
Vgl. (10), S. 122/ 123

(21) Said, Kurban: »Ali und Nino«, Ullstein Verlag, Berlin, 2000, S. 139

(22) Gratzfeld, Rachel: »Begleittext«. Vgl. (8)

(23) Puschkin, Alexander Sergejewitsch: »Die Reise nach Arsrum«. Vgl. (6), S. 339 ff.

Fähnrich, Heinz (Hrsg.): »Königin des Waldes«. Vgl. (8), S. 16 ff.
Vgl. (3)

(24) Walker, Immanuel: »Fatma. Eine wahre Liebesgeschichte, Landsmannschaft der Deutschen aus Russland«, Stuttgart, 1990

(25) Puschkin, Alexander Sergejewitsch: »Die Reise nach Arsrum«. Vgl. (6), S. 342

(26) Gurdjieff, George I.: »Begegnungen mit bemerkenswerten Menschen«, Wilhelm Heyne Verlag, München, 1977, S. 337/338

(27) Karumidse, Zurab: »Dagny oder Ein Fest der Liebe«. Vgl. (11), S. 39

Weiterführende Lektüre

Deutscher, Isaac: Stalin. Eine politische Biographie, Argon Verlag, Berlin, 1988
Europa erlesen. Georgien, Herausgeber: Fried Nielsen, Wieser Verlag, 2006.
Fähnrich, Heinz (Hrsg): Königin des Waldes. Sagen und Mythen aus Georgien, Buchverlag König, Greiz, 2012
Kvastiani, Giorgi; Spolanski, Vadim; Sternfeldt, Andreas: Georgien, Unterwegs zwischen Kaukasus und Schwarzem Meer, Trescher Verlag
Margwelaschwili, Giwi: Muzal. Ein georgischer Roman, Insel Verlag, Frankfurt/ Main und Leipzig, 1991
Pasternak, Boris: Briefe nach Georgien, Fischer Taschenbuch Verlag, Frankfurt am Main, 1989
Puschkin, Alexander Sergejewitsch: Die Reise nach Arsrum, in: Dramen. Märchen. Die Reise nach Arsrum. Aufsätze, SWA-Verlag, Berlin, 1949
Teichmann, Frank: Der Gral im Osten. Motive aus der Geistesgeschichte Armeniens und Georgiens, Verlag Freies Geistesleben, 1986
The life of St. Nino, Bodbbde Convent of St. Nino, 2010

Im Internet:
Broschüre: Writers House of Georgia, www.writershouse.ge
Dinola: https://www.youtube.com/watch?v=XRutog8qQMs
Georgische Musik auf langer Reise im All; 6. September 2017. http://georgien-aktuell.info/de/kultur/musik/article/13182-goldenrecords

Georgia Insight: www.georgia-insight.eu
Georgian Journal: https://www.georgianjournal.ge/
Gletschergold:
https://kurier.at/chronik/oberoesterreich/extrembergsteiger-edi-koblmueller-erfroren-die-berge-waren-edis-leben/125.617.686

Danksagungen

Ohne die folgenden Menschen wäre dieses Buch nie das geworden, was es heute ist. In diesem Sinne danke ich:

Bessik Adeishvili; Guranda Anchabadze; Melanya Astvatsatryan; Chingiz Babayev; Elnur Babayev; Maja Badridze; Nika Bakhia; Dr. Lasha Bakradze; Dato Barbakadze; Maka Batiashvili; Caroline Bayer; Eka Bedia; Lukas Beglinger; Saira Bejanidse; Katharina Beyer; Géraldine Bollmann; Albin Brun; Gia Bugadze; Aleksandr Cherkezishvili, Prof. Dr. David Chichua; Tina Darakhvelidze; Dr. Rüdiger Frey; Nino Gogitidze; Rachel Gratzfeld; Gerd Grunewald; Ralph Hälbig; Nino Haratischwili; Markus Hesse; Kote Jincharadze; Wolfram Kanis; Rainer Kaufmann; Mariam Khatchvani; Tamuna Khatchvani; Irakli Khvadagiani; Reso Kiknadze; Ana Kldiashvili; Christiane Knopp-Diegel; Barbara Kohler Beglinger; Konrad Konieczny; Ramona Kraetke; Maja Leo; Ekkehard Maaß; Tea Manjavidze; Dr. Florian Mühlfried; Hermine Navasardyan; Anja Neubert; David Niguriani; Rusudan Nizharadze; Khatuna Oniashvili; Maia Panjikadze; Elene Rakviashvili; Jens Rausch; Dr. Oliver Reisner; Cornelia Retzlaff; Gosia Anna Sereda; Schorena Schamanadse; Schota Shvelidze; Armina und Tamaz Tandilashvili; Rimma Tandilashvili; Irma Tawelidse; George Tevdorashvili; Katrin Tevdorashvili; Ludmilla Thiele; Ketevan Trapaidze; Makwala Tscharkwijana; Wato Tsereteli; Dr. Andrea Zemskov-Züge; Manana Zhgenti sowie auch allen anderen, hier ungenannten, die wesentlich beitrugen. Mein besonderer Dank gilt nicht zuletzt dem DuMont Reiseverlag, insbesondere Maria Anna Hälker, Dr. Philip Laubach-Kiani, Andrea Wurth, Birgit Berg-Becker, Katrin Hasert sowie der Lektorin Monika Rößiger.

DUMONTREISE.DE

DUMONT